Gemeinsamer
Europäischer
Referenzrahmen

Mittelpunkt
neu B1+

Lehr- und Arbeitsbuch

欧标德语教程

B1+ 学生用书和练习册

编　著：[德] 比吉特·布劳恩
　　　　斯特凡妮·登格勒
　　　　娜嘉·福格特
　　　　桑德拉·霍曼

编　译：田春雨　孙　静

上海译文出版社

图字：09–2022–0228

图书在版编目（CIP）数据

欧标德语教程. B1+. 学生用书和练习册 /（德）比
吉特·布劳恩等编著；田春雨，孙静编译. — 上海：
上海译文出版社，2024.5
ISBN 978–7–5327–9545–1

Ⅰ. ①欧… Ⅱ. ①比… ②田… ③孙… Ⅲ. ①德语—
教学参考资料 Ⅳ. ①H33

中国国家版本馆CIP数据核字（2024）第072523号

欧标德语教程B1+（学生用书和练习册）
[德]比吉特·布劳恩 等 编著
田春雨 孙静 编译

———

上海译文出版社有限公司出版、发行
网址：www.yiwen.com.cn
201101 上海市闵行区号景路159弄B座
上海华顿书刊印刷有限公司印制

———

开本890×1240 1/16 印张16 字数578,000
2024年5月第1版 2024年5月第1次印刷
印数：0,001–3,500册

———

ISBN 978–7–5327–9545–1/H·1600
定价：69.00元（含词汇手册）

———

如有质量问题，请与承印厂质量科联系. T: 021–36162648

ISBN 978-7-88841-490-7

《欧标德语教程 B1+（学生用书和练习册）》
使用说明

《欧标德语教程 B1+（学生用书和练习册）》所有学习目标和内容都基于欧洲语言共同参照标准，每个板块的学习目标均列在对应单数页面的右上角。这种一目了然的展示方式便于使用者查找，可以轻松将学习任务和能力要求关联起来。

本书共有六课，主题涵盖日常生活、大学学习、职业和社会。每一课又分为 A—F 六个学习板块，每个板块都有两页内容。这种清晰明了的设置可以提高使用者的学习积极性，并有助于制订课程计划。此外，这样的编排方式更便于进行模块化教学，使用者可根据需要自行删减学习板块。

本书的编写初衷是为了做好 B1 和 B2 级别课程之间的衔接，其编写理念突出了对 B1 级别学习者的高度重视，课文和学习任务的编排注重对基础词汇和语法进行复习、巩固和扩展，以便学习者接下来能够顺利适应 B2 级别课程的学习。为此，本书也为语法教学留出了足够空间，学生用书部分每课有两页篇幅讲解语法，使用者可以根据对应的课文系统地学习每个语法点，并在练习册部分做针对性练习。

○G 3.5 　　每个语法练习前都有一个章节参阅标识，可在本书附录的参考语法中找到对应的讲解，例如，此处表示参见第3.5节。

⚷ 　　练习册部分是课程的必要组成部分，在这部分将以层层递进的方式练习、强化和扩展语法点和词汇。本部分会针对学生用书部分的学习任务提供相应的学习策略和练习，尤其是词汇练习，此类练习用钥匙符号表示。

AB ● 3 　　在每课的最后有一个语音板块，其中包含与交际相关的语音练习。这些语音练习和练习册部分的听力音频都在本书的配套资源中。在这种情况下会用对应的音频编号表示，例如，此处表示参见音频3。

AB: A2 ▶ 　　在学生用书部分会明确标注学生用书和练习册部分之间的关联，例如，此处表示参见练习册部分中该课A板块的练习2。

LB ● 4 　　学生用书部分提供配套音频。听力练习所需音频标注了相应的编码，例如，此处表示参见音频4。

我们衷心感谢和期待使用者的反馈和意见，这些将为本系列教材日后的修订工作提供莫大帮助，以期更好地满足大家的需求。出版社和编写团队祝您在使用本书时乐趣多多，收获满满！

目录：学生用书部分
Inhaltsverzeichnis – Lehrbuchteil

Lektion	Handlungsfelder	wichtige Sprachhandlungen
1 A Ankommen B Willkommen in Deutschland! C Neu an der Uni D Der erste Eindruck E Bei anderen ankommen F Endlich an(ge)kommen	• Ankunftssituationen • neu in der Stadt • Erstsemesterveranstaltung • Menschen und ihre Eigenschaften • erste Verabredung • kreatives Schreiben	• über „Ankunftssituationen" sprechen • über Gefühle und Probleme bei der „Ankunft im Ausland" berichten • Kursinterview zum Thema „Neu in Deutschland" durchführen • Tipps auf einer Uni-Webseite finden
2 A Guten Appetit! B Das sieht ja lecker aus! C Tipps für den Gast D Die Wegwerfgesellschaft E Berufe rund ums Essen F Lebensmittel – Gestern und heute	• Essen in Deutschland • Werbung für Lebensmittel • Verhalten als Gast • Internetkampagne gegen das Wegwerfen von Lebensmitteln • Berufe und Jobsuche • Lebensmittel	• über deutsche Spezialitäten sprechen • deutsche Rezepte verstehen • Kurskochbuch erstellen • Auszug aus Studie über Ernährung in Deutschland zusammenfassen • über Lebensmittelwerbung sprechen • Argumente für oder gegen ein Werbeverbot für Süßigkeiten erfassen
3 A Wie die Zeit vergeht B Kindheitserinnerungen C Pünktlich auf die Minute D Keine Zeit E Zeitreisen F Schöne Zeiten	• Stadtgeschichte • Kindheitserinnerungen an bestimmte Orte • Pünktlichkeit • Zeiterfahrungen • Zukunftsvisionen • schöne Erlebnisse	• über verschiedene Jahrhunderte sprechen • Infotext über Stadtgeschichte Kölns verstehen • Notizen zu Kindheitserinnerungen machen • sich über Sprichwörter zum Thema „Pünktlichkeit" austauschen • Kolumne zum Thema „Pünktlichkeit" verstehen und sich dazu äußern
4 A Einer für alle … B Ehrensache! C Ein Projekt – viele Helfer D Zivilcourage E Ganz schön egoistisch! F Mein Buch, dein Buch?	• Zusammenhalt • Literarischer Text • Ehrenamt • Wikipedia • Verantwortung zeigen • Erfahrungen mit Egoismus • Bookcrossing	• Vermutungen über ein Bild anstellen • Sprichwörter zum Thema „Zusammenhalt" verstehen • Handlung in: „Swimmy" (Leo Lionni) erfassen • Geschichte von „Swimmy" zu Ende schreiben • Zeitungsartikel über Ehrenamt verstehen
5 A Ein Dach über dem Kopf B Tausche Wohnung C Wohntrends D Mein Zuhause E Anders wohnen – anders leben F Übernachten mal ganz anders	• Wohnmöglichkeiten • Wohnungssuche • Mikrohäuser • sich zu Hause fühlen • Leben im Ökodorf • besondere Hotels	• Wohntypen / Haustypen beschreiben • Traumhaus beschreiben und präsentieren • Wohnungsanzeigen verstehen • passende Wohnungsanzeige auswählen • Ratschläge zur Wohnungssuche notieren • Hauptinformationen in Artikel über Mikrohäuser herausarbeiten
6 A Neues entdecken und erfahren B Faszination Extremsport C Mit Routinen brechen D Wissensdurst E Literatur entdecken F (Meine) Entdeckungen	• besondere Erfahrungen • Extremsport • Alltagsroutinen • Neugier als Motor des Lebens • deutschsprachige Literatur • Entdeckungen und Entdecker	• über besondere Erlebnisse sprechen • Erfahrungen aus Blogbeiträgen zusammenfassen und darüber berichten • über eigene Erfahrungen berichten • Vortrag über „Extremsport" verstehen • Interview über „Routinen" verstehen und Partnerinterview durchführen

		Grammatik	Seite
• sich an der Uni orientieren • Menschen beschreiben und über ersten Eindruck sprechen • Hauptinformationen aus wissenschaftl. Artikel zum Thema „Erster Eindruck" erfassen • Internetprofile von Freizeitpartnern verstehen	• eigenes Internetprofil erstellen • Tipps für erstes Treffen verstehen und besprechen • Geschichte / Gedicht / Sketch zu Thema „An(ge)kommen" schreiben	• die Satzklammer: Aussagesätze • die Satzklammer: Fragesätze • „aduso"-Konjunktionen • Nebensatzkonnektoren	8
• Verhalten als Gast beschreiben, mit dem in Heimat vergleichen • Tipps für Verhalten bei Einladungen verstehen • Mini-Ratgeber für Gäste verfassen • Kommentare zum Thema „Wegwerfgesellschaft" verstehen und Kommentar dazu verfassen	• Berufsportraits verstehen und verfassen • auf Jobanzeige antworten • Hauptinformationen zum Thema „Kartoffel" aus Infotext notieren und zusammenfassen • Partnerinterview zu Thema „Einkaufen" • Lebensmittel der Zukunft entwerfen	• Imperativ: Formen und Bedeutung • Aufforderungssätze • Konjunktiv II: Formen und Verwendung (Ratschlag, Wunsch, Bitte)	20
• in Popsong Hauptaussage erfassen • von Zeiterfahrungen berichten • Informationen aus Ratgebertext zum Thema „Entschleunigung" herausarbeiten • die wichtigsten Informationen in historischem Text verstehen und besprechen	• Vortrag über „Reisen in 100 Jahren" verstehen • kurzen Vortrag zum Thema „Die Welt in 100 Jahren" halten • Hauptthema in Popsong verstehen • Schaubild über Freizeitverhalten der Deutschen beschreiben • Erfahrungsbericht verfassen	• Perfekt / Präteritum / Plusquamperfekt: Bildung und Verwendung • Futur I: Bildung und Verwendung • Präsens und seine Verwendung	32
• Definition „Crowdsourcing" erfassen • Situationen beschreiben, in denen Leute Hilfe brauchen • Vorschläge machen, wie man helfen kann • Plakat „Zeig Verantwortung!" beschreiben und verstehen • Beschreibung in Popsong verstehen	• Argumente in Kommentaren zum Thema „Egoismus" erfassen • Kommentar verfassen und eigene Erfahrungen einbeziehen • Infotext zu „Bookcrossing" verstehen und Hauptinformationen notieren • Bookcrossing-Formular ausfüllen	• Modalverben: Formen und Bedeutung • lassen / hören / sehen / helfen / gehen / lernen / bleiben + Infinitiv	44
• Blogbeitrag zum Thema „Zuhause-Gefühl" schreiben • „Wohn-Fragebogen" ausfüllen • sich über alternative Wohnformen austauschen • Artikel über das Ökodorf „Sieben Linden" verstehen	• Regeln im Ökodorf zusammenfassen • in Reportage wichtige Informationen zu interessanten Hotels verstehen • per Mail ein Hotelzimmer buchen	• Adjektivdeklination • Passiv • Passiv mit Modalverben (Präsens und Präteritum)	56
• Artikel zum Thema „Neugier" verstehen • Psychotest machen und Ergebnisse diskutieren • Kurzkritiken von deutschsprachigen Romanen verstehen • Vortrag über Juli Zeh verstehen	• Fragen zum Vortrag formulieren • Vortrag über Lieblingsautor halten • sich über Reiseerlebnisse und Reisepläne austauschen • Lexikonartikel über einen Entdecker verstehen • Kursaustellung vorbereiten	• Verben und ihre Ergänzungen • Wortstellung von Akkusativ- und Dativ-Ergänzung im Satz • Negation mit „nicht" und „kein"	68

目录：练习册部分

Inhaltsverzeichnis – Arbeitsbuchteil

Lektion	Sprachhandlungen / Redemittel / Wortschatz	
1 A Ankommen B Willkommen in Deutschland! C Neu an der Uni D Der erste Eindruck E Bei anderen ankommen F Endlich an(ge)kommen	• Wortschatz: Ankommen • Durchsagen verstehen • Redemittel: Gefühle ausdrücken • Wortschatz: Studium • Redemittel: Begrüßung • auf eine Einladung schriftlich antworten	• Leserkommentar zum Thema „Erster Eindruck" schreiben • Redemittel: Kommentare schreiben • Redemittel: Kontakte knüpfen • auf Anzeige im Internet antworten • Sprichwörter zum Thema „Ankommen" verstehen
2 A Guten Appetit! B Das sieht ja lecker aus! C Tipps für den Gast D Die Wegwerfgesellschaft E Berufe rund ums Essen F Lebensmittel – Gestern und heute	• Wortschatz: Rezepte • Rezept verstehen • Wortschatz: Prozentangaben • Redemittel: Tortengrafik beschreiben • Tortengrafik beschreiben • Wortschatz: Werbung	• Redemittel: für / gegen etwas sein • eine Einladung schreiben • Wortschatz: Beruf • Wortschatz: Stellenanzeigen • Redemittel: auf eine Stellenanzeige antworten
3 A Wie die Zeit vergeht B Kindheitserinnerungen C Pünktlich auf die Minute D Keine Zeit E Zeitreisen F Schöne Zeiten	• Wortschatz: Abbildungsarten • Informationen in Infotext finden • Wortschatz: Temporalangaben • Wortschatz: Pünktlichkeit • Liedtext zum Thema „Zeit" schreiben • Wortschatz: „Entschleunigung"	• Buchkritik „Die Welt in 100 Jahren" verstehen • Aufbau eines Vortrags erfassen • Redemittel: Vortrag halten • Redemittel: Grafik: Titel, Quellenangaben und Rangfolgen formulieren
4 A Einer für alle … B Ehrensache! C Ein Projekt – viele Helfer D Zivilcourage E Ganz schön egoistisch! F Mein Buch, dein Buch?	• Redemittel: Bild beschreiben • Wortschatz: Swimmy • Redemittel: Vor- und Nachteile formulieren • Vor- und Nachteile zum Thema „Ehrenamt" gegenüberstellen • Wortschatz: Ehrenamt	• Wortschatz: Crowdsourcing • Wortschatz: Vorfälle auf der Straße • Situationen hören und Notizen machen • Daten aus Falcos Biografie notieren • Wortschatz: Buch
5 A Ein Dach über dem Kopf B Tausche Wohnung C Wohntrends D Mein Zuhause E Anders wohnen – anders leben F Übernachten mal ganz anders	• Wortschatz: Wohnen • Wortschatz: Anzeigen verstehen • Wohnungsanzeige schreiben • Hauptinformationen im Artikel über Mikrohäuser herausarbeiten • Balkengrafik verstehen • Wortschatz: Mein Zuhause	• Informationen im Artikel über „Sieben Linden" finden • Wortschatz: Ökodorf • Details in einem Erfahrungsbericht über Hotelübernachtung verstehen • Redemittel: sich schriftl. beschweren • einen Beschwerdebrief schreiben
6 A Neues entdecken und erfahren B Faszination Extremsport C Mit Routinen brechen D Wissensdurst E Literatur entdecken F (Meine) Entdeckungen	• Wortschatz: besondere Erfahrungen • einen schriftlichen Bericht mithilfe von W-Fragen vorbereiten • Wortschatz: Extremsport • Redemittel: über Routine sprechen • den eigenen Tagesablauf notieren	• Redemittel: Meinungen äußern, widersprechen, zustimmen und abwägen • Wortfeld Buch • Wortschatz: Kontinente, Länder, … • Redemittel: sich telefonisch beschweren
M Minicheck: Das kann ich nun		
R Referenzgrammatik		
L Lösungen und Transkriptionen		

Grammatik	Strategien	Aussprache	Seite
• die Satzklammer: Aussagesätze / Fragesätze / Imperativsätze • Pluralformen von Nomen • Wortbildung: Adjektive auf -ig / -lich / -isch • „aduso"-Konjunktionen • Nebensatzkonnektoren	• visuelle Mnemotechniken: Wortigel / Mindmap	• Satzmelodie in Aussagesätzen, Imperativ- und Fragesätzen	80
• Imperativ: Formen und Bedeutung • Wortbildung: Komposita mit Nomen • Verben mit trennbarer / untrennbarer Vorsilbe • Konjunktiv II: Formen und Verwendung • indirekte Fragesätze	• Grafiken beschreiben • Synonyme finden • Notizen machen	• Konsonantenhäufung • Silbentrennung	92
• Präteritum / Perfekt / Plusquamperfekt: Bildung und Verwendung • Vorzeitigkeit / Nachzeitigkeit / Gleichzeitigkeit • Wortbildung: Vorsilbe „ent-" • Futur I: Bildung und Verwendung • „werden" und seine Funktion • Präsens: Bildung und Verwendung	• Wortschatz mithilfe des Kontextes verstehen • Internationalismen verstehen, mit Muttersprache vergleichen • Grafiken beschreiben	• das Schwa	104
• Finalsätze: „um ... zu" / „damit" • Modalverben: Formen und Bedeutung • „(nicht) / (nur) brauchen ... zu" + Infinitiv • Modalverben als Vollverben • lassen / hören / sehen / bleiben / ... + Infinitiv • Wortbildung: Komposita mit Verben • Verben mit trennbarer / untrennbarer Vorsilbe	• einen Text Korrektur lesen • Arbeit mit einsprachigem Wörterbuch • Wortschatzarbeit mit Lückentexten • Textzusammenhänge erkennen	• Betonung bei Verben mit trennbarer und untrennbarer Vorsilbe	116
• Wortbildung: Komposita mit „Wohn(ungs)- • Adjektivdeklination • Vergleiche: Komparation und Vergleichssätze • Wortbildung: Adjektive als Nomen • Wortbildung: Komposita mit Adjektiven • Passiv • Passiv mit Modalverben (Präsens / Präteritum)	• Antonyme und Synonyme bilden • Oberbegriffe bilden	• „h" oder fester Vokaleinsatz am Wort- oder Silbenanfang	128
• Verben und ihre Ergänzungen • Verben mit festen Präpositionen • Wortstellung bei Dativ- und Akkusativ-Ergänzung • reflexive Verben • Verweis auf Identisches: der- / das- / dieselbe • „nicht", „kein" und andere Negationsformen • Wortbildung: Nominalisierung mit Suffixen	• Geschichtentechnik • Vorbereitung auf freie Textproduktion • einen kohärenten Text schreiben • Wortfamilien • Wortfelder	• Melodiebewegung	140
			152
			158
			188

Ankommen

1 Ankommen

a   Sehen Sie sich die Fotos an. Um was für Situationen könnte es sich handeln? Wer könnte wo ankommen? Stellen Sie Vermutungen an und sprechen Sie im Kurs. `AB: A1a–e`

b   Arbeiten Sie mit einem Partner / einer Partnerin. Wie fühlen sich die Menschen auf den Fotos? Welche Adjektive passen zu den Fotos? Ordnen Sie zu. Finden Sie weitere Adjektive. `AB: A1f`

> ängstlich | aufgeregt | begeistert | fröhlich | gespannt | glücklich | hoffnungsvoll |
> konzentriert | müde | nervös | neugierig | ungeduldig | unsicher | …

LB ◉ 1   c   Hören Sie das Gespräch der drei Freunde Timo, Larissa und Ben. Welche der Fotos oben passen zu den Berichten?

Timo ☐   Larissa ☐   Ben ☐

d   Hören Sie das Gespräch noch einmal und entscheiden Sie, ob die Aussagen richtig (r) oder falsch (f) sind.

1. Timo wohnt schon lange mit jemandem zusammen.   r f
2. Timo und Franziska müssen noch einige Sachen für die Wohnung kaufen.   r f
3. Ben hat mit seiner Freundin eine Busreise durch die USA gemacht.   r f
4. Ben war von der Reise sehr enttäuscht.   r f
5. Der erste Arbeitstag war für Larissa sehr angenehm.   r f
6. Jetzt ist Larissa noch etwas nervös wegen ihrer neuen Arbeit.   r f

e   Wählen Sie eine Situation aus 1a und erfinden Sie eine kleine Geschichte. Die W-Fragen helfen. Präsentieren Sie Ihr Ergebnis anschließend im Kurs.

Wer?   *Wann?*

Wo?   *Was?*   *Wie?*

2 Alles neu

a   Lesen Sie die beiden Mails. Notieren Sie die passende Betreffzeile. Begründen Sie Ihre Auswahl. **AB: A2a–b**

> Leichte Panik | Meine neue Heimat | Mein erster Tag | Neue Kontakte | Enttäuschte Erwartungen | Erste Eindrücke

Liebe Brit,

endlich kann ich dir eine Mail schreiben! Du weißt ja, dass ich nun für einige Monate hier in Deutschland arbeite. Vor vier Tagen bin ich in Frankfurt gelandet – das ist wirklich ein riesiger Flughafen! Ich hatte Angst, dass ich mich verlaufe. Zum Glück konnte ich jemanden fragen. Dann ging es los mit den wirklichen Problemen: Mein Koffer war nicht da! Ich musste eine Stunde warten, und dann hat mir ein Mitarbeiter gesagt, dass mein Koffer in Paris ist! Als ich dann endlich am Ausgang war, war meine neue Kollegin Mia – sie sollte mich abholen – nirgends zu sehen. Ich habe mich echt alleine gefühlt. Am liebsten wäre ich wieder nach Hause geflogen. Aber schließlich habe ich Mia doch noch getroffen und mein Koffer ist auch einen Tag später angekommen. Mit Mia bin ich dann ins Zentrum von Frankfurt gefahren. Die Straßen waren voll, wir standen lange im Stau – und es war so kalt! Ich wusste ja, dass es in Deutschland kälter ist als bei uns in Thailand, aber ich glaube, daran muss ich mich erst gewöhnen. Am Abend waren wir essen, und das hat mir richtig gut gefallen. Die Kollegen in der Firma sind auch sehr nett, aber in der Freizeit fühle ich mich doch ziemlich alleine. Ich weiß nicht, was ich da machen soll … Hast du vielleicht eine Idee?
Viele Grüße, Analynn

Hallo Stefano,

vielen Dank für deine letzte Mail! Morgen fliege ich nach Brasilien und beginne dort mein Auslandssemester. Ehrlich gesagt: Ich bin ziemlich nervös und mache mir so meine Gedanken … Werde ich mich zurechtfinden, wenn ich ankomme? Rio de Janeiro ist doch riesig! Ich bin mir auch nicht hundertprozentig sicher, wie es mit meiner Unterkunft ist, hoffentlich hat alles geklappt! Und was ist, wenn meine Sprachkenntnisse nicht ausreichen und ich an der Universität nicht klarkomme? Oder wenn mich die Leute nicht verstehen? Der Sprachkurs hier an der Uni hat mir nicht so viel gebracht. Und es fällt mir auch nicht leicht, andere Leute anzusprechen, und dann auch noch in einer fremden Sprache. Aber ich möchte doch andere Leute kennenlernen und viel unternehmen. Du siehst, ich mache mir viele Gedanken und brauche eigentlich Hilfe ;-) Vielleicht hast du heute Zeit und kannst mir ein paar Tipps geben? – Du hast ja dein Auslandssemester schon hinter dir. Das wäre super! Bis bald, Daniel
PS: Was gibt es denn bei dir Neues? Hast du schon eine Wohnung gefunden?

b   Von welchen Problemen berichten Analynn und Daniel? Wie fühlen sie sich? Machen Sie Notizen und vergleichen Sie sie mit Ihrem Partner / Ihrer Partnerin. **AB: A2c**

c   Wählen Sie eine Mail aus 2a und schreiben Sie eine Antwort. Die Redemittel helfen Ihnen.

> **eine Mail beginnen:** Vielen Dank für deine Mail / Nachricht.
> **auf eine Mail eingehen:** Ich habe gehört, dass du … | Du hast geschrieben, dass du …
> **Ratschläge geben:** Deshalb möchte ich dir ein paar Tipps geben: Du solltest (nicht) …
> **beruhigen / trösten:** Mach dir keine Sorgen, warte erstmal ab. | Das klappt bestimmt.
> **von eigenen Erfahrungen berichten:** Ich war damals in … und habe auch schon so etwas erlebt. | Ich weiß, wie du dich jetzt fühlst. | Ich war auch schon in dieser Situation.
> **Schluss:** Sag Bescheid, wenn ich noch etwas für dich tun kann! | Alles Gute! | Einen guten Start!

d   Waren Sie schon einmal im Ausland bzw. sind Sie jetzt im Ausland? Welche Erfahrungen haben Sie gemacht? Sprechen Sie im Kurs.

Willkommen in Deutschland!

1 Neu in Deutschland

Lesen Sie den Blogbeitrag und beantworten Sie die Fragen.

Hi, ich bin Susan. Ich bin letzte Woche Freitag in Deutschland angekommen. Genauer: in Hamburg. Ich werde dort mein Auslandspraktikum machen. Es fängt am Montag an. Meine Gasteltern und ihre drei Kinder haben mich am Flughafen abgeholt: Wir waren uns alle sofort sympathisch. Am ersten Tag haben mir die Lüders Hamburg gezeigt – die Innenstadt und die schönen Geschäfte. Den großen Hafen sehe ich mir nächste Woche ganz genau an. Ich absolviere ja dort mein Praktikum in einem Logistik-Unternehmen für meine Doktorarbeit. Die neue Hafen-City möchte ich auch unbedingt besuchen. Morgen wollen wir ans Meer fahren. Super! Ich will in Deutschland viel lernen, auch über das Land und die Leute hier. Dafür möchte ich Interviews machen. Vielleicht lerne ich dadurch die Deutschen besser kennen. Die Interviews könnt ihr euch in meinem Blog anhören!

1. Seit wann ist Susan in Deutschland?
2. Warum ist sie nach Deutschland gekommen?
3. Wo macht sie ihr Praktikum?
4. Wie findet sie ihre Gastfamilie?
5. Was will sie am nächsten Tag unternehmen?
6. Welche Pläne hat Susan?

G 2.1 2 Sprache im Mittelpunkt: Die Satzklammer – Aussagesätze

a Schauen Sie sich die Sätze mit Satzklammer in der Tabelle an. Markieren Sie dann in 1 weitere Verben in Sätzen mit Satzklammer und tragen Sie die Sätze in die Tabelle ein. **AB: B1**

Position 1	Position 2		Satzende
1. Ich	bin	letzte Woche Freitag in Deutschland	angekommen.
2. Ich	werde	dort mein Auslandspraktikum	machen.
3. Es	fängt	am Montag	an.
4. …			

b Lesen Sie die Sätze in 2a noch einmal und ergänzen Sie „auf Position 2" bzw. „am Satzende".

In Aussagesätzen gilt:
1. Die Modalverben stehen _auf Position 2_, der Infinitiv steht ....
2. Bei trennbaren Verben steht die Vorsilbe ...., das konjugierte Verb ....
3. Im Perfekt steht das Partizip Perfekt ...., die konjugierte Form von „haben" oder „sein" ....
4. Im Futur steht der Infinitiv ...., die konjugierte Form von „werden" ....

c Eine Woche später. Was steht nun im neuen Blogbeitrag? Schreiben Sie die Sätze in eine Tabelle wie in 2a. **AB: B2**

1. das Praktikum – gestern – angefangen haben
2. ich – viele neue Leute – kennengelernt haben
3. ich – wichtige Geschäftspartner – treffen sollen
4. meine Kollegen – mit mir den Containerhafen – ansehen
5. wir – uns wieder am Wochenende – treffen werden
6. mein Chef – mich morgen zu einem Meeting – mitnehmen

1. Das Praktikum hat gestern angefangen.

❸ Neu in der Stadt? – Susan führt Interviews durch

a   Welche Fragen könnte Susan zum Thema „Neu in der Stadt" stellen? Sprechen Sie mit Ihrem Partner / Ihrer Partnerin.

LB ⏺ 2   b   Hören Sie nun das Interview von Susan. Welche Fragen haben Sie gehört? Kreuzen Sie an.

1. Bist du schon mal neu in einer Stadt gewesen? ☐   4. Wie lernt man neue Leute kennen? ☐

2. Stellst du dich bei deinen Nachbarn vor? ☐   5. Wo hast du dann eingekauft? ☐

3. Konntest du schnell Kontakte knüpfen? ☐   6. Wer konnte dir bei Problemen helfen? ☐

c   Arbeiten Sie zu zweit. Vergleichen Sie Susans Fragen mit Ihren Fragen aus 3a. Wo gibt es Gemeinsamkeiten, wo Unterschiede? `AB: B3a` ▶

○ G 2.4 ❹ Sprache im Mittelpunkt: Satzklammer – W-Fragen und Ja-/Nein-Fragen

a   Lesen Sie die Fragen in 3b noch einmal. Welche Fragen sind W-Fragen, welche Ja-/Nein-Fragen. Schreiben Sie sie in die Tabelle wie im Beispiel. `AB: B3b` ▶

W-Fragen

Position 1	Position 2		Satzende
1. Wie	lernt	man neue Leute	kennen?
2.			
3.			

Ja-/Nein-Fragen

Position 1	Position 2		Satzende
1. Bist	du	schon mal neu in einer Stadt	gewesen?
2.			
3.			

b   Markieren Sie in der Tabelle in 4a die Verben. Was fällt auf? Ergänzen Sie die Regeln. `AB: B3c–4` ▶

1. **W-Fragen:**
   - **a** Mit trennbaren Verben: Das konjugierte Verb steht auf Position ...., die Vorsilbe am Satzende.
   - **b** Im Perfekt: Die konjugierte Form von „sein" / „haben" steht auf Position ...., das Partizip am Satzende.
   - **c** Mit Modalverb: Das konjugierte Modalverb steht auf Position ...., der Infinitiv am Satzende.

2. **Ja-/Nein-Fragen:**
   - **a** Mit trennbaren Verben: Das konjugierte Verb steht auf Position ...., die Vorsilbe am Satzende.
   - **b** Im Perfekt: Die konjugierte Form von „sein" / „haben" steht auf Position ...., das Partizip am Satzende.
   - **c** Mit Modalverb: Das Modalverb steht auf Position ...., der Infinitiv am Satzende.

❺ Kursinterview

Notieren Sie Fragen zum Thema „Neu in Deutschland". Arbeiten Sie dann in vier Gruppen. Je zwei Gruppen interviewen sich gegenseitig. Präsentieren Sie danach den anderen zwei Gruppen die Resultate Ihrer Interviews.

1C

Neu an der Uni

1 Ein Beratungsgespräch

a Sprechen Sie über das Thema „Neu an der Uni"
und sammeln Sie Ihre Ideen im Kurs.

LB ● 3   b   Florian Just möchte sich über das Chemiestudium informieren. Hören Sie das Beratungsgespräch. Wo kann er die Informationen finden? Ergänzen Sie.

> im Studierendensekretariat | im Internet unter „Studienangebot" | im Internet unter „Studentenwerk" |
> im Internet unter „Dokumente"

Was?	Wo?
1. das Anmeldeformular:	*im Internet unter „Dokumente"*
2. Informationen zum Studiengang:	
3. die Chipkarte:	
4. Informationen zum Studentenwohnheim:	

c Lesen Sie die Informationen für Studierende auf einer Internetseite und markieren Sie, welche Tipps Sie besonders hilfreich finden. **AB: C1a – c**

Start	**Das erste Semester an unserer Uni?**
	Ihr seid neu an der Uni? Ihr seid im ersten Semester oder ihr macht hier ein
Tipps für den Anfang	Auslandssemester? Besonders zu Beginn des Semesters gibt es zahlreiche Angebote von Studentenorganisationen, die euch empfangen. Sie versorgen euch mit den ersten Informationen rund um die Universität und das Studium. Hier einige Tipps für euch:
Wohnen für Studis	**Tipp 1: Willkommenspakete & Leitfaden besorgen**
Kneipen & Cafés	An vielen Unis gibt es für alle „Neuen" in der ersten Semesterwoche Willkommenspakete und einen Leitfaden. Im Willkommenspaket sind ein paar Kleinigkeiten wie Schokolade, Stifte, ein Gutschein für die Cafeteria und anderes. Im Leitfaden findet ihr alle
FAQs	Informationen zur Universität: Wo findet ihr welches Gebäude? Welche Transportmittel gibt es? Wie funktioniert das Credit-Point-System und vieles mehr.
Kontakt	**Tipp 2: Mentoren und Tutoren fragen**
	An fast jeder Uni kümmern sich Studenten höherer Semester um die „Neuen". In den Tutorenprogrammen oder Erstsemesterveranstaltungen geben sie Tipps und stehen oft zu bestimmten Sprechzeiten in einem eigenen Büro für Fragen zur Verfügung.
	Tipp 3: Punkte- / Credit-Point-System
	Achtet schon zu Beginn des Semesters darauf, wie viele Punkte ihr für eine Veranstaltung bekommt! Das ist auch wichtig bei Auslandssemestern, sonst fehlen euch am Ende des Studiums vielleicht Punkte und ihr habt viel Zeit verloren.
	Tipp 4: Uni und Umgebung kennenlernen
	Schaut euch alle wichtigen Gebäude selbst an: Wo ist die Bibliothek? Wie leihe ich dort Bücher aus? Wo finde ich eine Buchhandlung? Wo kann man Kopien machen?

---

d Welche Informationen fehlen Ihnen? Vergleichen Sie den Infotext mit Ihren Ideen in 1 a. Notieren Sie Ihre Fragen und besprechen Sie sie im Kurs.

② Auf der Einführungsveranstaltung

a Florian Just macht zusammen mit anderen Erstsemestern einen Rundgang durch die Uni. Wo macht man was?
Ordnen Sie zu. `AB: C1d` ▶

Wo?	**Hier ...**	
1. die Fachschaft	A. kann man sich für Examina anmelden.	1. ⟦C⟧
2. das Prüfungsamt	B. finden Vorlesungen statt.	2. ☐
3. der Hörsaal	C. beantworten Studenten Fragen zum Studium.	3. ☐
4. das Labor	D. kann man zu Mittag essen.	4. ☐
5. die Institutsbibliothek	E. kann man Experimente machen.	5. ☐
6. die Mensa	F. kann man Fachliteratur ausleihen.	6. ☐

b Auf dem Rundgang durch die Uni lernt Florian auch die Mitarbeiter des Fachbereichs kennen. Wer ist Professor/in,
Sekretär/in ...? Vermuten Sie.

Laborbetreuer/in ⟦C⟧   Bibliothekar/in ☐   Sekretär/in ☐   Tutor/in ☐   Professor/in ☐

LB
4–9

c Hören Sie nun, was die Personen vor und beim Rundgang sagen, und überprüfen Sie Ihre Lösungen aus 2 a und b.

LB
5–9

d Wer macht was? Hören Sie noch einmal, was die Personen in 2 c sagen. Notieren Sie im Heft, was die Aufgaben der
Mitarbeiter aus 2 b sind.

1. Der Tutor / Die Tutorin hilft bei Fragen rund ums Studium.

e Neu hier? Lesen Sie die Redemittel. Welche sind formell, welche informell? Ergänzen Sie die Redemittel.

> Guten Morgen! / Guten Tag! | Schön, dich / euch kennenzulernen. | Wie geht's? / Kann ich euch kurz stören? |
> Dann tschüss und bis bald! / Mach's / Macht's gut! | Darf ich mich kurz vorstellen? Ich bin ... und arbeite als ...

	formell	informell
Begrüßung	*Guten Morgen! / Guten Tag!*	Hallo! / Hi!
Einleitung	Darf ich kurz stören?	
sich vorstellen		Hallo, ich bin ... und ich studiere hier ...
darauf reagieren	Ich freue mich, Sie kennenzulernen. / Freut mich auch / ebenfalls.	
sich verabschieden	Einen schönen Tag! Also dann bis morgen! Auf Wiedersehen!	

f Arbeiten Sie zu zweit. Wählen Sie eine Situation und spielen Sie kleine Dialoge. Die Redemittel in 2 e helfen Ihnen.

> neu im Seminar | neu als Mieter | neu im Sportclub | neu am Arbeitsplatz | ...

Der erste Eindruck

1 Auf Anhieb sympathisch?

a Sprechen Sie in Gruppen. Wie finden Sie die Personen? Die Adjektive helfen Ihnen. **AB: D1** ▶

> abweisend | ängstlich | arrogant | freundlich | frustriert | gelangweilt | genervt | interessant | mutig | nachdenklich | nett | offen | schüchtern | streng | sympathisch | traurig | überrascht | zurückhaltend | …

> Ich finde, der Mann auf Bild A sieht arrogant aus.

> Ich finde, er wirkt gelangweilt.

b Was meinen Sie, welche Eigenschaften aus 1a sind eher positiv, negativ oder neutral? Sortieren Sie die Adjektive in einer Tabelle in Ihrem Heft und finden Sie weitere Eigenschaften.

positiv	negativ	neutral
	arrogant,	

2 Der neue Nachbar

LB ● 10

Hören Sie das Telefongespräch zwischen Julia und Robert und machen Sie Notizen. Was dachte Julia zuerst über ihren neuen Nachbarn? Wie findet sie ihn jetzt? Vergleichen Sie die Notizen mit Ihrem Partner / Ihrer Partnerin. **AB: D2a–c** ▶

erster Eindruck	nach dem ersten Kennenlernen
arrogant, …	

③ Der erste Eindruck

a Lesen Sie den Bericht aus einem Wochenmagazin und entscheiden Sie, was passt: a, b oder c. Kreuzen Sie an. **AB: D2d**

Ein Gesicht huscht vorbei, man sieht es nicht einmal eine Sekunde lang. Und doch reicht diese Zeit, um zu beurteilen, ob man die Person attraktiv oder vertrauenswürdig findet.
5 Was nach Schubkasten-Denken klingt, ist ein Trick des Gehirns. (…) Eine Zehntelsekunde reicht schon. Das Gehirn entscheidet nämlich in einer Zehntelsekunde, ob es das Gesicht des Gegenübers als sympathisch oder ver-
10 trauenswürdig einschätzt, berichten Wissenschaftler in der Fachzeitschrift „Psychological Science".

Die Psychologen Alexander Todorov und Janine Willis von der Princeton University zeigten
15 117 Studienteilnehmern insgesamt 66 Porträtbilder, die sie beurteilen sollten. (…) So mussten die Studenten entscheiden, ob ihnen die gezeigte Person attraktiv, sympathisch, vertrauenswürdig, kompetent oder unsympa-
20 thisch, uninteressant oder aggressiv erschien. Jedes Porträtfoto wurde zunächst eine Zehntelsekunde lang gezeigt, dann eine halbe Sekunde und schließlich eine ganze Sekunde. Jedes Mal, nachdem ein Bild kurz auf dem
25 Bildschirm erschienen und dann wieder erloschen war, sollten die Probanden den jeweils untersuchten Charakterzug einschätzen und angeben, wie sicher sie sich ihrer Entscheidung waren.

„Wenn die Probanden das Gesicht länger 30 sehen konnten, hat sich ihr Urteil – von einer Ausnahme mal abgesehen – nicht grundlegend geändert. Die Beobachter waren sich ihrer Einschätzung dann aber sicherer", fasst Todorov die Ergebnisse zusammen. „Wir 35 schätzen also superschnell ein, welche Charaktereigenschaften unser Gegenüber hat, obwohl wir noch nicht einmal ein Wort mit ihm gesprochen haben." (…)

„Der erste Eindruck ist aber nicht der entschei- 40 dende." Das gibt auch der deutsche Wahrnehmungspsychologe Hans Irtel zu. So einfach funktionieren wir Menschen nun doch nicht. Ein Gesicht liefert nur einen visuellen Eindruck, der sich aber in nicht einmal zehn Sekunden 45 wieder ändern kann, zum Beispiel durch Gerüche oder die Stimme. Das räumen auch Todorov und Willis ein: „Wenn man die Menschen kennenlernt, bekommt man natürlich einen umfassenden und durchaus anderen Eindruck 50 als nach der ersten Zehntelsekunde." (…) *dapd*

1. In einem Test mussten
   - **a** Professoren Bilder von ihren Studenten beurteilen.
   - **b** Studenten ihre Professoren beurteilen.
   - **c** Studenten Bilder von anderen Menschen beurteilen.

2. In dem Test musste man
   - **a** eine Eigenschaft einer Person dreimal einschätzen.
   - **b** eine Person ca. anderthalb Sekunden lang beschreiben.
   - **c** seine Entscheidung gut und klar formulieren.

3. Wir beurteilen andere
   - **a** erst, wenn wir mit ihnen gesprochen haben.
   - **b** schon, bevor wir mit ihnen sprechen.
   - **c** während wir mit ihnen sprechen.

4. Der erste Eindruck ist
   - **a** überhaupt nicht wichtig. Andere Faktoren sind wichtiger.
   - **b** entscheidend für das Kennenlernen.
   - **c** weniger wichtig, als man zunächst denkt.

b Können Sie Menschen gut einschätzen oder haben Sie schon einmal jemanden zu schnell beurteilt? Machen Sie Notizen. Sprechen Sie dann mit Ihrem Partner / Ihrer Partnerin über Ihre eigenen Erfahrungen und schildern Sie eine Situation.

Bei anderen ankommen

1 Freizeitpartner im Internet gesucht

a Lesen Sie die Profile. Mit wem würden Sie gerne etwas unternehmen? Sprechen Sie mit Ihrem Partner / Ihrer Partnerin.

Marion Reiter	**Julian Wieder**
58 J. jung u. reiselustig. Ich gehe ins Theater oder ich schaue mir Musicals an. **Ich suche:** nette Leute für Städtetouren o. für Musicalbesuche (Alter egal).	Bin 17, gehe noch zur Schule. Spiele gerne Schach und mag klassische Musik **Ich suche:** junge Leute zum Karten- u. Schachspielen o. für Konzertbesuche.
Tanja Vogt	**Ulrich Kurz**
20 Jahre, Studentin, lese gerne, liebe die Natur (Berge) und Sport (Klettern) **Ich suche:** Leute für Ausflüge. Ich will die Umgebung kennenlernen, denn ich bin neu hier.	43, interessiert an Malerei und Architektur, aber ich mag auch Kneipen **Ich suche:** aktive Leute. Ich muss nicht immer ins Museum, sondern ich bin offen f. Neues!

b Sie wollen sich mit einer der Personen aus 1a verabreden. Spielen Sie zu zweit kleine Dialoge. **AB: E1** ▶

> **Einleitung:** Ich habe Ihr / dein Profil im Internet gelesen. | Ich rufe an, weil ich Ihr / dein Profil gesehen habe und es mich interessiert. | Ich habe gesehen, dass Sie / du auch gern …
>
> **Verabredung:** Können wir uns verabreden? | Wann und wo sollen wir uns treffen? | Wir könnten uns am … um … treffen. | Ich freue mich auf unser Treffen.

○ G 3.2 2 Sprache im Mittelpunkt: Hauptsatz + Hauptsatz – „aduso"-Konjunktionen

a Ergänzen Sie die Sätze in der Tabelle. Was fällt auf? Ergänzen Sie dann die Regel mithilfe der Profile in 1a. **AB: E2** ▶

Hauptsatz 1	Position 0	Hauptsatz 2
1. Ich bin interessiert an Malerei,	aber	*ich mag auch Kneipen.*
2. Ich will die Umgebung kennenlernen,	denn	
3. Ich spiele gern Schach (,)	und	
4. Ich muss nicht immer ins Museum,	sondern	
5. Ich gehe gern ins Theater (,)	oder	

> „**a**ber", „**d**enn", „**u**nd", „**s**ondern", „**o**der" („aduso") verbinden zwei Hauptsätze und stehen auf Position ....

b Lesen Sie die Sätze in 2a noch einmal. Welche Bedeutung haben die „aduso"-Konjunktionen? Ordnen Sie zu.

> Gegensatz / Einschränkung | Alternative | Grund | Verbindung / Aufzählung | Korrektur

1. aber: *Gegensatz / Einschränkung*   3. und: ....   5. oder: ....

2. denn: ....   4. sondern: ....

c Schreiben oder erfinden Sie selbst ein Internetprofil. Verwenden Sie auch die „aduso"-Konjunktionen. Die Profile in 1a und die Fragen helfen Ihnen.

- Wen suchen Sie (Mann / Frau, Alter, …)?
- Was für ein Typ sind Sie?
- Was machen Sie gern?
- Seit wann machen Sie das?
- Warum suchen Sie einen Freizeitpartner?
- Wie oft möchten Sie sich treffen?

3 Die erste Verabredung

Worauf müssen Sie beim ersten Treffen achten? Markieren Sie in dem Ratgeber die wichtigsten Informationen und sprechen Sie im Kurs.

Sie sind verabredet, aber Sie kennen ihn/sie noch nicht? Sie suchen keine/n Partner/Partnerin, sondern Sie wollen nur etwas zusammen unternehmen und möchten sich erst mal kennenlernen? Sie wissen nicht, ob Sie Blumen mitbringen sollen? Hier haben wir einige Tipps für Sie!

Pünktlichkeit: Wer zu spät kommt, sollte eine kurze SMS schreiben. Noch besser: Wenn Sie früh genug losgehen, kommen Sie auf jeden Fall pünktlich.

Im Café oder Restaurant: Früher hat der Mann die Bestellung für die Frau aufgegeben. Das ist heute nicht mehr aktuell. Dass jeder selbst bestellt und jeder auch selbst bezahlt, ist selbstverständlich. Sie können aber einen Kaffee spendieren, wenn Sie nett sein wollen.

Geschenke: Geschenke oder Blumen sollten Sie zum ersten Treffen nicht mitbringen, weil man das nur bei guten Bekannten macht, wenn man sie zu Hause besucht.

Handy: Das Handy stört natürlich, wenn Sie sich gerade kennenlernen wollen. Telefonieren Sie nicht am Tisch, sondern gehen Sie kurz raus.

Desinteresse: Das Treffen läuft nicht gut, weil Sie sich z.B. nicht sympathisch sind. Dann können Sie sich früh verabschieden, wenn Sie den anderen nicht wiedersehen möchten. Denken Sie aber daran, dass eine nette Verabschiedung dazugehört.

○ G 3.3 ## 4 Sprache im Mittelpunkt: Hauptsatz + Nebensatz – Nebensatzkonnektoren

a Lesen Sie die Sätze aus 3 und kreuzen Sie in den Regeln an. `AB: E 3 a–c`

Hauptsatz	Nebensatz		
	Nebensatzkonnektor		Satzende
1. Das Handy stört natürlich,	wenn	Sie sich gerade kennenlernen	wollen.
2. Das Treffen läuft nicht gut,	weil	Sie sich z.B. nicht sympathisch	sind.
3. Denken Sie aber daran,	dass	eine nette Verabschiedung	dazugehört.

1. Zwischen Haupt- und Nebensatz steht   **a** ein Komma   **b** ein Punkt.
2. Der Nebensatz beginnt mit einem Nebensatzkonnektor. Das Verb steht am   **a** Satzanfang   **b** Satzende.

b Überlegen Sie, ob die Konnektoren Haupt- oder Nebensätze einleiten. Verbinden Sie die Sätze und markieren Sie dann die Haupt- und Nebensätze in verschiedenen Farben. `AB: E 3 d`

1. Unser Treffen ist gut gelaufen. Ich finde Tanja wirklich sehr nett. (und)
2. Es ist interessant. Sie wandert auch gern. (dass)
3. Wir wollen zusammen wandern. Sie hat Zeit. (wenn)
4. Wir können auch eine Radtour machen. Wir spielen Tennis. (oder)
5. Wir unternehmen sehr viel zusammen. Wir haben viele gemeinsame Interessen. (weil)

> **Nebensatz vor Hauptsatz**
> Man kann auch mit dem Nebensatz beginnen, z. B. Wenn sie Zeit hat, wollen wir zusammen wandern.

1. Unser Treffen ist gut gelaufen (,) und ich finde Tanja wirklich sehr nett.

Endlich an(ge)kommen

1 In der Fremde

a Lesen Sie die unterschiedlichen Beiträge zum Thema „Alles neu" in einem Wochenendmagazin. Um welche Textsorten handelt es sich? Ordnen Sie zu und vergleichen Sie Ihre Ergebnisse im Kurs. **AB: F1** ▶

❶

Auf in die Welt!

Meine Reise nach Südkorea verlief ohne Probleme. Nach der Ankunft habe ich noch am selben Tag meine neuen Kollegen getroffen. Sie sind sehr sympathisch und hilfsbereit. Dann haben wir den Plan für die erste Woche besprochen. Man hat mich einem Team zugeteilt und ich habe die Zugangskarte für das Büro bekommen. Mein erster Eindruck ist sehr positiv! Das wird ein interessantes Jahr. (…)

Tom M.

❷

Endlich angekommen!

Umzug
Frohe Erwartung
Nur wenige Tage
Dann wohne ich hier
Altes Haus vor der Stadt
Mit deinen vielen Bäumen
Im grünen Garten
Voller Blumen
Zuhause

Britta K.

❸

Aller Anfang ist schwer

Meine Jacke habe ich zugeknöpft, den dicken Schal um den Hals gebunden. Trotzdem ist mir kalt. Der eisige Wind weht mir ins Gesicht, ich spüre kaum noch meine Nase oder die Lippen. Einzelne Schneeflocken fallen aus den grauen Januarwolken. Die Häuserzeilen sind lang und grau, der Marktplatz im Zentrum ist leer. Seit einer Stunde suche ich ein Café, einen Ort, an dem es hell und warm ist. Jetzt bin ich hier angekommen, in einer kleinen Stadt im Norden Deutschlands. Angekommen? Nicht wirklich! Mein neuer Arbeitsplatz ist in dieser Stadt. Eine neue Adresse habe ich auch schon in dieser Stadt, die mir noch so fremd ist. Hier also soll für die nächsten Jahre mein Zuhause sein? Hier soll ich leben und arbeiten! – vielleicht sogar für immer? Freuen kann ich mich noch nicht so richtig. Dazu braucht man Freunde und die habe ich noch nicht.

Isa G.

Text 1	A. Erzählung	1.	B
Text 2	B. Bericht	2.	
Text 3	C. Cartoon	3.	
Text 4	D. Gedicht	4.	

b Welcher Text aus 1a gefällt Ihnen am besten? Warum? Sprechen Sie im Kurs. Die Redemittel helfen Ihnen.

Gefallen äußern: Text 1 gefällt mir besonders gut, weil er Lust auf Neues macht. / … weil er Gefühle sehr anschaulich beschreibt. | Mir gefällt das Gedicht sehr gut, denn es beschreibt … | Der Cartoon spricht mich an, weil er witzig / lustig ist.

Missfallen äußern: Der Text „…" gefällt mir nicht gut, weil er so langweilig ist. | Mir gefällt das Gedicht gar nicht, denn … | Der Cartoon spricht mich überhaupt nicht an, weil …

c Schauen Sie sich die Beiträge in 1a noch einmal genau an. Überlegen Sie, in welcher Situation die Personen / Figuren sind und wie es ihnen geht. Machen Sie Notizen und vergleichen Sie Ihre Ergebnisse im Kurs.

	Situation	Gefühle
Text 1	*Auslandspraktikum, ...*	
Text 2		
Text 3		
Text 4		

2 In der Fremde ankommen – und lachen!

Welche Situationen können lustig sein, wenn man in einem fremden Land ankommt? Was ist Ihnen schon passiert? Sprechen Sie im Kurs. Folgende Ideen helfen.

- etwas falsch verstehen
- eine Geste nicht kennen
- neue / andere Schilder
- Essen / Getränke
- andere Gewohnheiten
- ...

3 Schreibwerkstatt: Geschichten und Gedichte zum Thema „An(ge)kommen"

Arbeiten Sie in Gruppen. Wählen Sie eines der folgenden Schreibangebote und präsentieren Sie Ihre Ergebnisse im Kurs.

- Wie könnte die Erzählung (Text 3) in 1a weitergehen? Schreiben Sie die Fortsetzung.
- Schreiben Sie ein Schneeballgedicht wie das Gedicht (Text 2) nach der Anleitung unten.
- Wählen Sie eine Situation aus 2. Schreiben Sie eine Theaterszene / einen Sketch. Sie können sie / ihn vorspielen oder einen Film mit Ihrem Handy drehen.
- Zeichnen Sie einen Cartoon mit Sprechblase(n).

Anleitung für ein Schnellball-Gedicht
Die Titelzeile bleibt leer. Dort tragen Sie zum Schluss die Überschrift des Gedichtes ein. Das Gedicht besteht aus 9 Zeilen mit unterschiedlich vielen Wörtern (siehe Tabelle unten). Der / Die erste Autor/in schreibt ein Wort in die erste Zeile, der / die Nächste setzt zwei Wörter in Zeile 2. Der / Die Dritte notiert drei Wörter in Zeile 3, und so weiter, bis das Gedicht zu Ende ist. Der / Die letzte Autor/in findet den Titel und gibt dann die erste Zeile für das nächste Gedicht vor.

Zeile	Anzahl Wörter	Titel
1	1	
2	2	
3	3	
4	4	
5	5	
6	4	
7	3	
8	2	
9	1	

Guten Appetit!

1 Deutsche Spezialitäten

a Schauen Sie sich die Fotos oben an und lesen Sie die Zutaten auf den Rezeptkärtchen. Welches Foto passt zu welchem Kärtchen? Notieren Sie. **AB: A1** ▶

1

Zwiebelkuchen Foto: _B_

500 g Mehl
1 Pck. Trockenhefe
1 Pr. Salz und Zucker
250 ml lauwarmes Wasser
100 ml Öl
2 kg Zwiebeln
500 g Speckwürfel
2 B. Saure Sahne
…

2

Rheinischer Sauerbraten Foto: ……

1 kg Rindfleisch
1 Zwiebel, 4 Pfefferkörner
1 Nelke, 1 Lorbeerblatt
90 g Suppengrün
1 Möhre, 1 kl. Sellerie
50 g Fett
¼ l Essig und ¼ l Wasser
etwas Brotrinde oder Honigkuchen
100 g Rosinen
…

3

Heringssalat Foto: ……

400 g Fischfilet (Matjesfilet)
125 g Quark
125 g Saure Sahne
100 g Gewürzgurken
1 Apfel
…

4

Christstollen Foto: ……

1 kg Mehl
450 g Butter
½ l Milch
200 g Zucker
2 ½ Pck. Trockenhefe
500 g Rosinen
100 g Orangeat
200 g Mandeln
250 g Puderzucker
…

5

Schwarzwälder Kirschtorte Foto: ……

60 g Kakaopulver
75 g Butter
6 Eier
180 g Zucker
140 g Mehl
80 g Speisestärke
…
1 Tl. Backpulver
800 g Kirschen
5 EL Kirschsaft
5 EL Kirschwasser
800 ml Schlagsahne
50 g Schokoraspeln

Karte:
OSTSEE
NORDSEE
SCHLESWIG-HOLSTEIN
MECKLENBURG-VORPOMMERN
HAMBURG
BREMEN
NIEDERSACHSEN
BRANDENBURG
BERLIN
NORDRHEIN-WESTFALEN
SACHSEN-ANHALT
SACHSEN
Köln
Dresden
THÜRINGEN
HESSEN
Frankfurt
RHEINLAND-PFALZ
SAARLAND
BAYERN
Freudenstadt
BADEN-WÜRTTEMBERG

b Sehen Sie sich die Karte und die Gerichte noch einmal an. Welche Spezialität kommt aus welcher Region Deutschlands? Vermuten Sie.

Ich glaube / meine / denke / vermute, der Zwiebelkuchen kommt aus … | Ich glaube / meine / finde / vermute, dass der Zwiebelkuchen aus … kommt. | Vielleicht kommt der Zwiebelkuchen aus …

LB ● 11   c   Hören Sie das Gespräch in der Kantine. Aus welchen Regionen kommen die Spezialitäten? Überprüfen Sie Ihre Vermutungen aus 1b.

Gerichte	Zwiebelkuchen	Heringssalat	Rheinischer Sauerbraten	Schwarzwälder Kirschtorte	Christstollen
Region	Hessen				

d   Welche der Spezialitäten aus 1a möchten Sie (nicht) probieren? Warum?

② Das Kurskochbuch

a   Lesen Sie das Rezept rechts. Wie formuliert man Rezepte? Welcher Wortschatz ist typisch? Markieren Sie und sammeln Sie im Kurs. AB: A2 ▸

b   Wählen Sie eine Spezialität und notieren Sie das Rezept auf Deutsch. Bringen Sie Fotos mit. Sammeln Sie die Rezepte in einem „Kurskochbuch" oder auf einem Plakat.

Heringssalat
Zutaten:
400 g Fischfilet
(Matjesfilet)
125 g Quark
125 g Saure Sahne
100 g Gewürzgurken
100 g rote Zwiebeln
1 Apfel
frische Kräuter
Pfeffer, Salz

Zubereitung:
Fischfilets in kleine Stücke schneiden. Gewürzgurke, Zwiebeln und Apfel in kleine Würfel schneiden und zu den Fischstückchen geben.
Quark, Sahne, Kräuter sowie die Gewürze zu einer Soße verrühren. Die Soße unter die restlichen Zutaten heben, mischen und alles ziehen lassen.

③ Was essen die Deutschen am liebsten?

a   Was essen die Deutschen am liebsten? Was glauben Sie? Erstellen Sie eine Mindmap.

b   Lesen Sie den Ausschnitt aus einer Ernährungsstudie. Wohin passen die folgenden Sätze? AB: A3 ▸

a. Die Deutschen essen gern international. | b. Nur über ihre Herkunft streitet man sich noch. | c. Frauen bevorzugen Nudeln, Männer Pizza. | d. Wie oft isst man etwas Warmes? | e. Auch hier gibt es große Unterschiede zwischen den Gruppen. | f. Hier gibt es aber regionale Unterschiede.

[a] Laut einer Studie sind die Lieblingsgerichte der Deutschen italienisch, nämlich Pizza und Pasta. Hier gibt es aber einen Unterschied zwischen Männern und Frauen: [ ] Aber wenn es um den Lieblingssnack der Deutschen geht, also um das, was sie unterwegs auf die Hand essen, dann ist der türkische Döner auf Platz eins. Auch Sushi hat seine Fans, aber es ist bisher nur eine kleine Gruppe. [ ] Insgesamt nehmen die Deutschen meist nur eine warme Mahlzeit täglich zu sich. Nur etwa sechs Prozent essen zweimal pro Tag ein warmes Gericht. Unterwegs essen die Deutschen neben Döner oft Pommes, belegte Brötchen oder Würstchen. [ ] Im Norden sind Fischbrötchen besonders beliebt, in Bayern ist die Leberkäse-Semmel ein Klassiker. Natürlich zählt auch die Currywurst zu den Favoriten. Sie hat nicht nur seit Jahren schon ein eigenes Lied („Currywurst" von Herbert Grönemeyer), sondern jetzt auch ein eigenes Museum in Berlin. [ ] Hamburg, Berlin und das Ruhrgebiet wären gern Geburtsort der Currywurst. Wie die Studie auch zeigt, mögen die Deutschen vor allem würzige Speisen. Besonders beliebt ist diese Geschmacksrichtung bei älteren Menschen. [ ] „Scharf" ist eher bei Männern beliebt und „süß" bei jungen Menschen unter 20. (…)

c   Fassen Sie das Ergebnis der Studie in eigenen Worten zusammen. Vergleichen Sie es mit Ihren Aufzeichnungen in 3a.
AB: A4 ▸

d   Was essen die Menschen in Ihrer Heimat am liebsten? Wo gibt es Gemeinsamkeiten oder Unterschiede?

Über Gemeinsamkeiten sprechen: Wir essen auch … gern. | Wir essen genauso oft/viel … wie die Deutschen.
Über Unterschiede sprechen: … mögen wir nicht gern. | Wir essen weniger/mehr … als die Deutschen.

Das sieht ja lecker aus!

1 Werbesprüche

a Sehen Sie sich die Plakate an. Welche „Tricks" werden genutzt? Notieren Sie wie im Beispiel. AB: B1 ▸

   1. Wortspiel: A..........   2. Anglizismen: ....   3. Farben: ....   4. Humor: ....

b Welche Werbetricks kennen Sie noch? Arbeiten Sie in Gruppen und erklären Sie sie mit einem Werbebeispiel aus Zeitschriften oder dem Internet im Kurs.

c Sehen Sie sich die Plakate 1a noch einmal an. Welches Plakat spricht Sie an? Warum? Sprechen Sie im Kurs.

2 Kontroverse Diskussion: Pro und contra Werbeverbot für Süßigkeiten

LB 12–14

a Hören Sie eine Talksendung zum Thema „Werbeverbot für Süßigkeiten?" mit den Gästen Herrn Gehrke (G) und Frau Bach (B). Wer ist für das Verbot, wer dagegen? Kreuzen Sie an.

   1. Für ein Werbeverbot für Süßigkeiten   G   B
   2. Gegen ein Werbeverbot für Süßigkeiten   G   B

b Hören Sie die Talksendung noch einmal und folgen Sie den Argumenten. Wer sagt was? Kreuzen Sie an.

   1. Werbung informiert die Kunden über Produkte.   G   B
   2. Es gibt sehr witzige Werbung.   G   B
   3. Über den Kauf entscheidet der Kunde.   G   B
   4. Ein Werbeverbot im Kinderfernsehen wäre effektiv.   G   B
   5. Kinder essen zu viele Süßigkeiten.   G   B
   6. Andere Initiativen, wie z.B. mehr Bewegung, sind sinnvoller.   G   B
   7. Man soll auch einige andere Produkte verbieten.   G   B
   8. Die Politik soll nicht über das Konsumverhalten entscheiden.   G   B
   9. Es geht nicht um die Abschaffung von Süßigkeiten.   G   B

c Welcher Meinung können Sie sich anschließen? Diskutieren Sie im Kurs. AB: B2 ▸

> Ich finde, was Herr / Frau xy gesagt hat, ist … | Ich kann mich der Meinung von Herrn / Frau xy (nicht / nur zum Teil) anschließen. | Wie Herr / Frau xy denke ich auch, dass … | Ich habe ähnliche Erfahrungen gemacht wie Herr / Frau xy … | Ich muss Herrn / Frau xy widersprechen, weil …

▶ G 4.11 ③ Sprache im Mittelpunkt: Der Imperativ – Formen und Bedeutung

a   Lesen Sie die Sätze aus der Talksendung und markieren Sie die Imperativformen. Was fällt auf? Ergänzen Sie die Satznummern in den Regeln unten. **AB: B3** ▸

  1. Bitte erzählen Sie uns doch kurz von dieser neuen Kampagne!
  2. Bitte esst nicht so viel Süßes! Nehmt euch Obst!
  3. Bitte, Mami, kauf mir ein Eis!
  4. Kauf mich! Iss mich!
  5. Lass das, bettle nicht!
  6. Hab mehr Geduld, handle klug, warte ab!
  7. Sei vernünftig, halte dich zurück!
  8. Denk an deine Gesundheit!
  9. Stellen Sie sich doch mal Deutschland ohne Bierwerbung vor!
  10. Seien Sie ruhig etwas entspannter und haben Sie doch Vertrauen in Ihre Mitmenschen!

> **Formen des Imperativs:**
> 1. **Du-Form:** Der Imperativ wird von der 2. Person Singular Präsens abgeleitet. Die Endung „-st" und das Personalpronomen fallen weg. Sätze: _3,_ ......
> 2. **Ihr-Form:** Der Imperativ und die 2. Person Plural Präsens sind gleich. Das Personalpronomen fällt weg. Satz: ....
> 3. **Sie-Form:** Der Imperativ und die 3. Person Plural Präsens sind gleich. Das Personalpronomen bleibt und kommt nach dem Verb. Sätze: ....
>
> **Besonderheiten:**
> 1. Bei unregelmäßigen Verben fällt der Umlaut weg. Satz: ....
> 2. Bei Verben auf „-ln" wie z.B. „sammeln" fällt das „-e" vor dem „-l" in der Du-Form weg. Auf das „-l" folgt ein „-e": Sätze: ....
> 3. Verben auf „-d, -t, -m, -n, -ig" wie z.B. „halten" erhalten in der Regel die Endung „-e" in der Du-Form. Sätze: ....
> 4. „haben" hat Sonderformen für die Du-Form. Satz: ....
> 5. „sein" hat Sonderformen für die Du-Form, Ihr-Form und Sie-Form. Sätze: ....

b   Welche Bedeutung haben die Sätze aus 3a? Notieren Sie. **AB: B4** ▸

  1. Bitten: Sätze _1,_ ....

  2. Vorschläge / Ratschläge: Sätze ....

  3. Anweisungen: Sätze ....

c   Lesen Sie den Tipp und notieren Sie mithilfe der Stichworte Vorschläge, Ratschläge, Bitten oder Anweisungen zum Thema „Gesunde Ernährung".

  1. Sie: sich bitte Zeit beim Einkaufen lassen
  2. du: Produkte genau auswählen
  3. ihr: mal auf die Inhaltsstoffe der Produkte achten
  4. du: viel Obst und Gemüse essen
  5. ihr: doch mehr Wasser trinken
  6. Sie: wenig Fleisch essen

> **Tipp**
> Die Modalpartikel „doch" betont den Vorschlag / die Bitte. „Mal" macht den Vorschlag / die Bitte freundlich. Die Modalpartikeln stehen in der Regel direkt nach dem Imperativ, z. B. Bitte komm doch mal! Pronomen stehen meist vor den Partikeln, z. B. Frag ihn mal!

  1. Bitte lassen Sie sich doch Zeit beim Einkaufen!   ....

  ....

  ....

d   Ergänzen Sie fünf weitere Ratschläge für eine gesunde Ernährung. Arbeiten Sie zu zweit und vergleichen Sie im Kurs.

Tipps für den Gast

❶ Wie verhält man sich als Gast?

a Beschreiben Sie die beiden Szenen oben. Was tut die eine Person? Wie reagieren die anderen? Sprechen Sie im Kurs.

LB ⏺ 15 b Hören Sie das Gespräch zwischen Anna und Patryk. Worüber unterhalten sich die beiden Personen? Kreuzen Sie die Themen an. **AB: C1**

☐ Duzen / Siezen ☐ Pünktlichkeit ☐ Essen

☐ Gastgeschenk ☐ Kleidung ☐ Arbeit

c Hören Sie das Gespräch noch einmal. Notieren Sie in Stichpunkten, was „typisch deutsch" ist und was nicht.

„typisch deutsch"	nicht üblich in Deutschland
– pünktlich kommen	

d Was fällt Ihnen zu 1c noch ein? Sprechen Sie im Kurs und notieren Sie weitere Stichpunkte.

❷ Zu Gast in meinem Land

a Was ist in Ihrem Heimatland typisch, was nicht? Vergleichen Sie in Gruppen.

> In meinem Heimatland ist es üblich, dass … | Bei uns ist das auch so / ganz anders. | Das kenne ich auch, dass … |
> Man darf nicht … | Man soll … | Auf keinen Fall kann man … | Bei uns ist es undenkbar, dass …

b Was machen Ausländer in Ihrem Heimatland manchmal falsch? Arbeiten Sie zu zweit, wählen Sie eine Situation und spielen Sie sie im Kurs vor.

3 Tischmanieren

a Lesen Sie die Hinweise für ein Geschäftsessen. Welche sind typisch für Ihr Heimatland, welche für Deutschland? Kreuzen Sie an.

	Heimatland	Deutschland
1. Man kommt nicht zu früh und nicht zu spät zu einem Geschäftsessen.	☐	☐
2. Man beginnt zu essen, wenn alle am Tisch sitzen.	☐	☐
3. Man muss jedes Essen probieren.	☐	☐
4. Wenn man fertig ist, legt man das Besteck auf den Teller.	☐	☐
5. Nur wenn der Gastgeber es wünscht, gibt es auch alkoholische Getränke.	☐	☐
6. Es ist unhöflich, beim Essen zu telefonieren.	☐	☐

b Vergleichen Sie Ihre Ergebnisse im Kurs.

c Lesen Sie den Ausschnitt aus dem Ratgeber „Geschäftsessen: Tischmanieren auf einen Blick" und kontrollieren Sie Ihre Antworten aus 3a. AB: C2

Sie treffen Ihren Chef oder wichtige Kunden zu einem Geschäftsessen im Restaurant. Aber Sie sind unsicher und haben Angst vor Fettnäpfchen? Dann helfen Ihnen folgende Tipps:

5 Bitte kommen Sie pünktlich! Fünf Minuten früher oder später ist akzeptabel, alles andere gilt als unhöflich. Wenn alle Gäste da sind, fordert der Gastgeber alle auf, sich an den Tisch zu setzen, oder er setzt sich selbst. Erst dann dürfen die Gäste sich setzen. Tragen
10 Sie professionelle Kleidung. Sie können Ihr Jackett oder Ihre Kostümjacke aber erst ablegen, wenn es der Gastgeber tut. Bitte schalten Sie auch Ihr Handy auf stumm. Ein „witziger" Klingelton ist vielleicht ein Zeichen für Originalität, wirkt aber nicht gerade
15 professionell. Generell gelten Telefongespräche bei einem Geschäftsessen als unhöflich. Unterhalten Sie sich mit Ihrem Chef bzw. mit Ihren Kunden. Machen Sie Small Talk und vermeiden Sie Gespräche über Privates. Sprechen Sie nicht zu laut, denn das stört die
20 Gäste am Nachbartisch. Denken Sie daran, Sie sind nicht nur zum Essen da. Bringen Sie alle nötigen Arbeitsunterlagen mit und seien Sie gut vorbereitet. Wenn es kein Menü gibt, dann ist es ratsam, Gerichte aus der mittleren Preiskategorie zu wählen. Aber bitte
25 beginnen Sie nicht sofort zu essen, sobald die Speisen vor Ihnen stehen. Erst wenn alle bedient sind, fängt man mit dem Essen an. Kommt das Essen nicht, dann bittet man die Personen mit warmem Essen anzufangen. Sie sollten jedes Essen probieren (falls nicht gesundheitliche oder religiöse Gründe dagegen 30 sprechen). Bitte benutzen Sie Ihr Besteck von außen nach innen und führen Sie die Speisen zum Mund und nicht umgekehrt. Wenn Sie mit einem Gang fertig sind, legen Sie Ihr Besteck parallel auf die rechte Tellerseite. Dann weiß auch der Kellner, dass Sie fertig 35 sind. Wählen Sie alkoholfreie Getränke. Alkoholische Getränke gibt es nur, wenn der Gastgeber ausdrücklich dazu einlädt. Auch dann gilt: Man kann Alkohol auch ablehnen. Mit den alkoholischen Getränken wartet man, bis der Gastgeber sein Glas erhebt und 40 einen Trinkspruch sagt, z.B. „Zum Wohl" oder „Auf den Abschluss eines gelungenen Tages". Danach kann man trinken, wann man möchte. Aber natürlich nicht zu viel, das macht keinen guten Eindruck. Bei einem Arbeitsessen zahlt meist der Gastgeber diskret 45 die Rechnung. Wenn es anders vereinbart ist, werden Sie in der Regel vorher informiert. Generell gilt aber bei einem Geschäftsessen: Schauen Sie, wie der Gastgeber und die Gäste sich verhalten, dann machen Sie nichts falsch. Und nun – lassen Sie es sich schmecken 50 und genießen Sie das Essen!

Urs Maier

4 Bist du bei mir zu Gast ...

Schreiben Sie einen Mini-Ratgeber für Ihr Heimatland. Wie sollte man sich bei Einladungen im Restaurant oder beim Gastgeber zu Hause verhalten?

2D Die Wegwerfgesellschaft

1 Schon abgelaufen

a   Haben Sie in der letzten Woche Lebensmittel weggeworfen? Warum (nicht)? Berichten Sie im Kurs.

b   Lesen Sie den Artikel über die Wegwerfgesellschaft aus dem Internet und die Kommentare dazu. Ordnen Sie die Kommentare den passenden Zeilen zu. `AB: D1`

Kampagne gegen die Wegwerfmentalität

Jährlich wirft jeder Deutsche im Durchschnitt 82 Kilogramm Lebensmittel weg; das entspricht zwei vollgepackten Einkaufswagen. Einer der Gründe ist das abgelaufene Haltbarkeitsdatum.

5   In einer neuen Kampagne versucht man, den Bürgern zu vermitteln, dass das Haltbarkeitsdatum nur zur ungefähren Orientierung dient. Die meisten Lebensmittel kann man noch einige Tage oder sogar Wochen nach diesem Datum völlig problemlos essen. Ob dies so ist, kann man leicht anhand von Farbe, Geruch oder Geschmack selbst überprüfen.

10   Ein anderer Grund könnten die Verpackungsgrößen sein. Heutzutage sind Familienpackungen modern, die für ihre Größe relativ günstig sind. Aber es gibt viele Single-Haushalte, die nur kleine Mengen brauchen. Das bedeutet, dass viele Personen sich zu große Packungen kaufen, von denen sie dann einiges wegwerfen.

Das Problem liegt also sowohl bei den Verbrauchern als auch bei den Herstellern – beide müssen umdenken. Das möchte

15   die Bundesregierung mit dieser neuen Info-Kampagne erreichen.

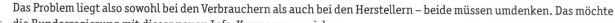

denker93: Ich würde mir wünschen, dass die Verbraucher den gesunden Menschenverstand einschalten. Natürlich sind Lebensmittel nicht einen Tag nach Ablauf schlecht! Wir sollten mit unseren Lebensmitteln und auch mit vielen anderen Dingen sorgfältig umgehen. Zeilen: _5–6_

---

tinalein: Ein Problem sind meiner Meinung nach die billigen Lebensmittelpreise – Wegwerfen fällt da leicht. Wie kann man das ändern? Wir sollten nur noch so viel kaufen, wie wir wirklich brauchen. Und es wäre besser, Freunde zum Essen einzuladen, als Sachen wegzuwerfen. Zeilen: ....

---

critico: Liebe Redaktion, könnten Sie bitte das nächste Mal besser recherchieren? Was heißt „die meisten Lebensmittel"? Das sind doch sicher Obst und Gemüse – und für die gibt es kein Haltbarkeitsdatum. Ich wüsste gern, welche Mengen es wirklich sind, die noch essbar wären. Zeilen: ....

---

blum3: Also, ich gehöre auch zu den Wegwerfern. Denn ich habe kein gutes Gefühl, wenn ich Lebensmittel esse, die über dem Haltbarkeitsdatum sind. Was ist, wenn ich davon krank werde? Ich hätte gern eine Liste, auf der steht, wie lange die Produkte nach Ablauf des Haltbarkeitsdatums noch essbar sind. Oder sollte man das auf die Produkte schreiben? Wenn es auf den Produkten stehen würde, dann würden sie bestimmt noch viele Leute kaufen. Zeilen: ....

---

c   Lesen Sie die Kommentare noch einmal. Markieren Sie alle Vorschläge, wie man die Menge der weggeworfenen Lebensmittel reduzieren kann. Vergleichen Sie im Kurs.

d   Schreiben Sie einen Kommentar und tauschen Sie mit einem Partner / einer Partnerin. Schreiben Sie ihm / ihr eine kurze Antwort auf den Kommentar.

e   Wie ist das in Ihrer Heimat? Wie stehen Sie zu diesem Problem?

○ G 4.12 **2** ## Sprache im Mittelpunkt: Der Konjunktiv II – Formen

a Lesen Sie die Kommentare aus 1b noch einmal und markieren Sie alle Konjunktivformen. Ergänzen Sie dann die
fehlenden Formen in der Tabelle. `AB: D2a`

	sein	haben	sollen	können	wissen
ich	wäre		sollte		
du	wärest				
er/sie/es		hätte			
wir					wüssten
ihr				könntet	
sie / Sie					

b Lesen Sie die Regeln und bilden Sie die Konjunktivform von den Verben in Klammern. `AB: D2b–c`

> 1. regelmäßige Verben (z. B. kaufen) → würde (konjugiert) + Infinitiv des Verbs: ich _würde kaufen_
>
> 2. Modalverben (müssen, können, dürfen) und „haben" → Präteritum + Umlaut:
>
>   du .... / .... / .... / ....
>
> 3. Modalverben (sollen, wollen) → Präteritum: er .... / ....
>
> 4. unregelmäßige Verben (z. B. kommen, sein) → Präteritum + Umlaut: wir .... / ....
>
> 5. gemischte Verben (z. B. wissen, denken) → Präteritum + Umlaut: ihr .... / ....

○ G 4.12 **3** ## Sprache im Mittelpunkt: Konjunktiv II – Verwendung

a Der Konjunktiv II hat viele Funktionen. Lesen Sie die Sätze und kreuzen Sie Ratschlag / Empfehlung (R), Wunsch (W) oder
Bitte (B) an. `AB: D2d–g`

1. An deiner Stelle würde ich weniger einkaufen. R W B
2. Könntest du mir bitte etwas Obst mitbringen? R W B
3. Sie sollten vor jedem Einkauf eine Liste schreiben. R W B
4. Würden Sie mir vielleicht mit den Sachen helfen? R W B
5. Er würde gern öfters kochen, aber leider hat er keine Zeit. R W B
6. Ich wüsste gern, wie lange das Eis noch haltbar ist. R W B
7. Wir hätten gern einen großen Kühlschrank. R W B
8. Sie könnten Ihren Nachbarn vielleicht etwas schenken. R W B
9. Könntest du mir das Kochrezept geben? R W B
10. Wenn ich Sie wäre, würde ich übriggebliebene Lebensmittel verschenken. R W B

b Formulieren Sie drei Sätze mit dem Konjunktiv II. Vergleichen Sie im Kurs.

1. Bitte: ....

2. Wunsch: ....

3. Ratschlag / Empfehlung: ....

c Welche Probleme haben Sie beim Einkaufen, Kochen oder im Haushalt? Schreiben Sie jeweils ein Problem auf einen
Zettel und tauschen Sie den Zettel mit Ihrem Partner / Ihrer Partnerin. Notieren Sie einen Ratschlag zur Lösung des
Problems.

Berufe rund ums Essen

A | B | C | D

1 Berufsporträts

a   Welche Berufe rund ums Essen kennen Sie schon? Sammeln Sie in Gruppen und vergleichen Sie im Kurs.

b   Arbeiten Sie zu zweit. Jeder wählt zwei Berufsporträts. Markieren Sie die Informationen zu den Stichpunkten im Schüttelkasten. Welches Foto passt zu welchem Berufsporträt? **AB: E1** ▶

> Konditor
> Ausbildung: 3 Jahre
> Arbeitszeit: ...

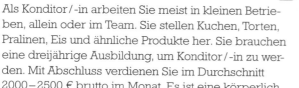

Ausbildung | Arbeitszeit | Gehalt | Tätigkeit | Ort

1   Konditor / -in   D

Als Konditor / -in arbeiten Sie meist in kleinen Betrieben, allein oder im Team. Sie stellen Kuchen, Torten, Pralinen, Eis und ähnliche Produkte her. Sie brauchen eine dreijährige Ausbildung, um Konditor / -in zu werden. Mit Abschluss verdienen Sie im Durchschnitt 2000 – 2500 € brutto im Monat. Es ist eine körperlich anstrengende Arbeit, da Sie viel stehen und konzentriert arbeiten müssen. Sie haben mit Kunden Kontakt und können kreativ sein. Der Arbeitstag beginnt in der Regel früh, manchmal sind Überstunden notwendig.

3   Winzer / -in   ☐

Der Beruf des Winzers ist sehr abwechslungsreich und anstrengend – Sie arbeiten viel draußen bei den Weinstöcken, aber auch im Labor, im Büro und mit Kunden. Sie arbeiten auf einem Weingut oder auch in dazugehörigen Gasthöfen. Die Vermarktung der verschiedenen Getränke (Wein, Sekt, Saft) ist wichtig. Mit einer dreijährigen Ausbildung verdienen Sie als Angestellte(r) ca. 2000 € brutto. Sie haben meistens reguläre Arbeitszeit, jedoch fallen während der Erntezeit Überstunden an.

2   Restauranttester / -in   ☐

Für diesen Beruf gibt es keine eigene Ausbildung, jedoch sollten Sie selbst Erfahrung in der Gastronomie haben und am besten Koch sein. Meistens bekommen Sie die Aufträge von den Restaurants selbst, die ihr Angebot verbessern wollen. Sie besuchen das Restaurant als normaler Gast, bewerten das Essen, den Service und das Ambiente und schreiben danach einen Bericht. Sie verdienen pro Tag ca. 500 € brutto, jedoch haben Sie in der Regel nur einige Arbeitstage pro Monat.

4   Kellner / -in   ☐

Als Kellner / -in müssen Sie Freude am Umgang mit Menschen haben. Sie beraten die Gäste, sorgen für das Wohlergehen und können mit Beschwerden umgehen. Sie brauchen dafür keine eigene Ausbildung. Die Arbeitszeiten hängen vom Arbeitsort ab. In einer Gaststätte arbeiten Sie meistens von mittags bis in die Nacht, in Cafés tagsüber. Das Einkommen liegt bei 1500 – 2000 € brutto plus Trinkgeld. Sie arbeiten in einem Team und müssen körperlich belastbar sein.

c   Geben Sie Ihrem Partner / Ihrer Partnerin Informationen zu den von Ihnen ausgewählten Berufen. Welchen der vier Berufe finden Sie am interessantesten? Warum?

d   Was ist Ihr (Wunsch-)Beruf? Schreiben Sie selbst ein Berufsporträt und lesen Sie es im Kurs vor. Nennen Sie den Beruf nicht – die anderen sollen raten. Sammeln Sie die Berufsportraits und hängen Sie sie im Kurs auf.

2 Berufsberatung

Spielen Sie Berufsberatung mit Ihrem Partner / Ihrer Partnerin. Einer ist Berufsberater, der andere sucht einen passenden Beruf. Tauschen Sie die Rollen. Die Redemittel helfen.

Berufsberater/-in:
- Was sind Ihre Stärken / Schwächen?
- Welche Arbeitszeiten sind für Sie akzeptabel?
- Arbeiten Sie gern allein oder lieber im Team?
- Sind Sie gern draußen?
- Welche Gehaltsvorstellungen haben Sie?
- Könnten Sie sich vorstellen als … zu arbeiten?

Arbeitssuchende(r)
- Besonders gut kann ich … / Ich bin nicht gut in … / Eine meiner Stärken / Schwächen ist …
- Die Arbeitszeiten sollten … / Ich kann auf keinen Fall … arbeiten.
- Ein Verdienst in Höhe von … würde meinen Vorstellungen entsprechen.
- Ich arbeite lieber …
- Das könnte ich mir sehr gut vorstellen, weil … / Nein, weil ich (keine) Erfahrung mit / in … habe.

3 Ich suche einen Job

a   Einige Ihrer Freunde und Freundinnen suchen Jobs (in den Ferien). Lesen Sie die Situationsbeschreibungen. Welche Anzeige passt zu welcher Person? AB: E2a ▸

1. Anton ist Student und möchte möglichst viel arbeiten. `F`

2. Susan spricht sehr gut Spanisch. Sie hat zwei kleine Kinder und möchte von zu Hause arbeiten.

3. Martin ist sportlich und gern draußen. Er hat nur zwei Wochen Ferien.

4. Annika hat eine Ausbildung als Fotografin und möchte einen Tag in der Woche arbeiten.

5. Jo sitzt oft am Schreibtisch. Er sucht im Sommer einen Job mit viel Bewegung.

6. Till studiert Physik. Er kennt sich gut mit Photoshop aus. Er sucht einen Job abends oder am Wochenende.

A
Briefzusteller im ganzen Stadtgebiet als Urlaubsvertretung ges. Keine Vorkenntnisse notwendig. Arbeitszeiten von 6–14 Uhr, Mo–Sa, davon ca. 4 Stunden mit dem Fahrrad unterwegs. Wir bieten nette Teams und angem. Bezahlung.
city-post@exp_de

B
Wir suchen kundenfreundl. und erfahrene Verkäuferin für unser Fotostudio in der Innenstadt. Erfahrungen und Interesse an Fotografie erwünscht. Arbeitszeit: Sa von 9–17 Uhr. Kontakt: Fotostudio Kraus, Marktplatz 17, 87629 Füssen, *c.meindl@foto-krause_de*

C
Übersetzeragentur sucht freiberufl. Mitarbeiter auf Stundenbasis. Arbeit von zu Hause und per Mail, tarifübl. Bezahlung pro Zeile / Seite. Bewerben Sie sich bei uns, wenn Sie Spanisch fließend beherrschen. Versch. Sprachen möglich.
drknoll@sprachagentur-com_de

D
Für Privatfeste und Veranstalt. suchen wir in den Ferien Unterstützung für unser Fototeam. Sie haben eine entsprechende Ausbildung, können gut mit Menschen umgehen und sind bereit für ungewöhnl. Arbeitszeiten. Bewerbung m. Fotomappe an:
maxfilm-agentur@berlin_de

E
Fleißige Weinliebhaber aufgepasst! Südtiroler Weinbauer sucht Helfer für die Weinlese Anfang bis Mitte Oktober. Du musst eine gute körperl. Konstitution und Freude an der Arbeit in der Natur haben. Unterbringung auf Bauernhof, keine Vorkenntnisse.
weingut_prankl@suedtirol_it

F
Bereit zu reisen und anzupacken? Messefirma su. kurzfristig Helfer f. Aufbau v. Messeständen in ganz Deutschland. Flex. Einsatzmöglichkeit bis zu zwölf Stunden tägl. Bezahlung nach Leistung. Bereitschaft zum Reisen Voraussetzung.
v.schnitt@messemüller_de

b   Wählen Sie eine Anzeige aus 3a und antworten Sie per Mail. Schreiben Sie etwas zu folgenden Punkten. AB: E2b–e ▸

- Informationen zur eigenen Person: Wer sind Sie? Was machen Sie?
- Für welchen Zeitraum suchen Sie die Tätigkeit?
- Warum ist die Tätigkeit für Sie interessant?
- Stellen Sie weitere Fragen, z.B. zurBezahlung, …

29

Lebensmittel – Gestern und heute

1 Hommage an die Kartoffel

China | Deutschland | Indien | Italien | Russland

a In welchem Land isst man die meisten Kartoffeln pro Kopf? Vermuten Sie im Kurs.

b Arbeiten Sie zu dritt. Lesen Sie jeweils einen Infotext über einen Aspekt der Kartoffel und notieren Sie die Hauptinformationen. **AB: F1** ▶

1 Die Geschichte der Kartoffel

Die Kartoffel stammt eigentlich aus Südamerika und kam Ende des 16. Jahrhunderts nach Europa. In Deutschland hat besonders Friedrich II. zur Verbreitung der Kartoffel als Hauptnahrungsmittel beigetragen. Er ließ um Berlin herum Kartoffelfelder anlegen und von Soldaten bewachen. Die Soldaten sollten sich nachts schlafend stellen, damit die Bauern die Kartoffeln stehlen konnten. So sollten sie die Kartoffeln kennenlernen, denn wie das bekannte Sprichwort schon sagt: „Was der Bauer nicht kennt, das frisst er nicht." Heute isst jeder Deutsche im Durchschnitt etwa 60 kg Kartoffeln im Jahr, aber das ist deutlich weniger als noch vor einigen Jahrzehnten.

2 Rund um die Kartoffel

Kaum ein Lebensmittel hat so viele unterschiedliche Namen wie die Kartoffel. Je nach Region bezeichnet man sie auch als „Erdapfel, Grumbeere, Knulle, Tüfte, …" Es gibt auch viele verschiedene regionale Kartoffelgerichte, so zum Beispiel Klöße, Reibekuchen, Salate, Suppen, Bratkartoffeln oder Pommes frites. Das erste Kochbuch mit Kartoffelrezepten erschien 1621 auf Deutsch, heute gibt es zahlreiche Kochbücher nur mit Kartoffelrezepten. Außerdem taucht die Kartoffel sogar in der Literatur auf: In Uwe Timms Roman „Johannisnacht" und in dem sehr populären Sprichwort: „Der dümmste Bauer erntet die dicksten Kartoffeln.". Man sagt das gern, wenn jemand mit wenig Mühe viel Erfolg hat.

3 Die Kartoffelpflanze

Zu Beginn war die Kartoffelpflanze vor allem wegen ihrer hübschen Blüten beliebt. Heute gibt es ca. 5.000 Sorten und weltweit werden jährlich etwa 300 Millionen Tonnen Kartoffeln geerntet und gegessen. Damit ist sie das viertwichtigste Nahrungsmittel auf der Erde. Den größten Kartoffelverbrauch hat China mit ca. 69.000 t pro Jahr.

Kartoffeln lassen sich lange lagern und sind nahrhaft und gesund. Außerdem hat die Kartoffel einen klaren Vorteil gegenüber Getreide: Man kann sie sofort zubereiten.

Sie wächst auf vielen Böden und wird zwischen Juni und Oktober geerntet.

Kartoffelsorten haben oft weibliche Namen. Besonders beliebt sind z. B. Linda, Sieglinde und Ora.

c Schließen Sie das Buch und berichten Sie den anderen über Ihren Text. Verwenden Sie dabei nur Ihre Notizen. Folgende Redemittel können Ihnen helfen.

> Ich habe einen Text über … gelesen. | Im Text wurde berichtet, dass … | Besonders interessant finde ich, … | Ein weiterer Aspekt ist … | Für mich war neu, dass … | Es scheint mir auch wichtig, dass …

d Welches Produkt spielt in Ihrer Heimat eine ähnliche Rolle wie die Kartoffel in Deutschland? Markieren Sie die für Sie dafür nützlichen Redemittel in den Texten in 1b. Schreiben Sie mit folgenden Stichworten einen kurzen Infotext.

- Bezeichnung
- Verwendung
- Aktuelles
- Verbrauch
- Geschichte
- kulturelle Bedeutung

2 So viele verschiedene Produkte …

a Sie wollen Lebensmittel einkaufen. Wo kaufen Sie ein? Worauf achten Sie? Was ist für Sie wichtig? Schauen Sie sich die Fotos oben an und sprechen Sie im Kurs.

- Aussehen   - Farbe   - Preis
- Geruch   - Form   - Gesundheit
- Geschmack   - Frische   - …

> Für mich ist wichtig, … | … spielt eine Rolle. | Auf … achte ich nicht/immer. | … ist mir wichtiger als …

b Machen Sie ein Interview mit einem Partner/einer Partnerin. Verwenden Sie die vier Fragen und ergänzen Sie vier weitere Fragen.

1. Was war Ihr Lieblingsessen in Ihrer Kindheit?
2. Welches Essen riecht besonders gut?
3. Was würden Sie nie probieren?
4. Was kochen Sie für einen besonderen Gast?
5. ....
6. ....
7. ....
8. ....

3 Die Lebensmittel der Zukunft

LB ◉ 16   a Hören Sie eine Straßenumfrage. Was für Lebensmittel wünschen sich die Personen? Warum? Ergänzen Sie die Tabelle.

Wer?	Passantin 1	Passantin 2	Passant 3
Was?	Kuchen, der nicht dick macht		
Warum?			

b Welches Lebensmittel würden Sie gern verändern? Arbeiten Sie in Gruppen und planen Sie Ihr perfektes Lebensmittel. Sie können fotografieren, zeichnen, … Präsentieren Sie Ihre Ergebnisse dann im Kurs.

Wie die Zeit vergeht

1 Eine Stadt im Wandel der Zeit: Köln

a Was denken Sie, aus welcher Zeit stammen die verschiedenen Stadtansichten? Beschreiben Sie die Bilder. Was fällt auf? Sprechen Sie im Kurs. **AB: A1a**

> ca. 1. Jh. n. Chr. | 1493 | 1709 | 1900 | 1945 | 2012

> Ich nehme an, dass das Bild A von 1709 stammt.

> Ich vermute, das Bild B ist von …

b Stellen Sie sich vor, Sie hätten eine Zeitmaschine. In welcher Zeit auf den Bildern würden Sie gern leben oder welche finden Sie besonders interessant? Warum? Sprechen Sie mit Ihrem Partner / Ihrer Partnerin. Die Redemittel helfen Ihnen. **AB: A1b–2**

> Mich interessiert die Antike / das Mittelalter / die Neuzeit / … sehr, weil … | Ich finde das 17. / 18. Jahrhundert interessant, denn … | Ich interessiere mich sehr für das 19. Jh., …, da …

2 Gestern und heute

a Sortieren Sie die folgenden Textteile. Das Ergebnis ist ein Infotext zur Kölner Stadtgeschichte. Ordnen Sie den Abschnitten dann die Bilder aus 1a zu. AB: A3-4 ▸

☐ Auch im 18. Jh. gehörte die große Baustelle am Dom mit dem Baukran zum Stadtbild. Sie war Symbol für die Krise, in der sich Köln ab Mitte des Jahrhunderts befand. Krieg, Missernten und eine Hochwasserkatastrophe ließen die Armut ansteigen. Berühmte Besucher beschrieben die einst so wohlhabende Stadt als „schmutzig und rückständig". Für die Wirtschaftskrise waren auch die Zünfte (mächtige Handwerkergruppen) verantwortlich, denn sie stellten sich gegen den technischen Fortschritt. 1794 zogen die französischen Revolutionstruppen in Köln ein. Der Erzbischof floh und der Dom wurde jahrelang zu profanen Zwecken, z. B. als Lagerraum, benutzt. Erst 1842 wurden die Bauarbeiten fortgesetzt.

☐ Wie viele Städte war auch Köln von einer Stadtmauer umgeben, die mit 52 Türmen und 12 Toren zu damaliger Zeit als das größte Befestigungswerk Europas galt. Gegen 1140 lebten ca. 20.000 Bürger in der Stadt. Nachdem der Kölner Erzbischof die Reliquien der Heiligen Drei Könige nach Köln gebracht hatte, wurde Köln zu einer der größten Pilgerstädte des späten Mittelalters. Seit 1322 befanden sich die Reliquien in dem neuen Chor des gotischen Doms. Da dort ab 1530 die Bauarbeiten aus Geldmangel ruhten, blieb der Dom äußerlich ein Fragment.

☐1☐ 50 n. Chr. wurde Oppidum Ubiorum, eine ehemalige Siedlung des germanischen Stammes der Ubier, eine römische Kolonie mit dem Namen „Colonia Claudia Ara Agrippinensium" (CCAA) gegründet. Köln ist die einzige der römischen Kolonien, die bis heute die alte Bezeichnung „Kolonie" (lat. Colonia) für das höchste römische Stadtrecht in ihrem Namen trägt. Wissenschaftler haben das antike Köln in einem 3D-Modell rekonstruiert.

☐ Zwei Weltkriege prägten das 20. Jahrhundert. Kaum hatten sich die Kölner von den Folgen des Ersten Weltkriegs und der Besatzungszeit erholt, brach der Zweite Weltkrieg aus. Nach Kriegsende waren 95 % der Altstadt zerstört – eine einzige Trümmerlandschaft erstreckte sich am Rhein. Köln glich einer Geisterstadt, denn die Menschen waren vor den Bomben geflohen. Im Frühsommer 1945 kehrten die ersten Kölner zurück und machten sich an den Wiederaufbau ihrer Stadt. Im gleichen Jahr nahm auch die Universität ihren Betrieb wieder auf.

☐ Zu Beginn des neuen Jahrhunderts baute man das Verkehrsnetz aus. Die Dampfschifffahrt (1826) und der Eisenbahnbau (1835) begannen. Der Rheinauhafen nahm 1898 seinen Betrieb auf. Ab 1901 fuhren elektrische Straßenbahnen durch die Stadt. Fabriken wurden gegründet und ihre Arbeiter ließen sich in Köln nieder. Die Bevölkerung wuchs ständig und Köln erlebte einen großen wirtschaftlichen Aufschwung. Am 15. Oktober 1880 feierten die Kölner ein großes Ereignis: Nach 632 Jahren Bauzeit wurde ihr Dom endlich fertiggestellt.

☐ Heute ist Köln eine moderne Großstadt mit ca. 1 Mio. Einwohnern. Automobilbau, chemische Industrie, Musikindustrie, Hörfunk und Fernsehen haben dort ihren Sitz. Die traditionsreiche Kulturstadt fördert Kunst, Theater und Musik. Außerdem verfügt sie über viele Museen, die bereits in der Nachkriegszeit gegründet wurden. Die größte öffentliche Veranstaltung ist der Karneval. Zum Rosenmontagszug kommen jedes Jahr ca. 2 Mio. Besucher. Über all dem Treiben wacht der Dom. So ist die Ansicht vom Kölner Dom mit der berühmten Hohenzollernbrücke ein beliebtes Postkartenmotiv für Besucher aus aller Welt.

Abschnitt 1: ☐D☐ Abschnitt 2: ☐ Abschnitt 3: ☐ Abschnitt 4: ☐ Abschnitt 5: ☐ Abschnitt 6: ☐

b Was hat sich in letzter Zeit in Ihrer Stadt verändert (Gebäude, Verkehrsmittel, Geschäfte, …)? Welche Veränderungen finden Sie am wichtigsten? Schreiben Sie einen Infotext (ca. 150 Wörter) zu mindestens einer wichtigen Veränderung.

Kindheitserinnerungen

1 Wie war das damals?

a Vier Personen erzählen von ihren Erinnerungen an Köln. Hören Sie die Beiträge und lesen Sie die Aussagen. Wer sagt was? Notieren Sie.

A
Nick Behrendt

B
Mechthild Jöckel

C
Anna Eske

D
Orhan Gözmez

1. Ich denke noch oft daran, wie meine Eltern mit mir früher in die Altstadt gegangen sind.   [D]

2. Eigentlich hat mir Köln damals besser gefallen als heute.   [ ]

3. Wir hatten in der Schule über unsere Stadtgeschichte gesprochen.   [ ]

4. Die Aussicht über die Stadt war einfach grandios.   [ ]

5. Als Kind bin ich in den Sommerferien oft nach Köln gefahren.   [ ]

6. Ich erinnere mich noch gut daran, wie es früher, so um 1960 herum, in Köln aussah.   [ ]

7. Damals gab es dort keinen Zebrastreifen.   [ ]

8. Viele Marktleute waren mitten in der Nacht aufgestanden und mit ihren Handkarren viele Kilometer zu Fuß zum Markt gelaufen.   [ ]

b Hören Sie die Aussagen noch einmal. Wann waren die Sprecher Kinder? Welche Erinnerungen an Köln sind eher positiv, welche eher negativ? Sprechen Sie im Kurs.

c Wie sind Ihre Erinnerungen an Ihre Geburtsstadt / an eine Stadt aus Ihrer Kindheit?
Tauschen Sie sich mit Ihrem Partner / Ihrer Partnerin aus.

○ G 4.7–4.9 2 Sprache im Mittelpunkt: Zeitformen der Vergangenheit – Bildung

a Markieren Sie in den Aussagen aus 1a die Verben je nach Zeitform in verschiedenen Farben. Lesen Sie nun die Regeln und notieren Sie die passenden Beispielsätze aus 1a. AB: B1–3 ▶

> Im Deutschen gibt es drei Zeitformen für die Vergangenheit: Präteritum, Perfekt und Plusquamperfekt.
> 1. **Perfekt:** Man bildet es mit einer Präsensform von „haben" oder „sein" und dem Partizip Perfekt. Nur wenige Verben bilden es mit „sein": z.B. Verben der Ortsveränderung wie „gehen", „laufen", „kommen"; außerdem Verben der Veränderung, wie „werden", „wachsen", „passieren" und die Verben „sein", „bleiben". Sätze: _1_ , ,
> 2. **Präteritum:** Regelmäßige Verben haben die Signalendung „-te-", z.B. Ich suchte. Wenn der Verbstamm auf „-t"/„-d" endet, steht ein „-e-" zwischen Stamm und Endung, z.B. „Ich wartete."
> Bei unregelmäßigen Verben gibt es meist einen Vokalwechsel, z.B. Ich gehe. → Ich ging. Sätze: , ,
> 3. **Plusquamperfekt:** Man bildet es mit einer Präteritumform von „haben" oder „sein" und dem Partizip Perfekt. Wie im Perfekt werden die meisten Verben mit „haben" gebildet außer den Verben der (Orts-)Veränderung und „sein", „bleiben" mit „sein". Sätze: ,

b Nick Berendt erzählt seiner Freundin von seinen Besuchen bei seiner Tante. Ergänzen Sie die Verben im Präteritum, Perfekt oder Plusquamperfekt.

1. Tante Maria _war_ schon nach Köln _gezogen_ (ziehen / Plusqu.), als ich 8 Jahre _wurde_ (werden / Prät.).

2. Mit 10 Jahren _____ ich in den Ferien allein mit dem Zug nach Köln _____ (fahren dürfen / Prät).

3. Ich _____ nur einen Rucksack dabei (haben / Prät.) und _____ (sein / Prät.) sehr aufgeregt.

4. Meine Eltern _____ mich in den Zug (setzen / Perf.) _____ und mir ein Paket _____ (geben / Perf.).

5. Nachdem der Zug _____ _____ (abfahren / Plusqu.), _____ ich das Paket _____ (öffnen / Perf.).

6. Es war ein Teddybär. Da _____ ich glücklich und traurig zugleich _____ (sein / Perf.).

7. Nach 5 Stunden Fahrt _____ der Zug im Kölner Hauptbahnhof _____ (ankommen / Prät.).

8. Meine Tante _____ schon am Gleis (warten / Prät.) und _____ mir zu (winken / Prät.).

▶ G 4.7– 4.9 **3 Sprache im Mittelpunkt: Zeitformen der Vergangenheit – Verwendung**

Orhan Gözmez hat seine erste Erinnerung an Deutschland aufgeschrieben. Markieren Sie die Vergangenheitszeiten und ergänzen Sie dann die Regeln. AB: B 4 – 6 ▶

Meine Mutter und ich kamen in den 60er-Jahren aus der Türkei nach Deutschland. Mein Vater hatte uns in unserem Heimatdorf abgeholt und mit nach Köln genommen. Er hatte dort in einer Autofabrik Arbeit gefunden. Als ich nach der langen Reise zum ersten Mal in unserer neuen Wohnung aufgewacht war, ging ich in der Wohnung herum. Alles war so anders! Als ich in die Küche kam, hatte Mutter schon Frühstück gemacht. Ein Platz blieb leer. „Wo ist Papa?", fragte ich. – „Papa hatte Nachtschicht. Er hat die ganze Nacht gearbeitet. Er ist heute Morgen erst nach Hause gekommen und hat sich dann sofort ins Bett gelegt. Wir müssen leise sein, weil er noch schläft", erklärte meine Mutter. Der Tag, als ich mit meiner Mutter allein beim Frühstück saß, war ein Sonntag. Einen Tag später, am Montag, sollte mein erster Schultag sein. Abends konnte ich nicht einschlafen. Ich war so aufgeregt, weil alles fremd war und ich kein Deutsch sprechen konnte. Aber die Klasse nahm mich gut auf und die Lehrerin war sehr nett. In Köln habe ich mich schnell zu Hause gefühlt!

Tipp
Die Verwendung von Präteritum und Perfekt ist regional unterschiedlich und textsortenabhängig. Präteritum: in Norddeutschland auch in der gesprochenen Sprache; Perfekt: in persönlichen Briefen und E-Mails.

Das Perfekt | Das Präteritum |
Das Plusquamperfekt

1. _____ verwendet man vor allem in schriftlichen Berichten und Geschichten, in denen Ereignisse im Zusammenhang beschrieben werden. Außerdem gebraucht man es für Hilfs- und Modalverben, um Vergangenes auszudrücken, z. B. Abends war ich aufgeregt und konnte nicht einschlafen.

2. _____ nennt man auch „Vorvergangenheit". Man verwendet es z. B. in Berichten, um auszudrücken, dass etwas in der Vergangenheit vor etwas anderem stattgefunden hat, z. B. Als ich in die Küche kam, hatte Mutter schon Frühstück gemacht.

3. _____ verwendet man vor allem, wenn man mündlich über etwas Vergangenes berichten will oder wenn man über etwas Vergangenes berichten will, dessen Konsequenzen noch bis in die Gegenwart reichen können, z. B. In Köln habe ich mich schnell zu Hause gefühlt.

4 Meine Kindheit

Notieren Sie Erinnerungen an Ihre Kindheit. Sie können auch etwas erfinden. Folgende Fragen können helfen.

- Wo und wie haben Sie gewohnt?
- An welche Bilder / Geräusche / Gerüche / … erinnern Sie sich?
- Wie haben Sie sich damals gefühlt?

- An welches besondere Ereignis erinnern Sie sich?
- Was haben Sie als Kind gern / oft gegessen?
- …

Pünktlich auf die Minute

1 Besser spät als nie.

2 Wer zu spät kommt, den bestraft das Leben.

3 Gute Nachrichten können nie zu spät kommen.

4 Pünktlichkeit ist die Höflichkeit der Könige.

5 Wer großen Wert auf Pünktlichkeit legt, muss Sinn für das Alleinsein haben.

6 Pünktlichkeit bei einer Verabredung hat nur den einen Nachteil, dass der andere ja nicht da ist, um sie zu bemerken.

7 5 Minuten vor der Zeit ist der Deutschen Pünktlichkeit.

8 Pünktlich wie die Maurer.

1 Pünktlichkeit ist die Höflichkeit der Könige

a Lesen Sie die Sprichwörter und Redewendungen. Was bedeuten Sie? Welches Sprichwort finden Sie am besten? Sprechen Sie im Kurs. `AB: C1`

b Gibt es Sprichwörter zur Pünktlichkeit in Ihrer Muttersprache? Sammeln Sie die Ergebnisse im Kurs.

c Formulieren Sie einen Satz (ein Sprichwort) über Ihr Verständnis von Pünktlichkeit und vergleichen Sie dann die Sätze untereinander.

2 Fünf Minuten nach der Zeit ...

a Lesen Sie die Kolumne aus einer deutschen Wochenzeitschrift und beantworten Sie die Fragen in Gruppen. `AB: C2`

Es klingelt. Im Bademantel gehe ich an die Tür. Es ist meine Nachbarin Marisela. Wir wollen ins Konzert. „Schön, dass du schon da bist", höre ich mich sagen, aber eigentlich denke ich etwas verärgert:
5 „Wir sind doch erst für 19.30 Uhr verabredet und da haben wir noch 5 Minuten Zeit ..." Meine kubanische Nachbarin, seit einem Jahr in Deutschland, starrt mich an und macht ihrem Erstaunen Luft: „Du bist ja noch nicht einmal angezogen! Ich dachte, die Deut-
10 schen sind so pünktlich!"
Ja, da ist sie also wieder, die Vorstellung von der „deutschen Pünktlichkeit". Sie ist tatsächlich tief in der deutschen Kultur verankert und hat auch unser Bild im Ausland stark geprägt. Der deutsche Philo-
15 soph Immanuel Kant z.B. war pünktlich wie ein Uhrwerk: Er stand täglich um fünf Uhr auf, hielt um Punkt sieben seine Vorlesung an der Königsberger Universität. Er arbeitete dann von neun bis eins an seinen Büchern und ging pünktlich um 15.30 Uhr spazieren. Jeden Abend um Punkt zehn ging er schlafen. Heu- 20 te versteht die Sozialpädagogin Helga Schäferling Pünktlichkeit so: „Meine Pünktlichkeit drückt aus, dass mir deine Zeit so wertvoll ist wie meine eigene." Bei uns gelten also pünktliche Menschen als höflich und aufmerksam gegenüber ihren Mitmenschen. Un- 25 pünktliche Menschen erscheinen hingegen als unzuverlässig und unordentlich. Geht es bei der Deutschen Bahn also unordentlich zu, wenn die Fahrpläne nicht eingehalten werden? Über das alles kann sich Marisela nur wundern. In ihrem Heimatland herrscht 30 eine andere Zeitkultur. Sie freut sich jedes Mal, dass der Zug überhaupt kommt – die Verspätungen, über die wir Deutschen klagen, registriert sie kaum. Ein unterschiedliches Verständnis von Pünktlichkeit führt oft zu kulturellen Missverständnissen, wie z.B. 35 bei der Einhaltung von Terminen bei Lieferverträgen.

Arbeitet man mit Firmen zusammen, deren Mitarbeiter eine andere Kultur der Pünktlichkeit gelernt haben, dann ist der Liefertermin „am 30. Mai" eher
40 eine grobe Schätzung als ein festes Datum. In der deutschen Wirtschaft hingegen ist Pünktlichkeit Pflicht. Wer nicht pünktlich zu seinem Bewerbungsgespräch kommt, hat seine Chancen verschenkt. Wer oft zu spät am Arbeitsplatz erscheint, dem droht
45 die Kündigung. Firmen, die Aufträge nicht pünktlich erfüllen, müssen Strafen zahlen. Dann gibt es sie also doch, „die deutsche Pünktlichkeit"? Laut Umfragen gaben 85 % aller Deutschen an, pünkt-

lich zu sein und dies auch von anderen zu erwarten. Ich bin also in der Minderheit! Ich hasse es, wenn 50 Menschen aus Höflichkeit pünktlich auf die Minute sind, denn ich selbst erledige immer alles „auf den letzten Drücker": anziehen, Haare frisieren … Inzwischen ist es fünf nach halb acht. Na bitte, hat doch super geklappt! Das ist echtes Timing! Mein 55 Motto ist eben: „Fünf Minuten nach der Zeit ist meine Form von Pünktlichkeit." Aber jetzt gehen wir erstmal ins Konzert und danach werde ich Marisela mal etwas über die deutsche Pünktlichkeit erzählen.

Karen Berger

1. Was ist das Thema der Kolumne?
2. Was erfährt man über Marisela und die Ich-Erzählerin?
3. Warum ist die Ich-Erzählerin ein bisschen ärgerlich?
4. Was bedeutet: „In Mariselas Heimatland herrscht eine andere Zeitkultur?"
5. Sind die Deutschen pünktlich?
6. Was bedeutet: „5 Minuten nach der Zeit ist meine Form von Pünktlichkeit"?
7. Wie finden Sie die Kolumne? Begründen Sie Ihre Meinung.

b Lesen Sie die Kolumne noch einmal und sammeln Sie an der Tafel alle Informationen zum Thema „Pünktlichkeit" – „Unpünktlichkeit" in Stichpunkten.

c Nach dem Konzert: Sie sind die „Ich-Erzählerin". Was sagen Sie Marisela zum Thema „Pünktlichkeit in Deutschland"? Spielen Sie das Gespräch mit Ihrem Partner / Ihrer Partnerin und tauschen Sie die Rollen.

etwas erklären: Unter … versteht man … | … bedeutet, dass … | Darunter versteht man …
ein Beispiel geben: Ich möchte folgendes Beispiel geben … | … wie z. B. … | Als Beispiel fällt mir ein …

3 Erfahrungen mit (Un-)Pünktlichkeit

LB
22–25

a Hören Sie vier Aussagen aus einem Radiofeature. Notieren Sie zuerst, ob die Personen Pünktlichkeit sehr wichtig / weniger wichtig oder unwichtig finden. Notieren Sie rechts, wie die Personen ihre Meinung begründen.

	Pünktlichkeit	Erfahrung
Person 1	*weniger wichtig*	*zu spät am Arbeitsplatz → länger arbeiten; …*
Person 2		
Person 3		
Person 4		

b Haben Sie selbst Erfahrungen mit (Un-)Pünktlichkeit gemacht? Erzählen Sie Ihrem Partner / Ihrer Partnerin von einer solchen Situation.

c Ihr Tandempartner möchte Sie in Ihrem Heimatland besuchen. Er fragt Sie in einer Mail, wie es dort mit der Pünktlichkeit ist. Schreiben Sie ihm eine Mail mithilfe der folgenden Punkte. Bitten Sie ihn auch, diese Fragen in Bezug auf seine Kultur zu beantworten.

- Wie wichtig ist Pünktlichkeit?
- Was passiert, wenn jemand zu spät kommt?
- Wie verabredet man sich?
- Beispiel aus Ihrer Erfahrung?

Keine Zeit

1 Zu schnell vorbei

LB ● 26   a   Hören Sie den Song von Clueso. Wovon handelt er? Sprechen Sie im Kurs. **AB: D1a**

b   Lesen Sie die dritte Strophe des Songs. Wie erlebt der Sänger die Zeit? Welche Lösung findet er für sein Problem? **AB: D1b–c**

Zu schnell vorbei

Es ist ein Irrsinn,
Weil ich nicht beschreiben kann,
Wie alles schneller läuft.
(Nichts hält diesen Streifen an.)
Will keine Zweifel haben,
Stell' tausend Vergleiche an.
Wann war wohl die schönste Zeit,
Zu viel, das vergessen bleibt.
Ich trau' mich kaum, die Augen zu schließen,
Ich will in Zukunft nichts verpassen
Wachsam bleiben und genießen.
Nicht mehr an morgen denken,
Jeden Moment erleben.
Heute ist der Tag, von dem wir später reden.

Refrain:
Zu schnell vorbei.
Sag mal, wie schnell verging
Schon wieder die Zeit?
Ich genieß den Moment,
Zu schnell vorbei.
Wie schnell es ging,
Kann doch nicht sein.
Zu schnell vorbei.

Aladag, Baris / Huebner, Thomas; Edition 10 vor 10, Arabella Musikverlag GmbH, Berlin

c   Wie gefällt Ihnen der Song? Begründen Sie Ihre Meinung und sprechen Sie in Gruppen.

> Musik | Gesang | Songtext / Inhalt | Sprache | …

d   Haben Sie viel oder wenig Zeit? Berichten Sie von Ihren Erfahrungen mit der Zeit. Die Redemittel helfen Ihnen.

> Ich habe die Erfahrung gemacht, dass … | Ich habe folgende Erfahrungen gemacht: … | Nach meiner eigenen Erfahrung … | Meine eigenen Erfahrungen sind ganz ähnlich / anders: … | Ich habe erlebt, wie / dass …

2 „Entschleunigung"

a   Lesen Sie die Einleitung unten und überfliegen Sie die Überschriften des Beitrags auf der nächsten Seite. Worum könnte es gehen? **AB: D2**

> *Ständig unter Druck*
> Immer mehr Hilfsmittel sollen uns in Beruf und Freizeit Zeit sparen: Handys, E-Mails, Internet, schnelle Autos, Züge oder Flugzeuge. Doch tatsächlich erhöht sich dadurch unser gefühltes Tempo.
> Wir müssen immer mehr Dinge gleichzeitig erledigen und fühlen uns permanent unter Stress.

b Lesen Sie nun den Beitrag aus einem Gesundheitsratgeber. Was bedeutet „Entschleunigung"? Sammeln Sie Ihre Ideen zu diesem Begriff im Kurs.

Wir definieren uns oft nur noch über Leistung

Bei der Autofahrt mit Handy Termine absprechen, neben dem Kuchenbacken über Kopfhörer Spanisch lernen … Viele Menschen versuchen immer mehr Aufgaben gleichzeitig in ihren Alltag zu packen – nicht nur bei der Arbeit, auch in der Freizeit. Brigitte Örtl hat das bei ihrer Arbeit als Coach für
5 Zeitmanagement oft beobachtet: „Wir definieren uns über Leistung. Wer viel schafft, der ist gut und wichtig. Das ist eine fatale Annahme." Denn die Anhäufung von Aufgaben, zum Teil auch der Wille, alles gleichzeitig zu erledigen, führt ihrer Meinung nach zu einer permanenten Anspannung. „Und das kann krank machen."

Einfach mal innehalten

10 Wer aus der Tempo- und Stress-Spirale herauskommen will, muss eigentlich nur seine Einstellung ändern, sagt die Expertin. Innehalten und darüber nachdenken, was einem wirklich wichtig ist, das ist der erste Schritt zur „Entschleunigung" des Lebens. Man sollte also das Tempo in seinem Leben verringern. Statt drei Dinge gleichzeitig zu tun, lieber eine Sache richtig machen. Also mal eine Pause machen, nur auf dem Sofa oder im Garten sitzen, in Ruhe alles anschauen, (…). In der Freizeit mag das
15 noch gelingen, aber ist „Innehalten" in unserer schnellen Arbeitswelt noch möglich? Der Zeitforscher Prof. Geißler fordert das Pausemachen bei der Arbeit, weil viele Berufstätige ihren Arbeitsrhythmus und ihre eigenen Grenzen nicht mehr kennen. Wir müssen seiner Ansicht nach wieder lernen, „den eigenen Rhythmus neu zu entdecken".

Ein Leben im eigenen Rhythmus

20 Prof. Geißler plädiert für die Befreiung von der Uhr: „Wir müssen nicht mehr arbeiten, weil es acht Uhr morgens ist, sondern wann wir dazu in der Lage und motiviert sind. Der Mensch funktioniert nicht wie ein Lichtschalter, nicht im Takt der Maschinen und nicht im Takt der Uhr." Diese Forderung kann man in unserer Industriegesellschaft nur begrenzt umsetzen. Aber flexible Arbeitszeitmodelle wie Gleitzeit oder Arbeitszeitkonten sind schon ein Anfang. Viele Menschen vergessen, dass sie auch mit ihrer freien
25 Zeit flexibel umgehen sollten. „Weniger ist mehr", lautet hier das Motto: Wir sollten uns auf wenige Freizeitaktivitäten beschränken und diese bewusst genießen. Nur so vermeiden wir den „Freizeitstress", bei dem wir auch am Wochenende von Termin zu Termin hetzen.

Mehr Zeit für sich selbst nehmen

„Die Zeit plant man am besten wie einen Emmentaler Käse: mit festen Strukturen und großen
30 Löchern", meint Prof. Geißler. Im beruflichen wie im privaten Terminkalender sollten wir nicht den ganzen Tag verplanen, sondern freie Zeitfenster lassen, so gerät man nicht in Zeitnot. Brigitte Örtl rät außerdem, sich die eigene freie Zeit fest in den Terminkalender einzutragen. Nur so nimmt man sich und seine Bedürfnisse dann auch ernst.

c Notieren Sie die Ratschläge aus 2b in einer Checkliste zum Thema „Zeitmanagement". Worauf sollte man beim Umgang mit seiner Zeit achten?

d Wählen Sie eins der oben genannten Probleme oder denken Sie sich selbst eins aus. Fragen Sie im Kurs, wer Ihnen einen Rat geben kann, und geben Sie selbst Ratschläge zu einer anderen Situation.

Handy klingelt dauernd | keine Zeit für Sport | zu viele Termine | jeden Tag 100 E-Mails |
nie vor 20 Uhr Feierabend | Freunde wollen mich jeden Tag treffen | …

Mein Handy klingelt dauernd.
Was soll ich machen?

An deiner Stelle würde ich das
Handy einfach mal ein paar
Stunden ausschalten.

Ich habe noch einen Tipp: Du
solltest deine Nummer nicht
so vielen Leuten geben.

Zeitreisen

❶ Zukunftsvisionen von „gestern"

a Lesen Sie die beiden Textauszüge aus dem Bestseller von 1910 „Die Welt in 100 Jahren" von Arthur Brehmer. Um welche Erfindungen geht es hier? Sprechen Sie im Kurs. **AB: E1**

(…) Die Bürger der drahtlosen Zeit werden überall mit ihrem „Empfänger" herumgehen, der irgendwo, im Hut oder anderswo angebracht (…) sein wird, (…). Einerlei, wo er auch sein wird, er wird bloß den „Stimm-Zeiger" auf die betreffende Nummer einzustellen brauchen, die er zu sprechen wünscht, und der Gerufene wird sofort seinen Hörer vibrieren oder das Signal geben können, wobei es in seinem Belieben stehen wird, ob er hören oder die Verbindung abbrechen will. Solange er die bewohnten und zivilisierten Gegenden nicht verlassen wird, wird er es auch nicht nötig haben, einen „Sendeapparat" bei sich zu führen, denn solche „Sendestationen" wird es auf jeder Straße, in jedem Omnibus, auf jedem Schiffe, jedem Luftschiffe und jedem Eisenbahnzug geben, und natürlich wird der Apparat auch in keinem öffentlichen Lokale und in keiner Wohnung fehlen. (…)

Die Eroberung der Luft, die zu verwirklichen wir jetzt schon beginnen, ist eine der großen Errungenschaften, die unserem Land ganz besonders zu statten kommen werden. Alles, was uns das Reisen, den Verkehr und Transport zu erleichtern geschaffen ist, verringert uns die Entfernungen, bringt uns das bisher Ferne näher und näher und macht uns den Fremden und Ausländern förmlich zum Landsmann, zum Nachbar und Freunde. (…) Jetzt, durch das Erscheinen der Flugmaschine, werden wir bald die irdische Landstraße verlassen und uns auf der unbegrenzten Himmelsbahn ergehen können. Bald werden wir unsere Luftautomobile haben und damit den sibirischen Himmel und die arktische Wüste durchkreuzen, und wir werden der Fata Morgana über die dürre Wüste hin nachjagen, wie wenn wir jetzt eine alltägliche Reise in ein benachbartes Land oder Städtchen machen.

b Lesen Sie die kurzen Textausschnitte noch einmal und entscheiden Sie, ob die Aussagen richtig (r) oder falsch (f) sind.

1. Wenn man telefonieren will, braucht man einen Empfänger.   r   f
2. Mit dem „Empfänger" kann man auch lesen.   r   f
3. Es wird überall Sendestationen geben.   r   f
4. Die neuen Verkehrsmittel helfen bei der Verständigung zwischen den Völkern.   r   f
5. Die Menschen werden mit Flugzeugen in der Wüste jagen.   r   f
6. Das Reisen in ferne Länder wird in Zukunft für alle Menschen alltäglich sein.   r   f

c Welche Prognosen von damals sind heute Realität, welche nicht? Sprechen Sie im Kurs.

▶ G 4.6 ❷ Sprache im Mittelpunkt: Das Futur I und seine Verwendung

a Markieren Sie in den Textauszügen in 1a die Verben und ergänzen Sie dann die Regeln. **AB: E2**

1. Das Futur I bildet man im Deutschen mit den Präsensformen von „......*werden*.................." + Infinitiv.
2. „werden" steht in Aussagesätzen und W-Fragen auf Position 2 und der Infinitiv ....
3. Man verwendet das Futur I, z. B. um Ankündigungen, Absichten in der .... und sichere Prognosen auszudrücken.

b Was glauben Sie, welche technischen Fortschritte wird es schon in 50 Jahren geben? Formulieren Sie Prognosen und verwenden Sie dabei das Futur I.

In 50 Jahren wird es wohl … geben. | Wir werden in 50 Jahren … | Es wird in 50 Jahren keine … mehr geben, sondern … | Die Menschen werden in 50 Jahren keinen / kein / keine … mehr brauchen, weil sie … haben. | In Zukunft werden wir vermutlich …

③ Zukunftsvisionen von „heute"

a Sammeln Sie im Kurs Ideen zum Thema „Wie reisen wir in 100 Jahren?" und halten Sie die Ergebnisse an der Tafel fest. **AB: E3** ▷

LB ◉ 27 b Hören Sie nun einen Vortrag zum Thema „Reisen in 100 Jahren" und vergleichen Sie die Informationen mit Ihren Ergebnissen aus 3a. Gibt es Übereinstimmungen? Wenn ja, welche?

c Hören Sie den Vortrag von Herrn Thielmann noch einmal. Haben Sie die Aussagen im Vortrag gehört: ja (j) oder nein (n)? Kreuzen Sie an.

1. Herr Thielmann beschäftigt sich mit den Reisetrends der Zukunft. [j] [n]
2. In Zukunft nutzen viele Deutsche ihren Urlaub für Bildungsreisen. [j] [n]
3. Der Deutsche hat in 100 Jahren weniger Geld zur Verfügung als heute. [j] [n]
4. In naher Zukunft sind Flüge ins Weltall normal. [j] [n]
5. Man erwartet in den nächsten Jahren weniger Touristen in Nordeuropa. [j] [n]
6. Die Nachteile dieser Reisetrends sieht man vor allem in der Tourismuswirtschaft. [j] [n]

▶ G 4.5 ④ **Sprache im Mittelpunkt: Das Präsens und seine Verwendung**

a Markieren Sie die Verben in 3c und notieren Sie dann jeweils einen Beispielsatz in den Regeln. **AB: E4–5** ▷

> Man kann das Präsens verwenden für:
> 1. die Gegenwart (jetzt, im Moment, jeden Tag). Sätze: _1,_ ....
> 2. Zukünftiges (morgen, in drei Tagen, in 10 Jahren). Sätze: ....

b Lesen Sie die Notiz über „Raumschiff Orion" aus einem Kinomagazin. Markieren Sie die Verben und ergänzen Sie die Regel.

> „Raumschiff Orion" ist die erste deutsche Science-Fiction-Fernsehserie und hat bis heute Kultcharakter. Millionen Deutsche sehen die Schwarz-Weiß-Serie, die ab dem 17. September 1966 im TV ausgestrahlt und bis 1999 ca. 20 Mal wiederholt wird. Die Serie erzählt sehr unterhaltsam die Geschichte des Raumschiffkapitäns McLane (Dietmar Schönherr). Mit seiner Crew will er die Erde vor den fremdartigen „Frogs" schützen und erlebt zahlreiche Weltraumabenteuer. Mit sehr einfacher Tricktechnik und viel Kreativität stellen Regisseur und Tricktechniker bereits 1966 die Welt der Zukunft dar. Bis heute gilt die detailliert ausgearbeitete Zukunftswelt als bahnbrechend für das moderne Fernsehen.

> Das Präsens kann man auch für die .... in Berichten und Biografien verwenden, um einen Text lebendiger zu formulieren. Man nennt es dann „historisches Präsens". (1966, bis vor 10 Jahren, 2001, ...), z.B. Schon bei der ersten Ausstrahlung 1966 ist „Raumschiff Orion" ein Riesenerfolg. Millionen sehen die Serie jahrzehntelang.

⑤ Die Welt in 100 Jahren

Halten Sie einen kleinen Vortrag über „Die Welt in 100 Jahren". Wählen Sie eines der Themen unten. Die Redemittel aus 2b und die Übungen zum Aufbau eines Vortrags im Arbeitsbuch 3E, 3a–b, helfen.

Wohnen   Verkehrsmittel   Medien   Sport   Freizeit

Essen   Kommunikation   Arbeit   Lernen   Freundschaft

Schöne Zeiten

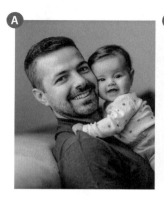   

1 Mensch, war das schön!

a Wählen Sie zu zweit ein Bild aus, beschreiben Sie die Situation und finden Sie einen passenden Titel.

LB 28 b Hören Sie den Song der Band „Die Toten Hosen" und lesen Sie dann den Auszug aus dem Liedtext. Über welches Ereignis singen sie? Was vermuten Sie? **AB: F1**

TAGE WIE DIESE

Ich wart' seit Wochen, auf diesen Tag
Und tanz' vor Freude über den Asphalt.
Als wär's ein Rhythmus, als gäb's ein Lied,
Das mich immer weiter durch die Straßen zieht.
Komm' dir entgegen, dich abzuholen, wie ausgemacht
Zu derselben Uhrzeit, am selben Treffpunkt, wie letztes Mal.

Durch das Gedränge der Menschenmenge
Bahnen wir uns den altbekannten Weg.
Entlang der Gassen zu den Rheinterrassen
Über die Brücken bis hin zu der Musik.
Wo alles laut ist, wo alle drauf sind, um durchzudreh'n
Wo die Anderen warten, um mit uns zu starten, um abzugeh'n.

**An Tagen wie diesen, wünscht man sich Unendlichkeit
An Tagen wie diesen, haben wir noch ewig Zeit,
Wünsch ich mir Unendlichkeit (…)**

Musik: von Holst – Text: Frege, Minichmayr © 2012 by Patricks Kleiner Musikverlag GmbH – weltweit

c Welche Gefühle beschreibt der Sänger? Sprechen Sie im Kurs.

d Sprechen Sie in Gruppen: Was ist bzw. war für Sie eine besonders schöne Zeit? Warum?

Praktikum | Schulzeit | Konzert | erster / besonderer Urlaub | erste Liebe | Kindheit | Klassenfahrt | Freizeitaktivität | Studium | Auslandsaufenthalt | Auszeit | …

2 Wie verbringen die Deutschen ihre freie Zeit?

a Sprechen Sie im Kurs über das Schaubild auf der nächsten Seite. Die Redemittel helfen Ihnen. **AB: F2**

Das Schaubild zeigt, dass … | Auf dem Schaubild sieht man … | Am meisten / wenigsten Zeit verbringen die Deutschen mit … | Die Deutschen verbringen mehr / weniger Zeit mit … als mit … | Die Deutschen verbringen etwa doppelt / halb so viel Zeit mit … wie mit … | Es fällt auf, dass …

Beliebte Freizeitaktivitäten der Deutschen
Anteil der Deutschen, die folgende Freizeitaktivitäten mehrmals in der Woche ausüben

| 94% Fernsehen | 76% Radio hören | 71% Zeitung lesen | 51% Im Internet surfen | 41% Popmusik hören |
| 28% Spazieren gehen | 19% Bücher lesen | 16% Fahrrad fahren | 11% Video-/Computer- spiele spielen | 8% DVDs, Videos ansehen |

Deutschsprachige Bevölkerung ab 14 Jahren, Basis: 23.020 Befragte

Quelle: VuMa 2013

> Das Schaubild zeigt, dass die Deutschen in ihrer Freizeit am liebsten fernsehen.

> Es fällt auf, dass mehr Deutsche Zeitung lesen als im Internet surfen.

b Wie verbringen die Menschen in Ihrem Heimatland ihre Freizeit? Welche Unterschiede gibt es zu Deutschland? Erstellen Sie eine Liste und präsentieren Sie das Ergebnis im Kurs.

3 Die schönste Zeit in meinem Leben

Schreiben Sie einen Erfahrungsbericht zur schönsten Zeit Ihres Lebens. Sie können auch Bilder verwenden.

Beispieltext: Erfahrungsbericht

Traumhafte Monate in Neuseeland

Ich bin Diana Schäfer aus Kassel, 19 Jahre alt, und im letzten Jahr hatte ich die bisher schönste Zeit in meinem Leben – 1 Jahr Au-pair bei einer Familie mit drei Kindern in Auckland, Neuseeland.

Als ich gehört habe, dass ich für ein Jahr nach Neuseeland fahre, war ich sehr aufgeregt. Ich wusste nicht, was mich erwartet – ich war unsicher, aber natürlich habe ich mich auch sehr gefreut. Mitte Januar ging es los für mich – mein erster Flug ohne Eltern, und so lang! Ich war fast 30 Stunden unterwegs, bevor ich in Neuseeland bei meiner Au-pair-Familie ankam. Ich war total müde, aber die Müdigkeit war schnell verflogen, denn meine Gastfamilie hatte ein großes Abendessen für mich vorbereitet. Alle waren sehr nett und ich habe mich auch sofort wohl gefühlt.

Meine Gastfamilie hatte sich eine Woche Urlaub genommen, um mir die Stadt und die Region zu zeigen, das war einfach super! Wir sind zu fantastischen Stränden gefahren, haben tolle Feste besucht (zum Beispiel auch ein Schafrennen!) und ich habe so viele neue Sachen gesehen! Meine Gasteltern und die drei lebhaften Kinder waren sooo nett!!

Später bin ich mit zwei Freundinnen aus dem Sprachkurs sogar für eine Woche nach Australien geflogen – Sydney, die Stadt am Pazifik mit ihrer schönen Altstadt, der tollen Oper und dem Botanischen Garten, hat mich besonders beeindruckt.

Die Zeit ging viel zu schnell vorbei und ich war ziemlich traurig, als ich wieder ins Flugzeug zurück nach Deutschland gestiegen bin – aber ich werde später sicher wiederkommen.

Tipps zum Schreiben

Wählen Sie einen Titel.

Stellen Sie sich und das Thema / Ereignis kurz vor.

Wie fing es an? Was haben Sie zuerst gedacht / gefühlt?

Was haben Sie erlebt? Gab es ganz besondere Erlebnisse?

Haben Sie andere Menschen oder etwas Neues (Städte, Dinge, Fähigkeiten, …) (kennen)gelernt?

Wie schnell ist die Zeit vergangen? Was dachten Sie, als die Zeit zu Ende war?

Einer für alle ...

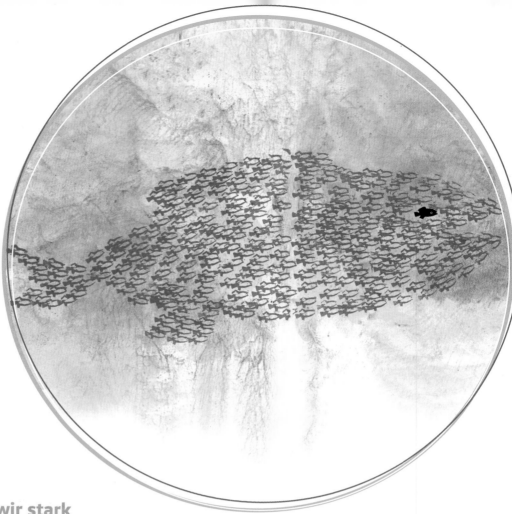

1 Zusammen sind wir stark

a Was sehen Sie auf dem Bild? Was passiert gerade? Äußern Sie Ihre Vermutungen im Kurs. Die Redemittel helfen. **AB: A1** ▶

> **ein Bild beschreiben:** Das Bild ist eine Zeichnung / ein Foto / ein Gemälde. Darauf sieht man … | Auf dem Bild sieht man … | Auf dem Bild ist ein … zu sehen / dargestellt. | Das Bild zeigt …
> **Vermutungen anstellen:** Ich denke (eher), dass das … ist. | Das könnte doch … sein.

b Redewendungen zum Thema „Zusammenhalt". Ordnen Sie den Redewendungen die passende Bedeutung zu.

1. Einer für alle – alle für einen.	A. Man hält in guten und in schlechten Zeiten zusammen. 1. [C]
2. Sie ziehen an demselben Strick.	B. Man sagt das kritisch, wenn jemand heimlich mit jemand anderem zusammengearbeitet hat. 2. [ ]
3. Wir halten zusammen wie Pech und Schwefel!	C. Jeder ist für jeden da. 3. [ ]
4. Mit ihm kann man durch dick und dünn gehen.	D. Nichts kann einen von dem anderen trennen. 4. [ ]
5. Sie haben gemeinsame Sache gemacht.	E. Man kann mit jemandem alles Mögliche (auch etwas Unsinniges) machen. 5. [ ]
6. Man kann mit ihr wirklich Pferde stehlen.	F. Sie arbeiten harmonisch zusammen. 6. [ ]

c Welche Redewendung passt am besten zu dem Bild oben? Wählen Sie eine Redewendung aus 1b und begründen Sie Ihre Wahl wie im Beispiel. Lesen Sie Ihren Text dann in Ihrer Gruppe vor.

> Ich denke / glaube / meine / finde, dass … | Meiner Meinung nach passt … gut zu dem Bild. | Die Redewendung … passt gut, weil / da …

> Ich finde, die zweite Redewendung passt am besten zum Bild, weil alle in dieselbe Richtung schwimmen.

d Zeichnen Sie ein Bild zu einer der Redewendungen in 1b.

2 Gemeinsam etwas schaffen

a Diskutieren Sie die Fragen in Gruppen und tauschen Sie sich dann
im Kurs aus. `AB: A2`

Wie viele Menschen braucht man,

1. ... um ein Auto hochzuheben?
2. ... um ein Haus zu bauen?
3. ... um ein Sofa in den dritten Stock zu tragen?
4. ... um ein Flugzeug zu bauen?
5. ... um die Welt zu verändern?

b Sammeln Sie in Gruppen Ideen für folgende Dinge. Präsentieren Sie sie im Kurs und begründen Sie Ihre Wahl.

1. Drei Dinge, die Sie gemeinsam in Ihrer Gruppe schaffen können.
2. Drei Dinge, die Sie zusammen im Kurs schaffen können.

3 Der kleine Fisch Swimmy

a Lesen Sie einen Ausschnitt aus dem beliebten Kultbuch „Swimmy" von Leo Lionni. Was steht im Text: a, b oder c?
Kreuzen Sie an. `AB: A3`

> *Irgendwo in einer Ecke des Meeres lebte einmal ein Schwarm kleiner, aber glücklicher Fische. Sie
> waren alle rot. Nur einer von ihnen war schwarz. (…) Sein Name war Swimmy. Eines schlimmen Tages
> kam ein Thunfisch in diese Ecke des Meeres gebraust, ein schneller, grimmiger, überaus hungriger Bursche.
> Der verschlang alle kleinen roten Fische mit einem einzigen Maulaufreißen. Nur ein Fisch entkam ihm.*
> 5 *Das war Swimmy. Erschrocken, traurig und einsam wedelte der kleine Swimmy hinaus ins große, große
> Meer. Nun ist das Meer aber voller wunderbarer Geschöpfe, die Swimmy in seiner heimatlichen Meeresecke
> nie gesehen hatte. (…) Zuerst sah Swimmy die Meduse, die Qualle. Er fand sie wunderbar. Sie sah aus, als
> wäre sie aus Glas, und sie schillerte in allen Farben des Regenbogens. Dann sah Swimmy eine Art lebenden
> Schaufelbagger. Das war der Hummer. (…) Swimmy kam aus dem Staunen nicht heraus. Jetzt nämlich
> 10 begegnete er einem Aal, der ihm unendlich lang erschien. (…) Das nächste waren die See-Anemonen. Sie
> schwangen in der Strömung sanft hin und her, wie rosa Palmen, vom Wind bewegt. Dann jedoch glaubte
> Swimmy seinen Augen nicht zu trauen: Er sah einen Schwarm kleiner roter Fische. (…) »Kommt mit ins
> große Meer!«, rief er ihnen munter zu. »Ich will euch viele Wunder zeigen!« »Geht nicht«,
> antworteten die kleinen roten Fische ängstlich. »Dort würden uns die großen Fische
> 15 fressen! Wir müssen uns im sicheren Felsenschatten halten.« Die Antwort der
> kleinen roten Fische machte Swimmy nachdenklich. Er fand es traurig, dass
> der Schwarm sich nie hinaus ins offene Meer trauen durfte. Da muss man
> sich etwas ausdenken!, dachte er. Und er dachte nach. (…)*

1. Swimmy
   - **a** verlässt seine Freunde.
   - **b** hat immer alleine gelebt.
   - **c** ist plötzlich alleine.

2. Swimmy
   - **a** findet die fremden Tiere und Pflanzen im Meer sehr schön.
   - **b** ist erschrocken über die fremden Tiere im Meer.
   - **c** kennt die meisten anderen Tiere im Meer schon lange.

3. Swimmy
   - **a** ist traurig, weil ihm der Schwarm nicht vertraut.
   - **b** möchte, dass die anderen Fische die Welt sehen.
   - **c** will mit den anderen Fischen bei einem großen Felsen leben.

b Wie könnte die Geschichte weitergehen? Schreiben Sie sie zu Ende. `AB: A4`

Ehrensache!

1 Unser Ehrenamt

a Was haben die Fotos mit dem Thema „Ehrenamt" zu tun? Sprechen Sie im Kurs. **AB: B1**

LB ● 29–33

b Sie hören eine Radiosendung zum Thema „Ehrenamt". Welches Ehrenamt haben die Personen? Notieren Sie. Drei Tätigkeiten aus dem Schüttelkasten bleiben übrig.

> Studierendenberater/in | Reinigungskraft | Integrationshelfer/in | Wahlhelfer/in |
> Fußballtrainer/in | Bewerbungstrainer/in | Tierbetreuer/in

Name	Ehrenamt			
1. Julia Böhme	*Studierendenberaterin*	+	−	+−
2. Franz Winkler		+	−	+−
3. Elke Jakob		+	−	+−
4. Thorsten Lauterbach		+	−	+−

c Welche Person findet ihr Ehrenamt überwiegend positiv (+), überwiegend negativ (−) und welche sieht Vor- und Nachteile (+−)? Kreuzen Sie in 1b an.

d Hören Sie die Sendung noch einmal und notieren Sie folgende Informationen.

Wer?	Seit wann / wie lange tätig?	Grund für das Ehrenamt	Eindrücke: positiv / negativ
1. Julia Böhme	*1 Jahr*		
2. Franz Winkler			
3. Elke Jakob			
4. Thorsten Lauterbach			

2 Kursinterview zum Thema „Ehrenamt"

Notieren Sie Fragen zu folgenden Punkten und interviewen Sie sich dann in Gruppen. Berichten Sie anschließend im Kurs aus Ihrer Gruppe. `AB: B2`

- Eigenes Ehrenamt?
- Welches?
- Erfahrungen: positiv / negativ?
- Vorteile / Nachteile?
- Ehrenamt in Ihrem Land?
- Weitere Aspekte?

3 Ehrenamt ist Ehrensache!

Lesen Sie den Bericht und entscheiden Sie bei jeder Aussage zwischen „stimmt mit dem Text überein" (j), „stimmt nicht mit dem Text überein" (n) oder „der Text gibt darüber keine Auskunft" (?). `AB: B3`

Berlin. „Ehrenamt ist Ehrensache", werben deutsche Städte um das ehrenamtliche, also freiwillige, Engagement ihrer Bürgerinnen und Bürger, denn den Städten und Gemeinden
5 fehlt es an Geld, aber Hilfe tut Not. Experten sind sich darin einig, dass viele Bereiche des öffentlichen und sozialen Lebens ohne Ehrenamtliche, die also für ihre Tätigkeit nur gering oder gar nicht bezahlt werden, kaum noch
10 existieren könnten. Neben der Betreuung von Kindern, Kranken und alten Menschen zählen u. a. dazu: Dienste bei Jugendorganisationen, im Natur- und Umweltschutz, im Tierschutz, bei der Hausaufgabenhilfe oder auch die Freiwilli-
15 ge Feuerwehr. Aber wie sieht das Engagement der Deutschen in Zahlen aus? Aktuelle Umfragen sprechen von 36 % der Deutschen ab 14 Jahren, die sich außerhalb von Schule und Beruf engagieren. Dabei trifft man laut Umfragen
20 unter den Ehrenamtlichen auf mehr Menschen mit hoher Bildung als etwa auf Menschen ohne Schulabschluss.
Obwohl man für ein Ehrenamt viel Zeit braucht, engagieren sich die Deutschen oft über einen langen Zeitraum. Die Gründe, mit anzupacken, 25 sind unterschiedlich: Den einen geht es darum, Menschen zu helfen, die Gemeinschaft zu stärken oder Gleichgesinnte zu treffen. Andere wollen Kontakte knüpfen, sich selbst verwirklichen oder Anerkennung bekommen. Alle Be- 30 fragten sind sich aber darüber einig, dass man sich persönlich weiterentwickelt. Und das wirkt sich z. B. positiv auf das Berufsleben aus. In Bewerbungsverfahren ist ein Ehrenamt ein klarer Pluspunkt. Der Bewerber hat in seinem Ehren- 35 amt vieles gelernt, was auch am Arbeitsplatz wichtig ist, z. B. Verantwortungsbewusstsein, Teamgeist, Flexibilität und Organisationstalent. „Dies sind wichtige Führungsqualitäten", bestätigen Personalberater. *Vera Hübner* 40

1. In deutschen Städten und Gemeinden fehlen Ehrenamtliche.   j   n   ?
2. Ohne Ehrenamt gibt es kein soziales Leben mehr.   j   n   ?
3. Mehr als ein Drittel aller Deutschen ab 14 Jahren engagiert sich.   j   n   ?
4. Es engagieren sich mehr Frauen als Männer.   j   n   ?
5. Ohne Schulabschluss kann man nicht ehrenamtlich tätig werden.   j   n   ?
6. Erfahrungen im Ehrenamt wirken sich positiv bei Bewerbungen aus.   j   n   ?

4 Das Ehrenamt in der Gesellschaft

Diskutieren Sie im Kurs: Sind Ehrenämter wichtig für eine Gesellschaft? Sammeln Sie mithilfe der Stichworte unten Vor- und Nachteile von Ehrenämtern.

Belastung für den Einzelnen | Erfahrungen machen | Wertschätzung / Ansehen | kein Einkommen | anderen helfen | Ehrenamt statt regulärem Arbeitsplatz? | Kontakte knüpfen | Wissen weitergeben | etwas verändern | viel (freie) Zeit kosten

Ein Projekt – viele Helfer

1 „Crowdsourcing" – Was ist das eigentlich?

a Was könnte „Crowdsourcing" sein? Sammeln Sie Ideen im Kurs.

b Lesen Sie nun die Definition und überprüfen Sie Ihre Hypothesen aus 1a. `AB: C1a`

> **A.** Der Begriff „Crowdsourcing" setzt sich aus den zwei englischen Begriffen „crowd" (= Gruppe, Menge, Schwarm) und „outsourcing" (= Auslagerung von Arbeit aus einer Firma) zusammen. Im deutschsprachigen Raum verwendet man manchmal auch die entsprechende Übersetzung „Schwarmauslagerung".
>
> **B.** Mit „Schwarmauslagerung" meint man aber nicht die Auslagerung von Unternehmensaufgaben in andere Unternehmen oder die Übertragung an freie Mitarbeiter, sondern etwas anderes: Ein Unternehmen gibt z. B. eine Aufgabe an viele Freiwillige weiter, und jeder kann mitarbeiten.
>
> **C.** Dieser „Schwarm" löst dann gemeinsam Probleme – und verteilt die Arbeit auf viele Menschen. Jeder macht die Arbeit, die er machen will und die ihm besonders viel Spaß macht. Niemand muss eine bestimmte Aufgabe übernehmen, wenn er das nicht möchte, und niemand muss etwas tun, was er gar nicht kann.
>
> **D.** Ein Beispiel für „Crowdsourcing" ist das Testen von Internetseiten oder neuen Programmen. Jeder kann seine Meinung dazu sagen, und man soll Fehler melden. Ein weiteres Beispiel ist das Internetlexikon Wikipedia. Jeder Nutzer kann es ständig aktualisieren, ergänzen oder überarbeiten. Nur so hat es bis heute immer aktuell bleiben können. Und je mehr Menschen mitmachen, umso umfangreicher wird das Lexikon.
>
> **E.** Und jeder aus dem „Schwarm" kann auch neue Ideen liefern: Was sollte man als nächstes tun? Welche Probleme wollen und können wir gemeinsam lösen? Denn man darf sich auch nicht übernehmen, also zu große Pläne haben. Wenn man zu viel will, kann es schnell passieren, dass man die Arbeit an einem Projekt abbrechen muss, weil es zu anstrengend ist. Und das sollte man immer vermeiden.

c In welchem Abschnitt finden Sie folgende Informationen? Notieren Sie. `AB: C1b`

Abschnitt

1. Der Begriff „Schwarmauslagerung" ist eine Übersetzung von Crowdsourcing. `A`

2. Die Arbeit an einem Projekt kann scheitern, wenn die Aufgabe zu groß ist. ☐

3. Durch Crowdsourcing kann eine Internet-Enzyklopädie leichter aktuell bleiben. ☐

4. Jeder kann beim Crowdsourcing mitmachen. ☐

5. Es gibt niemanden im Schwarm, der den anderen sagt, was sie tun sollen. ☐

2 Crowdsourcing im Alltag

34 – 38

a Hören Sie die vier Erfahrungsberichte zu Wikipedia und machen Sie Notizen zu folgenden Punkten. `AB: C2`

1. Wer sind die Personen?
2. Wie finden sie Wikipedia?
3. Was machen sie mit Wikipedia?

> *Michael , Schüler*
> *– Wikipedia ist nützlich*
> *– liest jeden Tag in Wikipedia*
> *– ...*

b Sprechen Sie in Gruppen: Wie nutzen Sie Wikipedia? Haben Sie selbst schon einmal etwas in Wikipedia geschrieben? Warum (nicht)?

○ G 4.2 ③ Sprache im Mittelpunkt: Modalverben und ihre Formen

a   Lesen Sie die Aussagen aus den Berichten aus 2a und markieren Sie die Modalverben und die Infinitive. `AB: C3a`

   1. Manchmal möchte ich einfach mehr zu einem Thema wissen.
   2. Zu meiner Lieblingsmannschaft muss man eigentlich schon noch ein paar Infos ergänzen.
   3. Wenn ich früher mal etwas nachschlagen wollte, habe ich das Lexikon aus meinem Bücherregal genommen.
   4. Ich hatte mir überhaupt nicht vorstellen können, dass es dort so viele Informationen gibt.
   5. Mein Sohn hatte mir damals auch gesagt, dass man selbst bei Wikipedia etwas schreiben darf.
   6. Früher hat man dann in die Bibliothek gehen müssen, um etwas zu kopieren oder abzuschreiben.
   7. Weil jeder bei Wikipedia mitmachen kann, sind alle Informationen auch ziemlich aktuell.
   8. Mein Chef hat gesagt, ich soll selbst einen Artikel für Wikipedia schreiben.
   9. Ich werde mich einfach mehr mit Wikipedia beschäftigen müssen.
  10. Mein Sohn meinte, dass ich wirklich mal einen Artikel schreiben sollte.

b   Schauen Sie Ihre Markierungen in 3a an und ergänzen Sie die Regeln. `AB: C3b`

> 1. Präsens / Präteritum: Modalverb im Präsens / Präteritum + _Infinitiv_ des Vollverbs.
> 2. Perfekt / Plusquamperfekt: Präsens- / Präteritumform von „haben" + Infinitiv des Vollverbs + ...
> 3. Futur: Präsensform von „werden" + ... + Modalverb im Infinitiv.
> 4. Konjunktiv II: Modalverb im .... + Infinitiv des Vollverbs.

c   Lesen Sie die Sätze in 3a noch einmal. Ergänzen Sie die Regeln zur Wortstellung. `AB: C3c–e`

> 1. Im Hauptsatz steht das Modalverb _auf Position 2_ und das Vollverb ....·
> 2. Im Hauptsatz mit einem weiteren Hilfsverb (z. B. „haben" im Perfekt oder „werden" im Futur) steht das Modalverb ....

○ G 4.2 ④ Sprache im Mittelpunkt: Modalverben und ihre Bedeutung

a   Notieren Sie die Bedeutung der Modalverben und einen Beispielsatz aus 3a. `AB: C4–6`

> Erlaubnis | Aufforderung | Empfehlung | Möglichkeit / Gelegenheit | ~~Fähigkeit / Unfähigkeit~~ | Pflicht /
> Notwendigkeit | Plan / fester Wille | Wunsch

Modalverb	Bedeutung und Beispielsatz	Modalverb	Bedeutung und Beispielsatz
1. können	_Fähigkeit / Unfähigkeit: Satz 4_	5. dürfen	
2. möcht-		6. sollen	
3. müssen		7. können	
4. wollen		8. sollen	

b   Ergänzen Sie die passenden Modalverben in der richtigen Form. Manchmal passen zwei.

Wenn ihr bei einem Crowdsourcing-Projekt mitmachen [1] _wollt_, ... ihr euch am besten im Internet informieren.

Dort [2] .... jeder ein passendes Projekt finden. Mithilfe des Internets haben viele Nutzer am Crowdsourcing

teilnehmen [3] .... Auch Kinder [4] .... bei Projekten mitmachen. Sie werden sicher die Eltern um Hilfe

bitten .... Die Eltern [5] .... aber darauf achten, dass die Kinder nicht lange am Computer sitzen.

Zivilcourage

1 Wenn andere Hilfe brauchen

a Schauen Sie sich die Situationen oben an. Was passiert hier? Notieren Sie die Ereignisse mithilfe der W-Fragen und berichten Sie anhand Ihrer Notizen im Kurs. **AB: D1**

	Wer?	Was?	Wie?	Wo?
Bild A	Ein Mann.	Er stiehlt ein Fahrrad.		
Bild B				
Bild C				

b Lesen Sie den Eintrag aus einem Wörterbuch und überlegen Sie im Kurs, was Zivilcourage mit den Situationen in 1a zu tun haben könnte.

> **Zi·vil·cou·ra·ge** die <-> *(kein Plur.) der Mut, für seine Meinung auch Nachteile in Kauf zu nehmen* Zivilcourage haben/zeigen/beweisen
>
> © pons

c Wie kann man in diesen Situationen helfen? Lesen Sie die Vorschläge im Schüttelkasten und sprechen Sie in Gruppen.

> Ich würde in der Situation …

> Ja, das würde ich auch machen.

> Nein, ich würde vielleicht …?

> dem Fahrer Bescheid sagen | weglaufen | die Polizei rufen | fragen, ob ich helfen kann | dem Mann/der Frau sagen, dass … | Passanten um Hilfe bitten | …

d Wählen Sie zu zweit eine Situation aus: Wie geht es weiter? Schreiben Sie einen kleinen Dialog und präsentieren Sie ihn im Kurs.

2 Zeig Verantwortung!

Beschreiben Sie das Plakat auf der nächsten Seite. Was bedeutet „Zeig Verantwortung!"? Was soll man tun?

3 Ganz schön mutig!

a Lesen Sie die Abschnitte des Zeitungsberichts und bringen Sie sie dann in die richtige Reihenfolge. **AB: D2**

Ein aufmerksamer Kunde beobachtete den Diebstahl und rief sofort nach der Verkäuferin. Als der Dieb aus dem Laden rannte, verfolgte ihn der Kunde.

Die Jeans konnte unbeschädigt an das Modegeschäft zurückgegeben werden, und der mutige Zeuge bekam einen Einkaufsgutschein über 50 Euro.

In einem Hinterhof riss der Dieb dann das Preisschild von der Hose und wurde von dem aufmerksamen Zeugen dabei beobachtet, wie er seine alte verschlissene Hose auszog und die neue Jeans anzog.

A Ein 19-jähriger Mann aus Neuenburg hat gestern in einem Modegeschäft in der Innenstadt eine Jeans im Wert von 100 Euro gestohlen.

Kurz danach kam die Polizei, die inzwischen von dem Zeugen verständigt worden war, und nahm den Dieb fest. Der Mann gab den zuvor begangenen Diebstahl zu und musste seine Hosen noch einmal wechseln.

LB ◉
39 – 42

b Hören Sie die Aussagen zum Ladendiebstahl aus 3a. Wer spricht? Notieren Sie. Zu welchem Abschnitt des Zeitungsberichts aus 3a passen die Aussagen? Zu einer Aussage passen zwei Abschnitte.

Aussage	1	2	3	4
Person	Ladendieb			
Abschnitt	A			

4 Von (eigenen) Erlebnissen berichten

Haben Sie selbst oder jemand, den Sie gut kennen, schon einmal eine Situation erlebt, in der man mutig sein musste? Sprechen Sie in Gruppen. Die Wörter und Redemittel helfen Ihnen.

> **Wann:** bevor | zuerst | danach / dann | schließlich | nachdem | plötzlich | während
> **Handlung:** Ich wollte … | Er / Sie brauchte Hilfe, weil … | Ich dachte, dass … | dem anderen helfen | die Polizei rufen

> Gestern habe ich gesehen, wie ein Mann beim Einparken ein anderes Auto beschädigt hat. Zuerst dachte ich, er kümmert sich darum, aber dann …

Ganz schön egoistisch!

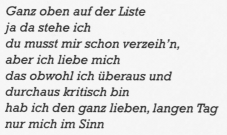

1 „Ich bin nur ein Egoist"

LB ● 43   a   Hören Sie den Song von Falco. Wovon singt er? Sprechen Sie im Kurs.   **AB: E1** ▶

b   Lesen Sie den Songtext. Arbeiten Sie zu zweit. Wie beschreibt Falco den Egoisten?

> *Die ganze Welt dreht sich um mich, denn ich bin nur ein Egoist*
> *Der Mensch, der mir am nächsten ist, bin ich, ich bin ein Egoist*
>
> | | |
> |---|---|
> | *Ganz oben auf der Liste* | *Ich habe über meinem Bett* |
> | *ja da stehe ich* | *'nen Spiegel angebracht,* |
> | *du musst mir schon verzeih'n,* | *damit mein eig'nes Spiegelbild* |
> | *aber ich liebe mich* | *mir meinen Schlaf bewacht* |
> | *das obwohl ich überaus und* | *und ich will niemanden wollen* |
> | *durchaus kritisch bin* | *nein – ich will, dass man mich will* |
> | *hab ich den ganz lieben, langen Tag* | *bis ich kriege, was ich brauche* |
> | *nur mich im Sinn* | *halt ich niemals still (…)* |
>
> Velvet, Steve Van. Edition Diana HC, SMPG Publishing (Germany) GmbH, Berlin. HC Publishing GmbH & Co. KG, Düsseldorf

c   Haben Sie Erfahrung mit ähnlichen Personen wie der in dem Song? Beschreiben Sie zwei Situationen.
Sprechen Sie in Gruppen und berichten Sie dann im Kurs. Begründen Sie Ihre Meinung.

2 Jeder nur für sich? – Leser berichten über Erfahrungen mit Egoismus.

a   Lesen Sie die Kommentare aus einer Online-Zeitschrift und markieren Sie die Kernaussage jedes Beitrags.

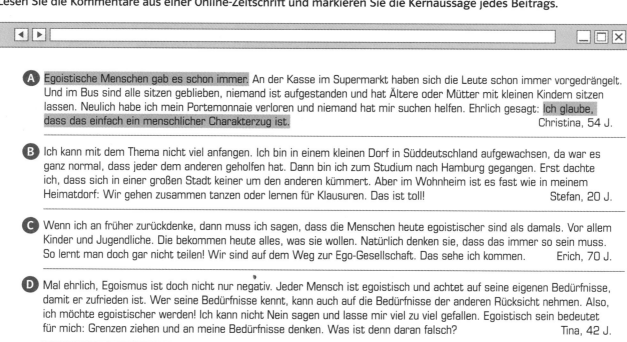

A Egoistische Menschen gab es schon immer. An der Kasse im Supermarkt haben sich die Leute schon immer vorgedrängelt. Und im Bus sind alle sitzen geblieben, niemand ist aufgestanden und hat Ältere oder Mütter mit kleinen Kindern sitzen lassen. Neulich habe ich mein Portemonnaie verloren und niemand hat mir suchen helfen. Ehrlich gesagt: Ich glaube, dass das einfach ein menschlicher Charakterzug ist.   Christina, 54 J.

B Ich kann mit dem Thema nicht viel anfangen. Ich bin in einem kleinen Dorf in Süddeutschland aufgewachsen, da war es ganz normal, dass jeder dem anderen geholfen hat. Dann bin ich zum Studium nach Hamburg gegangen. Erst dachte ich, dass sich in einer großen Stadt keiner um den anderen kümmert. Aber im Wohnheim ist es fast wie in meinem Heimatdorf: Wir gehen zusammen tanzen oder lernen für Klausuren. Das ist toll!   Stefan, 20 J.

C Wenn ich an früher zurückdenke, dann muss ich sagen, dass die Menschen heute egoistischer sind als damals. Vor allem Kinder und Jugendliche. Die bekommen heute alles, was sie wollen. Natürlich denken sie, dass das immer so sein muss. So lernt man doch gar nicht teilen! Wir sind auf dem Weg zur Ego-Gesellschaft. Das sehe ich kommen.   Erich, 70 J.

D Mal ehrlich, Egoismus ist doch nicht nur negativ. Jeder Mensch ist egoistisch und achtet auf seine eigenen Bedürfnisse, damit er zufrieden ist. Wer seine Bedürfnisse kennt, kann auch auf die Bedürfnisse der anderen Rücksicht nehmen. Also, ich möchte egoistischer werden! Ich kann nicht Nein sagen und lasse mir viel zu viel gefallen. Egoistisch sein bedeutet für mich: Grenzen ziehen und an meine Bedürfnisse denken. Was ist denn daran falsch?   Tina, 42 J.

E Zu diesem Thema habe ich ein Beispiel aus meinem Arbeitsalltag: Meine Kollegin findet sich und ihre Arbeit am wichtigsten. Die Arbeit der anderen interessiert sie nicht. Das habe ich sie wörtlich sagen hören! Und sie macht natürlich nie Fehler – Fehler machen nur die anderen. Und wenn es mal zusätzliche Arbeit gibt, dann lässt sie uns alles machen! Jetzt soll sie unsere Abteilung leiten, weil sie so effizient arbeitet. Egoismus lohnt sich also im Job!   Jan, 36 J.

b Welche These passt zu welchem Kommentar aus 2a? Ordnen Sie zu. Achtung: Eine These passt zu keinem der Beiträge.
   Schreiben Sie dann „X".

   1. In unserer Gesellschaft gibt es noch Hilfsbereitschaft und Solidarität. $\boxed{B}$

   2. Falsche Erziehung ist der Hauptgrund dafür, dass der Egoismus heute zunimmt. $\boxed{}$

   3. Egoismus zeigt sich nur in Großstädten. $\boxed{}$

   4. Egoismus ist keine neue Entwicklung. $\boxed{}$

   5. Wenn man im Beruf Erfolg haben will, kann Egoismus nicht schaden. $\boxed{}$

   6. Egoismus kann auch eine positive Wirkung haben. $\boxed{}$

c Welcher Ansicht aus 2a stimmen Sie zu? Welche lehnen Sie ab? Warum?

> **zustimmen:** Ich kann … nur zustimmen, weil … | Ich kann mich der Meinung von … anschließen. |
> Ich bin auch der Meinung / Ansicht von … | Ich teile die Meinung von …
> **ablehnen:** Ich kann … nicht zustimmen, weil … | Ich teile die Meinung / Ansicht von … nicht, weil … |
> Da bin ich anderer Ansicht / Meinung.

○ G 4.3 **3** ## Sprache im Mittelpunkt: „lassen / hören / sehen / bleiben / . . ." + Infinitiv

a Markieren Sie in den Sätzen aus den Kommentaren „lassen / hören / sehen / helfen / bleiben / gehen / lernen" + Infinitiv.
   Ergänzen Sie dann die Regeln. **AB: E 2 – 3** ▶

   1. Und im Bus sind alle sitzen geblieben.   5. So lernt man doch gar nicht teilen!
   2. Niemand hat Ältere sitzen lassen.   6. Das sehe ich kommen.
   3. Niemand hat mir suchen helfen.   7. Das habe ich sie wörtlich sagen hören!
   4. Wir gehen zusammen tanzen.

   > 1. Die Verben „_lassen_", „.................", „.................", „.................", „................." + Infinitiv verwendet
   >   man wie Modalverben, z. B. Das sehe ich kommen. ; Das habe ich kommen sehen.
   > 2. Die Verben „_bleiben_", „.................", „................." + Infinitiv verwendet man im Präsens
   >   und Präteritum auch wie Modalverben, z. B. Ich lerne rechnen. Das Perfekt / Plusquamperfekt bildet
   >   man aber mit Hilfsverb + Partizip Perfekt, z. B. Alle bleiben sitzen. ; Alle sind sitzen geblieben.

b Lesen Sie über Noras Erfahrungen mit Egoismus. Ergänzen Sie die passenden Formen der Verben aus 3a.

   Heute in der Schule fragte meine Freundin Mia mich, ob ich ihr schnell rechnen [1] _helfe_ – sie hatte die Haus-

   aufgaben nicht gemacht. Also bin ich kurz vor dem Mathekurs in der Klasse sitzen [2] .... und habe ihr geholfen.

   Unser Lehrer hat uns schreiben [3] .... und fragte, was wir da machen. Da sagte Mia doch tatsächlich, dass sie

   mich gerade ihre Hausaufgaben abschreiben [4] ....! Das war voll gelogen! Dr. Berger meinte nur: „Du solltest

   endlich selbst rechnen [5] ....!" Und dann hat er mich zwei Stunden lang rechnen [6] .... Mia hat nichts

   gesagt! Diese Egoistin! Ups! Ich habe mein Handy klingeln [7] .... Oh, eine SMS! Mia schreibt: „Sorry!

   [8] .... wir Pizza essen!?"

4 ## Wird unsere Gesellschaft immer egoistischer?

   Was denken Sie? Verfassen Sie einen Beitrag für „Die Online-Zeitschrift" in 2a. Beziehen Sie Ihre Erfahrungen (ggf. auch
   aus Ihrem Heimatland) mit ein.

Mein Buch, dein Buch?

1 **Büchertausch der besonderen Art**

a   Was passiert hier mit den Büchern? Sammeln Sie Ideen im Kurs. `AB: F1`

b   Sie wollen ein Buch weitergeben. Lesen Sie den Informationstext und notieren Sie dann wie „Bookcrossing"
funktioniert. `AB: F2`

> **Bookcrossing** ist eine weltweite Bewegung zur kostenlosen Weitergabe von Büchern. Die Bücher werden
> meistens an unbekannte Personen weitergegeben. Auf der Internetseite des Projekts kann man sehen,
> wo die eigenen Bücher gerade sind. Man kann auch den Weg von Büchern verfolgen, die man selbst nur
> ausgeliehen hatte. Jedes Buch wird zuerst auf der Bookcrossing-Webseite registriert und bekommt eine
> 5   eigene Kennzeichnung, die BCID (= **B**ook**C**rossing-**ID**entitätsnummer). Auf einer eigenen Internetseite
> können der aktuelle und alle zukünftigen Besitzer ihre Kommentare zu dem Buch hinterlassen.
> Nachdem man das Buch mit der BCID gekennzeichnet hat, kann man es an Freunde weitergeben oder
> man kann es „freilassen", also irgendwo in der Öffentlichkeit liegen lassen. Empfehlenswert sind dabei
> Orte mit einem Dach (damit es nicht nass werden kann). Auf der Internetseite sollte man auch
> 10   eintragen, wo das Buch gerade ist. Dann können andere Teilnehmer es suchen, wenn sie wollen. Wenn
> man ein Buch gefunden hat, meldet man den Fund auf der Internetseite. Der Finder kann auch
> schreiben, wie ihm das Buch gefallen hat. Diesen Kommentar erhalten die Besitzer automatisch per
> E-Mail – und auch alle, die das Buch bereits gelesen haben. Allerdings trifft nicht jedes Buch auf einen
> Finder; manche Bücher sind jahrelang verschwunden, bis jemand sie findet. Es gibt aber auch Bücher,
> die verschwunden bleiben.

1.   *Buch auf der Bookcrossing-Webseite registrieren*

2.   ....

3.   ....

4.   ....

5.   ....

c   Was haben die Fotos oben mit dem Infotext in 1b zu tun? Sprechen Sie im Kurs.

d   Woher bekommen Sie selbst Ihre Bücher? Sprechen Sie mit Ihrem Nachbarn. Die folgenden Wörter und Redemittel
helfen Ihnen.

(fast) immer | meist | oft | manchmal | selten | nie

Belletristik | Sachbuch | Lehrbuch | Wörterbuch | E-Book | Hörbuch | …

kaufen | (aus)leihen | herunterladen | …

Ich lade meine Romane auf meinen Reader herunter.

2 Projekt: Bookcrossing – wir wollen mitmachen

a   Gibt es in Ihrer Nähe schon Bookcrossing oder ähnliche Projekte? Recherchieren Sie und berichten Sie im Kurs oder
erzählen Sie von Ihren Erfahrungen.

b   Bei Bookcrossing müssen Sie eine Kategorie für ein Buch angeben. Sprechen Sie in Gruppen über die folgenden
Kategorien. Kennen Sie alle? Welche mögen Sie am liebsten?

Bilderbuch | Biografie | Comic | Erzählung | Fachbuch | Fotoband | Gedichtband | Kinderbuch |
Krimi | Lexikon | Roman | Sachbuch | Schulbuch | …

LB 44   c   Hören Sie, was eine junge Frau von ihren Erfahrungen mit Bookcrossing erzählt. Entscheiden Sie, ob die Aussagen richtig
(r) oder falsch (f) sind.

1. Sie hat im Radio das erste Mal von Bookcrossing gehört.   r f
2. Sie hat sich auf der Internetseite registriert.   r f
3. Sie fand es gar nicht so leicht, ein Buch auszuwählen.   r f
4. Sie hat dann ein Bilderbuch „freigelassen".   r f
5. Vor dem Kinderkrankenhaus gibt es einen Bücherschrank.   r f
6. Sie ist nicht sicher, ob sie das passende Buch weitergegeben hat.   r f

d   Sie möchten ein Buch für Bookcrossing registrieren. Wählen Sie ein Buch und füllen Sie das Formular wie im Beispiel aus.
Schreiben Sie bei „Kommentare" auch, warum Sie dieses Buch weitergeben möchten. Stellen Sie Ihr Buch dann im Kurs vor.

Titel:	Swimmy	
Autor:	Leo Lionni	
ISBN:	978-3-407-77009-7	
Kategorie:	Bilderbuch	
Bewertung (1–10):	10	
Kommentare:	Das Bilderbuch ist auch für Erwachsene interessant, denn die Botschaft lautet: Zusammen sind wir stark. Der kluge Fisch Swimmy organisiert den Schwarm der roten Fische in Form eines Riesenfisches. So verjagen sie ihre Feinde und trauen sich ins Meer hinaus. Die Sprache ist klar, und die schönen Bilder sind in zarten Wasserfarben gemalt. Einfach toll!!	

Ein Dach über dem Kopf

1 So möchte ich wohnen

a Ordnen Sie die verschiedenen Wohnmöglichkeiten den Fotos zu.

Reihenhaus | ~~Bauernhaus~~ | Lastwagen | Hochhaus | Hausboot | Designerhaus

Foto A: *das Bauernhaus* ....

Foto B: ....

Foto C: ....

Foto D: ....

Foto E: ....

Foto F: ....

b Wie finden Sie die Wohnmöglichkeiten aus 1a? Beschreiben Sie sie mit den Adjektiven aus dem Schüttelkasten wie im Beispiel. Ergänzen Sie auch weitere Adjektive. **AB: A1a**

ästhetisch | alt | anonym | dunkel | einsam | eng | gemütlich | klein | komfortabel | modern | ökologisch | ~~schick~~ | ~~sparsam~~ | praktisch | preisgünstig | romantisch | mobil | warm | …

> Das Designerhaus ist schick und sparsam.

c Wo würden Sie am liebsten wohnen, wo nicht so gerne, wo gar nicht? Warum? Schreiben Sie eine Hitliste und sprechen Sie im Kurs.

LB ◉ 45–50

d Hören Sie eine Radiosendung zum Thema „Wie wohnen die Deutschen?" Hören Sie die Aussagen der verschiedenen Bewohner. Wo wohnen sie? Ergänzen Sie. **AB: A1b**

Person 1: *im Lastwagen* ....

Person 2: ....

Person 3: ....

Person 4: ....

Person 5: ....

Person 6: ....

e   Hören Sie die Personen in 1d noch einmal. Entscheiden Sie, ob die Aussagen richtig (r) oder falsch (f) sind.

   1. Person 1 kann gut ohne fließendes Wasser leben.   `r` `f`
   2. Person 2 findet es gut, dass sie keinen engen Kontakt zu den Nachbarn hat.   `r` `f`
   3. Person 3 hat das Boot ihres Bruders umgebaut.   `r` `f`
   4. Person 4 kann nicht zu Fuß in die Stadt gehen.   `r` `f`
   5. Person 5 genießt es, dass in der Reihenhaussiedlung viel los ist.   `r` `f`
   6. Person 6 hat ein altes Haus modernisiert.   `r` `f`

2 Kriterien bei der Wohnentscheidung

a   Lesen Sie die Angaben. Wie wichtig sind diese Kriterien für Sie: sehr wichtig / wichtig / weniger wichtig / unwichtig? Sprechen Sie in Gruppen und finden Sie auch noch weitere Kriterien. **AB: A2**

- ruhige Lage
- gute Einkaufsmöglichkeiten
- gute Verbindung mit öffentlichen Verkehrsmitteln
- im Zentrum
- preisgünstig
- in Autobahnnähe
- im Grünen
- gute Freizeitangebote
- Nähe zum Arbeitsplatz / Studienort
- …

b   Pro und Contra. Sammeln Sie Argumente für oder gegen die Wohnmöglichkeiten in 1a. Sprechen Sie zu zweit und machen Sie auch Notizen.

A. Bauernhaus	
pro	contra
sehr ruhig	sehr einsam

c   Arbeiten Sie zu zweit. Partner / Partnerin A ist Makler und empfiehlt eine Wohnmöglichkeit. Partner / Partnerin B findet die Empfehlung nicht gut. Tauschen Sie auch die Rollen.

Partner / in A:
Ich kann Ihnen … empfehlen , denn / weil … | Der große Vorteil ist … | Außerdem können Sie … | Ideal ist auch, dass …

Partner / in B:
Für mich ist ganz wichtig, dass … | Ich finde es nicht ideal, dass … | Ich kann mir nicht vorstellen in … zu wohnen, weil …

3 Wohnträume

Wie sieht Ihr Traumhaus bzw. Ihre Traumwohnung aus? Stellen Sie Ihre Wohnträume im Kurs vor. Illustrieren Sie Ihre Beschreibung auch mit Skizzen oder Fotos. Gehen Sie auf folgende Punkte ein.

- Lage
- Wohnumfeld
- Anzahl der Zimmer
- Plan (Grundriss)
- Ausstattung
- …

Tausche Wohnung

1 Welche Wohnungsanzeige passt?

a Notieren Sie, was die Abkürzungen aus den Wohnungsanzeigen
in 1b bedeuten. AB: B1a

1. gr. Zi.: *großes Zimmer*

2. EBK: ....

3. MM: ....

4. WG: ....

5. ab sof.: ....

6. inkl.: ....

7. EG: ....

8. NK + Kt: ....

9. OG: ....

10. DG: ....

b Lesen Sie die Wohnungsanzeigen noch einmal. Welche Anzeige passt zu welcher Situation? Es ist auch möglich, dass es
keine passende Anzeige gibt. In diesem Fall notieren Sie „X".

Anzeige

1. Mara sucht für sich und ihre zwei Katzen eine 2-Zimmerwohnung.　　　`F`

2. Familie Kexel sucht eine 5-Zimmerwohnung mit Garten und Parkplatz.　　☐

3. Bernd sucht ein möbliertes Zimmer für maximal 450 Euro warm.　　☐

4. Nina und Frank suchen eine 3-Zimmerwohnung, zentral gelegen, mit Balkon.　　☐

5. Kyra sucht eine 3-Zimmerwohnung, Altbau mit Einbauküche.　　☐

A

5-Zi.-Whg., sehr schick, mitten in der Stadt, aber ruhig gelegen, 110 m², 5 gr. Zi., EBK, 2 Balkone. 1650 € + NK, 3 MM-Kaution. Kontakt: Wügle Immobilien, Tel.: 0711/36947

B

WG-Zi.
Helles Zimmer in WG (4 Stud.), nicht möbliert, Altbau, zentrale Lage, 25 m², ab sof., 380 € + 50 € NK + Kt.
Tel.: 0161/802491

C

3-Zi.-Whg.
Großzügige 3 Zi.-Whg. Innenstadt, 75 m², EG, Keller 675 € kalt. 2 MM Kaution.
Kontakt: B. Röhle
Tel.: 0197/597177

D

2-Zi.-Whg.
Schöne 2-Zi.-Whg., EBK m. Waschm., ab sof., 2. OG, nur an Nichtraucher, keine WG, keine Haustiere. 400 € + NK
Kontakt: R. Kunze, Tel.: 0151/17353445

E

Möbl. Appartement
Praktische 1-Zi.-Whg., 20 m² für Studenten. Provisionsfrei, W-LAN 440 € inkl. NK., 2 MM-Kaution, Besichtigungstermin: City Immobilien, Tel.: 0711/47963

F

2-Zi.-Whg.
Ruhig gelegene 2-Zi.-Whg. mitten in der Stadt, DG, ab sofort, 50 m², 550 € + NK. provisionsfrei. Kontakt: R. Prinz, Tel.: 0711/96347

G

Neubau: 5-Zi.-Whg. Sehr schöne 5-Zi-Whg. im Grünen. 120 m², Tageslichtbad, Keller, gr. Garten, Garage. 1400 € + NK. Kaution: 2,5 MM Kontakt: I. Meyer, Tel.: 0781/74693

H

Nachmieter ges.
ab sof. für 3 Zi.-Whg. Renoviert. Altbau, 60 m², 850 € warm, Küche kann übernommen werden, Keller, Waschm. Kontakt: J. Hahne, Tel.: 0161/936232

❷ Zimmer oder Wohnung dringend gesucht

Lesen Sie die Stichworte. Wie würden Sie ein Zimmer oder eine Wohnung suchen bzw. wie haben Sie schon gesucht? Berichten Sie im Kurs.

- Annonce in der Zeitung aufgeben
- im Immobilienteil der Zeitung suchen
- Immobilienmakler beauftragen
- Aushang am Schwarzen Brett
- in Immobilienportalen im Internet suchen

- Zettel mit Wohnungssuche im Café auslegen
- im Intranet der Firma suchen
- Freunde / Bekannte fragen
- Leute auf der Straße ansprechen
- Suchanzeigen an Bäume heften

❸ Wohnungstausch – Tauschwohnung

LB ◉ 51 **a** Hören Sie das Gespräch zwischen Leon und Maike. Worüber unterhalten sich die beiden? Kreuzen Sie an.

☐ Hauskauf ☐ Wohnungssuche ☐ Anzeigen ☐ Maklergebühr ☐ Wohnungstausch ☐ Mitbewohner

b Hören Sie das Gespräch in 3a noch einmal. Entscheiden Sie, ob die Aussagen richtig (r) oder falsch (f) sind.

1. Leon sucht selbst gerade eine neue Wohnung. [r] [f]
2. Leon erzählt Maike von der Initiative „Wohnungstausch". [r] [f]
3. Maike ist nicht an Haustauschferien interessiert. [r] [f]
4. Der Wohnungstausch gilt meist nur für kürzere Fristen. [r] [f]
5. Bei der Initiative „Wohnungstausch" muss man keine Maklergebühr bezahlen. [r] [f]
6. Der Vermieter muss seine Wohnung bei der Tauschbörse anmelden. [r] [f]
7. Man kann keine WG-Zimmer tauschen. [r] [f]
8. Wer eine Tauschwohnung sucht, muss eine Wohnung zum Tauschen anbieten. [r] [f]

c Was halten Sie von Wohnungstausch? Sprechen Sie zu zweit. Welche Vorteile, welche Nachteile / Risiken gibt es dabei? Machen Sie Notizen.

> *Vorteile:*
>
> *– kein Makler*
>
> *– ...*

> *Nachteile:*

d Schreiben Sie ein Tauschangebot für Ihr Zimmer / Ihre Wohnung. Machen Sie Angaben zu: Größe, Lage und Ausstattung. Hängen Sie Ihr Angebot im Kurs auf und suchen Sie einen passenden Tauschpartner / eine passende Tauschpartnerin.

`AB: B1b–c ▸`

❹ Guter Rat bei Wohnungssuche

Lesen Sie den Eintrag im Forum und schreiben Sie eine Antwort. Beziehen Sie Ihre Erfahrungen und die Informationen zu Wohnungstauschbörsen mit ein.

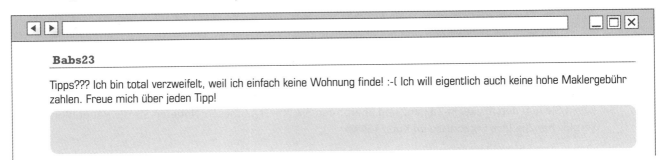

Babs23

Tipps??? Ich bin total verzweifelt, weil ich einfach keine Wohnung finde! :-(Ich will eigentlich auch keine hohe Maklergebühr zahlen. Freue mich über jeden Tipp!

5C

Wohntrends

1 Darauf könnte ich gut verzichten

a Überlegen Sie: Was brauchen Sie unbedingt zum Wohnen, worauf könnten Sie verzichten? Tauschen Sie sich dann in Gruppen aus und begründen Sie Ihre Ansicht.

b Was hat das Foto mit der Frage 1a zu tun? Sprechen Sie in Gruppen und tauschen Sie sich dann im Kurs aus.

2 Klein und kompakt

a Schauen Sie sich das Foto oben noch einmal genauer an und lesen Sie dann den Vorspann und die Überschriften des Artikels aus einem Wohnmagazin. Worum könnte es in dem Artikel gehen? Sprechen Sie im Kurs.

Ein neuer Trend aus den USA

Immer mehr US-Amerikaner wollen ihren Besitz verkleinern und sich in ihrem Leben auf das Wesentliche konzentrieren. Das ist der neue Trend aus den USA! Auch in Europa möchten sich nun immer mehr Menschen von unnötigen Dingen trennen und auf Konsum verzichten. Das zeigt sich auch auf dem Wohnungsmarkt, denn hohe Immobilienpreise und Energiekosten fordern ein Umdenken.

Klein und kompakt

Kleine, mobile Mikrohäuser mit einer geringen Wohnfläche sind nicht nur in den USA, sondern nun auch in Europa vor allem bei Singles und Senioren sehr beliebt. Seit Mitte der 1990er-
5 Jahre baut der Amerikaner Jay Shafer die winzigen Fertighäuser. Shafer spart für die kleinen Häuser so viel Fläche wie möglich ein. Die Mikrohäuser sind zwischen 25 und 75 Quadratmeter groß. Die kleinsten Modelle sind kaum
10 größer als ein Wohnwagen und haben gerade Platz für ein Bett, ein Sofa, eine kleine Küche und ein winziges Bad mit moderner Ausstattung. Die Häuser brauchen kein Fundament und man kann sie schnell auf- und abbauen. Durch
15 diese flexible Bauweise ist es möglich, auch mehrere Häuser aneinanderzubauen.

Weniger Raum, aber mehr Freizeit

Shafer selbst baute sich sein eigenes Minihaus. Er trennte sich von überflüssigen Möbeln und ist immer noch begeistert: „Seit ich in meinem winzigen 20 Haus lebe, hat sich mein ganzer Lebensstil verändert. Ich führe jetzt ein langsameres, flexibleres Leben und beschränke mich auf die wichtigsten Dinge." Das Leben in einem kleinen Haushalt ist gemütlich und auch sehr effizient, denn man wird schnell 25 mit der wenigen Hausarbeit fertig und es bleibt viel Zeit für andere Aktivitäten. „Aber das Leben in einem Mikrohaus kann manchmal auch anstrengend sein", meint die Österreicherin Sabine Doubek. Die Hausbesitzerin hat seit vier Monaten einen neuen 30 Partner. „Für Gäste ist in einem Mikrohaus einfach kein Platz. Man hat auch keine Möglichkeit, mal allein zu sein. Und wenn man z. B. krank ist und viel zu Hause sein muss, dann fühlt man sich schon manchmal ein bisschen wie ein Löwe im Käfig." 35

Geld sparen und die Umwelt schützen

Mikrohäuser sind im Vergleich zu „normalen" Häusern extrem preiswert und man kann sie sogar selbst bauen. Ca. 35.000 Euro muss man für seine eigenen vier Wände zahlen, für die man nur noch ein 40 eigenes Grundstück braucht. Neben dem günstigen Preis ist auch die kurze Bauzeit von ca. vier Monaten ein großer Vorteil. Ein anderer wichtiger Aspekt ist der Klimaschutz, denn die Minihäuser sind sparsam im Energieverbrauch und emissionsarm. 45

Line Probst

b Lesen Sie nun den Artikel in 2a ganz und überprüfen Sie Ihre Hypothesen. Notieren Sie die Hauptinformationen und vergleichen Sie Ihre Ergebnisse im Kurs. **AB: C1**

Neuer Trend: Mikrohäuser ...

c Könnten Sie sich vorstellen, in einem Mikrohaus zu wohnen? Begründen Sie Ihre Meinung.

○ G 6.1 ③ **Sprache im Mittelpunkt: Die Adjektivdeklination**

a Markieren Sie im Artikel in 2a die Adjektive mit den dazu gehörigen Nomen, Artikeln und Präpositionen.

b Schreiben Sie die Adjektivendungen in die Tabelle mithilfe der Adjektive in 2a und Ihrer Kenntnisse und ergänzen Sie dann die Regeln. AB: C2a–e ▶

	m: der Trend	n: das Bad	f: die Küche	Pl: die Kosten
N	der neu*e* kein neu*er* ein neu*er* neu*er*	das winzig...... kein winzig...... ein winzig...... winzig......	die klein...... keine klein...... eine klein...... klein......	die hoh...... keine hoh...... hoh...... hoh......
A	den neu...... keinen neu...... einen neu...... neu......	das winzig...... kein winzig...... ein winzig...... winzig......	die klein...... keine klein...... eine klein...... klein......	die hoh...... keine hoh...... hoh...... hoh......
D	dem neu...... keinem neu...... einem neu...... neu......	dem winzig...... keinem winzig...... einem winzig...... winzig......	der klein...... keiner klein...... einer klein...... klein......	den hoh...... keinen hoh...... hoh...... hoh......

> 1. Wenn die Signalendung (r, s, e, n, m) beim Artikelwort steht, hat das Adjektiv die Endung „............" oder „............".
> 2. Wenn das Artikelwort keine Endung hat oder es kein Artikelwort gibt, dann hat das Adjektiv die ....

c Die Seidels leben in einem Mikrohaus. Markieren Sie die Adjektive nach den Possessivartikeln und kreuzen Sie dann in der Regel an. AB: C2f–g ▶

1. Ich habe mein großes Haus verkauft.
2. Wir leben nun in unserem neuen Mikrohaus.
3. Für ihr altes Klavier ist kein Platz mehr.
4. Er sitzt mit seinen vielen Freunden auf der Terrasse.
5. Unsere neue Einrichtung ist sehr schick.
6. Aber mir fehlt mein eigener Bereich.

> Nach dem Possessivartikel „mein", „dein", ... ist die Adjektivendung wie nach
> ☐ „der", „das", „die"   ☐ „ein-"/„kein-".

d Ergänzen Sie die passende Adjektivform. AB: C3–4 ▶

Wer braucht schon ein [1] *großes* .... (groß) Haus mit [2] .... (viel) Zimmern, einer

[3] .... (modern) Küche und einem [4] .... (groß) Bad? Der [5] .... (neuest)

Trend geht zu [6] .... (kleiner) Häusern mit einer [7] .... (praktisch) Raumaufteilung.

Die [8] .... (winzig) Häuschen sind nicht so teuer wie [9] .... (normal) Häuser. Und ein

[10] .... (wichtig) Vorteil ist: Ein Mikrohaus ist ein [11] .... (mobil) Heim. Wer sich von

seinen [12] .... (überflüssig) Dingen trennen kann, zieht in ein Mikrohaus. Dann hat er zwar weniger

Platz, aber dafür mehr Zeit für seine [13] .... (persönlich) Hobbys. Und wann ziehen Sie um?

e Wie wohnen die Menschen in Ihrem Land? Beschreiben Sie die Wohnformen und tauschen Sie den Text mit Ihrem Partner/Ihrer Partnerin.

Mein Zuhause

1 Sich zu Hause fühlen

a Lesen Sie die Aussagen. Welcher Aussage stimmen Sie zu und welcher eher nicht? Sprechen Sie mit einem Partner / einer Partnerin. **AB: D1a**

> **Es liegt an jedem Einzelnen, ob aus einem Haus ein Zuhause wird.**

> Ein Haus ist noch kein Zuhause.

> *Da wo mein Herz ist, bin ich zu Hause.*

> *Wer sich überall zu Hause fühlt, ist nirgends daheim.*

b Lesen Sie den Beitrag aus einem Wohnblog. Überlegen Sie, was die zentrale Aussage des Beitrags ist. Tauschen Sie sich zu zweit aus und begründen Sie Ihre Meinung.

Linus

Linus
Beitrag 1
heute, 14:25

Hi Leute,
vor einem Jahr bin ich für mein Studium nach Leipzig gegangen. Das läuft echt gut. Hier in Leipzig habe ich auch meine Freundin Susa kennengelernt. Wir verstehen uns super. Und seit einem Monat wohnen wir zusammen! Die Wohnung ist zwar klein, aber sie liegt zentral und hat sogar einen kleinen Balkon. Und nette Nachbarn haben wir auch. Eigentlich ist alles prima. Das Problem ist nur, dass Susa sich in unserer Wohnung nicht richtig wohl fühlt. Sie hat gelesen, dass viele Aspekte zusammenpassen müssen, damit ein Ort ein Zuhause werden kann: die Menschen, die Umgebung, die Räume und ihre Gestaltung. Sie meint, wir sollen uns mit Dingen umgeben, die für uns eine persönliche Bedeutung haben. Ich habe aber schon alle Dinge mitgenommen, die mir wichtig sind, z. B. mein Fahrrad und meine Gitarre. Das hat sie auch gemacht. Und natürlich hat jeder von uns seine eigenen Möbel mitgebracht. Aber Susa findet meine Möbel einfach blöd, nichts für unsere Wohnung, eher für den Flohmarkt! Könnt ihr euch das vorstellen? Ich habe mir doch bisher über meine Einrichtung überhaupt keine Gedanken gemacht … Hauptsache, ich habe alles, was ich brauche: ein Bett, einen Schreibtisch, ein paar Regale … Aber das sieht Susa ganz anders! Sie hat gelesen, dass das Zuhause-Gefühl stark mit der eigenen Persönlichkeit verbunden ist. Und unsere Wohnung ist der Spiegel der Persönlichkeit. Da bin ich aber ganz anderer Meinung: Unsere Studentenbude ist doch nicht der Spiegel unserer Seelen. Ich habe einfach nur wenig Geld und Zeit, über unsere Einrichtung nachzudenken. Susa glaubt, wenn wir uns entschieden haben, wie wir unsere Wohnung nach unserem Geschmack einrichten möchten, dann kommt das Zuhause-Gefühl fast von selbst. Ich bin mir da nicht so sicher und weiß eigentlich nicht so genau, was das ist: ein Zuhause-Gefühl. Und ich weiß auch gar nicht, was wir tun können, damit Susa sich zu Hause fühlt … Wohnzeitschriften studieren, neue Möbel kaufen oder sollten wir lieber doch nicht zusammenwohnen? Was meint ihr? Grüße an alle, Linus

c Lesen Sie den Blogbeitrag in 1b noch einmal und entscheiden Sie dann, ob die Aussagen richtig (r) oder falsch (f) sind.

Linus

1. wohnt noch nicht so lange mit seiner Freundin zusammen.
2. fühlt sich in der Wohnung nicht richtig wohl.
3. hat lange über seine Wohnungseinrichtung nachgedacht.

Susa

4. findet, dass Linus seine Möbel verkaufen sollte.
5. meint, dass die Einrichtung viel über den Charakter verrät.
6. glaubt, dass das „Zuhause-Gefühl" von selbst kommt.

d Lesen Sie die Kommentare zu Linus' Blogbeitrag. Was verbinden die Blogger mit dem „Zuhause-Gefühl"? Ordnen Sie die Schlagwörter zu. Zwei bleiben übrig. **AB: D1b–c**

Energiequelle | Freiraum | Geborgenheit | Komfort | Ruhe | ~~Schutz~~ | Wärme | Luxus

1 Lisa

Ich fühle mich in meinem Zimmer echt zu Hause. Mein Zimmer ist meine Höhle, in die ich mich gerne zurückziehe. Hier fühle ich mich geschützt.

2 Oli

Für mich ist es nicht so wichtig, wie meine Wohnung eingerichtet ist, um mich zu Hause zu fühlen. Für mich zählt vor allem, dass ich da tun und lassen kann, was ich will.

3 Juliane

Ich habe die Wände in meinem Zimmer blau gestrichen, weil ich mit Blau Himmel und Meer verbinde. Dadurch empfinde ich Wärme und fühle mich geborgen. Das ist für mich das „Zuhause-Gefühl".

4 Ben

Mein Zimmer ist wie eine Oase, wo ich nach einem stressigen Tag Kraft tanken kann. Hier kann ich mich am besten ausruhen und Energie sammeln. Hier fühle ich mich zu Hause.

1. Lisa: *Schutz* .... (1 Angabe)   3. Juliane: .... (2 Angaben)

2. Oli: .... (1 Angabe)   4. Ben: .... (2 Angaben)

e Schreiben Sie einen Blogbeitrag: Was ist Ihnen besonders wichtig, um sich zu Hause zu fühlen? Vergleichen Sie dann im Kurs.

2 Fragebogen: Und wie wohnen Sie?

a Was ist Ihnen in Ihrem Zimmer / Ihrer Wohnung wichtig? Lesen Sie die Aussagen. Treffen sie völlig (v), teilweise (t) oder gar nicht (n) auf Sie zu? Vergleichen Sie Ihre Antworten mit Ihrem Partner / Ihrer Partnerin.

In meinem Zimmer / meiner Wohnung …
1. räume ich alles zwei bis drei Mal im Jahr komplett um.   v t n
2. passen Möbel, Einrichtung und Farben immer zusammen.   v t n
3. sind mir Einrichtung und Dekoration nicht wichtig.   v t n
4. habe ich ganz viele Erinnerungsstücke von meiner Familie / aus meiner Heimat.   v t n
5. gibt es viele besondere Möbelstücke vom Flohmarkt.   v t n
6. sieht es immer sehr chaotisch aus.   v t n
7. findet man keine Pflanzen.   v t n
8. liegt alles an seinem Platz, weil mir Ordnung sehr wichtig ist.   v t n
9. ist alles sehr praktisch eingerichtet.   v t n
10. sollen sich meine Gäste und meine Freunde wohl fühlen.   v t n

b Schreiben Sie nun auf einen Zettel, was für Sie wichtig in Ihrem Zimmer / in Ihrer Wohnung ist, z.B. Gegenstände, Dekoration, Farben, Ordnung, Ruhe – und warum. Hängen Sie die Zettel im Kurs an die Tafel und raten Sie, um wessen Zimmer / Wohnung es sich handelt.

Anders wohnen – anders leben

1 Das Leben in einem Ökodorf

Was ist ein Ökodorf und wie könnte das Leben dort aussehen?
Überlegen Sie in Gruppen und tauschen Sie sich dann im Kurs aus.

2 Das Ökodorf „Sieben Linden"

a   Überfliegen Sie die Abschnitte des Artikels und notieren Sie jeweils
die passende Überschrift.

> Konsequente ökologische Lebensweise | Die Anfänge des Ökodorfes |
> Leben in der Gemeinschaft | Die Bewohner von „Sieben Linden"

Das Ökodorf „Sieben Linden"

1. Die Anfänge des Ökodorfes

Im Ökodorf „Sieben Linden" im Norden von Sachsen-Anhalt wird seit 15 Jahren erfolgreich gezeigt,
dass ein ökologisch bewusstes Leben in einer Gemeinschaft möglich ist. Wie alles begann: Bereits
5   Ende der 80er-Jahre hatten sich in Heidelberg einige Menschen getroffen, die sich für ein soziales und
ökologisches Leben interessierten. Gemeinsam
suchten sie einen passenden Ort für ein Ökodorf.
1997 kauften sie in der Nähe des kleinen Dorfes
10   Poppau ein Stück Land mit einem alten Bauernhof.
Am Anfang waren die radikalen Ideen von den alten Bewohnern Poppaus noch belächelt worden,
aber schon bald wurden sie von ihnen respektiert.

2. ....

Der Bauernhof ist auch heute noch der Mittelpunkt
15   des Ökodorfes. Hier befinden sich alle wichtigen
Gemeinschaftsräume, wie zum Beispiel die Gemeinschaftsküche, ein Laden und eine Kneipe. Zurzeit leben 140 Bewohner im Alter von 0 bis 75 Jahren in „Sieben Linden". Eine Hälfte lebt bereits in
20   Häusern und die andere Hälfte in Bauwagen. Sie
organisieren sich in Kleingruppen (Nachbarschaf-
ten). Ziel ist es, dass möglichst viele Bewohner ihr
Geld im Dorf selbst verdienen, z. B. als selbststándi-
ge Handwerker, Künstler oder Architekten; manche
25   Bewohner arbeiten auch außerhalb des Dorfes.

3. ....

Das erste Haus der Nachbarschaft „Club 99" wurde
komplett ohne Maschinen gebaut. Bis heute dürfen
nur natürliche Materialien, vor allem Holz, Lehm

und Stroh verwendet werden. Die Bewohner von
„Sieben Linden" leben konsequent ökologisch: 30
Warmwasser und Strom werden durch Solarenergie
gewonnen. Elektrogeräte oder Werkzeuge sollen
gemeinschaftlich genutzt werden. Die meisten Lebensmittel bauen die Bewohner selbst an, der Rest
wird in Bioqualität gekauft. In der Gemeinschafts-   35
küche wird auf Fleisch verzichtet. Das Ökodorf ist
handy- und autofrei: Die Autos, die die Bewohner
gemeinschaftlich nutzen, müssen am Ortsrand geparkt, Handys ausgeschaltet werden.
In „Sieben Linden" werden auch Seminare und   40
Veranstaltungen angeboten. Dadurch konnten bereits viele interessierte Gäste über diese solidarische
und ökologische Lebensweise informiert werden.
Auch in Zukunft werden solche Informationsveranstaltungen durchgeführt werden.   45

4. ....

„Sieben Linden" ist eine Genossenschaft, das bedeutet: Wer in der Gemeinschaft leben will, muss
einen Anteil von ca. 13.000 Euro an die Genossenschaft „Ökodorf Sieben Linden e. G." zahlen. Außerdem zahlt jeder monatlich einen bestimmten   50
Betrag in die Essenskasse und kann sich dann in der
Küche nehmen, was er möchte. Die Dorfbewohner
organisieren ihr Leben selbst. Fünf Räte, die von der
Dorfgemeinschaft gewählt werden, entscheiden
über wichtige Fragen im Dorf. Einmal im Monat fin-   55
det eine Vollversammlung für alle Bewohner statt,
wo aktuelle Probleme diskutiert werden, denn das
soziale Leben ist der Gemeinschaft sehr wichtig.
Das Modellprojekt „Sieben Linden" ist bereits
mehrmals ausgezeichnet worden.   *Freya Trux*   60

b Lesen Sie den Artikel in 2a noch einmal und beantworten Sie die Fragen im Kurs. `AB: E1`

    1. Was ist das Besondere am Leben in „Sieben Linden"?

    2. Könnten Sie sich vorstellen, in einem Ökodorf zu leben? Warum? Warum nicht?

    3. Kennen Sie ähnliche Projekte?

○ G 4.10 ③ Sprache im Mittelpunkt: Das Passiv

a Lesen Sie die Sätze und geben Sie an: Aktiv (A) oder Passiv (P).

    1. Ende der 80er-Jahre hatten sich in Heidelberg einige Menschen getroffen.   ☐ *A*

    2. Die radikalen Ideen waren von den Bewohnern Poppaus belächelt worden.   ☐

    3. Das erste Haus wurde komplett ohne Maschinen gebaut.   ☐

    4. Die meisten Lebensmittel bauen die Bewohner selbst an.   ☐

    5. Der Rest wird in Bioqualität gekauft.   ☐

    6. Monatlich zahlt jeder einen bestimmten Betrag in die Essenskasse.   ☐

    7. Das Projekt „Sieben Linden" ist bereits mehrmals ausgezeichnet worden.   ☐

b Markieren Sie in den Sätzen in 3a die Passivformen und ergänzen Sie die Regeln. `AB: E2a–b`

> 1. Das Passiv Präsens / Präteritum: konjugierte Form von „werden" + ...
> 2. Das Passiv Perfekt / Plusquamperfekt: konjugierte Form von „sein" + ... + „..........................".
> 3. Die Person, die etwas tut („Agens"), steht im Passivsatz mit „.........................." + Dativ.

c Lesen Sie die Sätze in 3a noch einmal und kreuzen Sie in den Regeln an. `AB: E2c–d`

> 1. Im Aktivsatz: Das „Agens", wer etwas tut, ist   ☐ wichtig   ☐ unwichtig.
> 2. Im Passivsatz: Die Handlung / Der Vorgang ist   ☐ wichtig   ☐ unwichtig.

d Lesen Sie den Artikel in 2a noch einmal und ergänzen Sie die Verbformen. `AB: E3`

    1. Es *dürfen* .... nur natürliche Materialien vor allem Holz, Lehm und Stroh *verwendet* ....
    werden .... (verwenden dürfen)

    2. Elektrogeräte oder Werkzeuge .... gemeinschaftlich ....
    (nutzen sollen)

    3. Autos .... am Ortsrand .... (parken müssen)

    4. Viele interessierte Gäste .... bereits ....
    (informieren können)

e Schauen Sie sich die Sätze in 3d noch einmal an und ergänzen Sie die Regeln.

> 1. Das Passiv mit Modalverben im Präsens / Präteritum: konjugierte Form vom .... +
> .... + ...
> 2. Der Infinitiv von „werden" steht im Hauptsatz ....

f Fassen Sie die Regeln der Genossenschaft „Ökodorf e. G." zusammen. Schreiben Sie eine Liste und verwenden Sie das Passiv.

    1. Alle Regeln werden gemeinsam diskutiert.

Übernachten mal ganz anders

1 Übernachten an interessanten Orten

a Ordnen Sie die Überschriften den Fotos oben zu.

1. Freiwillig hinter Gittern   D

2. Eine garantiert „coole" Nacht   ☐

3. Minimaler Raum und maximaler Komfort   ☐

4. Schlafen in 4 Metern Höhe mitten im Wald   ☐

b Arbeiten Sie in Gruppen. Wie könnte die Übernachtung an den Orten in 1a jeweils aussehen? Wie könnte so eine Nacht verlaufen?

LB ◉
52–55

c Hören Sie die Informationen aus einer Radiosendung. Was haben Sie gehört? Entscheiden Sie, ob die Aussagen richtig (r) oder falsch (f) sind. AB: F1–2

1. Im „Kanalrohr-Hotel" gibt es keine Rezeption.   r f

2. In den Kanalrohren kann man für einen symbolischen Preis von 1 Euro übernachten.   r f

3. Das „Baumhaus-Hotel" liegt mitten im Park.   r f

4. In den Baumhäusern gibt es keine Badezimmer.   r f

5. Die Gäste des „Iglu-Dorfs" müssen ihren eigenen Schlafsack mitbringen.   r f

6. Am Morgen wird den Gästen des „Iglu-Dorfs" Tee serviert.   r f

7. Im „Gefängnis-Hotel" sind die Fenster vergittert.   r f

8. Die Gäste des „Gefängnis-Hotels" müssen gestreifte Schlafanzüge tragen.   r f

d   Hören Sie die Beschreibungen noch einmal und ergänzen Sie die fehlenden Informationen.

	Übernachtungspreis	Ausstattung	Sonstiges
1. „Kanalrohr-Hotel"	So viel, wie man bezahlen will.		
2. „Baumhaus-Hotel"			
3. „Iglu-Dorf"			
4. „Gefängnis-Hotel"			

② Da möchte ich einmal übernachten

a   In welchen Hotels aus 1a würden Sie am liebsten übernachten, wo eher nicht, wo auf keinen Fall?

b   Wählen Sie eine der Unterkünfte aus 1a. Schreiben Sie eine Mail und buchen Sie ein Zimmer.   AB: F2 ▸

Sie möchten folgende Informationen:
- Termin: von ... bis ... noch ein Doppelzimmer frei?
- Preis: Doppelzimmer?
- Ausstattung?
- Was unbedingt mitbringen?
- Anreise?

✉ ↪ ◎ →   ▭ ▢ ✕

Sehr geehrte Damen und Herren,

...

> **Anrede:** Sehr geehrte Damen und Herren,
> **Einleitung:** Ich möchte in der Zeit vom ... bis zum ... für ... ein ... buchen / reservieren.
> **Nachfragen:** Muss / Soll man etwas ...? | Wie viel kostet / en ... Übernachtung / en in ...? | Ist in der Zeit ...? | Wie
> kommt man ...? | Gibt es in dem Zimmer ...? | ...
> **Bitte:** Bitte senden Sie mir eine Reservierungsbestätigung.
> **Schluss:** Vielen Dank im Voraus.
> **Grußformel:** Mit freundlichen Grüßen ...

c   Überlegen Sie sich mit Ihrem Partner / Ihrer Partnerin eine besondere Unterkunft (z. B. im Heuhotel, ...) oder
recherchieren Sie im Internet. Suchen Sie auch Fotos und gestalten Sie ein Werbeplakat. Beachten Sie folgende Punkte
und präsentieren Sie dann Ihr Ergebnis im Kurs.

- Lage
- Ausstattung / Einrichtung
- Verpflegung (Frühstück / Mittag- oder Abendessen)
- Besondere Leistungen (Freizeitangebote / Veranstaltungen)
- Preis pro Übernachtung (Einzelzimmer / Doppelzimmer)

d   Präsentieren Sie Ihre Werbeplakate im Kurs und wählen Sie das schönste Hotel.

Neues entdecken und erfahren

1 Neue Horizonte

a   Sehen Sie sich die Fotos an. Was haben die Personen erlebt? Vermuten Sie.

b   Lesen Sie den Anfang der Artikel. Ordnen Sie die Fotos den Artikeln zu. Waren Ihre Vermutungen aus 1a richtig? AB: A1

1 Abenteuer Wildnis C

Im Survivalcamp können Sie beweisen, was in Ihnen steckt. Dort lernen Sie alles, was Sie zum Überleben in der Wildnis brauchen. Und bei der Nahrungssuche gilt es, eigene Grenzen zu überwinden. (…)

2 Luftige Träume

Wer ein besonderes Erlebnis sucht und noch dazu schwindelfrei ist, den interessiert vielleicht dieses neue Angebot. (…)

3 Im sicheren Hafen

Nach einem Jahr allein um die Welt ist die Sechzehnjährige wieder mit ihrer Familie vereint. Gestern ist sie auf einer Karibikinsel angekommen. (…)

4 Aus Fremde wird Heimat

In diesen Wochen heißt es für Austauschschüler Abschied nehmen von ihrem vertrauten Zuhause – endlich geht das Abenteuer los. (…)

5 Alles wie immer

Der Gewinn hat sein Leben nicht verändert, aber vereinfacht. Hans F. arbeitet weiter und ist zufrieden mit seinem Leben – wie früher auch schon. (…)

6 Unendliche Ruhe

Rosalie H. ist von einem Urlaub besonderer Art heimgekehrt. Wenig Ablenkung, keine Menschen und viel Zeit für sich – genau das wollte sie! (…)

c   Welche dieser Erfahrungen könnten Sie sich auch für sich selbst vorstellen? Warum (nicht)? Sprechen Sie im Kurs.

2 Den Schritt wagen

a Arbeiten Sie zu zweit. Jeder wählt einen Blogeintrag, liest ihn und notiert Stichworte zu den Fragen unten.

> Wer hat was gemacht? | Wann war das? | Wie lange hat es gedauert? | Was hat der Person besonders gefallen? | Was hat die Person aus dieser Erfahrung gelernt? | Was finden Sie an dem Bericht interessant?

Vivien Steiner   ⏱ Heute, 9:57 Uhr   💬 1 Kommentar

Letztes Wochenende war es soweit – ich habe den Geschenkgutschein meiner Freunde eingelöst! Ich liebe die Berge, aber ich bin nicht gerade abenteuerlustig – das hatten sie vergessen und mir einen Gutschein für eine Übernachtung im „Portaledge" geschenkt. Das ist eine Übernachtung in einem Zelt, das an einem Felsen hängt. Das klingt verrückt und irgendwie ist es das auch. Nun aber der Reihe nach: Mittags sind wir auf den Berg gestiegen und wurden von unserem Bergführer Stefan empfangen. Er hat uns zuerst alles gezeigt und erklärt. Dann durften wir die Zelte besichtigen. Dabei waren wir die ganze Zeit gesichert. Danach haben wir gemeinsam auf dem Berg zu Abend gegessen und uns für die Nacht fertig gemacht. Stefan meinte, wenn man einmal im Zelt ist, sollte man am besten nicht mehr aufstehen. Anschließend sind wir zu den Zelten geklettert und konnten nun den Blick genießen – frei hängend über dem Tal! Zum Glück war mein Freund dabei, denn anfangs war ich sehr nervös. Mit ihm zusammen habe ich dann das herrliche Panorama und die vielen Eindrücke doch richtig genießen können. Für mich war das eine tolle Erfahrung, weil ich über meinen Schatten gesprungen bin. Das macht mir Mut für weitere Abenteuer!

Dirk Römer   ⏱ Gestern, 23:47 Uhr   💬 4 Kommentare

Seit gestern bin ich wieder zurück von einer Wahnsinnswoche: Survivaltraining im Bayerischen Wald! Davon muss ich euch erst mal berichten: Wir waren 12 Leute und haben Tag und Nacht bei jedem Wetter draußen in der Wildnis verbracht. Unser Tag begann schon im Morgengrauen und endete gegen 22.00 Uhr im selbst gebauten Bett unterm Blätterdach. Das war manchmal echt hart, da muss man schon fit sein. Aber wir haben auch total viel gelernt, z. B. Feuer machen, Trinkwasser gewinnen, eine Kochstelle errichten oder eine Notunterkunft bauen. Das Leben in der Gruppe war auch spannend. „Respekt und gegenseitige Hilfe" war eine wichtige Regel. Wir haben kleine Konflikte zusammen gelöst, denn in der Wildnis muss man sich aufeinander verlassen können. Nur beim Essen – wir haben uns nur mit Sachen aus dem Wald versorgt – hab' ich mich echt überwinden müssen: Wir haben nämlich nicht nur Pflanzen, Pilze und Beeren gesammelt, sondern auch Insekten gegessen. Die haben gar nicht so schlimm – aber schon so etwas muffig nach Holz!!! – geschmeckt. In dieser Woche hab' ich total abgeschaltet. Außerdem hab' ich einen respektvollen Umgang mit der Natur gelernt und neue Freundschaften geschlossen. Ich habe mich selbst viel besser kennengelernt, weil ich an meine persönlichen Grenzen gekommen bin. Vielleicht war die wichtigste Erfahrung für mich zu sehen, was ich selbst alles schaffen kann!

b Schließen Sie das Buch und berichten Sie mithilfe der Stichworte Ihrem Partner / Ihrer Partnerin von Ihrem Text.

3 Eine besondere Erfahrung

Welche besonderen Erfahrungen haben Sie gemacht? Schreiben Sie einen Erfahrungsbericht wie in 2a. Die Redemittel können Ihnen helfen. Tauschen Sie die Berichte im Kurs und raten Sie, wer welchen Bericht geschrieben hat. **AB: A2** ▸

> **Über Erfahrungen berichten:** Das war eine wichtige Erfahrung für mich, weil … | Es war ein großartiges Erlebnis, als … | Das Tollste war, … | Nachdem ich … gemacht / geschafft hatte, war ich sehr glücklich. | Beim … habe ich viele neue Erfahrungen gesammelt. | Dieses Erlebnis / Diese Erfahrung … werde ich nie vergessen.

Faszination Extremsport

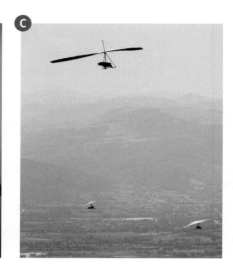

1 **Süchtig nach Herausforderungen**

a Welchen (Extrem-)Sport würden Sie (nicht) gern ausprobieren? Warum (nicht)? Sprechen Sie im Kurs.

> Tauchen | Ironman | Fallschirmspringen | Marathon | Klippenspringen | Drachenfliegen

LB ● 56   b Hören Sie den ersten Teil des Impulsvortrags von Dr. Eckert. Warum machen Menschen heute Extremsport? Notieren Sie die Gründe. **AB: B1**

1. ....   2. ....   3. ....

LB ● 57–61   c Hören Sie die Fortsetzung des Vortrags aus 1b nun in Abschnitten. Welche Aussage fasst den jeweiligen Abschnitt am besten zusammen? Kreuzen Sie an.

1. **a** Die Stärke des Odysseusfaktors wird auch von der Umwelt beeinflusst.
   b Jeder Mensch braucht Aufregung im Leben, aber je nach Typ unterschiedlich viel. Dieses Phänomen nennen Psychologen den Odysseusfaktor.

2. **a** Die Suche nach Essen und Siedlungsplätzen war für unsere Vorfahren gefährlich.
   b Früher waren Menschen in ihrem Alltag ständig von Gefahren bedroht.

3. **a** Während man einen Extremsport, wie z. B. einen Marathonlauf, betreibt, hat man keine Energie zum Nachdenken.
   b Die Anstrengungen des Extremsports lösen positive Gefühle aus. Man kann nach diesen Gefühlen süchtig werden.

4. **a** Extremsportler fühlen sich nicht wohl, wenn sie wenig Sport treiben.
   b Als Extremsportler muss man täglich trainieren, um weiterhin positive Effekte zu erzielen.

5. **a** Man erfährt durch Extremsport mehr über sich selbst und kann das im Alltag nutzen.
   b Extremsport hat mehr negative als positive Seiten.

d Überlegen Sie nun, was die zentrale Aussage des gesamten Vortrags ist. Tauschen Sie sich in Gruppen aus und begründen Sie Ihre Meinung.

1. Jeder Mensch kann Extremsport treiben, denn dieses Bedürfnis ist genetisch angelegt.
2. Extremsport ist eine positive Erfahrung, wenn man auf die Signale seines Körpers achtet.
3. Extremsport ist gefährlich, weil er süchtig macht.

e Was halten Sie von Extremsportarten? Diskutieren Sie im Kurs.

○ G 1.1, 1.2 ② Sprache im Mittelpunkt: Verben und ihre Ergänzungen

Markieren Sie in den Sätzen die unterstrichenen Satzteile mit den Farben in Klammern: Nominativ- (rosa), Akkusativ- (orange), Dativ- (blau), Genitiv- (gelb) und Präpositional-Ergänzungen (grün). AB: B 2–3 ▸

1. Wir hören einen Impulsvortrag von Dr. Claus Eckert.
2. Er ist Dozent für Psychologie an der Universität Heidelberg.
3. Dr. Eckert möchte den Zuhörern die Motive von Extremsportlern erläutern.
4. Der „Odysseusfaktor" wird auch von der Umwelt mitbestimmt.
5. Dazu bedarf es aber einer großen Anstrengung, also z. B. eines Marathonlaufs.
6. Viele Sportler sind sich der Gefahren von Extremsport nicht bewusst.
7. Wenn man auf das Training verzichtet, sendet der Körper dem Sportler Warnsignale.
8. Extremsport ist auch eine Methode, um sich selbst besser kennenzulernen.
9. Man darf dem Extremsport nicht zu viel Platz im Leben einräumen.
10. Vielen Dank, Dr. Eckert, für diesen interessanten Einstieg in unsere Diskussion.

> **Tipp**
>
> Lokalangaben im Satz (Frage: Wo? / Wohin? / Woher?) sind keine Präpositional-Ergänzungen. Vgl. AB: 6 b, 3 a.

○ G 2.2 ③ Sprache im Mittelpunkt: Akkusativ- und Dativ-Ergänzungen im Satz

a Markieren Sie in den Sätzen die Dativ- und Akkusativ-Ergänzungen (Angaben in Klammern) und ersetzen Sie sie dann durch Personalpronomen.

1. Dr. Eckert möchte den Zuhörern die Motive von Extremsportlern näher erläutern.

   a. *Er möchte ihnen die Motive von Extremsportlern näher erläutern.* .... (Dativ)

   b. .... (Akkusativ)

   c. .... (Dativ- und Akkusativ)

2. Die Zuhörer schenken dem Redner ihre ganze Aufmerksamkeit.

   a. .... (Dativ)

   b. .... (Akkusativ)

   c. .... (Dativ- und Akkusativ)

b Lesen Sie die Sätze aus 3 a noch einmal. Was fällt auf? Ergänzen Sie die Regeln. AB: B 4 a–c ▸

> Die Stellung von Dativ- und Akkusativergänzungen im Satz. Was kommt zuerst: Dativ oder Akkusativ?
> Nomen oder Pronomen?
> 1. Nomen + Nomen: zuerst ...., dann ....
> 2. Personalpronomen + Personalpronomen: zuerst ...., dann ....
> 3. Personalpronomen + Nomen (kurz vor lang): zuerst ...., dann ....

④ Extrem sportlich

Lesen Sie die Sätze und ersetzen Sie die unterstrichenen Ergänzungen durch Personalpronomen. AB: B 4 d–5 ▸

1. Extremsportler wollen dem Alltag entkommen.   *Extremsportler wollen ihm entkommen.*
2. Sie brauchen die großen Herausforderungen. ....
3. Einige Extremsportler zeigen den Zuschauern gern ihre Leistungen. ....
4. Manchmal sendet der Körper dem Sportler Warnsignale. ....
5. Wissenschaftler erklären den Extremsportlern die Gesundheitsrisiken. ....

6 C

Mit Routinen brechen

① Routine im Alltag

LB 62–64

a Hören Sie das Straßeninterview und lesen Sie dann die Aussagen von Jasmin Rohde, Tim Donat und Rosalinde Weiß. Was trifft auf wen zu? Kreuzen Sie an. AB: C1

	J. Rohde	T. Donat	R. Weiß
1. Diese Person hat viele Routinen im Arbeitsalltag.	☐	☐	☐
2. Diese Person ist gerade erst nach Leipzig gezogen.	☐	☐	☐
3. Diese Person frühstückt jeden Morgen das Gleiche.	☐	☐	☐
4. Diese Person möchte auch Abwechslung haben.	☐	☐	☐
5. Diese Person findet manche Routinen wichtig.	☐	☐	☐
6. Diese Person hat schon in der Kindheit in festen Routinen gelebt.	☐	☐	☐

b Wo gibt es bei Ihnen Routine(n) im Alltag? Lesen Sie die Fragen und kreuzen Sie an, was auf Sie zutrifft. Führen Sie dann ein Partnerinterview durch. AB: C2a–b

	ich	Partner/in
1. Haben Sie nach dem Aufstehen eine feste Routine, z. B. zuerst Radio anmachen, dann duschen und danach frühstücken?	☐	☐
2. Essen Sie zum Frühstück jeden Morgen das Gleiche, z. B. ein Joghurt und einen Toast?	☐	☐
3. Fahren / Gehen Sie jeden Tag den gleichen Weg zur Arbeit / Uni / Schule?	☐	☐
4. Essen Sie mittags meistens zu derselben Zeit?	☐	☐
5. Kaufen Sie immer in denselben Geschäften ein?	☐	☐
6. Gestalten Sie Ihre Freizeit seit Jahren gleich?	☐	☐

c Lesen Sie die Forumsbeiträge. Welche Erfahrungen haben die Autoren mit Routine gemacht? Wie sind sie mit der Routine in ihrem Alltag umgegangen? Berichten Sie im Kurs. AB: C2c–d

Mit Routinen brechen – welche Erfahrungen haben Sie damit gemacht?

frei1969: Irgendwie hatte ich keinen Spaß mehr an meinem Alltag und deshalb habe ich vor einem Monat mit einem Projekt begonnen. Ich gestalte nicht jeden Tag gleich – habe also nicht immer denselben Tagesablauf – sondern mache oft etwas anders. Gestern bin ich zum Beispiel nicht mit dem Auto zur Arbeit gefahren. Ich habe das Fahrrad genommen. Abends gehe ich meistens nicht direkt nach Hause. Ich gehe durch die Stadt oder verabrede mich mit Freunden. Ich würde sagen, mein Projekt ist erfolgreich – ich fühle mich besser und ich langweile mich nicht mehr.

jo33: Mein Alltag war geprägt von Internet und elektronischen Medien. Ich hatte keine Zeit für meine Freunde und sie haben mich auch nicht mehr angerufen. So konnte es nicht weitergehen. Jetzt benutze ich seit zwei Wochen kein Internet mehr und fühle mich nicht schlecht. Am Anfang war es ganz ungewohnt, aber langsam gefällt es mir. Jetzt bestimmt nicht das Internet mein Leben, sondern ich entscheide selbst. Meine Freunde haben mich zum Glück noch nicht vergessen und wir unternehmen wieder viel gemeinsam. Kein Entschluss hat mir mehr gebracht!

lun@: Ich hatte vor einem Jahr angefangen, im Alltag vieles anders zu machen. Aber ich denke nicht gern an diesen Versuch, denn es war schwierig. Ich habe einige Wochen durchgehalten, aber dann war alles wieder wie früher. Jetzt habe ich keine großen Pläne mehr, aber ich versuche, wenigstens einmal in der Woche etwas Neues zu machen, z. B. ein neues Rezept auszuprobieren. Ich kann nicht viel ändern, aber ein paar Kleinigkeiten schon.

d Lesen Sie die Beiträge in 1c noch einmal. Welche der Änderungen möchten Sie ausprobieren? Sprechen Sie in Gruppen.

● G 2.3 **2** Sprache im Mittelpunkt: Negation mit „nicht"

a Lesen Sie die Sätze und markieren Sie die Negation mit „nicht".

1. Mein Alltag gefiel mir nicht.
2. Aber jetzt fühle ich mich besser und ich langweile mich nicht.
3. Mein Alltag ist nicht so monoton wie vorher.
4. Abends gehe ich meistens nicht nach Hause.
5. So ging es nicht weiter.
6. Meine Freunde hatten mich noch nicht vergessen.
7. Ich kann nicht viel ändern.
8. Ich denke nicht gern an diesen Versuch.

b Schauen Sie sich die Markierungen in 2a noch einmal an und notieren Sie hinter den Regeln
die Nummer des passenden Satzes. AB: C3a ▶

> 1. „nicht" steht in der Regel links von dem Element, das verneint wird. Sätze: 3, ...
> 2. „nicht" steht am Satzende, wenn der ganze Satz verneint wird. Sätze: ....
> 3. „nicht" steht meist
>   • vor dem 2. Verb(teil). Sätze: ....
>   • vor der Vorsilbe von trennbaren Verben. Satz: ....

c Schluss mit der Routine. Lesen Sie die Sätze und kreuzen Sie an, wo „nicht" steht.

1. Er geht ☐ abends ☐ nach Hause.
2. Früher hat er ☐ viel unternommen ☐.
3. So konnte ☐ es ☐ weitergehen.
4. Er war seit einer Woche ☐ im Internet ☐.

5. Er hat sich ☐ schlecht ☐ gefühlt.
6. Seine Freunde vergessen ☐ ihn ☐!
7. Er ☐ wird zum Computerspielen ☐ eingeladen.
8. Ich mag ☐ die Routine in meinem Alltag ☐.

● G 2.3 **3** Sprache im Mittelpunkt: Negation mit „nicht" und „kein"

a Lesen Sie die Sätze. Markieren Sie die Verneinung. Was fällt auf? Ergänzen Sie die Regeln. AB: C3b–e ▶

1. Ich habe keine Routine im Alltag.
2. Langeweile ist nicht mein Problem.
3. Ich habe auch kein Internet.
4. Denn ich brauche ja das Internet nicht.
5. Ich habe keine teuren Hobbys.
6. Ich arbeite gern. Ich vermisse die Freizeit nicht.

> 1. Nomen (+ Adjektiv) mit bestimmtem Artikel oder Possessivartikel verneint man mit „...............".
> 2. Nomen (+ Adjektiv) mit unbestimmten oder Nullartikel verneint man mit „...............".
> 3. Der Negativartikel „kein" wird wie der .... Artikel dekliniert.

b Arbeiten Sie zu dritt. Notieren Sie auf Kärtchen: 7 Tiere, 7 Lebensmittel, 7 technische Geräte und 7 Aktivitäten. Mischen Sie
die Karten, ziehen Sie nacheinander eine Karte und stellen Sie eine Frage zu dem gezogenen Begriff, z. B. „Bist du schon
mal auf einem Kamel geritten?", „Hast du ein iPad?" oder „Liest du gerne?" Der Mitspieler verneint oder bejaht.

| Pferd | Kuh | Katze | Handy | Staubsauger |

| Auto | Joggen | Tanzen | Tauchen | ... |

Wissensdurst

1 Den Neugierigen gehört die Welt!

a Kreuzen Sie auf der Skala an, wie neugierig Sie sind. Vergleichen Sie Ihre Ergebnisse im Kurs.

desinteressiert   interessiert   aufgeschlossen   neugierig   wissbegierig

b Lesen Sie den Artikel aus einer Illustrierten und lösen Sie die Aufgaben. **AB: D1**

Neugier als „Motor des Lebens" ___von Cosima Jung _____

Bleiben Sie neugierig!
Neugier ist zwar bei manchen Menschen schlecht angesehen, aber sie bringt viele Vorteile. Wie die Wissenschaft herausgefunden hat, macht Neugier
5 Menschen liebenswert und attraktiv – und verlängert das Leben. Neugierige Menschen werden älter als eher desinteressierte Mitmenschen.
Natürlich ist Neugier nicht überall von Vorteil, zum Beispiel wenn man den Klatsch über Nach-
10 barn und Kollegen zu interessiert verfolgt oder immer das Ende eines Buchs zuerst liest. Dennoch ist eine neugierige Lebenseinstellung unbedingt empfehlenswert, weil sie der Schlüssel zu einem glücklichen Leben sein kann.

15 **Mit Neugier zum Erfolg**
Geld und Prestige sollten nicht der Grund für eine Karriere sein, sondern Neugier und Freude an der Arbeit. Denn wenn man wirklich Interesse an anderen Dingen hat und Informationen dazu sam-
20 melt, dann kann man etwas Neues schaffen. Dies

gilt besonders für wissenschaftliche Berufe, aber nicht nur. Wer Ohren und Augen offen hält, der ist offen für andere Ideen und Konzepte – und so auch für neue Wege, die mehr Erfolg bringen können.

Neugier trainieren 25
Es ist aber nicht einfach, wissbegierig zu bleiben. Daher raten Wissenschaftler dazu, Neugier zu trainieren – ebenso wie man seinen Körper trainiert, um fit zu bleiben. Das klingt komplizierter, als es ist: Seien Sie im Alltag interessiert und offen. 30
Probieren Sie einfach mal Neues aus: Kaufen Sie etwas im Supermarkt, was Sie noch nie probiert haben. Gehen Sie an Orte in Ihrer Heimatstadt, die Sie noch nicht kennen oder lesen Sie einfach mal eine andere Zeitung oder eine Internet-Nachrichtensei- 35
te. Der Spaß, den Sie beim Entdecken von Neuem dank Ihrer Neugier bekommen, ist wie eine Belohnung. Das motiviert und der Wunsch nach Neuem bleibt und wächst sogar. So kann die Welt jeden Tag ein bisschen bunter werden – und Sie bleiben jung! 40

1. In dem Text geht es um
   a die schlechten Seiten von Neugier.
   b Erfolg bei sozialen Kontakten.
   c die positiven Seiten von Neugier.

2. Neugierige Menschen
   a leben länger als andere.
   b reden mehr als andere.
   c lesen mehr als andere.

3. Für den beruflichen Erfolg sollte man
   a an finanzielle Vorteile denken.
   b flexibel im Denken bleiben.
   c Arbeit und Vergnügen kombinieren.

4. Neugier trainiert man, indem man
   a eine neue Zeitung abonniert.
   b auch im Alltag Neues erprobt.
   c Spaß an Entdeckungen hat.

c Was halten Sie von Neugier? Bewerten Sie sie eher positiv oder negativ? Sprechen im Kurs und nennen Sie Beispiele. **AB: D2**

2 Welcher Typ sind Sie? – ein Psychotest

a   Machen Sie den Psychotest und lesen Sie Ihre Auswertung. Sind Sie mit Ihrem Ergebnis einverstanden? Warum (nicht)?

1. Beschäftigen Sie sich gern mit Themen, über die Sie wenig oder nichts wissen?

- ▲ Nein, das mache ich nicht gern.
- ● Ja, wenn das Thema interessant präsentiert wird.
- ■ Ja, klar. Neue Sachen finde ich immer spannend.

2. Jemand bringt Ihnen aus dem Urlaub eine Spezialität mit. Was machen Sie?

- ■ Ich beiße sofort hinein, ohne darüber nachzudenken.
- ● Ich erkundige mich zuerst, was das ist. Dann entscheide ich, ob ich sie probiere.
- ▲ Ich probiere sie nicht, sondern verschenke sie weiter.

3. Was machen Sie, wenn Sie den ersten Teil einer Fernsehserie gesehen haben?

- ● Sie freuen sich auf die Fortsetzung.
- ■ Sie googeln, wie es weitergeht.
- ▲ Sie schauen nur weiter, wenn Sie nichts anderes zu tun haben.

4. Unterhalten Sie sich gern mit fremden Menschen?

- ■ Ja, irgendetwas Spannendes hat jeder zu erzählen.
- ▲ Nein, ich treffe mich lieber mit alten Freunden.
- ● Wenn mir der Mensch interessant erscheint, dann ja.

Auswertung: Das haben Sie mindestens zweimal angekreuzt.

Sie werden vielleicht für Ihre Ruhe bewundert, aber Sie verpassen auch vieles, weil Ihnen das Interesse fehlt. Sie sollten sich mehr für Neues interessieren, sonst bleibt Ihr Alltag immer gleich.

Sie haben ein gesundes Maß an Neugier. Sie erfahren gern mehr über die Welt, aber Sie wissen auch, wo die Grenzen sind. Das wissen Ihre Freunde sehr zu schätzen.

Sie sind sehr neugierig. Sie wissen zwar immer über alles Bescheid und sind deshalb ein beliebter Gesprächspartner. Aber manchmal sind Ihre Mitmenschen von Ihrer Neugier etwas genervt.

b   Arbeiten Sie zu dritt. Berichten Sie von Ihrem Ergebnis und erzählen Sie, warum Sie (nicht) damit einverstanden sind.

c   Was halten Sie von Psychotests allgemein? Diskutieren Sie im Kurs.

> **die Meinung äußern:** Meiner Meinung nach … | Ich sehe das folgendermaßen … | Ich denke, … | Ich bin der Meinung, dass …
> **widersprechen:** Dem kann ich nicht zustimmen. | Das stimmt so nicht. | Da muss ich Ihnen / dir widersprechen.
> **zustimmen:** Damit bin ich völlig einverstanden. | Genau so ist es. | Da bin ich Ihrer / deiner Meinung.
> **abwägen:** Das stimmt zwar einerseits, aber andererseits … | So einfach ist die Sache doch nicht. | Ich glaube, Sie haben / du hast übersehen, dass … | Man sollte auch bedenken, dass…

75

6E Literatur entdecken

1 Deutsche Bücherwelten

a Welche (modernen) deutschen Autoren oder Bücher kennen Sie? Sammeln Sie im Kurs.

b Lesen Sie die Kurzkritiken von vier deutschsprachigen Romanen. Welches Genre passt zu welchem Roman? **AB: E1** ▶

> Familienroman | Liebesroman | Historischer Roman | Krimi | Science-Fiction | Abenteuerroman |
> Fantasyroman | Psychothriller | Biographie

Alex Capus
Léon und Louise

Liebesroman

Eine wunderbare Geschichte über eine große Liebe: Léon und Louise haben sich gerade kennengelernt, als der Krieg sie für viele Jahre trennt. Zufällig begegnen sie sich wieder und der Glaube an ihre Liebe ist unverändert.
Die Geschichte ist interessant erzählt und eigentlich nie kitschig.

Wolf Haas
Der Brenner und der liebe Gott

....

Endlich wieder eine Geschichte mit dem Detektiv Brenner, diesmal in der Rolle eines Chauffeurs. Natürlich geht fast alles schief und erst am Ende löst sich das Rätsel.
Der Österreicher Wolf Haas wird für seinen Sprachstil gehasst oder geliebt. Wer seine anderen Bücher mag, wird auch dieses mögen. Witzig, kritisch, spannend!

Daniel Kehlmann
Die Vermessung der Welt

....

Ein Roman über zwei deutsche Forscher, Alexander von Humboldt und Carl Friedrich Gauß. Das Leben der beiden wird sehr witzig geschildert – und am Ende kommt es zu einer Begegnung zwischen ihnen.
Es ist ein sehr unterhaltsames Buch mit geschichtlichem Hintergrund – tolle Lektüre für lange Winterabende!

Juli Zeh
Nullzeit

....

Juli Zeh ist eine spannende und raffinierte Geschichte geglückt. Ein deutsches Paar fährt auf eine Insel, um dort einen Tauchurlaub zu machen. Mit dem Tauchlehrer Sven entwickelt sich eine komplizierte Beziehung. Das Buch spielt mit Perspektiven, Gefühlen, mit Lüge und Wahrheit, und nach einigen Seiten kann man es nicht mehr aus der Hand legen – absolut spannend!

c Haben Sie Lust, einen dieser Romane zu lesen? Warum (nicht)? Sprechen Sie in Gruppen.

2 Mein Lieblingsroman

Was ist Ihr Lieblingsroman? Fassen Sie den Inhalt kurz zusammen und erläutern Sie, warum Ihnen der Roman gefällt.

③ Ein Autorenporträt

LB ◉ 65   a   Hören Sie einen Kurzvortrag über die Autorin Juli Zeh und machen Sie Notizen zu folgenden Punkten.

Juli Zeh

1. Geburtsort, Geburtsjahr: *1974 in Bonn* ....

2. Ausbildung: ....

3. Schreibt seit / Bekannt durch: ....

4. Gewählter Roman (Genre): ....

5. Inhalt (Personen / Ort / Handlung): ....

   ....

6. Thema: ....

   ....

7. Sprache: ....

8. Bewertung: ....

b   Lesen Sie die Redemittel. Zu welchen Punkten in 3a passen sie?

- [2] Sie hat … in … studiert. / Sie hat eine Ausbildung als … / ein Praktikum bei … gemacht.
- [ ] Im Alter von … hat sie mit dem Schreiben angefangen. / Populär wurde der Roman …
- [ ] Das Buch finde ich sehr gut, weil … / Ich kann es empfehlen, weil …
- [ ] Sie wurde in … am … geboren. / Sie ist … Jahre alt.
- [ ] In dem Buch / In der Geschichte geht es um … / Die Geschichte handelt von …
- [ ] Sie verwendet eine präzise und bildreiche Sprache.
- [ ] Die Geschichte spielt in … / Alles spielt sich in … ab. / Die Hauptfiguren sind …
- [ ] Ich möchte folgendes Buch / den Roman / den Psychothriller „…" vorstellen.

c   Was interessiert Sie noch nach dem Vortrag? Formulieren Sie in Gruppen mindestens drei mögliche Fragen an die Referentin und vergleichen Sie im Kurs. Die Redemittel helfen.

> Das war sehr interessant, vielen Dank. Ich würde noch gern mehr über … erfahren. |
> Darf ich noch etwas zu … fragen? | Ich hätte noch eine Frage. … | Mich würde noch interessieren, … |
> Könnten Sie / Könntest du noch einmal kurz … erläutern? | Wie ist denn Ihre / deine Meinung zu …? | Ich habe
> nicht ganz verstanden, was Sie / du über … gesagt haben / hast. | Könnten Sie / Könntest du das noch einmal
> darstellen / wiederholen? | Sie haben / du hast ja gesagt, dass … Dazu habe ich noch eine Frage.

LB ◉ 66   d   Hören Sie das Ende des Vortrags. Welche Fragen stellen die Zuhörer? Machen Sie Notizen und vergleichen Sie sie mit Ihren Fragen aus 3c.

④ Ihr Vortrag

a   Bereiten Sie einen Kurzvortrag über Ihren Lieblingsautor / Ihre Lieblingsautorin und eines seiner / ihrer Bücher vor. Die Redemittel aus 3b helfen Ihnen.

b   Halten Sie den Kurzvortrag vor dem Kurs. Die anderen stellen Fragen zum Vortrag mithilfe der Redemittel in 3c. Antworten Sie auf die Fragen der anderen.

(Meine) Entdeckungen

1 Meine entdeckte Welt

a Markieren Sie auf der Karte die Länder mit verschiedenen Farben:

- blau für Länder, in denen Sie schon waren,
- grün für Länder, über die Sie einiges wissen,
- rot für Länder, die Sie unbedingt „entdecken" möchten. Warum wollen Sie das?
- Notieren Sie dann jeweils Stichpunkte zu diesen Ländern. **AB: F1**

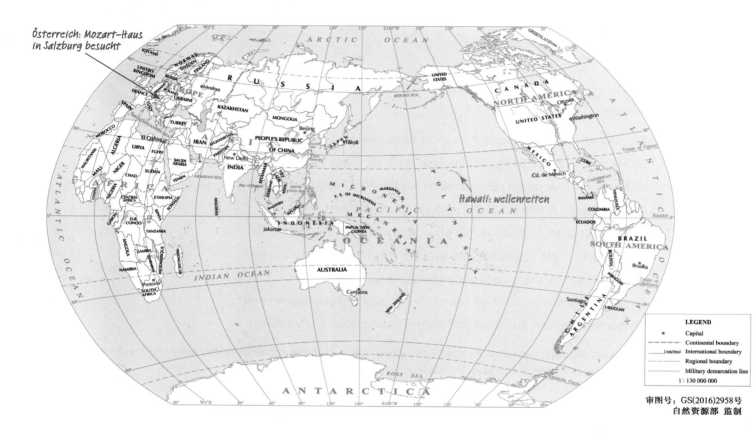

Österreich: Mozart-Haus in Salzburg besucht

Hawaii: wellenreiten

b Gehen Sie im Kurs herum und suchen Sie einen Partner / eine Partnerin mit Übereinstimmungen. Sprechen Sie mit ihm /
ihr über die Erfahrungen, die Sie bereits gemacht haben, über Ihre Reisewünsche und Reisepläne für die Zukunft. Die
Redemittel im Schüttelkasten helfen Ihnen.

> **über Reiseerfahrungen berichten:** Vor …
> Jahren habe ich … besucht / bereist. |
> Vor … Jahren habe ich … kennengelernt. |
> Besonders beeindruckend fand ich … |
> Für Reisende aus meinem Land ist es
> überraschend, dass …

> **über Wünsche und Pläne sprechen:** Mein Traum
> ist, … | Mein Traumziel war schon immer … |
> Schon seit meiner Kindheit träume ich davon,
> … | Ich würde besonders gern | Besonders
> toll fände ich, wenn … | Ich habe große Lust,
> … zu …

Marco Polo

Christoph Kolumbus

Alexander von Humboldt

Heinrich Schliemann

2 Berühmte Entdecker

a Lesen Sie den Lexikoneintrag. Zu welchem der vier Entdecker passt er? Recherchieren Sie ggf. im Internet. Markieren Sie die Informationen, die Ihre Vermutung bestätigen. **AB: F 2–3**

Er wurde zusammen mit seinem Bruder von Hauslehrern unterrichtet. Sein Vater starb, als er zehn Jahre alt war. Die Mutter ließ die beiden Söhne studieren. Er wählte zahlreiche Fächer, darunter Astronomie, Physik und Medizin. Als seine Mutter starb und er Geld erbte, verwirklichte er seinen Traum und zog in die Welt. Eigentlich hatte er vor, Ägypten zu besuchen, aber dann reiste er über Spanien nach Südamerika. Zusammen mit dem Franzosen Aimé Bonpland unternahm er dort zahlreiche Expeditionen. Insgesamt reisten sie fast 10.000 Kilometer, bestimmten 60.000 Pflanzen und entdeckten über 6.000 bis dahin noch unbekannte Arten. Sie stiegen auf mehrere Gipfel in den Anden und scheiterten erst auf 5.700 Höhenmetern an der Besteigung des Chimborazo. Nach der Rückkehr aus Südamerika blieb er zwanzig Jahre lang in Paris, um seine Sammlungen wissenschaftlich auszuwerten. Anschließend arbeitete und lehrte er an der von seinem Bruder gegründeten Universität in Berlin. Aber noch einmal lockte ihn die Ferne und er reiste nach Russland, um die Gebiete bis zur chinesischen Grenze zu erforschen. Er starb mit fast 90 Jahren.

b Was wissen Sie über die drei anderen Entdecker? Sammeln Sie Informationen im Kurs.

3 Kursausstellung „Unsere Entdecker / Entdeckerinnen"

a Bereiten Sie eine Infotafel zu einem Entdecker / zu einer Entdeckerin vor. Arbeiten Sie zu zweit:

- Wählen Sie einen der Entdecker aus 2a oder einen anderen Entdecker / eine andere Entdeckerin, den / die Sie kennen.
- Recherchieren Sie Informationen und Bilder zu seiner / ihrer Biografie.
- Fassen Sie die Informationen in einem kurzen Text zusammen.
- Gestalten Sie eine Infotafel für die Kursausstellung.
- Hängen Sie Ihre Infotafeln im Kurs auf.

b Besuchen Sie die Kursausstellung. Welche Infotafel finden Sie besonders interessant? Warum?

A Ankommen

1 Wortigel „ankommen"

a Woran denken Sie bei dem Wort „ankommen"?
Ergänzen Sie den Wortigel.

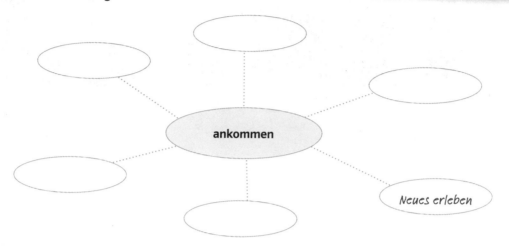

AB ◉
1–4

b Hören Sie vier Durchsagen. Zu welchen Fotos im Lehrbuch 1A, 1a, passen sie?

Durchsage 1:	Durchsage 2:	Durchsage 3:	Durchsage 4:
Foto: *B*	Foto:	Foto:	Foto: ....

c Hören Sie die Durchsagen aus 1b noch einmal. Lesen Sie die Aufgaben und entscheiden Sie, ob die Aussagen richtig (r) oder falsch (f) sind.

1. Frau Weber hat Probleme mit ihrem Rechner. **r** **f**

2. Die Siegerin ist keine Profisportlerin. **r** **f**

3. Die Studierenden sollen notieren, wo sie sich treffen. **r** **f**

4. Man kann heute noch nach München fliegen. **r** **f**

d Sortieren Sie die Sätze in den Dialogen. Zu welchen Fotos im Lehrbuch passen sie?

Dialog 1: Foto ☐

☐ Ja … Hast du eine Idee, wohin wir gehen müssen?

☐ Gut, dann können wir mal fragen.

[1] Wow, das ist ja riesig hier!

☐ Nein, aber schau mal, dort ist eine Information.

Dialog 2: Foto ☐

☐ Ja, guten Tag! Ich freue mich sehr, hier anzufangen.

☐ Darf ich Ihnen meine Mitarbeiterin, Frau Müller, vorstellen.

☐ Guten Tag, Frau Müller.

☐ Guten Tag. Sie sind sicher Frau Weber. Ich darf Sie herzlich in unserem Unternehmen begrüßen.

e Wählen Sie zwei Fotos aus den restlichen vier Fotos aus und schreiben Sie jeweils einen Minidialog wie im Beispiel.

f Schreiben Sie die Nomen mit dem Artikel in Ihr Heft und notieren Sie, welche der Adjektive im Lehrbuch 1A, 1b, passen.

| auf | be | dig | duld | fröh | ge | geis | gier | heit | hoff | keit | keit | kon | lich | mü | ~~per~~ | neu | nung | nung | reg | rung | ~~si~~ | sicher | span | ~~tät~~ | tra | te | tion | un | un | ung | ~~yo~~ | zen |

1. die Nervosität → nervös, ...

2 Alles neu

a Lesen Sie die E-Mails im Lehrbuch 1A, 2a, noch einmal und kreuzen Sie die richtige Lösung an.

1. Analynn hat ihren Koffer
   - **a** erst am nächsten Tag bekommen.
   - **b** am Flughafen in Paris vergessen.
   - **c** erst nach einer Stunde gefunden.

2. Sie fragt ihre Freundin
   - **a** nach ihren Erfahrungen mit dem Wetter in Deutschland.
   - **b** wie man jemanden kennenlernen kann.
   - **c** nach Tipps zur Freizeitgestaltung.

3. Daniel
   - **a** hat an einer Uni in Rio de Janeiro eine Stelle bekommen.
   - **b** hat ein Auslandssemester in Brasilien begonnen.
   - **c** wird in Brasilien studieren.

4. Er
   - **a** freut sich darauf, neue Menschen kennenzulernen.
   - **b** ist nicht sicher, ob in Brasilien alles so funktioniert, wie er es sich wünscht.
   - **c** möchte einen Sprachkurs an der Uni machen.

b Was bedeuten die Wörter und Ausdrücke? Ordnen Sie zu.

1. landen	A. Auf der Straße sind viele Autos, die nicht weiterfahren können.	1. F
2. riesig	B. den falschen Weg nehmen, keine Orientierung haben	2.
3. der Stau	C. genügen, genug sein	3.
4. gefallen	D. zurechtkommen, keine Probleme haben	4.
5. sich gewöhnen an	E. funktionieren / gelingen	5.
6. sich Gedanken machen über	F. mit dem Flugzeug ankommen	6.
7. sich verlaufen	G. etw. gut finden, mögen	7.
8. ausreichen	H. sich mit jdm. / etw. vertraut machen	8.
9. klarkommen	I. sich Sorgen machen, über etw. lange nachdenken	9.
10. klappen	J. sehr groß	10.

c Über Gefühle reden. Welche Ausdrücke finden Sie positiv oder negativ? Sortieren Sie und formulieren Sie dann je einen Satz in Ihrem Heft.

> froh sein | Hoffnung haben | ängstlich sein | sich freuen | wütend sein | ausgelassen sein | entspannt sein | sich langweilen | zuversichtlich sein | sich ärgern | traurig sein | sich aufregen | erleichtert sein

positiv	negativ
froh sein,	

Ich bin immer froh, wenn die Sonne scheint.

B Willkommen in Deutschland!

1 Neu in Deutschland

Lesen Sie einen weiteren Blogbeitrag von Susan. Was hat Susan letzten Samstag gemacht? Notieren Sie die Antworten in Ihre Satzbautabelle.

Viele von euch haben meinen letzten Blogeintrag kommentiert – das freut mich total! Heute will ich euch berichten, was ich letzten Samstag erlebt habe. Familie Lüders hatte eine tolle Überraschung für mich: Wir sind früh am Morgen mit dem Zug nach Berlin gefahren! Ich habe mich darüber riesig gefreut, denn ich liebe Zugfahren! Gleich nach der Ankunft in Berlin sind wir erst mal zum Reichstag gelaufen. Leider konnten wir nicht in das Gebäude gehen, weil es für Besucher (wegen einer wichtigen Veranstaltung) gesperrt war. Aber wir haben es uns von allen Seiten angeguckt – es ist wirklich imposant! Danach waren wir am Checkpoint Charlie, da war früher ein ganz bekannter Grenzübergang zwischen West- und Ostberlin. Wir wollten auch das Museum dort besuchen, aber die Schlange davor war soooo lang! Deshalb haben wir erst mal etwas gegessen: Berliner Currywurst. Ehrlich gesagt: Die hat mir nicht so gut geschmeckt. … So jetzt werd' ich mal Schluss machen, denn ich gehe gleich ins Kino. Aber morgen setze ich meinen Bericht fort. Ihr dürft also gespannt sein! ☺
Bis dann, Susan

Position 1	Position 2		Satzende
1. Susan	ist	mit Familie Lüders nach Berlin	gefahren.
2. In Berlin	sind	sie …	
3.			
4.			
5.			
6.			
7.			
8.			

○ G 2.1 ### 2 Immer unterwegs – Die Satzklammer: Aussagesätze

a Formulieren Sie Sätze, und notieren Sie sie in eine Satzbautabelle wie in 1. Achten Sie auch auf die richtige Verbform.

1. wir – In Berlin – auch den Zoo besucht haben
2. wir – Bald – auch nach Bremen fahren wollen
3. meine Schwester – Am Sonntag – in Hamburg angekommen sein
4. in Deutschland – Meine Schwester – vielleicht auch arbeiten möcht-
5. wir – Heute Abend – ausgehen – zusammen
6. im nächsten Jahr – Die Lüders – nach China reisen werden

Tipp
Zur Wortstellung bei Perfekt und Plusquamperfekt, vgl. Lekt. 3. Zur Wortstellung bei Modalverben, vgl. Lekt. 4.

Position 1	Position 2		Satzende
1. In Berlin	haben	wir auch den Zoo	besucht.

b Susans Gastfamilie. Korrigieren Sie die Wortstellung.

1. Susan so gerne ans Meer fahren will.

   Susan will so gerne ans Meer fahren.

2. Herr und Frau Lüders manchmal auch am Wochenende arbeiten müssen.

   ....

3. Susan helfen den Kindern soll bei den Hausaufgaben.

   ....

4. Ich gleich beantworte deine Frage.

   ....

5. Die Familie steht auf meistens früh.

   ....

6. Bald wir werden die Kinderzimmer renovieren.

   ....

7. Gestern wir in die Stadt gegangen sind.

   ....

8. Herr Lüders gearbeitet vor einigen Jahren im Ausland hat.

   ....

G 2.4 **3 Die Satzklammer: Ja-/Nein-Fragen und W-Fragen**

AB ◉ 5 a Hören Sie noch ein Interview von Susan und ordnen Sie zu: Welche Antwort passt zu welcher Frage?

1. Kann ich dich gerade mal etwas fragen?	A. In Rostock und Hamburg.	1. C
2. Wo hast du denn schon gewohnt?	B. Ich musste meine Wohnung neu streichen.	2. ☐
3. Was musstest du zuerst machen?	C. Ja, sicher.	3. ☐
4. Gab es auch Probleme in der neuen Wohnung?	D. Dass man beim Sport leicht Leute kennenlernt.	4. ☐
5. Welche Erfahrung fandest du besonders interessant hier in der neuen Stadt?	E. Ja, sehr! Man sollte wirklich möglichst früh alleine wohnen.	5. ☐
6. Findest du alle diese Erfahrungen wichtig?	F. Ja, die Heizung war mal kaputt.	6. ☐

b Schreiben Sie die Fragen aus 3a in die Tabelle.

Ja-/Nein-Fragen

Position 1	Position 2		Satzende
1. *Kann*	*ich*	*dich gerade mal etwas*	*fragen?*

W-Fragen

Position 1	Position 2		Satzende
2. *Wo*	*hast*	*du denn schon*	*gewohnt?*

c   Lesen Sie die Antworten. Formulieren Sie passende Fragen und achten Sie auf die Position der Verben.

1. Ihr neues Büro ist in der vierten Etage. → *Wo ist mein neues Büro?*

2. Nein, wir haben leider nur noch Doppelzimmer frei. → *Haben Sie für heute noch ein Einzelzimmer frei?*

3. Nein, leider fährt heute kein Zug mehr nach Wien. → ....

4. Sie finden die Touristen-Information dort an der Ecke. → ....

5. Ja, wir suchen tatsächlich neue Mitarbeiter. → ....

6. Sie nehmen am besten die U-Bahn ins Zentrum. → ....

G 2.6 **4 Meine neue Wohnung – Imperativsätze (Satzklammer)**

AB ● 5   a   Hören Sie das Interview aus 3a noch einmal. Welche Sätze hören Sie? Kreuzen Sie an.

1. Frag doch mal die anderen Azubis! ☐

2. Du kannst doch mal die anderen Azubis fragen. ☐

3. Ruf auf jeden Fall gleich deinen Vermieter an! ☐

4. Du solltest auf jeden Fall deinen Vermieter anrufen. ☐

> **Tipp**
> Übungen zu Funktion und Bedeutung des Imperativs finden Sie in Lekt. 2.

b   Lesen Sie die Sätze aus 4a noch einmal und markieren Sie die Verben. Kreuzen Sie dann in den Regeln an.

> **Wortstellung im Imperativ**
>
> 1. Das Verb steht   a auf Position 1   b am Satzende.
> 2. Bei trennbaren Verben steht:
>   a. die Imperativform   a auf Position 1   b am Satzende.
>   b. die Vorsilbe   a auf Position 1   b am Satzende.

c   Bilden Sie Imperativsätze und achten Sie auf die Position des Verbs.

1. Natascha soll die Musik ausmachen. → *Mach die Musik aus, Natascha!* ....

2. Mario soll die Tür zu seinem Büro schließen. → ....

3. Frau Heinze soll bitte die Gäste begrüßen. → ....

4. Tim soll Verena zum Flughafen fahren. → ....

5. Mai und Juki sollen ihre Zimmer aufräumen. → ....

6. Susan soll Frau Lüders zu Hause anrufen. → ....

C Neu an der Uni

1 Wortschatz rund ums „Studium"

a   Ordnen Sie die Synonyme bzw. Erklärungen zu.

1. analysieren	A. hier: begrüßen	1. B
2. empfangen	B. untersuchen, auch: erforschen	2. ☐
3. zur Verfügung stehen	C. viele	3. ☐
4. der Leitfaden	D. der Vortrag	4. ☐
5. zahlreiche	E. hier: die schriftliche Einführung	5. ☐
6. das Referat	F. da sein, vorhanden sein	6. ☐

b Ordnen Sie die Nomen in die Tabelle ein und ergänzen Sie auch den Artikel. Arbeiten Sie ggf. mit dem Wörterbuch.

Abschlussexamen | Bibliothekseingang | Buchladen | Cafeteria | Credit-Point | Einführungswoche | Fachbereich | Fachschaft | Hörsaal | Infoschild | Labor | Mensa | Prüfungsamt | Seminarraum | Semester | Seminar | Sprechzeit | Student | Studentenausweis | Studienberatung | Studierendensekretariat | Tutor

Universität (Gebäude)	Studium
	das Abschlussexamen,

G 5.1 c Schauen Sie sich die Pluralformen an. Wie lauten die Pluralformen von den Nomen aus 1b? Ordnen Sie die Endungen den Nomen zu und schreiben Sie sie in Ihr Heft. Finden Sie je ein weiteres Beispiel. Arbeiten Sie ggf. mit dem Wörterbuch.

-e   -n   _   ¨e   ¨   ¨er   -en   -er   -s

d Welche Wörter aus 1b passen hier? Lesen Sie die Mail und ergänzen Sie.

Hi Tom,

wie geht es dir? Bei mir hat die Uni angefangen und ich hatte heute meinen ersten Tag als „Ersti". Natürlich hat

mein [1] Studium .... noch nicht richtig begonnen. In dieser Woche ist die [2]............................

für Erstsemester. Das ist echt spannend. Heute habe ich zum ersten Mal mit 100 anderen Erstsemestern/

Kommilitonen in einem [3]............................ gesessen. Dort haben wir viele wichtige Informationen rund

ums Studium bekommen. So z. B. wie man sinnvoll Punkte für das [4]............................ sammelt. Und stell

dir vor, es gibt gar keine [5]............................ mehr, sondern Chipkarten, mit denen man bezahlen oder in

der [6]............................ sogar Bücher ausleihen kann. Dann haben wir einen Rundgang durch die Universität

gemacht ... Mensch, ist die groß! Jetzt weiß ich aber, wo meine [7]............................ sind und wo das

[8]............................ ist. Und natürlich war ich in der neuen [9]............................ mit Terrasse, wo

man richtig nett sitzen und Leute kennenlernen kann. Ich habe übrigens Andrea getroffen und mit ihr in der

[10]............................ zu Mittag gegessen. Ich soll dich von ihr grüßen. Und was gibt es bei dir Neues?

Bis bald, Florian

D Der erste Eindruck

1 Eine Mindmap erstellen

a Lesen Sie zuerst den Tipp und notieren Sie Ihre Ideen zu den Stichworten.

Mindmap

Mit einer Mindmap können Sie den Wortschatz zu (neuen) Themenfeldern strukturieren. Sie können in eine Mindmap Wörter, Satzteile oder ganze Sätze aufnehmen, aber auch Zeichnungen, Bilder, Anekdoten (kleine Geschichten), etc. So verankert sich der Wortschatz besser im Gedächtnis.

Aussehen

Erfahrungen

Verhalten

Gedanken des Mannes

Meine ersten Gedanken

Was habe ich denn da gemacht?

Der hat wohl ein großes Problem!

ähnliche Situationen

Panne mit dem Auto

b Erstellen Sie eine Mindmap zum Thema „Erster Eindruck". Welche Wörter passen zu dem Thema? Denken Sie auch an Ihre eigenen Erfahrungen und Erlebnisse.

c Suchen Sie mithilfe der Adjektive im Lehrbuch 1D, 1a, das Gegenteil der folgenden Adjektive. Arbeiten Sie ggf. mit einem Wörterbuch. Manchmal gibt es mehrere Lösungen.

1. ängstlich ≠ *mutig* ....

2. offen ≠ ....

3. unsympathisch ≠ ....

4. bescheiden ≠ ....

5. geduldig ≠ ....

6. interessiert ≠ ....

7. fröhlich ≠ ....

8. dominant ≠ ....

9. locker ≠ ....

▶ G 10.2 d Wie lauten die Adjektive zu den Nomen im Schüttelkasten? Schreiben Sie sie in die Tabelle.

Mut | Trauer | Neid | Langeweile | Schuld | Vertrauen | Misstrauen | Freund | Angst | Typ | Problem | Riese | Nerv | Sympathie

-ig	-lich	-isch
mutig,		

2 Der neue Nachbar

LB ◉ 10 a Hören Sie das Telefongespräch von Julia und Robert im Lehrbuch 1D, 2, noch einmal und entscheiden Sie, ob Sie die Aussagen gehört haben (j) oder nicht (n).

1. Julia hat ihren neuen Nachbarn zum ersten Mal im Sommer getroffen. j n

2. Sie dachte, dass ihr neuer Nachbar anderen bestimmt nicht helfen will. j n

3. Ihr Nachbar musste eine Sonnenbrille tragen, weil er krank war. j n

4. Julia hat ihre Meinung über ihren Nachbarn nicht geändert. j n

b Wie begrüßen Sie neue jüngere (j) oder ältere (ä) Nachbarn? Kreuzen Sie an.

1. Hi, alles klar? j ä

2. Guten Tag, herzlich willkommen in unserem Haus! j ä

3. Na, woher kommst du denn? Wohnst du auch hier? j ä

4. Hallo, bist du gerade hier eingezogen? j ä

5. Guten Tag, wir haben uns ja bisher noch nicht gesehen. j ä

6. Hallo, ich wohne direkt über Ihnen im vierten Stock. j ä

7. Ach, guten Morgen, Sie sind bestimmt der neue Nachbar, oder? j ä

c Sie bekommen eine Einladung von einem neuen Nachbarn. Schreiben Sie eine Antwort. Berücksichtigen Sie dabei auch die Punkte unten.

- sich für die Einladung bedanken
- zusagen
- Musik?
- etwas über sich erzählen
- Hilfe anbieten

Liebe Nachbarn,
ich möchte mich gerne bei Ihnen vorstellen: Ich komme aus
Neustadt und bin letztes Wochenende hier im dritten Stock
rechts eingezogen. Damit Sie mich kennenlernen können,
möchte ich Sie gerne zu einer kleinen Einweihungsparty einladen. Die Party
findet am kommenden Samstag ab 18 Uhr statt. Sie brauchen natürlich
nichts mitzubringen, ich koche selbst und sorge selbstverständlich auch für
Getränke. Es wäre nett, wenn Sie mir bis Donnerstagabend Bescheid geben
könnten, ob Sie kommen. Meine E-Mail-Adresse ist s_weiss_827@online-de.
Viele Grüße, Sascha Weiß

d   Schreiben Sie einen Leserkommentar zu dem Zeitschriftenartikel im Lehrbuch 1D, 3a. Wie finden Sie den Artikel? Erzählen Sie auch von Ihren eigenen Erfahrungen. Die Redemittel helfen Ihnen.

> Ich denke / finde, der Artikel ist interessant / wichtig / erschreckend / …, weil… | Auch ich habe einmal / schon oft erlebt, dass … | Ich habe folgende Erfahrungen gemacht: … | Ich möchte in Zukunft gern mehr / keine Artikel mehr über dieses Thema lesen, weil … | Lieber würde ich in Ihrer Zeitschrift etwas über das Thema … lesen, denn …

Ich finde den Artikel zum Thema „Der erste Eindruck" sehr interessant, weil …

E Bei anderen ankommen

1 Andere kennenlernen

AB ◉ 6   a   Oskar Winter ruft bei Ulrich Kurz an und möchte sich verabreden. Hören Sie das Gespräch und kreuzen Sie an, welche Aussagen Sie hören.

1. Ich habe Ihr Profil im Internet gelesen.

2. Ich habe im Internet gesehen, dass Sie / du … suchen / suchst.

3. Ich habe gesehen, dass Sie … mögen, und das interessiert mich auch.

4. Könnten wir uns mailen oder auf Facebook befreunden?

5. Können wir uns vielleicht verabreden?

6. Wann und wo sollen wir uns treffen?

7. Wir könnten uns ja vielleicht am … um … treffen und uns endlich sehen.

8. Dann freue ich mich auf unser Treffen.

b   Wählen Sie ein Profil im Lehrbuch 1E, 1a, aus und antworten Sie per E-Mail. Die Redemittel helfen Ihnen.

> **Einleitung:** In Ihrem / deinem Internet-Profil habe ich gelesen, dass Sie sich / du dich für … interessieren / interessierst. | Ich habe Ihr / dein Internetprofil gefunden und finde es sehr interessant, weil …
> **sich vorstellen:** Meine Interessen sind (auch) … | In meiner Freizeit beschäftige ich mich am liebsten mit … | Ich interessiere mich schon lange für … | Ich würde gern …
> **Fragen stellen:** Interessieren Sie sich / Interessierst du dich (eigentlich) auch für …? | Seit wann machen Sie / machst du denn schon …?
> **Verabredung:** Vielleicht können wir uns mal treffen? | Wie wäre es am … um …
> **Schluss:** Über eine Antwort würde ich mich sehr freuen! | Antworte mir bitte bald!

○ G 3.2   ## 2 Nette Leute gesucht – Hauptsatz + Hauptsatz: „aduso"-Konjunktionen

a   Ergänzen Sie die „aduso"-Konjunktionen in der Anzeige. Jede Konjunktion soll nur einmal verwendet werden.

Hallo! Ich suche nette Leute zum Wandern, Skilaufen [1] *oder* auch nur zum Plaudern. Ich (w., 34) bin sportlich, neugierig, gerne in der Natur [2] _____ interessiere mich auch für Filme und Bücher. Ins Kino gehe ich aber nicht gerne, [3] _____ ich schaue lieber zu Hause DVDs. Bin mobil (eigenes Auto), [4] _____ ich wohne außerhalb der Stadt. Meldet euch doch einfach unter freizeit493@online.eu, [5] _____ bitte schickt nur ernst gemeinte Mails!

> **Tipp**
> Wenn man zwei Hauptsätze mit „und"/„oder" verbindet, **kann** ein Komma vor „und"/„oder" stehen. **Aber:** Vor Hauptsätzen mit „denn", „sondern", „aber" **muss** ein Komma stehen.

b Verbinden Sie die Sätze mit der passenden „aduso"-Konjunktion und schreiben Sie die Sätze in Ihr Heft. Einmal passen zwei Konjunktionen.

1. Ich spiele nicht gern Klavier. Ich spiele lieber Geige.
2. Meine Lieblingsfilme sind Krimis. Ich mag einfach die Spannung.
3. Wir können uns ja am Samstag treffen. Wir können auch am Sonntag frühstücken gehen.
4. Ich fahre gerne Rad. Außerdem liebe ich Museen!
5. Sollen wir am Freitag mal ins Kino gehen? Möchtest du lieber etwas anderes machen?
6. Am Wochenende gehe ich selten aus. Ich bleibe lieber mit Freunden zu Hause.

1. Ich spiele nicht gern Klavier, sondern ich spiele lieber Geige.

c Die Konjunktionen „und"/„oder". Lesen Sie den Tipp und dann die Sätze. Kreuzen Sie an.

> **Die Konjunktionen „und" und „oder"**
>
> Sie können zwischen Hauptsätzen oder zwischen Satzteilen stehen, z. B. Ich gehe gern ins Theater (,) oder ich gehe in Musicals. (HS + HS), Ich gehe gern ins Theater oder in Musicals (Satzteile).

Die Konjunktionen „und"/„oder" verbinden ...

	Hauptsätze	Satzteile
1. Ich gehe ins Theater oder ich schaue mir Filme auf DVD an.	☐	☐
2. Ich liebe die Natur und ich treibe gerne Sport.	☐	☐
3. Ich spiele gerne Schach und ich mag klassische Musik.	☐	☐
4. Ich suche nette Leute für Städtetouren oder Musicalbesuche.	☐	☐
5. Ich bin interessiert an Malerei und Architektur.	☐	☐
6. Am Samstag oder Sonntag gehe ich immer joggen.	☐	☐
7. Ich suche Leute für Freizeit und Urlaub.	☐	☐

d Schreiben Sie die Sätze aus 2 c in die Tabelle.

1. Hauptsatz / 1. Satzteil	Position 0	2. Hauptsatz / 2. Satzteil
1. *Ich gehe ins Theater*	*oder*	*ich schaue mir Filme auf DVD an.*
2.		
3.		
4.		
5.		
6.		
7.		

⏵ G 3.3 **③ Eine missglückte Verabredung – Die Nebensatzkonnektoren**

a Welche Bedeutung haben die Konnektoren? Ordnen Sie zu.

Nebensatzkonnektor	Bedeutung	
1. damit	A. Folge / Konsequenz	1. $\boxed{C}$
2. sodass / so … dass	B. Bedingung / Zeit	2. ☐
3. weil	C. Ziel	3. ☐
4. dass	D. Grund	4. ☐
5. wenn	E. verbindet Haupt- und Nebensatz, nach Verben wie „denken, finden, glauben".	5. ☐

> **Tipp**
>
> Die Konnektoren werden ausführlich in Mittelpunkt B2 behandelt.

b Lesen Sie Majas Mail über ihre erste Verabredung. Markieren Sie, welcher Konnektor passt.

Hallo Tina,
stell dir vor, ich habe jemanden im Internet kennengelernt, und gestern waren wir auch schon verabredet! Aber leider war der Abend ein totaler Reinfall. Der Mann wollte sich mit mir in einem Imbiss treffen [1] sodass/weil ich ziemlich irritiert war. Aber ich dachte: Na gut, das ist mal was anderes. [2] Weil/Dass er dann aber auch noch dreißig Minuten zu spät kam, fand ich echt unmöglich. Und ich fand es auch nicht gut, [3] damit/dass er sich dafür nicht mal entschuldigt hat! Er hat sich einfach gesetzt und geschwiegen! Am Ende ist er einfach aufgestanden und gegangen. Ich musste die Rechnung ganz alleine begleichen, [4] dass/weil er nicht einmal sein Getränk bezahlt hatte. Kannst du das glauben? Das ist mir wirklich noch nie passiert! Sicher kannst du dir denken, [5] weil/dass ich keine weitere Verabredung mit ihm möchte. Was kann ich bloß machen, [6] wenn/damit mir so etwas nicht wieder passiert? Hoffentlich hattest du wenigstens einen schönen Abend!?
LG, Maja

c Lesen Sie die Mail in 3 b noch einmal und beantworten Sie die Fragen in Ihrem Heft.

1. Woher kannte Maja den Mann?

2. Wo haben sie sich getroffen?

3. Warum war der Abend ein Reinfall?

4. Worum bittet Maja ihre Freundin am Ende indirekt?

1. Maja hat ihn im Internet kennengelernt.

d Mein Wochenende. Verbinden Sie die Sätze mit der Konjunktion /
dem Nebensatzkonnektor in Klammern und schreiben Sie sie in Ihr Heft.
Achten Sie auf die Logik der Sätze und denken Sie an die Kommas.

Das Komma

Haupt- und Nebensätze werden durch ein Komma getrennt, z.B. Wir haben sehr spät erfahren, dass er kommt. / Dass er kommt, haben wir sehr spät erfahren.

1. Ihr habt am Wochenende viel Besuch. Mia hat mir das erzählt. (dass)

2. Ich möchte noch lange fit bleiben. Ich treibe viel Sport. (weil)

3. Wir sollten uns bald wieder treffen. Wir können endlich mal in die Oper gehen. (damit)

4. Wir treffen uns demnächst wieder. Ich bringe dir mein Lieblingsbuch mit. (wenn)

5. Ich fahre nicht so gerne Fahrrad. Ich walke gerne. (aber)

6. Ich habe den Film nicht im Fernsehen gesehen. Ich habe den Film im Kino gesehen. (sondern)

7. Gehen wir ins Restaurant? Kochen wir bei mir? (oder)

8. Das Essen im Restaurant ist mir zu teuer. Ich möchte lieber selbst kochen. (denn)

1. Mia hat mir erzählt, dass ihr am Wochenende viel Besuch habt.

F Endlich an(ge)kommen

1 In der Fremde

a Lesen Sie folgende Sprichwörter und ordnen Sie die Erklärungen zu.

1. Aller Anfang ist schwer.	A. Neue Entwicklungen beginnen oft mit ganz kleinen Handlungen.	1. [D]
2. Jedem Anfang wohnt ein Zauber inne.	B. In anderen Ländern gibt es auch andere Bräuche.	2. [ ]
3. Jeder Tag ist ein neuer Anfang.	C. Es ist schön, neu anzufangen, weil man sich auf Neues freuen kann.	3. [ ]
4. Fremde Länder, fremde Sitten	D. Am Anfang gibt es immer Probleme.	4. [ ]
5. Eine lange Reise beginnt mit dem ersten Schritt.	E. Man kann jeden Tag wieder von vorne beginnen.	5. [ ]

b Wählen Sie eine Redewendung aus 1a und schreiben Sie auf, warum Ihnen gerade dieses Sprichwort gefällt.

Aussprache

1 Satzmelodie: Aussagesätze und Imperativ

AB ● 7 a Lesen Sie den Tipp und hören Sie die Sätze. Ergänzen Sie dann die Regeln.

Satzmelodie
Die Melodie eines Satzes ist
→ gleichbleibend bzw. „schwebend",
↘ fallend,
↗ steigend.

1. Das ist unsere neue Kollegin.
2. Sie hat Medizin studiert.
3. Geben Sie mir bitte die Unterlagen!
4. Kommt doch herein!

1. Die Satzmelodie in kurzen Aussagesätzen ist ☐ fallend ☐ schwebend.
2. Die Satzmelodie in Imperativsätzen ist ☐ fallend ☐ schwebend.

AB ● 8 b Satzmelodie in längeren Aussagesätzen. Hören Sie, sprechen Sie mit und ergänzen Sie die Regel.

1. Ich bin neu in der Stadt → und ich freue mich sehr ↗, die Stadt zu entdecken. ↘
2. Susan fliegt morgen wieder nach Hause →, weil sie am Montag arbeiten muss. ↘
3. Wenn ich mit dem Studium fertig bin →, würde ich gern im Ausland arbeiten. ↘

steigend | fallend | schwebend

In Satzgefügen kann die Satzmelodie des ersten Aussagesatzes ....
oder .... sein, aber am Ende des gesamten Satzgefüges ist sie
immer ....

AB ● 9 c Sprechen Sie die Sätze und notieren Sie die Satzmelodie. Hören und vergleichen Sie dann.

1. Florian will Chemie studieren ☐, da er später im Labor arbeiten will. ☐
2. Gehen Sie doch für die Anmeldung am besten gleich zum Sekretariat! ☐
3. Wir sind zum ersten Mal in Europa ☐, und wir möchten möglichst viele Städte sehen. ☐

2 Satzmelodie bei Fragesätzen

AB ● 10 a Hören Sie die W-Fragen und die Ja-/Nein-Fragen und sprechen Sie mit. Ergänzen Sie dann die Regeln.

1. Wohin würdest du gerne mal reisen? ↘
2. Wann kommt der Zug aus München hier an? ↘
3. Ist das hier die Veranstaltung für Erstsemester? ↗
4. Kann ich heute in Paderborn noch ein Hotelzimmer bekommen? ↗

1. In W-Fragen ist die Satzmelodie ☐ fallend ☐ steigend ☐ schwebend.
2. In Ja-/Nein-Fragen ist die Satzmelodie ☐ fallend ☐ steigend ☐ schwebend.

AB ● 11 b Sprechen Sie die folgenden Fragesätze, achten Sie auf die Satzmelodie und kreuzen Sie an. Hören Sie dann die Fragen und vergleichen Sie.

1. Ist der Zug nach Gießen pünktlich? ↗ ↘
2. Was muss ich für den ersten Tag an der Uni denn mitbringen? ↗ ↘
3. Hilfst du mir am Wochenende beim Umzug? ↗ ↘
4. Wie komme ich von hier aus am schnellsten zum Flughafen? ↗ ↘

Grammatik: Das Wichtigste auf einen Blick

G 2.1 **①** **Die Satzklammer: Aussagesätze**

Position 1	Position 2		Satzende
Ich	bin	letzte Woche Freitag in Deutschland	angekommen.
Ich	möchte	dort mein Auslandspraktikum	machen.
Mein Praktikum	fängt	am Montag	an.

- **Perfekt:** konjugierte Präsensform von „haben" oder „sein" → Position 2; Partizip Perfekt → Satzende
- **Modalverben:** konjungierte Modalverben → Position 2, Infinitiv des Vollverbs → Satzende
- **Trennbare Verben:** konjugiertes Verb → Position 2, Vorsilbe → Satzende

G 2.4 **②** **Die Satzklammer: W-Fragen und Ja- / Nein-Fragen**

W-Fragen

Position 1	Position 2		Satzende
Wie	lernt	man neue Leute	kennen?

Ja-/Nein-Fragen

Position 1	Position 2		Satzende
Bist	du	schon mal in einer neuen Stadt	gewesen?

W-Fragen: Das Verb steht auf Position 2.
- Trennbaren Verben: Das Verb steht auf Position 2, die Vorsilbe am Satzende.
- Perfekt: Die konjugierte Präsensform von „sein"/„haben" steht auf Position 2, das Partizip am Satzende.
- Modalverben: Das konjugierte Modalverb steht auf Position 2, der Infinitiv am Satzende.

Ja-/Nein-Fragen: Das Verb steht auf Position 1.
- Trennbare Verben: Das Verb steht auf Position 1, die Vorsilbe am Satzende.
- Perfekt: Die konjugierte Präsensform von „sein"/„haben" steht auf Position 1, das Partizip am Satzende.
- Modalverben: Das konjugierte Modalverb steht auf Position 1, der Infinitiv am Satzende.

G 3.2 **③** **Hauptsatz + Hauptsatz: „aduso"-Konjunktionen**

Die Konjunktionen „aber", „denn", „und", „sondern", „oder" (aduso) verbinden zwei Hauptsätze oder Satzteile. Sie stehen auf Position 0.

1. Hauptsatz / 1. Satzteil	Position 0	2. Hauptsatz / 2. Satzteil
Ich gehe ins Theater	**oder**	ich schaue mir Filme auf DVD an.
Ins Theater	**oder**	ins Kino gehe ich oft.

Sie haben folgende Bedeutung: **aber:** Gegensatz / Einschränkung • **denn:** Grund • **und:** Verbindung / Aufzählung • **sondern:** Korrektur • **oder:** Alternative

G 3.3 **④** **Hauptsatz + Nebensatz: Die Nebensatzkonnektoren**

Hauptsatz und Nebensatz sind durch ein Komma getrennt. Der Nebensatz beginnt meist mit einem Nebensatzkonnektor, z. B. Er macht Abitur, **weil** er Chemie studieren will. Im Nebensatz steht das Verb am Satzende. Der Nebensatz kann vor oder nach dem Hauptsatz stehen. Wenn der Nebensatz vor dem Hauptsatz steht, ist das Verb im Hauptsatz auf Position 1, z. B. **Weil** er Chemie studieren will, macht er Abitur.

A Guten Appetit!

1 **Abkürzungen in Rezepten**

das Pfund (= 500 g) | der Teelöffel | die Prise | das Päckchen | der Liter | klein | ~~das Gramm~~ | das Kilogramm | der Milliliter | der Esslöffel | das Stück | der Becher

Was bedeuten die Abkürzungen? Notieren Sie.

1. g =   *das Gramm*
2. ml = ...
3. Pck. = ...
4. EL = ...
5. l = ...
6. St. = ...
7. Pfd. = ...
8. TL = ...
9. kg = ...
10. Pr. = ...
11. B. = ...
12. kl. = ...

2 **Das Kurskochbuch**

a   Ordnen Sie die Verben den Bildern zu.

verrühren | in Würfel schneiden | anbraten | Teig kneten | backen | ~~Teig gehen lassen~~ | frittieren | Teig ausrollen | verteilen | ziehen lassen

A   *Teig gehen lassen*
B   ....
C   ....
D   ....
E   ....
F   ....
G   ....
H   ....
I   ....
J   ....

b   Mmh, lecker Zwiebelkuchen! Aber so wird das nichts! Korrigieren Sie das Rezept mithilfe der Verben aus 2a.

Zubereitung:

1. Aus Mehl, Trockenhefe, Zucker und Salz mit ca. 250 ml handwarmem Wasser einen Hefeteig kochen.   *kneten*
2. Den Teig eine halbe Stunde an einem warmen Ort unter einem Tuch verrühren.
3. In der Zwischenzeit Zwiebeln und Speck ziehen lassen.
4. Dann beides in einer großen Pfanne mit etwas Öl verteilen.
5. Saure Sahne mit 1 TL Salz und gemahlenem Pfeffer garen.
6. Den Hefeteig schneiden und auf ein gefettetes Backblech legen.
7. Die Zwiebelmasse und die Sahne gleichmäßig darauf mischen.
8. Bei 175–200°C auf unterster Schiene etwa 45–50 Minuten goldbraun frittieren. Warm servieren!

AB ● 12   c   Hören Sie nun das Rezept und korrigieren Sie Ihre Antworten.

d   Lesen Sie das Rezept in 2b noch einmal. Was fällt auf? Kreuzen Sie an.

Die Anweisungen in einem Rezept werden oft   **a** im Imperativ   **b** im Infinitiv geschrieben.

③ Essen international

Was ist was? Schreiben Sie den Namen der Speisen unter das passende Bild.

der Döner |
das belegte Brötchen |
das Sushi |
der Leberkäse |
die Currywurst |
das Fischbrötchen

der Döner

④ Grafiken beschreiben

a Lesen Sie zuerst den Tipp unten und schauen Sie
sich dann das Schaubild rechts an. Worum geht es?
Sprechen Sie im Kurs.

Grafiken verstehen

Lesen Sie den Titel, dann den Untertitel der Grafik genau.
Nehmen Sie sich Zeit und schauen Sie sich die Grafik gründlich
an. So können Sie genau verstehen, worum es geht.

Hauptsache lecker!
Das ist den Menschen in Deutschland bei ihrer Ernährung am wichtigsten

Grafik/Quelle: Ernährungsstudie der Techniker Krankenkasse 2013

b Schauen Sie sich das Schaubild noch einmal an und entscheiden
Sie, ob die Aussagen richtig (r) oder falsch (f) sind.

1. Das Tortendiagramm zeigt, was den Deutschen beim Essen wichtig ist.   r f

2. Die Daten stammen aus dem Jahr 2003.   r f

3. Der Geschmack ist den Deutschen sehr wichtig.   r f

4. Die Deutschen ernähren sich vor allem gesund.   r f

5. Die wenigsten Verbraucher achten auf den Preis.   r f

c Mengen beschreiben. Ordnen Sie den Zahlen die Bedeutung zu.

1. 10 %	A. zwei Drittel	1.	E
2. 20 %	B. ein Viertel	2.	
3. 25 %	C. drei Viertel	3.	
4. 35 %	D. die Hälfte	4.	
5. 50 %	E. jeder Zehnte	5.	
6. 66 %	F. gut ein Drittel	6.	
7. 75 %	G. ein Fünftel	7.	

d Beschreiben Sie nun in Ihrem Heft die Grafik mit Hilfe der Angaben in 4c und der Redemittel unten.

Die Grafik mit dem Titel „ …" zeigt, … | In der Grafik kann man sehen, dass … | Die Zahlen/Angaben stammen aus dem Jahr … | Sie wurden von … veröffentlicht.

Fast die Hälfte der Befragten findet es wichtig, dass … | In der Grafik kann man sehen, dass gut ein Drittel der Deutschen, also … %, auf … achtet. | Nur … % der Befragten, also weniger als jeder Zehnte, achten beim Essen auf … | Noch weniger Deutsche, nämlich … %, legen Wert auf … | Etwa genauso viele Menschen, d.h. … %, wollen … essen.

Die Grafik mit dem Titel „Hauptsache lecker!" zeigt, was den Deutschen beim Essen wichtig ist.

AB ● 13 e Hören Sie die Beschreibung der Grafik aus 4a und vergleichen Sie sie mit Ihrer eigenen.

B Das sieht ja lecker aus!

1 Wortschatz rund um Werbung

Welches Wort passt nicht?

1. die Werbung – die Reklame – die Rechnung – das Angebot
2. die Firma – das Unternehmen – der Betrieb – das Büro
3. die Ware – der Gegenstand – der Artikel – das Produkt
4. das Rezept – die Quittung – der Bon – die Rechnung
5. der Kunde – der Verbraucher – der Leiter – der Konsument
6. der Angestellte – der Geschäftsführer – der Boss – der Chef

Synonyme

Notieren Sie bei neuen Wörtern auch Synonyme auf der Vokabelkarte. Achten Sie aber auf den Kontext, in dem diese gebraucht werden. Oft haben deutsche Wörter auch ein synonymes Fremdwort (z.B. das Unternehmen – die Firma, der Leiter – der Chef).

2 Meinungen äußern zum Thema Werbung: Sind Sie dafür oder dagegen?

a Ordnen Sie die Redemittel zu.

Sie haben also nichts gegen Werbung. | Ich habe durchaus etwas gegen Zigarettenwerbung. | Sie haben sicher auch nichts gegen Produktinformation allgemein. | Ich bin ein Fan von guter Werbung. | Für mich wäre ein erster Schritt, dass man bei Kindersendungen im Fernsehen keine Werbung mehr zeigen darf. | Man sollte Zigarettenwerbung verbieten. | Um ehrlich zu sein, möchte ich das nicht. | Ich halte viel von guter Werbung.

Pro	Contra
Sie haben also nichts gegen Werbung.	

b Wie denken Sie darüber? Lesen Sie zuerst den Tipp und formulieren Sie dann die Sätze neu mit „etwas/nichts haben gegen …".

1. Ich bin für ein Werbeverbot für Zigaretten.
2. Ich bin für Süßigkeitenwerbung.
3. Bist du für die Werbung für Medikamente?
4. Wir sind gegen Bierwerbung.
5. Viele Menschen sind gegen Alkoholwerbung.

1. Ich habe nichts gegen ein Werbeverbot für Zigaretten.

„etw./nichts haben gegen"

Ich habe nichts gegen … = Ich bin dafür, z.B. Ich habe nichts gegen Werbung. = Ich bin für Werbung.

Ich habe etwas gegen … = Ich bin dagegen, z.B. Ich habe etwas gegen Werbung = Ich bin gegen Werbung.

⊙ G 4.11 ③ **Der Imperativ und seine Formen**

a Ergänzen Sie zuerst die Formen des Imperativs und dann die Regeln.

Infinitiv	Imperativ		
	informell (2. Pers. Sg.)	informell (2. Pers. Pl.)	formell (Sg. / Pl.)
1. kommen	Komm!		
2. lesen		Lest!	
3. zuhören			Hören Sie bitte zu!
4. essen	Iss!		
5. mitnehmen		Nehmt mit!	
6. beschreiben			Beschreiben Sie!
7. lassen	Lass!		
8. aufstehen			Stehen Sie auf!
9. haben	Hab!		
10. sich beeilen		Beeilt euch!	
11. sein			Seien Sie!

> 1. Bei Verben mit trennbarer Vorsilbe steht die Vorsilbe am ....
> 2. Bei reflexiven Verben steht das Reflexivpronomen .... dem Imperativ.

b Formulieren Sie die Werbesprüche mit dem Imperativ wie im Beispiel.

1. unsere neuen Halsbonbons probieren und gesund werden (ihr)
2. Fit-Müsli essen und den Tag voller Energie genießen (Sie)
3. drei Päckchen Nudeln mitnehmen und nur zwei bezahlen (du)
4. sich beeilen und nur noch heute 20 % bei jedem Einkauf sparen (Sie)
5. Vitasport trinken und fit sein (ihr)
6. wieder mal ein schönes Buch lesen und sich entspannen (du)

1. Probiert unsere neuen Halsbonbons und werdet gesund!

c Lesen Sie die Hinweise zum Imperativ im Lehrbuch 2 B, 3 a, noch einmal und ergänzen Sie dann die Tabelle.

Verben auf:	Imperativ		
	informell (2. Pers. Sg.)	informell (2. Pers. Pl.)	formell (Sg. / Pl.)
1. **-t-:** antworten	Antworte!		
2. **-d-:** finden			Finden Sie!
3. **-m-:** atmen		Atmet!	
4. **-n-:** öffnen			Öffnen Sie!
5. **-ig-:** entschuldigen	Entschuldige!		
6. **-eln:** sammeln		Sammelt!	
7. **-ern:** ändern			Ändern Sie!

d Lesen Sie den Tipp und schreiben Sie die Imperativformen
(2. Pers. Sg.) in die Tabelle.

> zeichnen | kommen | sortieren | warten | finden |
> wiederholen | entschuldigen | reden | wählen | gehen |
> machen | besuchen | planen | verwenden |
> ausschneiden | arbeiten | trocknen | reparieren

> **Imperativformen mit und ohne „-e"**
>
> Bei den meisten Verben sind Imperativformen mit
> und ohne „-e" möglich, z. B. Geh! / Gehe!
>
> Alltagssprache meist ohne „-e"
>
> Bei Verben auf „-d, -t, -n, -m, ig" → „-e", z. B. Warte!
> Öffne! Atme!, aber: Komm!
>
> Nach „r" und „l" + Konsonant „-e" oder nicht, z. B.
> Lern(e)! Halt(e) an!

Imperativ mit „-e" / ohne „-e"	Imperativ immer mit „-e"
Komm(e)!,	*Zeichne!,*

e Im Kochkurs. Lesen Sie die Fragen und formulieren Sie Imperativsätze wie im Beispiel.

1. Kannst du meine Fragen beantworten?
2. Kannst du diese Dose öffnen?
3. Kannst du einen Moment warten?
4. Kannst du Handschuhe verwenden?

5. Kannst du die Zwiebeln klein schneiden?
6. Kannst du das Rezept ändern?
7. Kannst du die Teller einsammeln?
8. Kannst du das Sieb halten?

1. Beantworte bitte meine Fragen!

⊙ G 4.11 **4 Welche Bedeutungen hat der Imperativ?**

a Lesen Sie den Tipp und notieren Sie dann Vorschlag (V),
Anweisung (Aw), Anleitung (Al), Bitte (B) oder Ratschlag (R).

1. Nimm dir mehr Zeit für den Einkauf! ☐ R
2. Bitte bring mir eine Flasche Saft mit! ☐
3. Lassen Sie den Teig 20 Minuten gehen! ☐
4. Essen Sie weniger weißen Zucker! ☐
5. Gehen wir doch zusammen einkaufen! ☐

> **Der Imperativ und seine Bedeutungen**
>
> Mit dem Imperativ drückt man verschiedene
> Arten der Aufforderung aus:
> * Vorschlag: Iss doch lieber eine Banane! /
>   Gehen wir nach Hause!
> * Ratschlag: Haben Sie mehr Vertrauen!
> * Bitte: Bitte kauf mir ein Eis!
> * Anweisung: Sei endlich ruhig!
> * Anleitung (z. B. Rezept): Braten Sie die
>   Zwiebeln leicht an!

b Formulieren Sie Anweisungen (Aw), Bitten (B), Ratschläge (R) oder Vorschläge (V).

1. (Aw): viel Mineralwasser trinken – Sie → *Trinken Sie viel Mineralwasser!*

2. (B): nach Rezept kochen – du → ....

3. (R): doch häufiger Bioprodukte kaufen – ihr → ....

4. (V): mal neue Gerichte ausprobieren – wir → ....

5. (Aw): die Inhaltsstoffe der Produkte lesen – Sie → ....

6. (B): die Preise vergleichen – ihr → ....

7. (R): nie hungrig einkaufen gehen – du → ....

8. (V): sich doch zum Essen verabreden – wir → ....

c   Sie und Ihr Partner / Ihre Partnerin planen eine Party. Lesen Sie den Tipp und formulieren Sie die Vorschläge in der
    1. Pers. Plural.

1. Sollen wir eine Party machen? _Machen wir doch eine Party!_

2. Sollen wir viele Leute einladen? _____

3. Sollen wir im Garten feiern? _____

4. Sollen wir grillen? _____

5. Sollen wir Salate vorbereiten? _____

6. Sollen wir selbst Musik machen? _____

> **Vergleichen Sie:**
>
> Wir gehen. → 1. Pers. Pl. Präsens
> Gehen wir! → 1. Pers. Pl. Imperativ
>
> Mit dem Imperativ mit „wir" drückt
> man Vorschläge aus: Gehen wir doch
> ins Kino! Man kann auch sagen:
> Lass uns doch ins Kino gehen!

G 4.3   d   Formulieren Sie die Vorschläge aus 4c mit „lassen + Infinitiv".

1. Lass uns doch eine Party machen!

e   Vor der Talkshow. Lesen Sie den Tipp und formulieren Sie Anweisungen für den
    Moderator. Bilden Sie Imperativsätze mit Partikeln und Pronomen.

> **Tipp**
> Pronomen stehen meist vor
> den Partikeln „doch / mal",
> z. B. Ruf ihn doch mal an!

1. Frau Bach nach ihren Erfahrungen fragen / sie nach ihren Erfahrungen fragen (doch mal)
   Fragen Sie doch mal Frau Bach nach ihren Erfahrungen! / Fragen Sie sie doch mal!

2. Herrn Gehrke mehr Zeit geben / ihm mehr Zeit geben (doch)
   _____

3. neue Forschungsergebnisse vorstellen / sie vorstellen (doch mal)
   _____

4. Herrn Gehrke nicht unterbrechen / ihn nicht unterbrechen (doch)
   _____

5. die wichtigsten Ergebnisse zusammenfassen / sie zusammenfassen (mal)
   _____

6. die Zuschauer interviewen / sie interviewen (doch mal)
   _____

f   Formulieren Sie Tipps, wie man Kinder vor TV-Werbung schützen kann.

1. sich immer informieren, welche Sendungen Ihr Kind anschaut
2. das Kind nicht wahllos TV konsumieren lassen
3. mit dem Kind über die Sendungen sprechen, damit es Programm und
   Werbung auseinanderhalten kann
4. sich informieren, welche Produkte man in den Lieblingssendungen Ihres
   Kindes bewirbt
5. beim gemeinsamen Einkauf besprechen, ob die Wünsche des Kindes
   eventuell mit der Werbung im Fernsehen etwas zu tun haben
6. ihrem Kind auch andere Produkte anbieten; damit es lernt, dass andere
   Produkte gleich gut, aber oft günstiger sind.

1. Informieren Sie sich immer, welche Sendungen Ihr Kind anschaut.

2. Lassen ...

g   Notieren Sie die Tipps in 4f in der 2. Person Singular (du) und Plural (ihr).

1. Informier dich / Informiert euch immer, welche Sendungen dein / euer Kind anschaut!

_____

C Tipps für den Gast

1 Eine Einladung schreiben und eine Zusage korrigieren

a Tanja will ihrem neuen Kollegen Patryk eine Einladung schicken. Schreiben Sie für Tanja eine Einladung in der Du-Form.

> Datum: 3.2., 19.30 Uhr
> Anlass: Kennenlernen der neuen Team-Mitglieder
> Ort: c/o Vogt, Dunckerstr. 14, 10645 Berlin, 3. OG
> Mitzubringen: gute Laune und Neugier
> Gastgeberin: Tanja Klingelhöfer

b Hier stimmt etwas nicht. Korrigieren Sie noch weitere 6 Fehler in Patryks Zusage.

> Liebe Tanja,
>
> hab *vielen* ~~tiefen~~ Dank für deine Einladung. Leider nehme ich deine Einladung an, denn ich freue mich, dass ich so meine neuen
>
> Kollegen besser kennen kann. Eine Frage habe ich mehr: Was kann ich mitnehmen außer guter Laune und Neugier?
>
> Bis zu dem Freitag. Mit freundlichen Grüßen, Patryk

2 Gute Tischmanieren

Lesen Sie den Ausschnitt aus dem Ratgeber im Lehrbuch 2 C, 3 c, noch einmal. Lesen Sie dann die Fragen. Welche Antwort passt: a oder b? Kreuzen Sie an.

1. Was zieht man zu einem Geschäftsessen an?
   Man trägt   **a** elegante Kleidung.   **b** Bürokleidung.

2. Was sollte man mit dem Handy bei einem Geschäftsessen machen?
   Man sollte   **a** den Ton abstellen.   **b** das Handy ausstellen.

3. Was sollte man beim Arbeitsessen mit dem Chef beachten?
   Mit dem Chef kann man über   **a** Probleme in der Firma   **b** die eigene Gesundheit reden.

4. Was sollte man bei der Auswahl des Gerichts beachten?
   Man wählt   **a** das günstigste   **b** ein nicht zu teures, aber auch nicht das billigste Essen.

5. Wer bezahlt in der Regel bei einem Geschäftsessen die Rechnung?
   Meist zahlt   **a** der Gast selbst.   **b** der Chef.

D Die Wegwerfgesellschaft

> **Komposita**
>
> Nach den femininen Endungen „-heit, -keit, -ung, -schaft, -ion, -tät, …" steht bei Komposita immer ein „s" (= Fugen-s). Bei allen anderen Wörtern muss man ins Wörterbuch schauen. Bei fremdsprachlichen Zusammensetzungen steht oft ein Bindestrich, z. B. Info-Kampagne, Shopping-Center.

G 10.1 ## 1 Komposita verstehen

a Markieren Sie die Wortgrenzen. Was bedeuten die Wörter? Sie können auch mit dem Wörterbuch arbeiten.

1. die Wegwerfmentalität
2. das Lebensmittel
3. der Einkaufswagen
4. das Haltbarkeitsdatum
5. die Verpackungsgröße
6. die Familienpackung
7. der Single-Haushalt
8. die Lebensmittelpreise
9. die Info-Kampagne

1. die Wegwerfmentalität: Weglwerf (von dem Verb „wegwerfen") + die Mentalität (= Denkweise) → Menschen mit dieser

Mentalität werfen Dinge viel zu schnell weg, ohne sie vielleicht zu reparieren oder wiederzuverwenden.

b Vergleichen Sie Ihre Ergebnisse aus 1a mit Ihrem Partner / Ihrer Partnerin oder schauen Sie im Wörterbuch nach.

○ G 4.1 c Trennbar oder untrennbar? Sortieren Sie die Verben aus den Texten im Lehrbuch 2D, 1b, in die Tabelle.

> bedeuten | einladen | einschalten | erreichen | recherchieren | überprüfen |
> umdenken | umgehen | vermitteln | versuchen | vollpacken | wegwerfen |

Verben mit trennbarer Vorsilbe	Verben mit untrennbarer Vorsilbe
einladen,	bedeuten,

d Formulieren Sie Sätze mit den Verben aus 1c.

Ich lade meine Freunde am Wochenende zum Essen ein.

○ G 4.12 **2 Konjunktiv II**

Tipp
Die Modalpartikel „doch"
betont den Wunsch.

a So viele Wünsche! Ergänzen Sie die passende Form des Konjunktivs II von „haben"
oder „sein".

1. ich: ein Bio-Markt in der Nähe → *Hätte ich doch einen Bio-Markt in der Nähe!*

2. wir: mehr Geld für gesunde Lebensmittel → ....

3. sie: gesundheitsbewusster → ....

4. ihr: einen kleineren Kühlschrank → ....

5. du: mehr Zeit zum Kochen → ....

6. ich: öfter zu Hause → ....

7. er: kritischer → ....

b Ergänzen Sie die Formen des Präteritums und des Konjunktivs II in Ihrem Heft wie im Beispiel.

> kommen (er) | bleiben (sie, Sg.) | laufen (wir) | rufen (ich) | finden (du) |
> geben (es) | denken (er) | wissen (wir) | brauchen (sie, Pl.) | bringen (du)

Infinitiv	Präteritum	Konjunktiv II
kommen	er kam	er käme

○ G 4.2 c Konjunktiv II der Modalverben. Schreiben Sie Ratschläge und Empfehlungen für einen besseren Umgang mit
Lebensmitteln wie im Beispiel in Ihr Heft.

1. nur für die nächsten ein bis zwei Tage
   einkaufen (sollen)
2. kleinere Mengen kochen (sollen)
3. Essensreste einfrieren (können)

4. Lebensmittel auch nach Ablauf des
   Haltbarkeitsdatums probieren (sollen)
5. nicht benötigte Lebensmittel spenden (können)
6. eine Foodsharing-Party organisieren (können)

1. Man sollte nur für die nächsten ein bis zwei Tage einkaufen.

d Lesen Sie die Sätze in 2c noch einmal und ergänzen Sie dann die Regel.

> Für Ratschläge und Vorschläge (informell) verwendet man eher das Modalverb „........................" im Konjunktiv II,
> für Empfehlungen (formell) eher das Modalverb „........................" im Konjunktiv II.

e Schreiben Sie folgende Ratschläge oder Empfehlungen mit „Ich an Ihrer / deiner Stelle …" oder „Wenn ich Sie / du wäre, …" in Ihr Heft.

1. Sie sollten bewusster essen.
2. Du solltest weniger einkaufen.
3. Sie sollten aufs Haltbarkeitsdatum achten.
4. Du solltest Lebensmittel einfrieren.
5. Du solltest öfter kochen.
6. Sie sollten Freunde zum Essen einladen.

1. Ich an Ihrer Stelle würde bewusster essen. / Wenn ich Sie wäre, würde ich ....

f Bei Tisch bitte recht freundlich! Formulieren Sie die Imperativsätze als höfliche Bitten.

1. Gib mir das Salz!
2. Stell noch das Wasser auf den Tisch!
3. Reich mir die Butter!
4. Sprich nicht beim Essen!
5. Iss doch langsamer!
6. Hör auf zu meckern!

1. Könntest / Würdest du mir bitte das Salz geben?

g Lesen Sie den Kommentar zum Artikel über die Wegwerfgesellschaft und ergänzen Sie die Verben im Konjunktiv II.

esszett: Also in meiner WG gibt es oft Diskussionen, weil wir auch Lebensmittel wegwerfen. Wir haben daher Folgendes überlegt: Wir [1a] *müssten* unsere Einkäufe einfach besser [1b] *planen* (planen müssen), dann [2] .... (bleiben) weniger übrig. Wir [3] .... (brauchen) z. B. eine Einkaufsliste, die in der Küche aushängt. Dort [4a] .... alle [4b] .... (sehen können), was gerade fehlt. Es [5] .... (sein) auch sinnvoll, wenn wir eine Liste [6] .... (haben), auf der alle Lebensmittelvorräte mit Haltbarkeitsdatum [7] .... (stehen). Dann [8] .... (wissen) man, welche Lebensmittel man schnell verbrauchen muss. Außerdem [9] .... (finden) ich es prima, wenn es einmal in der Woche einen „Reste"-Tag [10] .... (geben). Da kocht man ein Gericht mit Lebensmitteln, die nicht mehr lange haltbar sind. Das kostet zwar Planung und Zeit, ist aber einen Versuch wert. Vielleicht [11a] .... wir es einfach mal [11b] .... (ausprobieren sollen). Vielleicht [12] .... (bringen) das anderen Haushalten auch etwas?? Oder [13] .... (haben) ihr noch weitere Vorschläge?

E Berufe rund ums Essen

1 Wortschatz Beruf

Lösen Sie das Kreuzworträtsel und finden Sie das Lösungswort.

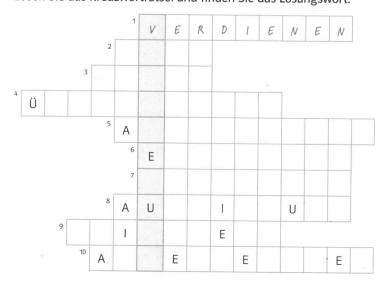

1. Geld für seine Arbeit bekommen (Verb)
2. Gruppe, die gemeinsam arbeitet
3. Für die Betätigung ist eine Ausbildung Voraussetzung.
4. Man arbeitet länger als normal.
5. Dauer der Berufstätigkeit: z. B. pro Tag
6. Das hat man nach vielen Arbeitsjahren
7. Synonym für Arbeit; Nomen zu „tun"
8. Das macht man, um einen Beruf zu erlernen.
9. Das bekommt der Kellner zum Lohn dazu.
10. Gegenteil von „Freiberufler"

2 Stellenanzeigen: Abkürzungen

Abkürzungen

Manche Abkürzungen sind „fest", z. B. „kg" für ein Kilogramm oder „m" für Meter. Vieles andere wird frei abgekürzt – je nach Platz und Vorliebe des Schreibers. Wichtig: Eine Abkürzung muss so sein, dass man das Ursprungswort klar erkennt.

a Notieren Sie die Abkürzungen. Die Anzeigen in Lehrbuch 2 E, 3 a, können helfen.

1. angemessen: _angem._

2. circa: ....

3. flexibel: ....

4. freiberuflich: ....

5. für: ....

6. gesucht: ....

7. körperlich: ....

8. mit: ....

9. sucht: ....

10. täglich: ....

11. tarifüblich: ....

12. ungewöhnlich: ....

13. Veranstaltung: ....

14. verschieden: ....

15. von: ....

b Lesen Sie die Redemittel und antworten Sie auf eine Anzeige aus dem Lehrbuch 2 E, 3 a per Mail.

> **Anrede:** Sehr geehrte Damen und Herren, …
> **Einleitung:** Ich habe Ihre Anzeige vom … in der … gelesen.
> **Informationen zur eigenen Person:** Ich bin zurzeit Germanistikstudent / in im 5. Semester.
> **Tätigkeit:** Später möchte ich gern als … arbeiten, deshalb wäre die Tätigkeit als … für mich sehr interessant.
> **Zeitraum:** Ich würde gern in den Semesterferien ganztags arbeiten. | Während des Semesters könnte ich gern zwei- bis dreimal in der Woche abends oder am Samstag.
> **Fragen:** Mich würde auch noch interessieren, ob … / wie …
> **Grußformel:** Mit freundlichen Grüßen …

c Am Telefon nachfragen. Lesen Sie zuerst den Tipp und dann die Fragen. Welche Fragen sind direkt, welche indirekt? Kreuzen Sie an.

	direkt	indirekt
1. Könnte ich auch in den Semesterferien arbeiten?	☐	☐
2. Können Sie mir sagen, ob man Vorkenntnisse braucht?	☐	☐
3. Ich wüsste gern, wie die Arbeitszeiten sind.	☐	☐
4. Arbeite ich in einem Team?	☐	☐
5. Wie viele Stunden kann ich in der Woche arbeiten?	☐	☐
6. Mich interessiert auch, ob ich oft reisen muss.	☐	☐

Tipp

Wenn man sehr höflich sein möchte, kann man Fragen indirekt formulieren.

○ G 2.5 d Lesen Sie die Fragen in 2c noch einmal und ergänzen Sie die Regeln.

> 1. Wenn man statt direkter Fragen indirekt formuliert, wiederholt man bei W-Fragen das Fragewort, z. B. Wie sind die Arbeitszeiten? → Ich wüsste gern, ... die Arbeitszeiten sind.
> 2. Bei Ja- / Nein-Fragen, verwendet man „..........................", z. B. Braucht man Vorkenntnisse? → Können Sie mir sagen, ... man Vorkenntnisse braucht?
> 3. Das Verb steht in indirekten Fragen immer ....

e Formulieren Sie indirekte Fragen wie im Beispiel.

1. wie lang die wöchentliche Arbeitszeit – sein (Ich wüsste gern, …)

2. wo der Einsatzort – liegen (Können Sie mir sagen, …)

3. wie hoch – der Stundenlohn – sein (Könnten Sie mir bitte mitteilen, …)

4. Überstunden – bezahlen (Außerdem würde ich gern wissen, …)

5. Studenten – gesucht werden (Wissen Sie vielleicht, …)

6. am Samstag – arbeiten müssen (Könnten Sie mir sagen, …)

1. Ich wüsste gern, wie lang die wöchentliche Arbeitszeit ist.

F Lebensmittel – Gestern und heute

1 Rund um die Kartoffel

a   Beantworten Sie die Fragen im Heft. Die Texte im Lehrbuch 2 F, 1b, helfen.

1. Woher kommt die Kartoffelpflanze?
2. Wie hat Friedrich II. die Kartoffel in Deutschland verbreitet?
3. Wie hat sich der deutsche Kartoffelverzehr verändert?
4. Kennen Sie andere Bezeichnungen für die Kartoffel?
5. Nennen und erklären Sie ein Sprichwort über die Kartoffel.
6. Welche Vorteile hat die Kartoffel als Nahrungsmittel?

b   Lesen Sie die Notizen eines Kursteilnehmers zum Text über die Kartoffel im Lehrbuch 2 F, 1b. Welche Tipps hat er nicht befolgt? Kreuzen Sie an. Notieren Sie die Tipps dann auf ein Lernplakat für Ihren Kurs.

Wie macht man Notizen?

1. nur die wichtigsten Wörter klar und deutlich aufschreiben ☐
2. Abkürzungen verwenden ☐
3. Symbole und Zeichen (z.B. =, → …) verwenden ☐
4. Hilfsverben (sein und haben), oft auch Verben weglassen ☐
5. die Informationen in der Reihenfolge des Originaltextes notieren ☐

> – Kart. → Südamerika
> – Friedrich II. hat zur Verbreitung der Kart. beigetragen (Trick mit Soldaten)
> – Ernte: Juni – Oktober
> – 60 kg / Kart. pro Person in D.
> – Kart. hat viele Namen
> – Kartoffelnamen: ♀

Aussprache

1 Konsonantenhäufung und Silbentrennung

a   Lesen Sie die Wörter laut und markieren Sie die Silbengrenzen. Kontrollieren Sie Ihr Ergebnis mit dem Wörterbuch.

> **Tipp**
> Klatschen Sie die Wörter, wenn Sie die Silbengrenzen prüfen wollen.

1. Wohl | stands | ge | sell | schaft
2. Bewerbungsunterlagen
3. Erfahrungsgebiet
4. Aufgabenbereich
5. Unterstützungsangebot
6. Urlaubsvertretung
7. Arbeitszeiten
8. Tätigkeitsbericht

AB ⊙ 14   b   Das Fugen-s. Hören Sie nun die Wörter aus 1a. Was fällt auf? Ergänzen Sie die Regel.

> Wenn bei einem Kompositum ein Fugen-s enthalten ist, wird dieses immer an das ☐ erste ☐ zweite Wort gehängt. Für eine bessere Aussprache kann man eine sehr kleine Pause zwischen den Wörtern lassen.

c   Und wenn Sie schreiben? Lesen Sie einige Regeln zur Silbentrennung und notieren Sie jeweils ein weiteres Beispiel.

Beim Sprechen trennen	Beispiel
• nach der Wortgrenze.	Kartoffelpflanze → **Kartoffel**-pflanze ....
• nach Vorsilben.	Vorstellung: **Vor**-stellung ....
• vor Nachsilben.	Gesundheit → Gesund-**heit** ....
• zwischen zwei Konsonanten.	Essen → E**s**-**s**en ....

d   Sprechen Sie jetzt die Wörter aus 1c laut und beachten Sie die Silbengrenzen.

e   Arbeiten Sie in Gruppen. Sammeln Sie Wörter mit Konsonantenhäufung. Die Gruppe, die in zwei Minuten die meisten Wörter gefunden hat, hat gewonnen.

Grammatik: Das Wichtigste auf einen Blick

G 2.6 **1 Der Imperativ**

	informell		formell
regelmäßige Verben	~~du~~ Lernst!	~~ihr~~ Lernt!	Sie Lernen ~~Sie~~!
unregelmäßige Verben	~~du~~ Sprichst!	~~ihr~~ Sprecht!	Sie Sprechen ~~Sie~~!
	~~du~~ Hältst! Halte!	~~ihr~~ Haltet!	Sie Halten ~~Sie~~!

Besonderheiten: Verben auf „-t- / -d- / -m- / -n- / -ig- / -ern / -eln" haben in der 2. Pers. Sg. ein „-e": Beachte! Atme! Beende! Entschuldige! Sammle! Bei Verben auf „-eln" fällt das „-e" im Stamm weg: Sammle!; nach „r" / „l" + Konsonant kann die Endung „-e" wegfallen, z. B. Lern(e)! Halt(e) an!

Verwendung: Man verwendet den Imperativ für Aufforderungen:
- **höfliche Bitte:** Erzählen Sie uns doch bitte von Ihren Erfahrungen!
- **Vorschlag:** Denk doch an deine Gesundheit! / Gehen wir doch mal essen!
- **Anweisung:** Sei jetzt endlich ruhig!
- **Anleitung:** Braten Sie zuerst die Zwiebeln an!

G 4.12 **2 Konjunktiv II der Gegenwart**

Bildung: Die Konjunktiv II-Formen leiten sich vom Präteritum ab. Bei unregelmäßigen, gemischten Verben und den Modalverben „müssen", „können" und „dürfen" erhält der Stammvokal einen Umlaut. Die Formen der schwachen Verben sind identisch mit dem Präteritum, deshalb verwendet man hier den Konjunktiv II von „werden" + Infinitiv. Diese Form verwendet man in der gesprochenen Sprache auch bei den meisten anderen Verben, z. B. Ich ginge mit. → Ich würde mitgehen.

	Endung	unregelm. Verben	gemischte Verben	Hilfsverben		Modalverben		schwache Verben
Infinitiv		kommen	bringen	sein	haben	können	sollen*	werden + Infinitiv
ich	-e	käme	brächte	wäre	hätte	könnte	sollte	würde lernen
du	-est	kämest	brächtest	wärest	hättest	könntest	solltest	würdest lernen
er / sie / es	-e	käme	brächte	wäre	hätte	könnte	sollte	würde lernen
wir	-en	kämen	brächten	wären	hätten	könnten	sollten	würden lernen
ihr	-et	kämet	brächtet	wäret	hättet	könntet	solltet	würdet lernen
sie / Sie	-en	kämen	brächten	wären	hätten	könnten	sollten	würden lernen

* die Modalverben „sollen" und „wollen" erhalten keinen Umlaut.

Bedeutung: Den Konjunktiv II verwendet man unter anderem für
- höfliche Fragen und Bitten, z. B. Könnten Sie das nächste Mal besser recherchieren?
- Ratschläge und Empfehlungen, z. B. Wir sollten sorgfältiger mit Lebensmitteln umgehen.
- irreale Wünsche, z. B. Hätte ich doch mehr Zeit zum Kochen!

G 2.5 **3 Indirekte Fragesätze**

- Wenn man besonders höflich sein will, kann man Fragen indirekt formulieren. Sie beginnen mit einem Einleitungssatz, z. B. Ich wüsste gern, …? / Können Sie mir sagen, …?
- Wenn die direkte Frage eine Ja- / Nein-Frage ist, beginnt die indirekte Frage mit „ob", z. B. Braucht man Sprachkenntnisse? → Ich wüsste gern, ob man Sprachkenntnisse braucht.
- Wenn die direkte Frage eine W-Frage ist, beginnt die indirekte Frage mit demselben W-Wort, z. B. Wie ist die Arbeitszeit? → Können Sie mir sagen, wie die Arbeitszeit ist? In beiden Fragesätzen steht das Verb am Satzende.

A Wie die Zeit vergeht

1 Köln im Wandel der Zeit

a   Schauen Sie sich die Bilder im Lehrbuch 3 A, 1a, noch
einmal an. Welche Art von Bild ist das? Ordnen Sie zu.
Eine Kategorie gibt es zweimal.

1. das Gemälde = Bild .A....   3. die Computergrafik = Bild ....

2. das Farbfoto = Bild ....   4. das Schwarz-Weiß-Foto = Bild ....   5. der Holzschnitt = Bild ....

b   Zeitalter der europäischen Geschichte. Ordnen Sie zu. Recherchieren Sie gegebenenfalls Informationen dazu im Internet.

1. die Antike   A. ca. 1500 n. Chr. bis heute   1. ☐

2. das Mittelalter   B. ca. 800 v. Chr. bis 600 n. Chr.   2. ☐

3. die Neuzeit   C. ca. 600 n. Chr. bis 1500 n. Chr.   3. ☐

2 Gestern und heute

Ordnen Sie die Wörter und Ausdrücke in die Tabelle ein.

> aktuell | bald | damals | derzeit(ig) | ehemals | einst | früher | gegenwärtig | heutzutage | in der nächsten
> Zeit | in ein paar Jahren | in letzter Zeit | in Zukunft | jetzt | momentan | nächstes Jahr | später | vor langer
> Zeit | vor vielen Jahren | (zu)künftig | zurzeit

Vergangenheit	Gegenwart	Zukunft
	aktuell,	

3 Wortschatz mithilfe des Kontextes verstehen

a   Lesen Sie den folgenden Textteil aus dem Lehrbuch 3 A, 2a, und markieren Sie die Wörter, die Sie nicht verstehen.
Gehen Sie dann vor, wie folgt:

> Auch im 18. Jahrhundert gehörte die große Baustelle am Dom
> mit dem Baukran zum Stadtbild. Sie war Symbol für die Krise,
> in der sich Köln ab Mitte des Jahrhunderts befand. Krieg,
> Missernten und eine Hochwasserkatastrophe ließen die Armut in
> Köln ansteigen.

Der Kontext ist wichtig
Für das Verstehen eines Textes ist es nicht
notwendig, jedes einzelne Wort zu verstehen.
Oft hilft Ihnen der Kontext und „das Sich-Lösen
von einzelnen Begriffen" beim Verstehen.

*   Überlegen Sie, welche der Wörter in dem Textauszug unbedingt nötig
    sind, um ihn zu verstehen.
*   Schauen Sie sich noch einmal den Textzusammenhang an, vielleicht
    können Sie die Bedeutung erraten. Wenn Ihnen dies nicht gelingt,
    benutzen Sie ein Wörterbuch.
*   Schreiben Sie einen Beispielsatz zu jedem Wort, das Sie lernen
    möchten.

*Die Baustelle des Doms war Mitte des
18. Jahrhunderts Symbol für eine Krise.
Es gab eine Katastrophe und einen
Krieg, die die Armut ansteigen ließen.*

b   Lesen Sie nun die Infotexte im Lehrbuch 3 A, 2a, noch einmal und verfahren Sie dann mit den übrigen Textabschnitten
wie in 3 a.

4 Internationalismen

a Markieren Sie in den Textabschnitten im Lehrbuch 3A, 2a, die Internationalismen. Was schätzen Sie, wie viel Prozent der Wörter sind Internationalismen? Kreuzen Sie an.

- ☐ weniger als 5 %
- ☐ ca. 10 %
- ☐ mehr als 20 %

> **Internationalismen**
>
> Im Deutschen gibt es viele Internationalismen. Aufgepasst! Oft sind Artikel und Schreibweise der Wörter in den einzelnen Sprachen verschieden.

b Notieren Sie zu den Wörtern aus dem Infotext im Lehrbuch 3A, 2a, die Übersetzung in Ihrer Muttersprache. Was stellen Sie fest?

1. der Bischof: *bishop (Engl.),*
2. die Reliquie:
3. der Chor:
4. der Pilger:
5. traditionsreich:
6. der Automobilbau:
7. das Postkartenmotiv:
8. das Museum:

c Lesen Sie die Textabschnitte im Lehrbuch 3A, 2a, noch einmal und beantworten Sie die Fragen in Ihrem Heft.

1. Was war „Colonia", bevor es eine römische Kolonie wurde?
2. Wer hat das Modell vom antiken Köln entwickelt?
3. Warum kamen im Mittelalter viele Pilger in die Stadt?
4. Wo wurden die Reliquien ab 1322 aufbewahrt?
5. Was waren die Gründe für die Krise in Köln im 18. Jahrhundert?
6. Wie nutzte man den Dom unter französischer Herrschaft?
7. Welche neuen Verkehrsmittel kamen mit der Industrialisierung in die Stadt?
8. Was wurde nach sehr langer Bauzeit am Ende des 19. Jahrhunderts fertig?
9. Wie groß waren die Zerstörungen durch den Zweiten Weltkrieg?
10. Ab wann konnte man nach dem Zweiten Weltkrieg in Köln wieder studieren?
11. Welche Wirtschaftszweige sind heute in Köln zu finden?
12. Für welches Fest, zu dem jährlich viele Menschen kommen, ist Köln bekannt?

> *1. Köln war eine römische Siedlung.*

B Kindheitserinnerungen

○ G 4.8 **1 Bildung des Präteritums**

> **Das Präteritum von regelmäßigen Verben**
>
> Regelmäßige Verben haben im Präteritum die Endungen: „-(e)te, -(e)test, -(e)te, -(e)ten, -(e)tet, -(e)ten", z. B. wir machten, ihr arbeitetet; unregelmäßige Verben haben die Endungen: „-, -(e)st, -, -en, -(e)t, -en." Dazu kommt oft ein Vokalwechsel, z. B. ich kam, du standest.

a Lesen Sie den Tipp und schreiben Sie die Verbformen im Präteritum. Markieren Sie den Vokalwechsel.

unregelmäßige Verben		regelmäßige Verben	
1. kommen	er *kam*	9. legen	ihr *legtet*
2. bleiben	Sie	10. sich interessieren	er
3. fliegen	wir	11. lernen	es
4. lesen	ich	12. machen	sie (Pl.)
5. fahren	wir	13. begründen	ich
6. liegen	ihr	14. aufhören	wir
7. anrufen	sie (Pl.)	15. sich fühlen	sie (Sg.)
8. wissen	du	16. arbeiten	du

b Ergänzen Sie das Präteritum der Verben „haben" und „sein". Markieren Sie anschließend die Endungen.

	ich	du	er / sie / es	wir	ihr	sie / Sie
haben	hatte					
sein		warst				

c Ergänzen Sie die Verben in der korrekten Präteritumform.

Heinrich Böll – ein weltbekannter Kölner

Der Schriftsteller wurde 1917 in der Kölner Südstadt geboren. Heinrich Böll
[1] _besuchte_ (besuchen) zunächst die katholische Volksschule, danach
[2] _____ (wechseln) er auf ein humanistisches Gymnasium. Mit 20 Jahren,
nach dem Abitur, [3] _____ (beginnen) er eine Buchhändlerlehre, die
er aber bereits nach elf Monaten [4] _____ (abbrechen). Zu dieser Zeit
[5a] _____ er [5b] _____ (anfangen), erste Texte zu verfassen.
1939 [6a] _____ er ein Germanistik- und Philologiestudium an der
Universität zu Köln [6b] _____ (aufnehmen). In diesem Jahr [7] _____
(entstehen) auch sein erster Roman „Am Rande der Kirche". Von 1939 bis 1945 [8] _____ (dienen) Böll
als Soldat, noch während des Krieges [9] _____ (heiraten) er. Im April 1945 [10] _____ (kommen)
er in amerikanische Kriegsgefangenschaft, aus der er im September entlassen wurde. Nach Kriegsende
[11a] _____ er seine schriftstellerische Tätigkeit [11b] _____ (fortsetzen). In einem Roman und
in Kurzgeschichten [12a] _____ (sich beschäftigen) er [12b] _____ mit den Kriegserfahrungen.
Ab 1951 [13] _____ (haben) seine Bücher endlich auch Erfolg. Er [14] _____ (bekommen) viele
Preise, 1972 sogar den Nobelpreis für Literatur. Heinrich Böll [15] _____ (sein) politisch sehr engagiert
und [16] _____ (zählen) viele Personen des öffentlichen Lebens zu seinen Freunden. Heinrich Böll
[17] _____ (sterben) 1985.

G 4.7 **2** **Bildung des Perfekts**

a Ergänzen Sie die Formen von „haben" oder „sein".

1. Nach einer Schiffstour auf dem Rhein _haben_ wir gestern Köln angeschaut.

2. Unser Stadtrundgang _____ in der Altstadt begonnen.

3. In einem netten Café _____ wir etwas getrunken.

4. Danach _____ wir zur Hohenzollernbrücke hinübergelaufen.

5. Wir _____ das herrliche Panorama bewundert.

6. Wir _____ lange auf der Brücke geblieben.

7. Am Abend _____ wir am Rhein gesessen und _____ dort fast drei Stunden verbracht.

8. Köln und seine Menschen _____ uns fasziniert.

9. Wir sind froh, dass wir in Köln gewesen _____.

Perfekt mit „sein"
Wenige Verben bilden das Perfekt mit „sein":
- Verben der Bewegung, z. B. gehen / fahren
- Verben der Zustandsveränderung, z. B. werden / wachsen
- die Verben „bleiben", „sein", „passieren"

b Das Partizip Perfekt bilden: mit oder ohne „ge-"? Tragen Sie die Verben aus 2a mit ihrem Infinitiv in die passende Spalte der Tabelle in Ihr Heft ein.

ohne „ge-"	mit „ge-"
	angeschaut (anschauen),

c Ergänzen Sie die Regeln.

> 1. Verben mit untrennbarer Vorsilbe und Verben mit der Endung „-ieren" bilden das Partizip Perfekt
>   ☐ mit   ☐ ohne   „ge-".
> 2. Verben ohne Vorsilbe und Verben mit trennbarer Vorsilbe bilden das Partizip Perfekt
>   ☐ mit   ☐ ohne   „ge-".
> 3. Bei Verben mit trennbarer Vorsilbe steht „ge-"
>   ☐ nach   ☐ zwischen   Vorsilbe und Verb.

⊙ G 4.9 ③ Der Umzug – Bildung des Plusquamperfekts

Lesen Sie die Regel 3 im Lehrbuch 3 B, 2a, noch einmal. Schreiben Sie Sätze im Plusquamperfekt in die Tabelle. Achten Sie auf das korrekte Hilfsverb.

1. gestern – aus Paris kommen – Jan
2. die neue Wohnung – mit Mara – besichtigen – er
3. die Stadt – gemeinsam – anschauen – sie (Pl.)
4. oft – spazieren gehen – beide

5. sich freuen auf – die neue Stadt – wir
6. der Umzug – stattfinden – im Mai
7. nach einem Monat – wirklich ankommen – beide
8. die richtige Entscheidung – treffen – sie (Pl.)

Position 1	Position 2		Satzende
1. *Jan*	*war*	*gestern aus Paris*	*gekommen.*
2.			
3.			
4.			
5.			
6.			
7.			
8.			

⊙ G 4.9 ④ Gebrauch des Plusquamperfekts – Vorzeitigkeit von Handlungen

a Tamaras Erlebnisse. Ergänzen Sie die Verben im Plusquamperfekt. Achten Sie auf die Position der Hilfsverben im Nebensatz.

1. Nachdem Tamara *umgezogen war* .... (umziehen), hatte sie Probleme, Freunde zu finden.
2. Erst nachdem sie ein Jahr in der neuen Stadt .... (wohnen), lernte sie ein Mädchen näher kennen.
3. Nachdem sie viel miteinander .... (unternehmen), wurden sie Freundinnen.
4. Als Tamara die Stadt besser .... (kennenlernen), fühlte sie sich endlich wohl.
5. Nachdem sie die Schule .... (abschließen), machten beide Mädchen eine Weltreise.
6. Nachdem sie .... (zurückkehren), begannen beide ein Studium in Berlin.

b Tamara erzählt. Markieren Sie alle Verben. Vergleichen Sie dann die Sätze in 4a und 4b. Kreuzen Sie in den Regeln an.

> „Nachdem ich umgezogen war, habe ich lange keine Freundin gehabt. Das war furchtbar. Erst nachdem ich schon ein Jahr in Leipzig gewohnt hatte, habe ich Charlotte kennengelernt. Und als ich dann Charlotte als neue Freundin gefunden hatte, habe ich mich endlich in Leipzig wohlgefühlt."

1. Man verwendet das Plusquamperfekt, um zu beschreiben, dass in der Vergangenheit eine Handlung ☐ vor ☐ nach einer anderen Handlung geschehen ist.
2. Oft steht das Plusquamperfekt in einem Nebensatz mit „nachdem" oder „als", im Hauptsatz steht dann Präteritum oder ☐ Präsens ☐ Perfekt.
3. Nebensätze mit „nachdem/als" werden immer mit einem ☐ Komma ☐ Punkt abgetrennt.

○ G 3.4 **5** ## Nachzeitigkeit und Gleichzeitigkeit von Handlungen

a Tamara berichtet, wie sie vorher gelebt hat. Markieren Sie die Konnektoren und die Verben.

[1] Bevor ich in die neue Stadt gezogen bin, habe ich in einem Dorf gelebt. [2] Während wir dort lebten, hatte ich immer viele Freunde. [3] Eine Woche bevor meine Eltern mir von unserem Umzug erzählten, wusste ich es schon von meiner Tante. [4] Als ich später alles meinen Freunden berichtete, waren diese ganz still. [5] Während wir einen Monat später dann alle Sachen einpackten, brachten mir meine Freunde ein Geschenk. [6] Und noch bevor wir umzogen, planten wir meinen ersten Besuch im Dorf als „Urlauberin". [7] Als wir dann schließlich umzogen, war ich nicht mehr so traurig.

b Lesen Sie zuerst den Tipp und dann die Regeln und notieren Sie, welcher Satz dazu passt.

1. Im Nebensatz mit „bevor" steht eine Handlung/ein Zustand, die oder der nach der Handlung oder dem Zustand im Hauptsatz liegt. (Sätze: _1,_)
2. Im Nebensatz mit „während" findet das Geschehen gleichzeitig mit dem im Hauptsatz statt. (Sätze: ....)
3. In Nebensätzen mit diesen Konnektoren steht dieselbe Zeit wie im Hauptsatz; die beiden Sätze werden durch ein Komma getrennt. (Sätze: ....)

Tipp

„als" kann auch für Handlungen/ Zustände verwendet werden, die gleichzeitig stattfinden. Dann sind die Zeitformen in Haupt- und Nebensatz gleich. Vgl. Satz 4 und 7 in 5a.

c Was passierte zuerst (1), was danach (2)? Nummerieren Sie. Schreiben Sie jeweils einen Satz mit „bevor" und „nachdem".

1. [2] ein Zimmer finden [1] lange suchen
2. ☐ das Studium beginnen ☐ umziehen
3. ☐ viel lernen ☐ das Examen machen
4. ☐ das Studium beenden ☐ zurückkehren

1. Nachdem ich lange gesucht hatte, fand ich endlich ein Zimmer. / Ich suchte lange, bevor ich endlich ein Zimmer fand.

d Schreiben Sie Sätze mit „während". Achten Sie auch auf die Zeitangaben in Klammern.

1. reisen – immer Reiseführer dabei haben (Präsens)
2. unterwegs sein – versuchen oft mit den Menschen vor Ort in Kontakt zu kommen (Präteritum)
3. im Ausland sein – ich viel Neues lernen (Perfekt)
4. im Zug sitzen – E-Mails mit meinem Handy beantworten (Präsens)
5. reisen – viele Fotos machen (Perfekt)
6. im Café sitzen – viele Beobachtungen in meinem Tagebuch notieren (Präteritum)

1. Während ich reise, habe ich immer einen Reiseführer dabei.

G 3.4 **6** **Andere Zeitangaben**

a Formulieren Sie die Sätze um. Verwenden Sie die
Konnektoren „nachdem", „bevor" und „während".
Achten Sie auf die Satzstruktur und die Logik.

Tipp

Wenn das Verbindungsadverb („davor, danach, dabei …") auf Pos. 1
im Satz steht, steht das (Hilfs-)Verb auf Pos. 2 und das Subjekt im
Mittelfeld, z. B. Danach bin ich ins Ausland gegangen.

1. Ich habe die Schule abgeschlossen. Danach bin ich ins Ausland gegangen.

   Nachdem ich die Schule abgeschlossen hatte, bin ich ins Ausland gegangen.

2. Ich habe dort einen Job gesucht. Davor habe ich einen Sprachkurs gemacht.

   Bevor ich einen Job gesucht habe, habe ich einen Sprachkurs gemacht.

3. Ich habe den Kurs gemacht. Dabei habe ich viele interessante Menschen kennengelernt.

4. Ich habe den Kurs beendet. Danach habe ich eine Stelle in einer Bäckerei gefunden.

5. Ich habe dort gearbeitet. Dabei hat sich mein Französisch sehr verbessert.

6. Ich bin nach Hause gefahren. Davor habe ich noch ein Sprachdiplom abgelegt.

b Wie lauten die Nomen zu den markierten Verben? Schreiben Sie sie jeweils neben die Sätze.

1. Bevor Maria studierte, machte sie zuerst eine Weltreise.
   (Nomen: *das Studium*)

2. Bevor sie abreiste, plante sie ihre Route genau.
   (Nomen:)

3. Bevor sie sich verabschiedete, legte sie im Internet einen Blog an und lud ihre Freunde und Familie ein.
   (Nomen:)

4. Wenn sie neue Orte besuchte, machte sie immer Fotos für den Blog.
   (Nomen:)

5. Nachdem Maria ihre Reise beendet hatte, begann sie ihr Studium.
   (Nomen:)

c Formulieren Sie nun die Sätze neu. Verwenden Sie die Präpositionen „nach", „vor" und
„bei" wie im Beispiel.

Tipp

„nach / vor / bei" + Dativ,
z. B. nach dem Essen

1. *Vor ihrem Studium machte Maria zuerst eine Weltreise.*

2.

3.

4.

5.

d Lesen Sie die Sätze in 6a – c noch einmal und ordnen Sie die Präpositionen und Verbindungsadverbien den Nebensatzkonnektoren zu.

Nebensatzkonnektor	nachdem	während	bevor
Präposition (+ Nomen)	nach + Dativ		
Verbindungsadverb		dabei / währenddessen	

C Pünktlich auf die Minute

1 Welche Wörter sind Synonyme?

Was passt nicht? Markieren Sie.

1. pünktlich – knapp danach – rechtzeitig – auf die Minute
2. unpünktlich – verspätet – im richtigen Augenblick – verzögert
3. gerade noch – in letzter Minute – verspätet – auf den letzten Drücker
4. später – nachfolgend – vorher – darauffolgend

2 Eine Kolumne

a   Ordnen Sie die Wörter aus der Kolumne im Lehrbuch 3 C, 2 a, den Bedeutungen zu.

> **Die Kolumne**
> Die Kolumne ist ein kurzer journalistischer Artikel. Sie wird meist von einem bestimmten Autor geschrieben und steht immer an derselben Stelle in der Zeitung oder im Internet. Eine Kolumne ist subjektiv und kurz. Sie behandelt meist witzig, ironisch oder belehrend ein bestimmtes Thema.

1. etw. (Ärger / Erstaunen) Luft machen	A. die mechanischen Teile in einer Uhr	1. _E_
2. die Vorstellung	B. anders denken / fühlen als die meisten Menschen	2.
3. das Uhrwerk	C. seine Chancen nicht nutzen	3.
4. wertvoll	D. fast nicht bemerken	4.
5. erscheinen	E. etw. ganz offen sagen	5.
6. den Fahrplan einhalten	F. eine ungenaue / ungefähre Angabe	6.
7. kaum registrieren	G. hier: eine Idee von etw. haben	7.
8. eine grobe Schätzung	H. kostbar	8.
9. seine Chancen verschenken	I. pünktlich sein	9.
10. die Kündigung droht	J. etw. schnell in der letzten Minute machen	10.
11. in der Minderheit sein	K. es kann sein, dass man den Job verliert	11.
12. etw. auf den letzten Drücker erledigen	L. aussehen, als ob … (nicht wirklich so sein)	12.

b   Wie heißt das Gegenteil? Prüfen Sie Ihre Antworten mithilfe der Kolumne im Lehrbuch 3 C, 2 a.

1. wertlos: *wertvoll* ....

2. pünktlich: ....

3. zuverlässig: ....

4. ordentlich: ....

5. das Verständnis: ....

6. die Minderheit: ....

D Keine Zeit

1 Mein Lieblingssänger …

AB ● 15   a   Hören Sie das Interview und ergänzen Sie die Informationen zu Clueso.

Clueso kommt aus [1] *Thüringen* .... Er hat seine musikalische

Karriere als [2] .... begonnen. In seinen Texten schreibt

er über [3] .... Er hat bereits [4] ....

Alben herausgebracht. Er ist so erfolgreich, weil seine Musik

[5] .... anspricht. Clueso hat außerdem ein

[6] .... veröffentlicht.

b Ein Plagiat: Hören Sie den Song im Lehrbuch 3 D, 1a, noch einmal und lesen Sie die Strophen.
Was ist anders als im Original? Korrigieren Sie.

Zu schnell zu ~~Ende~~ *vorbei*

Es ist verrückt,
Weil ich nicht beschreiben kann,
Wie alles schneller geht.
Nichts hält diesen Film in mir an.

Will keine Unsicherheit fühlen.
Vergleiche tausendmal.
Was war wohl die schönste Zeit,
Zuviel bleibt in Vergessenheit.

Ich wage kaum, die Augen zu
schließen.
Will in Zukunft nichts versäumen.
...

c Verwenden Sie Wörter und / oder Liedzeilen aus dem Liedtext und schreiben Sie damit einen eigenen Text. Sie dürfen die Reihenfolge ändern, Wörter ergänzen oder weglassen und einen neuen Titel wählen.

Mein Plan
Heute ist mein Tag
ich ergreif' den Moment
will in Zukunft nichts mehr verpassen
wachsam bleiben und genießen

2 „Entschleunigung"

a Welches Verb / welcher Ausdruck passt nicht? Kreuzen Sie an.

1. Termine	a	absprechen	b	ausmachen	c	zumachen
2. in Zeitnot	a	kommen	b	gehen	c	geraten
3. Aufgaben	a	abmachen	b	erledigen	c	machen
4. im Alltag	a	zur Ruhe kommen	b	innehalten	c	still stehen
5. das Tempo	a	verringern	b	verkürzen	c	reduzieren
6. die eigenen Grenzen	a	wissen	b	kennen	c	beachten

b Was bedeutet die Vorsilbe „ent-"? Lesen Sie die Sätze und kreuzen Sie an.

1. Ich lebe unter großer Anspannung. Ich sollte mich ab und zu entspannen.
2. Ich beschleunige meinen Alltag. Entschleunigung wäre besser für mich.
3. Multitasking belastet das Gehirn. Eins nach dem anderen zu erledigen entlastet.

Die Vorsilbe „ent-" bedeutet hier
☐ etwas wegnehmen.
☐ etwas dazu tun.

E Zeitreisen

1 „Die Welt in 100 Jahren" – ein hundertjähriger Bestseller

a Lesen Sie die Buchkritik und beantworten Sie die Fragen in Ihrem Heft.

Der Journalist Arthur Brehmer (1858 – 1923) bat zu Beginn des 20. Jhs. verschiedene Wissenschaftler aufzuschreiben, wie sie sich die Welt in 100 Jahren vorstellen. Herausgekommen ist ein erstaunliches Buch, das 1910 das erste Mal und 2012 noch einmal veröffentlicht wurde. Einige Vorstellungen der damaligen Experten wurden wahr, andere natürlich nicht. Das Buch lässt uns staunen, manche Ideen auch belächeln. Es regt uns ebenfalls zum Nachdenken darüber an, wie unsere Welt wohl in 100 Jahren aussehen wird. Interessant ist das Buch noch aus einem anderen Grund: Wir lesen hier Texte, die vor 100 Jahren in der damaligen Sprache geschrieben wurden. Was hat sich da alles verändert!

1. Wer hat das Buch geschrieben?
2. Was ist das Thema des Buchs?
3. Wann wurde das Buch das erste Mal gedruckt?
4. Wie wirkt das Buch auf den Leser?
5. Welchen besonderen Aspekt gibt es noch?

b Lesen Sie die Textauszüge im Lehrbuch 3 E, 1a, noch einmal und achten Sie auf die deutsche Sprache „von gestern".
Welche Bedeutung haben die Ausdrücke? Ordnen Sie zu.

Sprache gestern

1. einerlei, wo …
2. etwas steht in (seinem) Belieben, ob …
3. bei sich zu führen
4. zu statten kommen
5. etw. zu erleichtern geschaffen sein
6. die irdische Landstraße
7. sich auf der Himmelsbahn ergehen

Sprache heute

A. dabei haben / bei sich haben
B. nützlich sein
C. die Straßen (auf der Erde)
D. jemand kann entscheiden, ob …
E. egal, wo …
F. fliegen
G. gemacht sein, um etwas leichter zu machen

1. [E]
2. [ ]
3. [ ]
4. [ ]
5. [ ]
6. [ ]
7. [ ]

G 4.6 **2 Das Futur I**

a Ergänzen Sie die Formen von „werden".

Singular	ich _werde_	du	er / sie / es ....
Plural	wir	ihr	sie / Sie ....

b Unterricht der Zukunft. Formulieren Sie Sätze im Futur I und schreiben Sie sie in die Tabelle in Ihr Heft.

1. der Unterricht – an vielen Orten – möglich sein
2. die Unterrichtsstunden – stattfinden – zeitlich flexibel
3. die Lehrer – der Unterricht – an jeden einzelnen Schüler – anpassen
4. es – Noten – nicht mehr – geben
5. das Lernen der Zukunft – noch mehr Spaß – machen

Position 1	Position 2		Satzende
1. _Der Unterricht_	_wird_	_an vielen Orten möglich_	_sein._
2. …			

c Welche Funktionen hat das Verb „werden"? Ordnen Sie zu.

1. Wenn ich groß bin, werde ich Erfinder.
2. Meine Erfindungen werden auf einer Messe präsentiert.
3. Die Besucher werden staunen.

A. Futur
B. „werden" als Vollverb
C. Passiv

1. [ ]
2. [ ]
3. [ ]

3 Aufbau eines Vortrags

LB ⦿ 27 a Hören Sie den Vortrag im Lehrbuch 3 E, 3 b, noch einmal. Welchen Aufbau hat Herr Thielmann für seinen Vortrag gewählt,
A, B oder C? Kreuzen Sie an.

A [ ]	B [ ]	C [ ]
• Einleitung	• Begrüßung	• Begrüßung / Einleitung
• Punkt 1	• Punkt 1	• Gliederung des Vortrags
• Punkt 2	• Punkt 2	• Punkt 1
• Schluss / Dank	• Punkt 3	• Punkt 2
• Dank	• Dank	• Punkt 3
		• Schluss / Dank

b   Ordnen Sie die Redemittel den Teilen des Vortrags zu.

> Mein Name ist … | Vielen Dank für Ihre Aufmerksamkeit! | Für die Reisetrends der Zukunft gibt es zwei Gründe: erstens … | Für den deutschen Tourismus sehen wir vier Entwicklungen. Erstens … Zweitens … | Nach meinem Vortrag können Sie auch gerne Fragen stellen. | Guten Abend, meine Damen und Herren. | Ein zweiter wichtiger Grund ist … | Aber das, meine Damen und Herren, ist ein interessantes Thema für den nächsten Vortrag. | Die Vorteile liegen auf der Hand. | Die Nachteile hat vor allem … | Die negativen Auswirkungen zeigen sich auch in … | Mein Vortrag besteht aus … Teilen. | Wenn Sie noch Fragen stellen möchten, haben Sie jetzt die Gelegenheit dazu.

Tipp
Einen Vortrag sollten Sie am besten in 6 Teilen aufbauen, so wie es Herr Thielmann gemacht hat. Erläutern Sie auch die Gliederung Ihres Vortrags in der Einleitung, so können die Zuhörer und Zuhörerinnen Ihnen besser folgen.

1. Begrüßung: *Guten Abend, meine Damen und Herren.*
2. Vorstellung: ....
3. Einleitung / Gliederung: ....
4. Mittelteil: ....

....

5. Schluss: ....
6. Dank: ....

4 Wiederholungen

Welche Wörter sind synonym? Arbeiten Sie ggf. mit dem Wörterbuch.

> jeden Tag | ab und zu | niemals | hin und wieder | täglich |
> fast nie | kaum | häufig | des Öfteren | ständig | stets

immer	oft	manchmal	selten	nie
jeden Tag,				

5 Was machst du immer, heute, morgen?

a   Schreiben Sie die Präsensformen in eine Tabelle in Ihr Heft.

> leben | arbeiten | sprechen | werden | fahren | laufen | sich ärgern | lächeln | haben | sein

Infinitiv	ich	du	er / sie / es	wir	ihr	sie / Sie
1. *leben*	*lebe*					
2. …						

b   Schreiben Sie die Fragen in Ihr Heft und erfinden Sie die Antworten.

1. jeden Tag – du – Müsli – essen?
2. nie – er – nach Hause – fahren?
3. oft – sie (Sg.) – am Wochenende – arbeiten?
4. jeden Abend – er – durch den Park – laufen?
5. oft – du – in andere Länder – reisen?

6. häufig – Sie – sich ärgern?
7. ab und zu – er – seine Eltern – sehen?
8. täglich – du – das Internet – nutzen?
9. du – über deine Fehler – lächeln?
10. eine Lösung – er – für das Problem – finden?

1. Isst du jeden Tag Müsli? – Nein, ich esse immer Brot.

F Schöne Zeiten

1 „Die Toten Hosen" – eine deutsche Rockband

Ergänzen Sie die Verben in der richtigen Form.

> schreiben | veröffentlichen | gehen … um |
> spielen | ~~gründen~~ | sein

Die Rockband „Die Toten Hosen" wurde 1982 in Düsseldorf [1] *gegründet* .

Die Band [2a] .... bislang 15 Studio- und 4 Konzertalben

[2b] .... Der Band [3] .... schon immer die Live-Konzerte und der Kontakt zum Publikum sehr

wichtig. Sie [4a] .... ihre Texte fast alle auf Deutsch [4b] .... In den Texten [5a] ....

es [5b] .... politische und soziale Themen. Auch der Fußball [6] .... eine große Rolle.

2 Grafiken beschreiben

a Titel und Quellenangaben nennen. Ordnen Sie zu. Welches Redemittel passt nicht?

> ~~Der Titel der Grafik lautet …~~ | Die Angaben stammen aus … | Der Name der Grafik bedeutet … |
> Die Quelle ist … | Die Statistik trägt den Titel „…" | Die Zahlen wurden … entnommen.

Titel: *Der Titel der Grafik lautet …,* ....

....

Quellenangabe: ....

....

b Eine Grafik beschreiben. Ergänzen Sie bei den Redemitteln den Artikel, die Präposition und die Adjektivendung.

1. *der* Rang:	.... Rang eins steht …		Auf d .... erst .... Rang steht …	
2. .... Stelle:	An zweit .... Stelle kommt …		An vorletzt .... Stelle steht …	
3. .... Platz:	Auf d .... dritt .... Platz folgt …		D .... letzt .... Platz nimmt … ein.	

Aussprache

1 Das Schwa

AB ● 16–17

a Wie klingt ein Schwa? Hören und vergleichen Sie die Aussprache der „e"-Laute.

> **Das Schwa**
> Das Schwa heißt auch Murmelvokal, es wird nicht betont und sehr stark reduziert gesprochen, z. B. in den Vorsilben „be-" und „ge-" und in den Endungen „-en" und „-el".

„e"-Laut:	Allee	Café	Lehrstoff	Fest	Konzert	Geh weg!
„Schwa"-Laut:	alle	Kasse	lehren	Feste	atmen	geweckt

AB ● 18

b Schwa oder nicht? Welches Wort hören Sie: a oder b? Kreuzen Sie an.

1. **a** alle   **b** Allee
2. **a** See   **b** sehen
3. **a** Passe!   **b** passé
4. **a** viele   **b** Filet
5. **a** gute   **b** Tee
6. **a** Geh vor!   **b** gefror

Grammatik: Das Wichtigste auf einen Blick

G 4.5 – 4.9 **1** ## Zeitformen im Deutschen: Bildung und Gebrauch

		Pos. 2	Satzende			Pos. 2	Satzende
Präsens	Er	lernt	gern Deutsch.	Sie	fährt	sehr oft	weg.
Präteritum	Er	lernte	gern Deutsch.	Sie	fuhr	sehr oft	weg.
Perfekt	Er	hat	gern Deutsch	gelernt.	Sie	ist	sehr oft	weggefahren.
Plusquam-perfekt	Er	hatte	gern Deutsch	gelernt.	Sie	war	sehr oft	weggefahren.
Futur I	Er	wird	gern Deutsch	lernen.	Sie	wird	sehr oft	wegfahren.

Das Präsens: Bildung: „-e / -(e)st / -(e)t / -en / -(e)t / -en", z. B. du weinst / findest / heißt. Bei unregelmäßigen Verben gibt es oft einen Vokalwechsel in der 2. / 3. Person Singular, z. B. ich fahre → du fährst. „Haben" und „sein" haben besondere Formen.
Gebrauch: für aktuelle und zukünftige Geschehen sowie für Ereignisse in der Vergangenheit (= historisches Präsens)

Das Präteritum: Bildung: Regelmäßige Verben haben die Signalendung „-(e)te", z. B. Ich suchte. Wenn der Verbstamm auf ein „d" oder „t" endet, steht ein „e" zwischen Stamm und Endung, z. B. er wartete. Bei unregelmäßigen Verben gibt es oft einen Vokalwechsel, z. B. Ich gehe. → Ich ging.
Gebrauch: für abgeschlossene Geschehen in der Vergangenheit / in schriftlichen Berichten und Geschichten

Das Perfekt: Bildung: Präsensform von „haben" oder „sein" + Partizip Perfekt. Verben der (Orts-)Veränderung und „sein", „bleiben" bilden das Perfekt mit dem Hilfsverb „sein".
Gebrauch: für mündliche Berichte über etwas Vergangenes, dessen Konsequenzen noch bis in die Gegenwart reichen können.

Das Plusquamperfekt: Bildung: Präteritumform von „haben" oder „sein" + Partizip Perfekt. Wie im Perfekt werden die meisten Verben mit „haben" gebildet außer den Verben der (Orts-) Veränderung und „sein", „bleiben". **Gebrauch:** für Berichte über Vergangenes, das vor etwas anderem in der Vergangenheit stattgefunden hat (= „Vorvergangenheit")

Das Futur I: Bildung: Präsensformen von „werden" + Infinitiv.
Gebrauch: für Absichten in der Zukunft und sichere Prognosen

G 3.4 **2** ## Temporale Konnektoren, Präpositionen und Verbindungsadverbien

	Nebensatzkonnektor	Präposition	Verbindungsadverb
Vorzeitigkeit	**nachdem**	**nach + D**	**danach**
Beispiel	Nachdem er abgefahren war, war sie allein.	Nach seiner Abfahrt war sie allein.	Er war abgefahren. Danach war sie allein.
Gleichzeitigkeit	**während**	**während + G / D; bei + D**	**dabei**
Beispiel	Während er fuhr, schaute er aus dem Fenster.	Während / Bei der Fahrt schaute er aus dem Fenster.	Er fuhr. Dabei schaute er aus dem Fenster.
Nachzeitigkeit	**bevor**	**vor + D**	**davor**
Beispiel	Bevor er am Ziel ankam, rief er sie an.	Vor der Ankunft am Ziel rief er sie an.	Er kam am Ziel an. Davor rief er sie an.

„nachdem" wird oft mit dem Plusquamperfekt gebraucht. Im Hauptsatz steht dann das Präteritum oder das Perfekt (gesprochene Sprache). In Sätzen mit den Konnektoren **„während"** und **„bevor"** wird die gleiche Zeitform in Haupt- und Nebensatz gebraucht.

A Einer für alle ...

1 Wortschatz: Ein Bild beschreiben

a Schreiben Sie die Zahlen an die passende Stelle im Bild.

1. der Vordergrund

2. der Hintergrund

3. die linke obere Ecke

4. die Bildmitte

5. die rechte untere Ecke

6. der rechte Rand

7. der obere Rand

8. der untere Rand

b Wo sehen Sie was? Ergänzen Sie die fehlenden Endungen in den Redemitteln.

1. In *der* linken / rechten / oberen / unteren Ecke ist ...

2. I_____ Vordergrund stehen / sind ...

3. A_____ linken / rechten Rand ist ... zu erkennen.

4. In d_____ oberen / unteren Hälfte des Bildes ist ...

5. A_____ oberen / unteren Rand sieht man ...

6. I_____ Hintergrund liegt ...

7. Auf d_____ linken / rechten Seite sieht man ...

8. In d_____ Mitte des Bildes befindet sich ...

c Beschreiben Sie nun das Foto in 1a. Die Redemittel in 1b können helfen.

▸ G 3.5 2 Gemeinsam etwas schaffen – Sätze mit „um ... zu"

Lesen Sie den Tipp und formulieren Sie die „damit"-Sätze mit „um ... zu".

1. Ich brauche viel Zeit, damit ich lernen kann.
2. Man braucht viel Geld, damit man ein Haus bauen kann.
3. Der Betrieb braucht neue Mitarbeiter, damit er den Auftrag ausführen kann.
4. Die Schule braucht Geld, damit sie Computer kaufen kann.
5. Wir brauchen viele Ideen, damit wir die Welt verändern können.

1. Ich brauche viel Zeit, um zu lernen. / Ich brauche viel Zeit, um lernen zu können.

> **Tipp**
>
> Sätze mit „damit" und „um ... zu" werden immer mit einem Komma abgetrennt. Bei trennbaren Verben steht das „zu" nach der Vorsilbe, z. B. Man braucht viel Kraft, um ein Auto an**zu**heben.

3 Der kleine Fisch Swimmy

a Ergänzen Sie die fehlenden Buchstaben in den Wörtern aus der Erzählung im Lehrbuch 4 A, 3 a.

1. M _e_ _e_ r   4. Th _ _ _ _ sch   7. R _ _ _ _ _ _ _ _ n   10. S _ _-A _ _ _ _ _ e

2. Sch _ _ _ m   5. G _ _ _ _ _ _ f   8. H _ _ _ _ r   11. St _ ö _ _ _ g

3. F _ _ _ _ _   6. Q _ _ _ _ e   9. _ _ l   12. P _ _ _ e

b Notieren Sie zu den Nomen in 3 a den bestimmten Artikel und die Pluralform. Arbeiten Sie ggf. mit einem Wörterbuch.

1. das Meer, –e,

🔑 ④ Checkliste: Einen Text Korrektur lesen

Prüfen Sie den Text Ihres Partners / Ihrer Partnerin im Lehrbuch 4 A, 3 b, mithilfe der Checkliste. Hat er / sie alles richtig geschrieben? Wenn ja, haken Sie ab, wenn nein, korrigieren Sie die Fehler gemeinsam.

1. Sind alle Satzanfänge, alle Namen und Nomen großgeschrieben? ☐

2. Hat das Verb die richtige Position im Satz? (Position 2 in Hauptsätzen, Endposition in Nebensätzen) ☐

3. Hat er / sie die richtige Zeitform gewählt? (hier Präteritum, aber Präsens für die direkte Rede) ☐

4. Haben die Adjektive die richtige Endung? ☐

5. Hat er / sie die nötigen Satzzeichen gesetzt? (alle Anführungszeichen, Kommas, Punkte etc.) ☐

B Ehrensache!

🔑 ① Arbeit mit dem einsprachigen Wörterbuch

a Lesen Sie den Wörterbucheintrag und ordnen Sie dann dort die Erklärungen der passenden Stelle zu.

1. Trennmöglichkeiten

2. Pluralform

3. Genitiv

4. Genus (best. Artikel)

5. Kompositum

> **eh·ren** *mit OBJ* ■ *jmd./etwas ehrt jmdn.* Ehre² *erweisen* Der Jubilar wird mit einer Feierstunde geehrt.
> **Eh·ren·amt** das <-(e)s, Ehrenämter> *eine Aufgabe, die man ohne Bezahlung in einer Institution ausübt* Sie übernahm schließlich doch ein Ehrenamt im Verein.
> **eh·ren·amt·lich** <nicht steig.> *Adj. so, dass man eine Aufgabe als Ehrenamt übernimmt* Seine ehrenamtliche Tätigkeit kostet ihn viel Zeit.

6. Wortart

7. Aussprache / Betonung

8. Bedeutung

9. Man kann das Adjektiv nicht steigern.

10. Ergänzung / Objekt

b Suchen Sie nun die Bedeutung des Wortes „Ehrensache" in einem einsprachigen Wörterbuch und erklären Sie den Eintrag im Kurs.

② Über sein Ehrenamt sprechen

a Lesen Sie die Redemittel. Wie ist das gemeint? Notieren Sie positiv (+), negativ (–) oder neutral (/).

1. Das macht mir sehr viel Spaß. [+]

2. Das ist eigentlich auch nichts für mich. ☐

3. Ihnen zu helfen, ist schon anstrengend. ☐

4. Es gehört halt dazu. ☐

5. Die Mühe lohnt sich doch. ☐

6. Ich habe einfach keine Lust mehr. ☐

b Vorteile und Nachteile. Schreiben Sie die Redemittel in die Tabelle in Ihr Heft.

> Ich sehe bei … folgenden Vorteil: … | Nachteilig ist allerdings, dass … | Ein Pluspunkt ist … | Ungünstig ist aber … | Dieser Punkt spricht dagegen. | Ein negativer Aspekt ist … | Nützlich kann auch … sein. | Eine negative Folge könnte … sein. | Dafür spricht … | Vorteilhaft ist dabei, dass …

Vorteile	Nachteile
Ich sehe bei … folgenden Vorteil: …,	

c Schreiben Sie mindestens vier Sätze zum Thema „Ehrenamt" in Ihr Heft. Stellen Sie dabei Vor- und Nachteile gegenüber.

3 Ehrenamt ist Ehrensache!

a Was bedeuten die Ausdrücke aus dem Bericht im Lehrbuch 4 B, 3? Ordnen Sie zu. Benutzen Sie ggf. ein Wörterbuch.

1. Hilfe tut Not.	A. jemand, der so denkt wie man selbst	1. [C]
2. die Betreuung	B. Kompetenzen, die man als Leiter braucht	2. [ ]
3. der / die Gleichgesinnte	C. Unterstützung wird gebraucht.	3. [ ]
4. die Anerkennung	D. Man kümmert sich um einen anderen Menschen.	4. [ ]
5. die Führungsqualitäten	E. seine eigenen Pläne / Träume realisieren	5. [ ]
6. anpacken	F. Man erhält Dank oder Geld für eine Arbeit.	6. [ ]
7. sich verwirklichen	G. helfen, unterstützen	7. [ ]

b Führungsqualitäten. Ergänzen Sie die Definitionen.

> Engagement | Flexibilität | Organisationstalent | ~~Teamgeist~~ | Verantwortungsbewusstsein

1. Jemand, der gut mit anderen zusammenarbeiten kann, besitzt *Teamgeist* .

2. Jemand, der sich schnell an neue Situationen anpassen kann, zeigt .

3. Jemand, der Dinge schnell und gut planen kann, besitzt .

4. Jemand, der seine Aufgaben ernst nimmt, hat .

5. Jemand, der sich für eine Sache einsetzt, zeigt viel .

C Ein Projekt – viele Helfer

1 „Crowdsourcing" – Was ist das eigentlich?

a Welches Verb passt nicht: a, b oder c? Kreuzen Sie an.

1. ein Projekt	a lösen	b planen	c abbrechen
2. Internetseiten	a überarbeiten	b ergänzen	c mitmachen
3. ein Unternehmen	a scheitern	b unterstützen	c leiten
4. Aufgaben	a verteilen	b mitarbeiten	c übernehmen
5. ein Internetlexikon	a nutzen	b aktualisieren	c weitergeben

b Lesen Sie die Beschreibung im Lehrbuch 4 C, 1b, noch einmal.
Schließen Sie das Buch und ergänzen Sie dann die passenden Wörter.
Kontrollieren Sie anschließend Ihre Lösungen mithilfe des Lehrbuchs.

> **Tipp**
>
> Diese Art von Übungen hilft dabei, neue Vokabeln zu lernen oder Synonyme zu finden. Erstellen Sie einmal einen solchen Lückentext für Ihren Partner / Ihre Partnerin.

1. Der Begriff „Crowdsourcing" setzt sich aus den zwei *Wörtern*
   „crowd" (= Gruppe, Menge, Schwarm) und „outsourcing"
   (= Auslagerung von Arbeit aus einer Firma) zusammen.

2. Dieser „Schwarm" löst gemeinsam und verteilt
   die Arbeit auf viele Menschen.

3. Jeder aus dem „Schwarm" kann auch neue Ideen .

4. Wenn man zu viel will, kann es schnell passieren, dass man die Arbeit
   an einem Projekt abbrechen muss, weil es zu ist.

5. Jeder kann seine Meinung dazu , und man soll Fehler melden.

6. Und je mehr Menschen mitmachen, umso wird das Lexikon.

2 Wikipedia und seine Nutzer

LB ◉
34 – 38

Hören Sie die Erfahrungsberichte aus dem Lehrbuch 4 C, 2 a, noch einmal. Was passt nicht: a, b oder c? Kreuzen Sie an.

1. Michael
   - a nutzt Wikipedia nur für die Schule.
   - b nutzt Wikipedia täglich.
   - c hat noch nicht als Autor für Wikipedia gearbeitet.

2. Ursula
   - a nutzt das Internet sehr gern.
   - b hat ihrem Sohn gezeigt, wie man Wikipedia benutzt.
   - c möchte zur Zeit nicht für Wikipedia schreiben.

3. Beate
   - a findet Wikipedia praktisch.
   - b lobt die Aktualität der Wikipedia-Informationen.
   - c ist schon lange Wikipedia-Autorin.

4. Jürgen
   - a nutzt Wikipedia oft, um sich in einer fremden Stadt zurechtzufinden.
   - b hat nicht oft Zeit, im Internet zu surfen.
   - c findet Wikipedia spannend.

> **„möcht-"**
>
> „möcht-" ist die Konjunktiv-II-Form von „mögen". Sie wird wie ein Modalverb im Präsens gebraucht und bedeutet „den Wunsch haben"

○ G 4.2 3 Modalverben – Formen

a Ergänzen Sie die Formen der Modalverben im Präsens, Präteritum und Konjunktiv II.

Präsens	können	wollen	müssen	sollen	dürfen	mögen
ich	kann					
du		willst				
er / sie / es	kann					mag
wir			müssen			
ihr					dürft	
sie / Sie				sollen		

Präteritum	können	wollen	müssen	sollen	dürfen	mögen
ich	konnte					mochte
du		wolltest				
er / sie / es	konnte					
wir			mussten			
ihr					durftet	
sie / Sie				sollten		

Konjunktiv II	können	wollen	müssen	sollen	dürfen
ich	könnte				
du		wolltest			
er / sie / es	könnte				
wir			müssten		
ihr					dürftet
sie / Sie				sollten	

G 4.2　b　Lesen Sie zuerst den Tipp. Notieren Sie dann die Sätze im Präteritum in Ihr Heft.

1. Die Kursteilnehmer möchten Wikipedia gern genauer kennenlernen.
2. Michael möchte gern wissen, wie man Wikipedia-Artikel ergänzt.
3. Beate ist lustlos. Sie mag heute nicht so lange am Computer sitzen.
4. Jürgen mag heute Morgen nicht im Internet surfen.
5. Der Kursleiter möchte alle Kursteilnehmer zum Mitmachen motivieren.

1. Die Kursteilnehmer wollten Wikipedia gern genauer kennenlernen.

> **Das Verb „mögen"**
>
> Ich mag heute nicht lesen (ugs.). =
> Ich habe heute keine Lust zu lesen.
>
> Präteritum von „mögen":
> ich möchte → ich wollte
> ich mag → ich mochte

G 4.2　c　Wikipedia-Autor werden? So hat's geklappt. Formulieren Sie die Sätze mit Modalverben im Perfekt und schreiben Sie sie in die Satzbautabelle. Achten Sie auf die Position des Modalverbs.

1. Ich wollte Wikipedia-Autor / in werden.
2. Ich musste mir ein gutes Thema suchen.
3. Ich musste im Netz zum Thema recherchieren.
4. Dann konnte ich endlich schreiben.
5. Ich musste auf die Vorgaben von Wikipedia achten.

Position 1	Position 2		Satzende
1. *Ich*	*habe*	*Wikipedia–Autor/in*	*werden wollen.*
2.			
3.			
4.			
5.			

G 4.2　d　Als Peter jung war, hatte er vieles machen wollen, aber es kam fast immer anders. Schreiben Sie die Sätze mit den Modalverben im Plusquamperfekt in die Tabelle wie in 3c in Ihr Heft.

1. immer schon Journalist werden wollen
2. dann keinen Studienplatz bekommen können
3. deshalb Nebenjobs ausüben müssen
4. nach 3 Jahren sich selbstständig machen wollen
5. nur wenig Geld verdienen können

> **Vergleichen Sie.**
>
> Perfekt:
> Ich habe kommen wollen.
> Plusquamperfekt:
> Ich hatte kommen wollen.

Position 1	Position 2		Satzende
1. *Peter*	*hatte*	*schon immer Journalist*	*werden wollen.*
2. *Dann*	*hatte*	*er ...*	

G 4.2　e　Wie wird die Zukunft von Peters Sohn aussehen? Schreiben Sie Sätze im Futur I in die Tabelle wie in 3c in Ihr Heft.

1. weniger arbeiten müssen
2. mehr Zeit mit Hobbys verbringen können
3. länger studieren müssen
4. häufiger reisen können
5. immer online mit Freunden weltweit sein wollen
6. sich eine Welt ohne Internet nicht vorstellen können

Position 1	Position 2		Satzende
1. *Er*	*wird*	*weniger*	*arbeiten müssen.*
2. ...			

4 **Frau Necker und Frau Schmitz – Modalverben und ihre Bedeutung**

a Lesen Sie die Sätze und ordnen Sie die Bedeutung der Modalverben zu.

Beispielsatz

1. Frau Necker kann mit dem Internet umgehen.
2. Ihr Chef kann heute nicht kommen.
3. Jeder darf bei Wikipedia mitmachen.
4. Sie will mehr über Kunstgeschichte lesen.
5. Ihr Chef möchte mehr über das Thema wissen.
6. Früher musste man in die Bibliothek gehen.
7. Heute mag sie nicht mehr dorthin gehen.

Bedeutung

A. Das war damals nötig.
B. Das ist erlaubt.
C. Das hat sie geplant.
D. Das ist nicht möglich.
E. Sie macht das nicht gern.
F. Das ist sein Wunsch.
G. Sie hat das gelernt.

1. [G]
2. [ ]
3. [ ]
4. [ ]
5. [ ]
6. [ ]
7. [ ]

b Formulieren Sie die Sätze neu mit den Modalverben aus 4a.

1. Frau Schmitz hat nicht gelernt, ins Internet zu gehen.
2. Sie plant, sich mit dem Internet zu beschäftigen.
3. Es ist möglich, dass ihr Sohn ihr hilft.
4. Ihr Sohn fordert sie auf: „Setz dich öfter an den PC."
5. Es ist erlaubt, dass sie lange surft.
6. Sie wünscht sich, mehr zu wissen.
7. Es ist nötig, dass sie jeden Tag übt.
8. Sie surft abends gern im Internet.

1. Frau Schmitz kann nicht ins Internet gehen.

c Kreuzen Sie die Bedeutung von „können" in den Sätzen an: jemand ist (un-)fähig zu etwas (F), etwas ist (un-)möglich (M), etwas ist (nicht) erlaubt (E). Zweimal gibt es zwei Lösungen.

1. Im Internet kann man viele Dinge recherchieren. (F) (M) (E)
2. Viele können gar nicht mehr ohne das Internet arbeiten. (F) (M) (E)
3. Aber nicht jeder kann die Qualität der Informationen einschätzen. (F) (M) (E)
4. Viele Quellen kann man nicht überprüfen. (F) (M) (E)
5. In wissenschaftlichen Arbeiten kann man nicht aus Wikipedia zitieren. (F) (M) (E)
6. Jeder kann die Wikipedia-Artikel aktualisieren oder ergänzen. (F) (M) (E)

Tipp

„Müssen" = hat die Bedeutung: Etwas ist objektiv notwendig bzw. eine Pflicht,
z. B. Er muss im Internet recherchieren.

„Sollen" hat verschiedene Bedeutungen:
1. Eine dritte Person hat eine Anweisung gegeben, etwas gesagt oder vorgeschlagen
   z. B. Sie soll einen Artikel schreiben.
2. Anweisung aus einer Regel / einem Gesetz,
   z. B. Man soll nicht zu lange vor dem Bildschirm sitzen.
3. Vorschlag, auf den man eine Antwort erwartet, z. B. Sollen wir im Wörterbuch nachschlagen?
4. Empfehlung / Ratschlag („sollen" im Konjunktiv II), z. B. Du solltest bei Facebook vorsichtig sein.

d Lesen Sie den Tipp. „Müssen" oder „sollen" – welches Modalverb passt? Kreuzen Sie an.

1. Ich habe so viel Arbeit, ich — (a) muss (b) soll — am Wochenende ins Büro.
2. Willst du das Lexikon holen, oder — (a) müssen (b) sollen — wir bei Wikipedia nachschauen?
3. Bei diesem Wetter — (a) muss (b) sollte — man besser zu Hause bleiben.
4. Bei Gewitter — (a) muss (b) soll — man sich nicht unter Bäume stellen.
5. Bitte stör mich nicht, ich — (a) muss (b) soll — nachdenken.
6. Mein Chef hat gesagt, dass ich ihn anrufen — (a) muss (b) soll.

G 4.2 **5** „(nicht)/(nur) brauchen ... zu" + Infinitiv

a Welche Bedeutung passt: a oder b? Kreuzen Sie an.

1. Du brauchst nur anzurufen, dann komme ich.
   a Du musst anrufen, sonst komme ich nicht.
   b Es ist einfach. Ruf an und ich komme.

2. Ich brauche heute nicht zu arbeiten.
   a Ich darf heute nicht arbeiten, der Chef hat es verboten.
   b Ich muss heute nicht arbeiten, es ist Sonntag.

3. Ich brauche keinen Anruf zu machen.
   a Ich muss nicht anrufen.
   b Ich kann nicht anrufen.

Tipp

In der Umgangssprache hört man auch oft „brauchen" + Infinitiv ohne „zu", z. B. Ich brauche heute nicht arbeiten.

b Ersetzen Sie die Modalverben durch „nicht/nur brauchen ... zu" + Infinitiv.

1. Pavel ist Journalist. Er muss heute nicht ins Büro fahren.
2. Er muss seine Recherche beenden. Das ist alles.
3. Wenn etwas unklar ist, muss er nur seinen Kollegen Oskar fragen.
4. Er muss keinen großen Artikel schreiben, denn vieles ist schon bekannt.
5. Pavel muss einen Kommentar schreiben, dann ist er fertig.

1. Pavel braucht heute nicht ins Büro zu fahren.

c Ergänzen Sie „sollen/müssen/dürfen/können/wollen/möcht-/nicht ... brauchen zu" in der passenden Form. Manchmal gibt es zwei Lösungen.

Mit dem Internet [1] *können* die Schüler das Klassenzimmer im Unterricht verlassen und sie [2] _____ nicht einmal hinauszugehen. Das gefällt ihnen sehr. Lehrer und Schüler [3] _____ schnell Informationen zum Unterrichtsstoff suchen. Auch der Austausch mit Klassen aus anderen Ländern ist möglich, ohne dass man lange auf Post warten [4] _____. Dennoch gibt es auch einige Dinge, die Lehrer und Schüler beachten [5] _____: Im Netz [6] _____ man viele Fehl- und Falschinformationen finden. Wenn man Fotos und Texte aus dem Netz für Präsentationen für die eigene Webseite oder für Facebook verwenden [7] _____, [8] _____ man wissen, dass man dafür eventuell teure Rechte bezahlen [9] _____. Daher [10] _____ man nur eigene Fotos und eigene Texte verwenden, wenn man selbst etwas im Netz veröffentlichen [11] _____.

G 4.2 **6** Modalverben als Vollverben

a Lesen Sie zuerst den Tipp und dann die Sätze. Wo kann man den Infinitiv weglassen? Setzen Sie ihn in Klammern wie im Beispiel.

1. Es ist schon spät. Ich muss nach Hause (fahren).
2. Clara hat Magenschmerzen. Sie mag heute keine Nudeln essen.
3. Die Prüfung ist beendet. Du darfst jetzt gehen.
4. Peters Schuhe sind kaputt. Er muss zum Schuster gehen.
5. Ihr Mann ist Ausländer. Er kann aber gut Deutsch sprechen.
6. Paula und Tom arbeiten viel. Sie wollen mehr Zeit für die Familie haben.
7. Bob hat Englisch studiert. Nun möchte er Englisch unterrichten.
8. Silja hat Abitur gemacht. Nun will sie als Au-Pair in Deutschland bleiben.
9. Jan hat keine Zeit. Er kann heute nicht kommen.
10. Wir haben Besuch. „Möchtet ihr einen Tee trinken?"

Tipp

Wenn die Bedeutung des Satzes durch den Kontext klar ist, kann man den Infinitiv auch weglassen, z. B. Das Wetter ist schön. Du darfst raus (gehen).

b Schreiben Sie die veränderten Sätze 1–10 aus 6a im Perfekt.

1. Ich habe nach Hause gemusst.

> **Modalverben als Vollverben**
>
> Modalverben als Vollverben werden in der Vergangenheit wie regelmäßige Verben konjugiert: Du darfst raus. → Du hast raus gedurft. Aber: Du darfst rausgehen. → Du hast rausgehen dürfen.

D Zivilcourage

1 Vorfälle

a Ordnen Sie die Wörter den Situationen zu.

1. der Diebstahl	A. Leute schlagen sich.	1. [D]
2. die Prügelei	B. Man wird (unfreundlich) angesprochen, obwohl man das nicht will.	2. [ ]
3. die Belästigung	C. Jemand stürzt oder zwei Autos fahren ineinander etc.	3. [ ]
4. der Überfall	D. Jemand stiehlt etwas von jemandem, z. B. das Portemonnaie.	4. [ ]
5. der Unfall	E. Jemand überrascht jemanden und nimmt ihm / ihr z. B. Geld weg.	5. [ ]

b Welches Verb passt: a, b oder c? Kreuzen Sie an.

1. eine Belästigung   **a** erleben   **b** bekommen   **c** haben
2. eine Prügelei   **a** machen   **b** beitragen   **c** beenden
3. einen Diebstahl   **a** begehen   **b** teilnehmen   **c** machen
4. einen Überfall   **a** haben   **b** melden   **c** teilnehmen
5. einen Unfall   **a** begehen   **b** machen   **c** verursachen

AB 🔘 19–23

c Hören Sie die „Vorfälle auf der Straße" und machen Sie Notizen.

	Vorfall 1	Vorfall 2	Vorfall 3	Vorfall 4	Vorfall 5
Wer?	– Fußgänger – Passanten				
Was?	Unfall				
Wie?					
Wo?					

2 Textzusammenhänge erkennen

a Definit- oder Indefinitartikel? Ergänzen Sie.

[1] *Ein* 19-jähriger Mann aus Neuenburg hat gestern in [2] .... Modegeschäft in der Innenstadt [3] .... Jeans im Wert von 100 Euro gestohlen. [4] .... aufmerksamer Kunde beobachtete [5] .... Diebstahl und rief sofort nach der Verkäuferin. Als [6] .... Dieb aus [7] .... Laden rannte, verfolgte ihn [8] .... Kunde. In [9] .... Hinterhof riss [10] .... Dieb dann das Preisschild von der Hose und wurde von [11] .... aufmerksamen Zeugen dabei beobachtet, wie er seine alte Hose auszog und [12] .... neue Jeans anzog. Kurz danach kam [13] .... Polizei, die inzwischen von [14] .... Zeugen verständigt worden war, und nahm [15] .... Dieb fest. [16] .... junge Mann gab [17] .... zuvor begangenen Diebstahl zu und musste seine Hosen noch mal wechseln. [18] .... Jeans konnte unbeschädigt an [19] .... Modegeschäft zurückgegeben werden und [20] .... mutige Zeuge bekam [21] .... Einkaufsgutschein über 50 Euro.

b Lesen Sie den Bericht in 2a noch einmal. Kreuzen Sie in den Regeln an.

> 1. Personen / Dinge werden zum ersten Mal in Texten mit dem ☐ bestimmten ☐ unbestimmten Artikel genannt.
> 2. Erst wenn diese Personen / Dinge im Text schon genannt wurden, verwendet man den ☐ bestimmten
>   ☐ unbestimmten Artikel.

E Ganz schön egoistisch!

1 Falco – ein Weltstar aus Österreich

AB ◉ 24 a Hören Sie einen Bericht über Falco. Notieren Sie die wichtigsten Stationen seines Lebens. Orientieren Sie sich dabei an den Jahreszahlen.

Falco
– 1957 * Wien
– 1961 …

b Besprechen Sie Ihre Notizen in der Gruppe und vergleichen Sie die Informationen dann im Kurs.

▶ G 4.3 ## 2 Ein Tag als Popstar – Die Bedeutung von „lassen"

a Schreiben Sie die Formen von „lassen" in die Tabelle.

ich	du	er / sie / es	wir	ihr	sie / Sie
lasse					

b Lesen Sie die Sätze und ergänzen Sie die passenden Formen aus 2a.

Bedeutung

1. Bei der Managerin: „ *Lässt* _____ du mich kurz in den Terminkalender schauen?" ☐ 1
2. Vor dem Konzert: Er und seine Managerin _____ sich von dem Fahrer zum Konzert bringen. ☐
3. Im Auto: Leider _____ er die Noten auf dem Rücksitz. ☐
4. Vor der Probe: Er beeilt sich, denn er _____ die Band nicht gerne warten. ☐
5. Auf dem Konzert zu den Fans: „_____ mich noch eine Zugabe singen!" ☐
6. Nach dem Konzert: „Wir _____ unsere Instrumente auf der Bühne!" ☐
7. Am Ausgang: Die Fans _____ ihn viele Autogramme schreiben. ☐

c Notieren Sie in 2b die unterschiedliche Bedeutung von „lassen": etw. erlauben / zulassen (1), etw. / jdn. liegenlassen / zurücklassen (2), andere bitten / beauftragen, etw. zu tun (3). Ergänzen Sie dann die Regeln.

> Man verwendet das Verb „lassen" in zwei unterschiedlichen Strukturen:
> 1. „lassen" + Nomen / Pronomen (Vollverb ohne weiteren Infinitiv), Sätze: _____
> 2. „lassen" + Verb (Hilfsverb mit einem zweiten Infinitiv), Sätze: _____

d Ein Popstar berichtet von seiner Karriere. Was hat er alles machen lassen? Schreiben Sie Sätze mit „lassen" + Verb im Perfekt in Ihr Heft.

1. sich als Song-Contest-Gewinner feiern …
2. sich von den Fans bewundern …
3. eine neue CD veröffentlichen …
4. Werbung für die neue CD machen …
5. eine Tournee organisieren …
6. einige Konzerttickets verlosen …
7. sich in Radio und Fernsehen interviewen …
8. sich mit den Fans fotografieren …

1. Er hat sich als Song-Contest-Gewinner feiern lassen.

e Treue Fans. „lassen" oder „gelassen"? Lesen Sie den Tipp. Kreuzen Sie dann an, ob „lassen" hier als Hilfsverb (H) oder als Vollverb (V) verwendet wird. Ergänzen Sie dann die korrekte Perfektform.

> **„lassen" als Vollverb und als Hilfsverb**
>
> Wenn „lassen" als Vollverb verwendet wird, wird das Perfekt mit dem Partizip „gelassen" gebildet, z. B. Er hat seine Gitarre im Auto gelassen. Wenn „lassen" als Hilfsverb mit einem zweiten Infinitiv verwendet wird, wird das Perfekt mit „lassen" + Infinitiv gebildet, z. B. Er hat seine Gitarre im Auto liegen lassen.

Vor dem Konzert . . .

1. Seine tolle Musik hat Sophia und Thomas nicht in Ruhe *gelassen* .... Ⓗ Ⓥ

2. Sie haben sich sogar einen CD-Player ins Auto einbauen .... Ⓗ Ⓥ

3. Sophia hat sich für das Konzert die Haare schneiden .... Ⓗ Ⓥ

4. Thomas hat die Autogrammkarte leider zu Hause .... Ⓗ Ⓥ

5. Sie haben ihre kleinen Kinder bei den Großeltern .... Ⓗ Ⓥ

6. Sie haben sich mit ihrem Star fotografieren .... Ⓗ Ⓥ

G 4.3 **③** **Jan Höfle berichtet. – Die Verben „sehen / hören / bleiben / . . ." + Infinitiv**

a Lesen Sie seinen Bericht und markieren Sie die Formen „sehen / hören / helfen / bleiben / lernen / gehen" + Infinitiv.

[1] Gestern sitze ich mit meiner Kollegin im Büro und lerne meinen neuen PC bedienen, da höre ich unseren Chef rufen: „Kommen Sie bitte alle in den Konferenzraum." [2] Dann sehen wir unseren Chef, seine Sekretärin und unsere Kollegin Frau Brendel im Konferenzraum stehen und sich unterhalten! [3] Ausgerechnet Frau Brendel höre ich laut lachen. Was ist wohl los? Wir sind alle nervös. [4] Nach der Begrüßung hören wir unseren Chef sagen: „Frau Brendel leitet ab nächstem Monat Ihre Abteilung. Das ist ein Grund zum Feiern." [5] Wir bleiben also noch etwas sitzen und stoßen mit einem Glas Sekt an. – Oh nein! Ausgerechnet die Brendel wird unsere Chefin! Sie ist so egoistisch und findet nur ihre Arbeit wichtig. [6] Da sehe ich schlechte Zeiten auf uns zukommen. [7] Und ich gehe doch so gerne arbeiten … Wie soll das jetzt werden? Arbeitet jetzt jeder nur für sich? Aber das viele Jammern hilft auch nicht.

b Was hat Herr Höfle erlebt? Lesen Sie zuerst den Tipp und setzen Sie die Sätze mit den markierten Verben aus 3a dann ins Perfekt.

1. Gestern habe ich mit meiner Kollegin
im Büro gesessen und meinen neuen PC
bedienen gelernt, …

> **Das Perfekt / Plusquamperfekt von „bleiben / gehen / hören / . . ." + Infinitiv**
>
> Das Perfekt / Plusquamperfekt von „hören / sehen / helfen / lassen" + Infinitiv bildet man mit der konjugierten Form von „haben" + Infinitiv + „hören / sehen / helfen / lassen", z. B. Ich habe / hatte sie kommen hören. Das Perfekt / Plusquamperfekt von „bleiben / gehen / lernen" bildet man mit der konjugierten Form von „haben / sein" + Infinitiv + Partizip II von „bleiben / gehen / lernen", z. B. Ich bin stehen geblieben. / Er hatte Englisch sprechen gelernt.

c Formulieren Sie Fragen und interviewen Sie Ihren Partner / Ihre Partnerin. Tauschen Sie auch die Rollen.

Wie oft …		gestern	dein/e	schwimmen	hören
Wann …	du	letzte Woche	Freund/in	singen	sehen
Warum …		im letzten Jahr	Lehrer/in	joggen	bleiben
Wie viele Male …		…	…	arbeiten	gehen
…				umziehen	helfen
				…	lernen

> Wann bist du gestern schlafen gegangen?

G 10.3 **d** Komposita mit Verben. Lesen Sie den Tipp. Verbinden Sie Verben mit Nomen und bilden Sie Komposita wie im Beispiel.

> **Komposita mit Verben**
> laufen + das Band = das Laufband

| hören | gehen | lernen | | die Hilfe | das Material | der Test | der Ort |
| wohnen | brennen | sehen | | der Weg | das Heim | der Stoff | das Spiel |

die Hörhilfe, der Hörtest, ...

....

125

F Mein Buch, dein Buch?

1 Wortschatz „Buch"

Schauen Sie sich die Zeichnungen an und korrigieren Sie den Wortschatz.

A | **B** | **C** | **D** | **E** | **F**

der Einband
der Schutzumschlag   die Seite   der Buchrücken   der Einband   der Titel   das Lesezeichen

▸ G 4.1 2 Verben mit trennbarer und untrennbarer Vorsilbe

a Unterstreichen Sie im Lehrbuch 4 F, 1b, alle Verben mit Vorsilben. Schreiben Sie die Verben im Infinitiv in die Tabelle.

Verben mit trennbarer Vorsilbe	Verben mit untrennbarer Vorsilbe
weitergeben (Z. 2),	*verfolgen (Z. 3),*

b Welche anderen trennbaren und untrennbaren Vorsilben kennen Sie? Schreiben Sie sie in die Tabelle wie im Beispiel.

trennbare Vorsilben	untrennbare Vorsilben
aus- (z. B. ausleihen),	*ent- (z. B. entlasten),*

Aussprache

1 Betonung bei Verben mit trennbarer und untrennbarer Vorsilbe

a Lesen Sie die Verben laut und markieren Sie, welche Silbe den Akzentvokal hat.

1. weitergeben
2. verfolgen
3. sich anmelden
4. hinterlassen
5. sich bewegen
6. sich eintragen
7. erhalten
8. sich vorstellen
9. aussteigen
10. überfallen
11. mitbringen
12. belästigen

AB ◉ 25 b Hören Sie nun die Verben in 1a. Welche Silbe ist betont? Überprüfen Sie Ihre Lösungen und kreuzen Sie dann in den Regeln an.

1. Bei Verben mit trennbarer Vorsilbe ist	**a** die Vorsilbe	**b** der Wortstamm	betont.
2. Bei Verben mit untrennbarer Vorsilbe ist	**a** die Vorsilbe	**b** der Wortstamm	betont.

Grammatik: Das Wichtigste auf einen Blick

○ G 4.2 ① Modalverben: Zeitformen und Wortstellung im Satz

	Position 1	Position 2		Satzende
Präsens	Darf	man	die Bücher	behalten?
Präteritum	Wie	musste	man sich im Internet	registrieren?
Perfekt	Viele Leute	haben	beim Bookcrossing	mitmachen wollen.
Plusquamperfekt	Man	hatte	einen Kommentar	schreiben sollen.
Futur I	Das Projekt	wird	viele Teilnehmer	finden können.

- **Modalverben im Präsens** haben im Singular einen Vokalwechsel (Ausnahme: sollen). Die 1. und 3. Pers. Singular haben keine Endung.
- **Modalverben im Präteritum** haben Endungen wie die regelmäßigen Verben. Manchmal gibt es einen Vokalwechsel.
- **Modalverben im Perfekt / Plusquamperfekt** bildet man mit der konjugierten Form von „haben" + Infinitiv des Vollverbs + Infinitiv vom Modalverb.
- **Modalverben im Futur I** bildet man mit der konjugierten Form von „werden" + Infinitiv des Vollverbs + Infinitiv vom Modalverb.

○ G 4.2 ② Modalverben als Vollverben

Man kann den Infinitiv bei den Modalverben auch weglassen, wenn der Kontext klar ist, z. B.
1. Es ist spät. Ich muss nach Hause (fahren).
2. Sie wollen mehr Zeit für die Familie (haben).
3. Clara mag heute keine Nudeln (essen).
4. Er kann gut Deutsch (sprechen).

Modalverben als Vollverben werden im Perfekt wie normale Verben konjugiert: „haben" + Partizip II vom Modalverb.
1. Es ist spät. Ich habe nach Hause gemusst.
2. Sie haben mehr Zeit für die Familie gewollt.
3. Clara hat heute keine Nudeln gemocht.
4. Er hat gut Deutsch gekonnt.

○ G 4.2 ③ Bedeutung der Modalverben und von „brauchen ... zu" + Infinitiv

Fähigkeit:	Ich kann gut Englisch.	**Plan:**	Ihr wollt Mia heute besuchen.
Möglichkeit:	Du kannst heute kommen.	**Wunsch:**	Sie möchten ins Kino gehen.
Erlaubnis:	Er darf / kann mit dem Auto fahren.	**Notwendigkeit:**	Ich muss noch waschen.
			Ich brauche nur noch zu waschen.
Anweisung:	Sie soll langsam fahren.	**Vorliebe:**	Er mag gern Krimis lesen.

○ G 4.3 ④ Besondere Konstruktionen: „hören / sehen / lassen / bleiben / gehen / ..." + Infinitiv

- Die Wortstellung ist wie die bei Modalverben, z. B.
  1. Ich lasse ihn nach Hause bringen.
  2. Ich hörte ihn kommen.
  3. Ich habe ihn nach Hause bringen lassen.
  4. Ich hatte ihn kommen hören.
- **hören / sehen / helfen / lassen + Infinitiv**
  Präsens, Präteritum, Perfekt und Plusquamperfekt werden wie bei den Modalverben gebildet, z. B. Er hat ihr die Einkäufe tragen helfen.
- **bleiben / gehen / lernen + Infinitiv**
  Präsens und Präteritum werden wie bei den Modalverben gebildet, z. B. Er ging arbeiten.
  Perfekt und Plusquamperfekt bildet man mit der konjugierten Form von „haben / sein" + Infinitiv + Partizip II der Verben, z. B. Er ist heute arbeiten gegangen.

A Ein Dach über dem Kopf

1 Wohnräume

a Wie heißt das Gegenteil? Ordnen Sie zu.

> sachlich | geräumig | alt | teuer | hell |
> kalt | altmodisch | hässlich

1. romantisch ≠ *sachlich* ....
2. preisgünstig ≠ ....
3. neu ≠ ....
4. dunkel ≠ ....
5. schön ≠ ....
6. modern ≠ ....
7. eng ≠ ....
8. warm ≠ ....

Antonyme

Lernen Sie neue Wörter zusammen mit ihrem Gegenteil (Antonym), z. B. klein ↔ groß

LB ● 45–50

b Hören Sie die Radiosendung zum Thema „Wie wohnen die Deutschen?" im Lehrbuch 5A, 1d, noch einmal. Was ist für die Bewohner besonders wichtig? Ordnen Sie die Argumente zu. Drei Argumente lassen sich nicht zuordnen.

> in der Stadt, aber in der Nähe zu Natur und Wasser | Kinder können vor dem Haus spielen | nicht zu hohe Miete |
> gute Einkaufsmöglichkeiten | frei und flexibel sein | Nähe zum Arbeitsplatz | moderne Haustechnik | kein Chaos
> und keinen Lärm | nette Nachbarn

Person 1: *frei und flexibel sein* ....
Person 2: ....
Person 3: ....
Person 4: ....
Person 5: ....
Person 6: ....

2 Kriterium bei der Wohnentscheidung – die Infrastruktur

a Streichen Sie die Begriffe, die nicht zu „Infrastruktur" gehören.

Infrastruktur

Hochschulen

ruhige Lage

Krankenhäuser

günstige Mieten

Schulen

Museen

Einkaufsmöglichkeiten

Freunde

nette Nachbarn

b Fallen Ihnen noch weitere Begriffe zu 2a ein? Dann ergänzen Sie sie.

B Tausche Wohnung

1 Wohnungsanzeigen verstehen

a   Was bedeuten die Abkürzungen? Notieren Sie die passenden Wörter.

> ab sofort | Appartement | Dachgeschoss | Einbauküche | Erdgeschoss | gesucht | groß | inklusive | Kaution | mit | Monatsmiete | möbliert | Nebenkosten | Nichtraucher | Obergeschoss | praktisch | Quadratmeter | Waschmaschine | Wohngemeinschaft | Wohnung | Zimmer

1. Whg. = *Wohnung*
2. gr. = ...
3. ab sof. = ...
4. m² = ...
5. m. = ...
6. Zi. = ...
7. NR = ...

8. EBK = ...
9. WG = ...
10. DG = ...
11. möbl. = ...
12. NK = ...
13. inkl. = ...
14. ges. = ...

15. MM = ...
16. Kt. = ...
17. EG = ...
18. App. = ...
19. Waschm. = ...
20. OG = ...
21. prakt. = ...

b   Schreiben Sie zu folgender Situation eine Wohnungsanzeige mit möglichst vielen Abkürzungen.

> Sie suchen einen Nachmieter für ein praktisches, möbliertes Zimmer in einer Wohngemeinschaft. Das Zimmer liegt im Erdgeschoss; der Nachmieter soll Nichtraucher sein; die Wohnung liegt zentral; der Nachmieter kann die Waschmaschine von Ihnen übernehmen; das Zimmer kostet 330€; die Nebenkosten betragen 50€; der Nachmieter muss 2 Monatsmieten Kaution bezahlen. Geben Sie Ihre Kontaktdaten an.

Nachmieter f. ...

c   Sie suchen eine neue Wohnung. Schreiben Sie nun selbst eine Wohnungsanzeige.

C Wohntrends

1 Klein und kompakt

a   Lesen Sie den Artikel aus einem Wohnmagazin im Lehrbuch 5 C, 2 a, noch einmal. Entscheiden Sie bei jeder Aussage zwischen „stimmt mit dem Text überein" (j), „stimmt nicht mit dem Text überein" (n) und „Text gibt darüber keine Auskunft" (?).

1. Weil die Immobilienpreise und Energiekosten hoch sind, denken viele US-Amerikaner beim Thema „Wohnen" um.   j n ?
2. Mikrohäuser sind in Frankreich bei Singles und Senioren sehr beliebt.   j n ?
3. Mikrohäuser sind modern ausgestattet und haben ein festes Fundament.   j n ?
4. Jay Shafer ist froh, dass er seinen Lebensstil geändert hat.   j n ?
5. Jay Shafer hat jetzt viel mehr Zeit für seine Hobbies.   j n ?
6. Sabine Doubek findet das Leben in ihrem Mikrohaus manchmal schwierig, weil ihr neuer Partner nicht genügend Platz hat.   j n ?
7. Sabine Doubeks neuer Partner findet das Mikrohaus sehr gemütlich.   j n ?
8. Im Preis von 35.000 Euro ist das Grundstück inbegriffen.   j n ?
9. Mikrohäuser sind nicht nur sparsam, sondern man kann sie auch schnell aufbauen.   j n ?

b Was bedeuten die Begriffe aus dem Artikel im Lehrbuch 5C, 2a? Ordnen Sie die Definitionen zu. Arbeiten Sie ggf. mit einem Wörterbuch.

1. das Fundament	A. ein Stück Land, das jdm. gehört	1. [I]
2. der Trend	B. verlangen	2. [ ]
3. umdenken	C. neue Tendenz in Gesellschaft, Technik oder Wirtschaft	3. [ ]
4. der Konsum	D. seine Ansicht ändern	4. [ ]
5. das Grundstück	E. der Verbrauch	5. [ ]
6. sich beschränken	F. wenig Schadstoffe haben	6. [ ]
7. emissionsarm sein	G. mit weniger auskommen	7. [ ]
8. fordern	H. Länge mal Breite des Wohnraums, den man bewohnt	8. [ ]
9. die Wohnfläche	I. stabile Grundlage aus Beton, auf der man ein Gebäude errichtet.	9. [ ]

c Welches Wort passt nicht? Streichen Sie es.

1. ~~suchen~~ – verzichten – aufgeben   3. effizient – neu – wirksam   5. flexibel – anpassungsfähig – gemütlich

2. extrem – sehr intensiv – groß   4. alt – unnötig – überflüssig   6. langsam – anstrengend – ermüdend

d Bilden Sie Komposita mit „Wohn-" bzw. „Wohnungs-" und schreiben Sie sie mit dem bestimmten Artikel in die Tabelle.

-anzeige | -bereich | -fläche | -gebiet | -gemeinschaft | -haus | -heim | -magazin | -markt | -miete | -ort-schlüssel | -sitz | -suche | -tausch | -trend | -tür | -viertel | -wagen | -wechsel | -zimmer

Tipp
Bei der Zusammensetzung von Wörtern gibt es manchmal ein „Fugen-s". Vgl. Tipp in AB 2D, 1a.

Wohn-	Wohnungs-
der Wohnbereich,	die Wohnungsanzeige,

▶ G 6.1 **2 Adjektivdeklination**

a Adjektivdeklination nach dem bestimmten Artikel. Schauen Sie sich die Tabelle im Lehrbuch, 5C, 3b, noch einmal an und ergänzen Sie dann die Tabelle rechts.

	m	n	f	Pl.
Nom.	-e			-en
Akk.	-en		-e	
Dat.				

b Ergänzen Sie die passende Adjektivform.

■ In welchem Haus wohnst du? In dem [1] grünen (grün)?

□ Nein, ich wohne in dem [2]_____ (gelb) mit der [3]_____ (blau) Tür, mit dem [4]_____ (rot) Dach und dem [5]_____ (klein) Balkon mit den [6]_____ (viel) Pflanzen. Gefällt dir das [7]_____ (bunt) Haus?

■ Ja, sehr. Die [8]_____ (blau) Tür passt sehr gut zur [9]_____ (hell) Fassade und das [10]_____ (dunkel) Dach finde ich auch schön. Besonders gut gefällt mir aber der [11]_____ (hübsch) Balkon.

c Adjektivdeklination nach unbestimmtem Artikel. Schauen Sie sich die Tabelle im Lehrbuch 5C, 3b, noch einmal an und ergänzen Sie die Tabelle rechts.

	m	n	f	Pl.
Nom.	-er	-es		
Akk.	-en			
Dat.	-en			-en

d Ergänzen Sie die Adjektivendungen nach dem unbestimmten Artikel bzw. dem Possessivartikel.

Für mich ist in einer Wohnung Folgendes wichtig: ein [1] *helles* (hell) Badezimmer mit einem [2]............... (klein) Fenster und einer [3]................... (bequem) Badewanne. Außerdem hätte ich in meiner [4]............... (neu) Wohnung gerne ein [5]............... (gemütlich) Zimmer mit einem [6]................. (breit) Regal für meine [7]................ (viel) Bücher. Ich brauche eigentlich keinen [8]................. (groß) Luxus und auch keine [9]................ (modern) Geräte, sondern vor allem Platz für meine [10]................. (persönlich) Dinge.

e Markieren Sie in der Anzeige die Adjektivendungen nach dem Nullartikel und tragen Sie sie in die Tabelle ein.

Vermiete schicke Wohng. (60 m²) in zentraler Lage m. großem Balkon u. hellen Zimmern m. neuem Parkett. Praktische Küche, renoviertes Bad, neuer Kamin vorhanden. Verkaufe auch gebrauchte Möbel: fast neuen Tisch. Kleiner Kellerraum sep. zu mieten. Bei Interesse bitte folgende Telefonnr. ... anrufen.

	m	n	f	Pl.
Nom.			-e	-e
Akk.	-en	-es		
Dat.				

f Schauen Sie sich die Übungen 2d–e noch einmal an und kreuzen Sie dann in den Regeln an.

1. Nach dem Possessivartikel (mein, dein, …) und dem Negativartikel (kein, …) haben die Adjektive dieselbe Endung wie nach dem **a** bestimmten **b** unbestimmten Artikel. Im Plural haben sie „-en".
2. Nach dem Nullartikel wie z. B. „neue Wohnung" haben die Adjektive dieselbe Endung wie der **a** bestimmte **b** unbestimmte Artikel.

g Lesen Sie zuerst den Tipp und ergänzen Sie dann in dem Zeitungsartikel die Adjektivendungen. Zweimal müssen Sie ein „-e" streichen.

Tipp
1. Bei Adjektiven auf **-er**, wie z. B. „teuer" fällt das „-e" weg: das teu*e*re Buch.
2. Bei Adjektiven auf **-el**, wie z. B. „praktikabel" fällt das „-e" weg: die praktikab*e*le Übung.
3. Bei Adjektiven auf **-a**, wie z. B. „rosa" gibt es keine Adjektivendung, z. B. das rosa Kleid.

Erdhäuser

Der Erfinder der Erdhäuser ist der Schweizer Peter Vetsch, ein [1] ökologisch *er* Architekt mit einer [2] groß........ Kreativität. Er selbst baute 1978 sein [3] eigen........ Erdhaus. Im Gegensatz zum [4] traditionell........ Wohnhaus, das auf [5] fest........ Erde steht, sind Erdhäuser ganz [6] ungewöhnlich........ Häuser: Sie passen ideal in die [7] natürlich........ Landschaft und ihre [8] flexibel........ Bauweise ermöglicht [9] verschieden........ Formen. Die [10] kompakt........ Form der Erdhäuser bietet außerdem [11] viel........ Vorteile. Beispielsweise schützt die Erde vor [12] negativ........ Umwelteinflüssen und die [13] speziell........ Bauweise führt zu sehr [14] gut........ Klimabedingungen: kühl im Sommer und warm im Winter. Viele denken bei Erdhäusern an [15] dunkel........ Räume, aber die Räume sind hell, weil durch die [16] breit........ Fenster viel Licht hineinkommt. Erdhäuser sind jedoch keine [17] passend........ Wohnungen für Personen, die z. B. [18] groß........ Bilder mögen, denn man kann sie an den [19] rund........ Wänden schlecht aufhängen.

G 6.2 ③ Vergleiche: Komparativ und Superlativ

a Lesen Sie zuerst jeweils die Spalte mit den Besonderheiten und ergänzen Sie die Tabelle. Markieren Sie dann die jeweilige Besonderheit.

Besonderheit	Grundform	Komparativ	Superlativ
regelmäßig	1. klein	*kleiner*	am kleinsten
regelmäßig mit Umlaut	2. lang	länger	
Adjektive auf: „-d", „-s", „-ß", „-sch", „-t", „-z": Superlativ auf „-est"; Ausnahme: groß – größer – am größten	3. alt 4. kurz 5. hübsch 6. heiß	 kürzer heißer	am ältesten am hübschesten
Adjektive auf: „-el", „-er": Im Komparativ fällt das erste „e" weg	7. dunkel 8. teuer	 teurer	am dunkelsten
Sonderformen	9. gut 10. viel 11. hoch 12. nah 13. gern	besser näher	 am meisten am höchsten am liebsten

b Korrigieren Sie die Fehler.

1. Die Miete ist hier ~~mehr hoch~~. *höher* ......

2. Meine Einrichtung ist jetzt flexibeler. ......

3. Hier ist das Zimmer am breitsten. ......

4. Auf dem Balkon ist es im Sommer am warmsten. ......

5. Ich würde viel gerner in einem Altbau wohnen. ......

6. Im Sommer ist es im Keller am kühlesten. ......

G 6.2 c Vergleichssätze. Lesen Sie zuerst den Tipp und ergänzen Sie dann „als" oder „wie".

> **Vergleichssätze**
>
> Für Vergleiche mit dem Komparativ verwendet man „als".
> → Meine Wohnung ist kleiner als Miriams Wohnung. Die Wohnung ist kleiner, als ich dachte.
> Für einen Vergleich mit „genauso" oder „so / nicht so" gebraucht man „wie".
> → Meine Küche ist genauso praktisch wie Bens Küche. Die Küche ist nicht so groß, wie er es wollte.

◄ ► ＿□✕

Hi Uli,

gestern habe ich Saskia in ihrem neuen Mikrohaus besucht. Es ist wirklich klein, aber nicht so klein, [1] *wie* ......

ich es mir vorgestellt hatte. Und dadurch, dass es praktisch eingerichtet ist, hat sie mehr Platz, [2] ...... ich

dachte. Ihr Wohnzimmer ist zwar so winzig, [3] ...... sie es mir beschrieben hat, aber ich finde es sogar

gemütlicher [4] ...... ihr altes. Und ihr Bad ist viel moderner [5] ...... in der alten Wohnung. Die

Küche finde ich jedoch extrem klein und auch nicht so praktisch [6] ...... ihre alte. Saskia findet es toll, dass

sie jetzt schneller mit der Hausarbeit fertig ist [7] ...... früher. Außerdem ist sie froh, dass ihr neues Haus

so sparsam ist, [8] ...... sie hoffte. Und auf jeden Fall musste sie für ihre eigenen vier Wände weniger

zahlen [9] ...... für ein „normales" Haus. Sie freut sich übrigens schon sehr auf deinen Besuch.

Liebe Grüße
Manu

Der attributive Komparativ und Superlativ

Der attributive Komparativ und Superlativ werden wie Adjektive dekliniert, z. B. der hübsche Balkon → der hübsch**ere** Balkon; ein kleines Bad → ein klein**eres** Bad; die teure Wohnung → die teuer**ste** Wohnung

G 6.3 d Gut, aber nicht gut genug. Lesen Sie den Tipp und ergänzen Sie die Sätze mit den Komparativformen wie im Beispiel.

1. Der Teppich ist nicht lang genug. → *Ich hätte gerne einen längeren.*

2. Das Regal ist 2 Meter hoch. → *Gibt es auch*

3. Die Farbe ist nicht dunkel genug. → *Ich brauche*

4. Die Tischbeine sind nicht kurz genug. → *Ich suche*

5. Der Service ist ganz gut. → *Aber die Konkurrenz bietet*

e Das optimale WG-Zimmer. Ergänzen Sie die passenden Superlativformen.

Ich habe zwar nicht das [1] *größte* (groß), aber das [2] _____ (schön) WG-Zimmer im [3] _____ (beliebt) Stadtteil mit dem [4] _____ (kurz) Weg zur Uni. Und ich habe die [5] _____ (cool) Mitbewohner und zum Glück auch den [6] _____ (nett) Vermieter. Unsere WG-Küche ist nicht die [7] _____ (sauber) Küche, aber die [8] _____ (gemütlich). Zu uns kommen gerne Gäste, weil wir die [9] _____ (gut) Partys organisieren.

f Schauen Sie die Grafik aus einem Prospekt an und ergänzen Sie die passenden Angaben im Komparativ und Superlativ.

Wohnung schlägt Auto

Für 60 % der Befragten sind das Haus bzw. die Wohnung [1] *am wichtigsten* . Sie bedeuten ihnen als Besitz [2] _____ . Sie sind der Mehrheit der Befragten [3] _____ als das Auto, das Motor- oder Fahrrad, die Inneneinrichtung, Elektro- und Unterhaltungsgeräte oder Kleidung. Für 49 % der Befragten spielen Auto, Motor- oder Fahrrad eine

„Welcher Besitz bedeutet Ihnen selbst am meisten?"

60 % Haus/Wohnung (als Eigentum oder zur Miete)
49 % Auto/Motor- oder Fahrrad
36 % Inneneinrichtung/Möbel
28 % Elektro-/Unterhaltungsgeräte
23 % Kleidung

Quelle: Generali Versicherungen 2012

[4] _____ Rolle [5] _____ die Inneneinrichtung, Elektro- und Unterhaltungsgeräte und Kleidung. Kleidung bedeutet den Befragten [6] _____ . Sie spielt als Besitz die [7] _____ Rolle.

G 10.2 **4** **Die Neuen von nebenan – Adjektive als Nomen**

a Ergänzen Sie die Adjektive – auch Komparative und Superlative – als Nomen wie im Beispiel.

▪ Hallo Katja, wie geht's dir?

☐ Gut und dir? Was gibt es [1] *Neues* (neu), Sandra?

▪ Wir hatten viel Unruhe. [2] Die _____ (neu) sind gestern eingezogen.

☐ Und? Hast du sie schon kennengelernt?

▪ Ja, und das war ziemlich lustig. Stell dir vor, Herr Trux nennt seinen ältesten Sohn Tim [3] „Mein _____ " (klein) und seine kleine Tochter Maja [4] „Meine _____ " (groß). Seine Frau ruft immer nur: „Wo bist du denn [5] „Mein _____ " (süß)? Ich dachte, sie meint ihren Mann, dabei hat sie ihren riesengroßen Hund gerufen.

☐ Na, und wie sind die Kinder?

▪ Sie sind ganz nett. Maja isst ständig [6] _____ (süß), und für Tim ist Musik [7] das _____ (groß). Und die Eltern sind auch ganz o.k. Ich glaube, sie wollen für ihre Kinder nur das [8] _____ (gut).

b Ergänzen Sie die Adjektive in der passenden Form.
   Achten Sie auf die Angaben in Klammern.

Guido Reichelt braucht ein Geschenk für seine Frau.

Er möchte nichts [1] *Gewöhnliches* (gewöhnlich). Er sucht etwas [2] .... (fein). 3. Es soll also nichts

[3] .... (praktisch) sein. Aber er findet in den Geschäften nur [4] .... (alltäglich). Er hätte

aber gern etwas viel [5] .... (schön / Komparativ). Dann kauft er etwas sehr [6] .... (teuer).

Leider ist ihm nichts [7] .... (gut / Komparativ) eingefallen. Schließlich schreibt er eine Karte und wünscht

ihr zum Geburtstag alles [8] .... (lieb) und [9] .... (gut).

c Adjektive + Nomen. Lesen Sie die Wörter in den Schüttelkästen und bilden Sie Komposita.

| alt | hoch | kalt |
| klein | neu | warm |

| der Bau | das Haus | das Jahr | die Miete |
| die Möbel | die Stadt | das Wasser |

der Altbau, ...

....

....

D Mein Zuhause

① Mein Zuhause – da bin ich zu Hause

a Lesen Sie den Tipp und ergänzen Sie „zu Hause", „nach Hause" oder „von zu Hause".
   Einmal sind zwei Lösungen möglich.

1. *Zu Hause* .... ist es am schönsten.

2. Seid ihr gerade .... gekommen?

3. Wir bringen dich heute Abend ....

4. Er wohnt noch ....

5. Ich fahre am Wochenende ....

6. Dein .... ist wunderschön!

b Finden Sie die passenden Antonyme bzw. Synonyme
   mithilfe der Wörter aus dem Schüttelkasten.

aufgeräumt	dunkel	die Entspannung
sich entspannen	leise	die Kälte	die Kraft
die Nacht	das Problem	der Raum	die Ruhe
schauen	stehen	ordentlich

Antonyme

1. die Wärme ≠ *die Kälte* ....

2. der Tag ≠ ....

3. der Stress ≠ ....

4. hell ≠ ....

5. chaotisch ≠ ....

6. laut ≠ ....

7. gehen ≠ ....

Synonyme

1. die Stille = ...

2. die Energie = ...

3. das Zimmer = ...

4. die Schwierigkeit = ...

5. ordentlich = ...

6. sehen = ...

7. sich ausruhen = ...

c Ordnen Sie die Erklärungen den Wörtern zu. Arbeiten Sie ggf. mit dem Wörterbuch.

1. die Geborgenheit	A. Man kann seine eigene Persönlichkeit frei entwickeln.	1. [E]
2. die Oase	B. größerer hohler Raum, in der Erde oder in Bergen	2. [ ]
3. die Höhle	C. sehr teure Dinge, die man für sein Vergnügen kauft, aber nicht zum Leben braucht	3. [ ]
4. der Luxus	D. Geräte, Maschinen, Möbel etc., die das Leben bequem machen	4. [ ]
5. der Komfort	E. das Gefühl, sicher und beschützt zu sein	5. [ ]
6. der Freiraum	F. eine Region in der Wüste, in der es Wasser gibt	6. [ ]

E Anders wohnen – anders leben

1 Das Ökodorf „Sieben Linden"

a Lesen Sie den Zeitungsartikel im Lehrbuch 5 E, 2 a, noch einmal. Welcher Satz trifft zu: a, b oder c?
Belegen Sie Ihre Lösung mit einer Textstelle.

Zeile(n)

Abschnitt 1: *4 – 7*
- a „Sieben Linden" liegt im Norden von Niedersachsen.
- b Die Idee für ein Ökodorf entstand Ende der 80er-Jahre in Heidelberg.
- c Die Einwohner von Poppau belächeln die radikalen Ideen der Ökodorf-Bewohner.

Abschnitt 2: ....
- a In „Sieben Linden" leben vor allem Jugendliche.
- b Der Bauernhof liegt in der Mitte des Dorfes.
- c Nicht alle Bewohner verdienen ihr Geld im Dorf.

Abschnitt 3: ....
- a Handys sind in „Sieben Linden" nicht erlaubt.
- b In „Sieben Linden" gibt es nicht immer warmes Wasser.
- c Es kommen oft Gäste nach „Sieben Linden", um Bio-Lebensmittel einzukaufen.

Abschnitt 4: ....
- a Einmal im Jahr müssen die Bewohner 12.000 Euro für die Essenskasse zahlen.
- b Die Bewohner wählen für einen Monat einen Rat, der über wichtige Fragen entscheidet.
- c Das Projekt „Sieben Linden" hat schon mehrere Preise gewonnen.

b Welches Wort passt nicht? Kreuzen Sie an.

	a	b	c	d
1.	ökologisch	alternativ	ökonomisch	umweltbewusst
2.	respektieren	schätzen	akzeptieren	belächeln
3.	Dorf	Siedlung	Kleinstadt	Bauwagen
4.	Gast	Gruppe	Gemeinschaft	Genossenschaft
5.	Gerät	Rat	Werkzeug	Maschine
6.	Feier	Versammlung	Sitzung	Besprechung

c Bilden Sie Oberbegriffe.

1. Handwerker, Architekt, Künstler: *der Beruf* ....

2. Wasser, Strom, Gas: ....

3. Fleisch, Obst, Gemüse: ....

4. Holz, Lehm, Stroh: ....

Obergriffe finden

Ordnen Sie neue Begriffe Oberbegriffen zu, dann können Sie sie leichter lernen.

○ G 4.10 **2** **Das Passiv**

a Markieren Sie die Passivformen und ergänzen Sie zuerst die Tabelle und dann die Regel.

1. Im Ökodorf „Sieben Linden" <u>wird gezeigt</u>, dass ökologisches Leben möglich ist.
2. Die radikalen Ideen waren am Anfang von den alten Bewohnern Poppaus belächelt worden.
3. Das Modellprojekt „Sieben Linden" ist bereits mehrmals ausgezeichnet worden.
4. Auch in Zukunft werden Veranstaltungen angeboten werden.
5. Das erste Haus des „Club 99" wurde ohne Maschinen gebaut.

Zeit	Beispielsatz	Bildung
Präsens	*Im Ökodorf „Sieben Linden" wird gezeigt, dass ökologisches Leben möglich ist.*	Präsens von *„werden*........ + *Partizip Perfekt*
Präteritum		Präteritum von „................" + ...
Perfekt		Präsens von „................" + ... + „................"
Plusquamperfekt		Präteritum von „................" + ... + „................"
Futur I		Präsens von „................" + ... + „................"

Das „Agens" (die Person od. Sache, die etwas tut od. verursacht) steht im Passivsatz mit „von" + ...

b Ergänzen Sie die Passivformen der Verben mit den Zeitformen in Klammern.

1. In „Sieben Linden" *werden*................ alle wichtigen Fragen von den Dorfbewohnern *entschieden*................. (Präs.: entscheiden)
2. Der Bauernhof .... von allen gemeinsam .... (Prät.: renovieren)
3. Autos .... noch nie im Dorf .... (Plusqu.: parken)
4. Noch viele neue Ideen .... (Futur I: diskutieren)
5. In „Sieben Linden" .... neue Lebensformen .... (Perf.: entwickeln)
6. Im Dorf .... viele Dinge von den Bewohnern selbst .... (Präs.: produzieren)

c Sie sollen aus den Satzelementen unten Passivsätze formulieren. Überlegen Sie zuerst, in welchen Sätzen die Handlung (H) und in welchen das Agens (A) wichtiger ist. Notieren Sie und streichen Sie ggf. ein Element.

1. Das Wohnhaus – bauen – alle – gemeinsam (Prät.)   [A]
2. Viele Seminare – in „Sieben Linden" – anbieten – Bewohner (Präs.)   ☐
3. In „Sieben Linden" – schon immer – neue Ideen – verwirklichen – Bewohner (Perf.)   ☐
4. Verschiedene Materialien – im Dorf – verwenden – Bewohner (Plusqu.)   ☐
5. Informationsveranstaltungen – anbieten – auch künftig – Bewohner (Futur I)   ☐
6. Die Gemeinschaftsküche – gemeinsam – einrichten – Bewohner (Perf.)   ☐

d Formulieren Sie nun die Sätze mit den Zeitformen in Klammern. Wenn das Agens nicht wichtig ist, lassen sie es weg. Tragen Sie die Sätze in die Satzbautabelle auf der nächsten Seite ein.

Pos. 1	Pos. 2		Satzende
1. *Das Wohnhaus*	*wurde*	*von allen gemeinsam*	*gebaut.*
2.			
3.			
4.			
5.			
6.			

◯ G 4.10 ③ **Passiv mit Modalverben im Präsens und Präteritum**

a   Markieren Sie die Passivformen und ergänzen Sie zuerst die Tabelle und dann die Regel.

1. Nur natürliche Materialien wie Holz, Lehm und Stroh dürfen verwendet werden.
2. Viele interessierte Gäste konnten informiert werden.
3. Autos sollen am Ortsrand geparkt werden.
4. Am Anfang mussten viele Probleme gelöst werden.

> **Der „Infinitiv Passiv"**
>
> Das Partizip Perfekt vom Vollverb + Infinitiv von „werden", z. B. „gelöst werden", nennt man „Infinitiv Passiv".

Zeit	Beispiel	Bildung
Präsens	– *Nur natürliche Materialien wie Holz, Lehm und Stroh dürfen verwendet werden.* –	Präsens vom Modalverb + Infinitiv Passiv
Präteritum	– –	.... vom Modalverb + ...

> Der Infinitiv Passiv steht im Hauptsatz ....

b   Ergänzen Sie die Passivformen mit den Angaben in Klammern.

1. Handys *sollen* in „Sieben Linden" nicht *benutzt* *werden* . (Präs.: benutzen sollen)
2. Letztes Jahr .... viele Gäste .... (Prät.: begrüßen können)
3. Obst und Gemüse .... selbst .... (Präs.: anbauen sollen)
4. Einige Regeln .... (Präs. beachten müssen)
5. Letztes Jahr .... die Gemeinschaftsküche .... (Prät.: renovieren müssen)
6. Im Bio-Laden .... täglich .... (Präs.: einkaufen können)

c   Schreiben Sie die Sätze im Passiv in die Satzbautabelle in Ihr Heft.

1. Man konnte neue Ideen entwickeln.
2. Man muss immer wieder neue Lösungen finden.
3. Probleme sollen die Dorfbewohner gemeinsam lösen.
4. Am Anfang mussten sie viele Fragen diskutieren.
5. Energie können die Bewohner des Ökodorfes selbst produzieren.
6. Die Bewohner sollen Elektrogeräte und Werkzeuge gemeinsam nutzen.

> **Vergleichen Sie:**
>
> **Aktiv:** Man löst das Problem.
> **Passiv:** Das Problem wird gelöst.
> → Das Agens ist nicht wichtig.

Pos. 1	Pos. 2		Satzende
1. *Neue Ideen*	*konnten*		*entwickelt werden.*

F Übernachten mal ganz anders

1 Übernachten mitten im Meer

AB ● 26 Hören Sie den Erfahrungsbericht über eine Nacht im Leuchtturm und notieren Sie die wichtigsten Informationen. Lesen Sie dann den Reisetipp unten und vergleichen Sie ihn mit Ihren Notizen. Welche Angaben stimmen nicht überein?

Eine besondere und nicht alltägliche Übernachtung wird Ihnen auf dem Leuchtturm „Roter Sand" geboten. Der 125 Jahre alte Leuchtturm befindet sich in der ~~Ostsee~~ *Nordsee* rund 50 Kilometer von Bremerhaven entfernt. Ein Schiff bringt Sie in zirka zwei Stunden zu dem 25 Meter hohen Übernachtungsplatz mitten im Meer. In den komfortablen Schlafräumen mit Etagenbetten dürfen maximal 16 Personen übernachten. In dem Turm gibt es keinen Strom und keine Heizung, aber es liegen Schlafsäcke und Handtücher für Sie bereit. Sie müssen sich Ihr Essen selbst mitbringen und in der Küche auf einem Gaskocher zubereiten. Freuen Sie sich auf wunderschöne Sonnenuntergänge und, falls Sie sie nicht verschlafen, auf schöne Sonnenaufgänge mitten im Meer! Eine Nacht auf hoher See kostet pro Person 156 Euro.

2 Sich beschweren

Schreiben Sie mit den Informationen und Redemitteln unten einen Beschwerdebrief an die Hotelleitung. Denken Sie an die Anrede und Grußformel.

Probleme:
- Zimmer: laut, direkt an der Straße
- Dusche: nur kaltes Wasser
- Handtücher: schmutzig
- …

Ich habe vom 7.–8. Dezember 20… in Ihrem Hotel übernachtet. | Diese Übernachtung ist für mich leider nicht angenehm / schön / … gewesen. | In Erwartung Ihrer baldigen Antwort verbleibe ich … | Ich habe mich direkt an der Rezeption / bei Ihrem Personal / … beschwert. | Da Ihr Personal unfreundlich / nicht hilfsbereit / … gewesen ist, möchte ich meine Beschwerde direkt an Sie richten. | Es gab leider … Probleme. | Für die Übernachtung habe ich … € bezahlt. | Für diesen Preis kann ich als Gast ein … Zimmer und … Service erwarten. | Ich würde mich freuen, wenn ich von Seiten Ihres Hauses auf eine Entschädigung hoffen könnte.

Aussprache

1 „h" oder fester Vokaleinsatz am Wort- oder Silbenanfang

AB ● 27 a Was hören Sie: a oder b? Kreuzen Sie an.

1. **a** herrlich **b** ehrlich
2. **a** alt **b** halt
3. **a** Öle **b** Höhle
4. **a** hier **b** ihr
5. **a** hofft **b** oft
6. **a** Ast **b** hast

AB ● 28 b Hören Sie die Wortpaare noch einmal und sprechen Sie sie nach.

AB ● 29–34 c Hören Sie die Sätze, ergänzen Sie die Wörter und lesen Sie sie laut.

Vokaleinsatz
- gehauchter Vokaleinsatz = Wörter oder Silben mit „h" am Anfang
- fester Vokaleinsatz = Wörter oder Silben mit einem Vokal am Anfang. Es klingt hart und knackt leise, daher wird der feste Vokaleinsatz auch „Knacklaut" genannt.

1. Hugos Hund hat helle *Ohren* .
2. Heike wartet hier in der _____ .
3. Hanna hat heute ihre Haare _____ .
4. Hans hilft Anna oft im _____ .
5. Haben Holger und Olga _____ ?
6. Heidi hat Halsschmerzen und _____ .

Grammatik: Das Wichtigste auf einen Blick

G 6.1 **1 Die Adjektivdeklination**

Nach der **Signalendung (r, s, e, n, m)** beim **Artikelwort** hat das Adjektiv die Endung „-e" oder „-en" Nach dem Possessivartikel „mein-" ist die Adjektivendung wie nach „kein-". Wenn es kein Artikelwort gibt oder das Artikelwort keine Endung hat, hat das **Adjektiv** die **Signalendung**.

	m: der Trend	n: das Bad	f: die Küche	Pl: die Kosten
N	der neue kein / mein neuer ein neuer neuer	das winzige kein / mein winziges ein winziges winziges	die kleine keine / meine kleine eine kleine kleine	die hohen keine / meine hohen hohe hohe
A	den neuen keinen / meinen neuen einen neuen neuen	das winzige kein / mein winziges ein winziges winziges	die kleine keine / meine kleine eine kleine kleine	die hohen keine/meine hohen hohe hohe
D	dem neuen keinem / meinem neuen einem neuen neuem	dem winzigen keinem / meinem winzigen einem winzigen winzigem	der kleinen keiner / meiner kleinen einer kleinen kleiner	den hohen[1] keinen / meinen hohen[1] hohen[1] hohen

[1] Im Dativ Plural: Endung „-n", außer Nomen auf „-s": im Plural immer „-s".

G 6.2 **2 Die Komparation: Grundform – Komparativ – Superlativ**

G.	klein	bunt	lang	heiß	hübsch	dunkel	teuer
K.	kleiner	bunter	länger	heißer	hübscher	dunkler	teurer
S.	am kleinsten	am buntesten	am längsten	am heißesten	am hübschesten	am dunkelsten	am teuersten

Aber: gut – besser – am besten   viel – mehr – am meisten   nah – näher – am nächsten
hoch – höher – am höchsten   gern – lieber – am liebsten

G 4.10 **3 Das Passiv**

Zeit	Beispiel	Bildung
Präsens	Der Rest **wird** im Bio-Laden **gekauft**.	Präsens von „werden" + Partizip Perfekt
Präteritum	Das erste Haus **wurde** komplett ohne Maschinen **gebaut**.	Präteritum von „werden" + Partizip Perfekt
Perfekt	Das Projekt **ist** bereits mehrmals **ausgezeichnet worden**.	Präsens von „sein" + Partizip Perfekt + „worden"
Plusquam-perfekt	Die radikalen Ideen **waren** von den Bewohnern Poppaus **belächelt worden**.	Präteritum von „sein" + Partizip Perfekt + „worden"
Futur I	Es **werden** viele Veranstaltungen **angeboten werden**.	Präsens von „werden" + Infinitiv Passiv
Zeit	Beispiel: Passiv mit Modalverben	Bildung
Präsens	Werkzeuge **sollen** gemeinschaftlich **genutzt werden**.	Präsens von Modalverb + Infinitiv Passiv
Präteritum	Viele Gäste **konnten** informiert **werden**.	Präteritum von Modalverb + Infinitiv Passiv

• Das „Agens" (die Person oder Sache, die etwas tut oder verursacht) steht im Passivsatz mit „von" + Dativ. Im Passivsatz ist die Handlung / der Vorgang meist wichtiger als das Agens.

A Neues entdecken und erfahren

1 Neue Horizonte

a Welche Begriffe passen zu welcher Erfahrung? Ordnen Sie zu.
Es gibt immer mehrere Lösungen.

> Abenteuer | Angst | eklig | Einsamkeit | sich entspannen |
> Erschöpfung | Fernweh | Freiheit | gefährlich | genießen |
> Hafen | Heimweh | Hunger | langweilig | Luxus | mutig |
> nachdenken | reich | Ruhe | schweigen | schwindelfrei |
> Selbsterfahrung | sorglos | spannend | sich überwinden |
> Vertrauen

1. Übernachtung am Hang: *Angst, ...*

2. Austauschjahr:

3. Survivalcamp:

4. Wüstenurlaub:

5. Weltumseglung:

6. Millionengewinn:

b Notieren Sie die Nomen zu den Adjektiven und Verben in 1a in Ihr Heft. Arbeiten Sie ggf. mit einem Wörterbuch.

eklig → der Ekel,

c Wählen Sie mindestens fünf Wörter aus 1a. Stellen Sie sich vor, Sie hätten eine der Erfahrungen aus 1a schon gemacht. Schreiben Sie über Ihre Erlebnisse eine Geschichte. Verwenden Sie die ausgewählten Wörter.

Nach einer langen Reise war ich endlich am Ziel ange-

kommen, in der Wüste. Dort genoss ich die Ruhe. ...

Geschichtentechnik
Sie lernen neue Wörter besonders gut, wenn Sie sie in einem Kontext anwenden, also mit den neuen Wörtern Sätze bilden oder Texte schreiben, z. B. Geschichten oder Berichte.

2 Über Erfahrungen sprechen

a Welches Verb passt? Ergänzen Sie die passende Form.

> besiegen | sammeln | schaffen | sein | vergessen

1. Nachdem ich den Aufstieg *geschafft* *hatte* (Plusquamperfekt), war ich sehr glücklich.

2. Den Blick vom Gipfel _____ ich nie _____ (Futur I).

3. Das war eine wichtige Erfahrung für mich, weil ich meine Ängste _____ (Perfekt).

4. Beim Bergsteigen im Himalaya _____ ich viele wichtige Erfahrungen _____ (Perfekt).

5. Das Schönste _____ (Präteritum), dass meine Familie mich begleitet hat.

b Einen Text vorbereiten – W-Fragen helfen: Sie wollen einen Text über eine besondere Erfahrung schreiben. Beantworten Sie dafür die folgenden Fragen in Ihrem Heft.

1. Wann und mit wem haben Sie die besondere Erfahrung gemacht?
2. Was hat Sie daran interessiert?
3. Wie ist alles abgelaufen?
4. Wie haben Sie sich gefühlt?
5. Was ist am Ende passiert?
6. Was hat Ihnen daran besonders gefallen?

○━ c Lesen Sie die Liste rechts und kontrollieren Sie
Ihren Bericht zu Lehrbuch 6 A, Aufgabe 3.
Was können Sie noch besser machen?
Überarbeiten Sie Ihren Text.

Einen kohärenten, stilistisch gelungenen Text schreiben
Sind die Satzanfänge abwechslungsreich?   [J] [N]
Gibt es wenig Wiederholungen?   [J] [N]
Haben Sie Adjektive und Umschreibungen verwendet?   [J] [N]
Haben Sie öfter Nebensätze verwendet?   [J] [N]
Haben Sie die Sätze gut verknüpft, z. B. mit Konnektoren?   [J] [N]

B Faszination Extremsport

1 Neue Herausforderungen

Ordnen Sie die Erklärungen den Begriffen zu. Arbeiten Sie ggf. mit dem Wörterbuch.

1. der Schwerpunkt	A. anstrengend	1. [D]
2. strapaziös	B. ein sehr starker Wunsch	2. [ ]
3. unfreiwillig	C. etwas nötig haben	3. [ ]
4. der Drang	D. der wichtigste Aspekt	4. [ ]
5. das Verlangen	E. Rauschmittel, z. B. Alkohol, Cannabis	5. [ ]
6. die Rastlosigkeit	F. ein besonderer Nervenkitzel	6. [ ]
7. die Sorge	G. die Unruhe	7. [ ]
8. bedürfen	H. gezwungenermaßen	8. [ ]
9. die Droge	I. ein Gefühl von Angst vor Problemen	9. [ ]
10. der Kick	J. der Wunsch nach etwas	10. [ ]

○ G 1.1, 1.2 ## 2 Verben und ihre Ergänzungen

a Lesen Sie die Sätze und entscheiden Sie, ob die unterstrichenen Verben eine Nominativ- (N), Akkusativ- (A),
Dativ- (D) oder Genitiv- (G) Ergänzung haben.

1. Seit vier Jahren <u>macht</u> Marc regelmäßig Sport.   [N] [A] [D] [G]

2. Er <u>ist</u> Marathonläufer.   [N] [A] [D] [G]

3. Er läuft täglich und <u>trainiert</u> seine Ausdauer.   [N] [A] [D] [G]

4. Seine gute Kondition <u>hilft</u> ihm beim Laufen.   [N] [A] [D] [G]

5. Und eine gute Ernährung, die ihm <u>schmeckt</u>, ist auch wichtig.   [N] [A] [D] [G]

6. Aber es <u>bedarf</u> beim Marathonlauf auch eines guten Trainers.   [N] [A] [D] [G]

7. Marcs alter Trainer wurde des Dopings <u>bezichtigt</u>.   [N] [A] [D] [G]

8. Nun <u>hat</u> er einen neuen Trainer.   [N] [A] [D] [G]

9. Beim Stadtmarathon <u>ist</u> er zwar nicht der Sieger, aber er ist auf Platz 4.   [N] [A] [D] [G]

Transitive und intransitive Verben
Verben, die mit einer Akkusativ-Ergänzung verwendet werden, (z. B. sehen, lieben) nennt man
transitive Verben. Sie bilden das Perfekt meist mit „haben", z. B. Ich habe das Rennen gesehen.

Intransitive Verben haben keine Akkusativ-Ergänzung. Es können Verben ohne Ergänzungen sein (z. B.
schlafen, gehen) oder mit einer anderen Ergänzung (z. B. sein + Nominativ-Erg., helfen + Dativ-Erg., warten +
Präpositional-Erg., bedürfen + Genitiv-Erg.). Sie bilden das Perfekt mit „haben" oder „sein", z. B. Ich habe auf
ihn gewartet. / Ich bin gegangen.

b Welche Ergänzung passt? Schreiben Sie die Verben aus dem Schüttelkasten hinter den passenden Kasus. Arbeiten Sie ggf. mit einem Wörterbuch.

> anrufen | antworten | bedürfen | besichtigen | bringen | einladen | empfehlen | essen | fehlen | geben | gedenken | gefallen | gehören | haben | helfen | lieben | kaufen | passen | sich rühmen | schenken | sein | werden | widersprechen | wiederholen | zeigen | zuhören

1. Nominativ: *sein,* ....

....

2. Akkusativ: ....

....

3. Dativ: ....

....

4. Akkusativ + Dativ: ....

....

5. Genitiv: *gedenken,* ....

c Wählen Sie in 2b jeweils aus jeder Kategorie ein Verb und formulieren Sie mit den Verben Sätze im Perfekt.

1. *Er ist Polizist gewesen.*

2. ....

3. ....

4. ....

5. ....

G 1.1, 1.2 **3 Verben mit Präpositional-Ergänzung**

a Lesen Sie den Artikel über Felix Baumgartner. Notieren Sie, ob die markierten Angaben Lokalangaben (L) oder Ergänzungen mit festen Präpositionen (P) sind. Stellen Sie dann Fragen wie im Tipp.

> **Tipp**
> Nach einer Lokalangabe, also nach dem Ort, fragt man immer mit einem W-Fragewort z. B. „Wo? Wohin? Woher?", z. B. Woher kommt Felix Baumgartner? Nach den Präpositional-Ergänzungen fragt man mit „Wo(r)" + Präposition, z.B. Woraus sprang Felix Baumgartner?

Felix Baumgartner sprang 2012 [1] aus einer Kapsel in knapp 39.000 m Höhe. Er hat sich jahrelang [2] auf den Sprung vorbereitet. Er war 4 Minuten und 19 Sekunden im freien Fall – [3] an diese Minuten wird er sich wohl immer erinnern. Aber nicht nur er, sondern auch die Millionen Zuschauer, die [4] im Fernsehen und im Internet den Sprung verfolgten. Um so etwas zu schaffen, muss man sich sowohl [5] von allen Ängsten befreien als auch [6] an die eigenen Kräfte und Fähigkeiten glauben.

[L]

1. *Woraus sprang Felix Baumgartner?*   4. ....

2. ....   5. ....

3. ....   6. ....

G 9.3 **b** Verben mit Präpositionen. Ordnen Sie den Verben die passenden Präpositionen zu. Manchmal gibt es mehrere Lösungen.

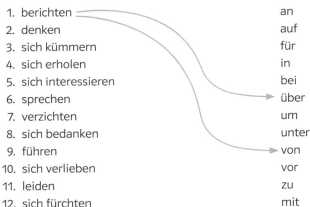

1. berichten
2. denken
3. sich kümmern
4. sich erholen
5. sich interessieren
6. sprechen
7. verzichten
8. sich bedanken
9. führen
10. sich verlieben
11. leiden
12. sich fürchten

an
auf
für
in
bei
über
um
unter
von
vor
zu
mit

Tipp

Einige Verben, Adjektive und Nomen haben feste Präpositional-Ergänzungen. Lernen Sie diese Präpositionen immer mit. Notieren Sie sich dafür am besten Beispielsätze, wie z. B. Ich zweifle an deiner Aussage. Ich denke an meinen Freund.

c Lesen Sie die Sätze und ergänzen Sie die passenden Verben und Präpositionen aus 3b.

1. Extremsportler *berichten* _____ oft im Fernsehen *von* _____ spannenden Abenteuern.

2. Sie sind sehr mutig, aber sie _____ auch _____ gefährlichen Situationen.

3. Gerade diese Sportler wollen _____ Alltag und Stress _____ .

4. „Es ist ein großartiges Gefühl, _____ nichts mehr zu _____ ", meinen die Sportler.

5. Es fällt ihnen schwer, _____ diesen besonderen Kick zu _____ .

6. Es kann _____ einem Gefühl von Langeweile _____ , wenn sie den Extremsport aufgeben.

G 2.2 **4** ## Der Marathonlauf – Verben mit Dativ- und Akkusativ-Ergänzung

a Lesen Sie die Regeln im Lehrbuch 6B, 3b, noch einmal und formulieren Sie Sätze mit Dativ- und Akkusativ-Ergänzung.

1. Nils' Eltern: die guten Laufschuhe – ihr Sohn – geschenkt haben

   Nils' Eltern haben ihrem Sohn die guten Laufschuhe geschenkt.

2. Nils: die neuen Laufschuhe – seine Eltern – sofort zurückgeben

   ....

3. Seine Schwester: die neue Sporttasche – ihrem Bruder Nils – gekauft haben

   ....

4. Nils: die Sporttasche – seine Schwester – leihen

   ....

5. Seine Mutter: ihre neue Laufstrecke – Nils – zeigen wollen

   ....

6. Nils: seine gesundheitlichen Probleme – seine Familie – noch einmal erklären

   ....

7. Der Arzt: der Marathonlauf – Nils – verboten haben

   ....

b Lesen Sie Ihre Sätze in 4a noch einmal und ersetzen Sie in Ihrem Heft die Dativ- oder die Akkusativ-Ergänzung durch Personalpronomen wie im Beispiel.

   1. Nils' Eltern haben ihm die guten Laufschuhe geschenkt. / Sie haben sie ihrem Sohn geschenkt.

c Lesen Sie Ihre Sätze in 4a noch einmal und ersetzen Sie die Dativ- und Akkusativ-Ergänzung durch Personalpronomen. Schreiben Sie die Sätze in Ihr Heft.

1. Nils' Eltern haben sie ihm geschenkt.

d Lesen Sie die Sätze und korrigieren Sie die Fehler in der Wortstellung.

1. Er wollte seinen Erfolg seinen Eltern beweisen. → *Er wollte seinen Eltern seinen Erfolg beweisen.*

2. Er hat Postkarten von allen Reisen ihnen geschickt. →

3. Seine Eltern haben ihren Freunden sie gezeigt. →

4. Sie haben die gefährlichsten Unternehmungen ihrem Sohn erlaubt. →

5. Aber sie haben leichtsinnige Aktionen ihm untersagt. →

6. Doch er hat ihnen sie gar nicht erzählt. →

G 4.4 ⑤ Sich für Fußball begeistern – Reflexive Verben

a Schauen Sie sich die Zeichnungen an. Welches Verb hat eine „reflexive Bedeutung"? Kreuzen Sie an.

1. Der Spieler trocknet den Ball ab.
reflexiv: ja ☐ nein ☐

2. Der Spieler trocknet sich ab.
reflexiv: ja ☐ nein ☐

b Lesen Sie die Aussagen und markieren Sie die reflexiven Verben. Ergänzen Sie dann die passenden Satznummern in den Regeln.

1. Lange vor dem Spiel bereitet sich die Mannschaft gründlich vor.
2. In der Kabine ziehen sich die Spieler um.
3. Jeder freut sich auf das Spiel.
4. Kurz vor dem Spiel kaufe ich mir ein Fußballtrikot von meiner Lieblingsmannschaft.
5. Stell dir vor, sie hat gewonnen!
6. Ich merke mir jedes Ergebnis!
7. Über schlechte Ergebnisse kann sich der Trainer ziemlich aufregen.
8. Nach einem spannenden Spiel haben wir uns die Fernsehberichte angeschaut.
9. Erinnerst du dich an das letzte Spiel?
10. Bitte erinnere Paul an die Eintrittskarten für das Finale!

> 1. Reflexivpronomen beziehen sich auf das Subjekt und können entweder im Dativ oder im Akkusativ stehen.
>   • Reflexivpronomen im Akkusativ, z. B. Sätze: *1,*
>   • Reflexivpronomen im Dativ, z. B. Sätze:
> 2. Die Reflexivpronomen haben die gleichen Formen wie die Personalpronomen. Ausnahmen:
>   • 3. Pers. Sg. „sich", z. B. Sätze: / 3. Pers. Pl. „sich", z. B. Satz:
>   Sie haben außerdem die gleiche Wortstellung wie Personalpronomen.
> 3. Gibt es eine Akkusativ-Ergänzung im Satz, steht das Reflexivpronomen im Dativ, z. B. Sätze:
> 4. Manche Verben kann man mit und ohne Reflexivpronomen verwenden, z. B. Sätze:

c Ergänzen Sie die fehlenden Reflexivpronomen im Akkusativ oder Dativ.

1. Gestern habe ich _mir_ das Training von meiner Lieblingsmannschaft angesehen.

2. Die Mannschaft hat .... sehr angestrengt.

3. Der Torwart war spitze. Er hat .... sehr verbessert.

4. Zwei Spieler haben .... auf dem Spielfeld verletzt.

5. Und der Schiedsrichter hat nicht reagiert. Kannst du .... das vorstellen?

6. Nach dem anstrengenden Training habe ich .... erstmal ausgeruht und .... ein Bier bestellt.

C Mit Routinen brechen

1 Wortfamilien

a Markieren Sie die Wörter, die zu einer Wortfamilie gehören, jeweils in derselben Farbe. Einige Wörter passen nicht.

Student | kaufen | wechseln | Wechselstube |
Professor | Kauf | einstudieren | Verkäufer |
Gebäck | Getränk | Studienzeit | Kaufmann |
Geschäft | backen | Kaffee | Studium | Geld |
Abwechslung | Bäcker | einkaufen | trinkbar |
Umtrunk | Backofen | trinken | wechselhaft

Wortschatz in Wortfamilien lernen

Sie können Wörter auch in Wortfamilien – Wörter mit demselben Wortstamm – lernen.
So können Sie Ihren Wortschatz schneller erweitern und haben weniger Probleme mit der Rechtschreibung. Sie können dafür zum Beispiel größere Karteikarten verwenden, sodass Sie die Wortfamilie jederzeit ergänzen können.

b Arbeiten Sie mit dem Wörterbuch und notieren Sie Wortfamilien, die aus mindestens fünf Wörtern bestehen.

1. Wohnung: _wohnen,_ ....

2. ziehen: ....

3. fahren: ....

4. täglich: ....

2 Meine Routine

a Tragen Sie die Wörter im Schüttelkasten an die passende Stelle in die Skala ein.

regelmäßig | immer | nie | manchmal |
wöchentlich | häufig | selten | täglich | oft

immer

b Sehen Sie sich Ihre Antworten im Lehrbuch 6C, 1b, noch einmal an. Notieren Sie kurz Ihren Tagesablauf mit den Redemitteln oben. Nennen Sie auch Gründe, warum Sie etwas (nicht) machen. Finden Sie dann die passende Überschrift für Ihren Text.

○ G 8.3   **c**   Jeden Tag dasselbe! Lesen Sie den Forumsbeitrag und markieren Sie die Formen mit „-selb-". Was fällt auf? Kreuzen Sie in den Regeln an.

◀ ▶ ⬚   ─ ☐ ✕

Mit Routinen brechen – welche Erfahrungen haben Sie damit gemacht?

Line61: Also ich weiß gar nicht, wo das Problem liegt. Jeder Mensch hat Gewohnheiten: Man isst jeden Tag dasselbe Frühstück. Dann nimmt man denselben Weg zur Arbeit und trifft dieselben Leute in der U-Bahn. Mit der Zeit lernt man sie kennen und kann sogar Kontakte knüpfen. Im Büro sitze ich dann mit demselben Kollegen zusammen – und das seit fünf Jahren. Ich kenne ihn gut und kann mich auf ihn verlassen. Bei dem ganzen Stress im Büro entspannt das doch ungemein. Ich bin übrigens froh, dass ich seit 10 Jahren bei derselben Firma angestellt bin und nicht dauernd umziehen muss. Und meine Familie fährt sogar immer an denselben Urlaubsort. Dort haben meine Kinder inzwischen Freunde gefunden. Das ist ihr zweites Zuhause. ... Also, ich finde Routinen nicht langweilig, sondern wichtig. Sie geben Sicherheit, und der Mensch braucht sie, um größere Probleme als die des Alltags zu bewältigen. Dasselbe sagt übrigens auch mein Mann.

„der-/das-/dieselbe"

1. bezeichnet eine Sache oder Person, die mit einer vorher oder nachher genannten Sache oder Person ☐ identisch ☐ nicht identisch ist.

2. wird als Demonstrativpronomen oder als ☐ Personalpronomen ☐ Artikelwort verwendet.

3. Der erste Teil wird wie der ☐ unbestimmte ☐ bestimmte Artikel dekliniert, der zweite Wortteil hat die Adjektivendung wie nach dem bestimmten Artikel.

---

d   Machen Sie und Ihr Partner / Ihre Partnerin immer dasselbe? Ergänzen Sie Formen mit „-selb-" und erfinden Sie Antworten.

1. Wohnen Sie in ..*demselben*.......... Viertel?   – *Nein, in verschiedenen.*..................

2. Gehen Sie immer in .... Restaurant?   – ....

3. Haben Sie .... Interessen wie Ihr Freund?   – ....

4. Treiben Sie .... Sport?   – ....

5. Mögen Sie .... Musik?   – ....

6. Studieren Sie an .... Uni?   – ....

7. Haben Sie .... Dozenten wie ich?   – ....

8. Sprechen Sie .... Sprachen?   – ....

9. ...   – ....

○ G 2.3 **3** **Negation im Satz**

a   Lesen Sie Sätze und markieren Sie die Negation. Lesen Sie dann die Regeln im Lehrbuch 6 C, 2 b, noch einmal und notieren Sie, welche der Regeln (1 – 3) passt.

                                                                                 Regel

1. Heute ist für mich ein toller Tag, denn ich arbeite nicht.   ☐ *2*

2. Heute mache ich alles in Ruhe. Ich beeile mich nicht.   ☐

3. Heute Morgen bin ich auch nicht früh aufgestanden.   ☐

4. Dann bin ich in die Stadt gefahren – überall war nicht viel los.   ☐

5. Ich kaufe heute nicht ein. Ich spaziere einfach durch die Straßen.   ☐

6. Leider kann ich meine Freunde nicht treffen – sie müssen alle arbeiten.   ☐

7. Morgen wird es dann nicht so entspannt, denn dann herrscht wieder mein ganz normaler Alltag!   ☐

b   „nicht" oder „kein-"? Lesen Sie die Aussagen. Verneinen Sie die markierten Satzteile oder den ganzen Satz mit „nicht" oder „kein-". Achten Sie auf die Deklination der Adjektive und des Negativartikels „kein-".

1. Ich studiere Psychologie. „Routinen im Alltag" ist mein Forschungsthema.

   Ich studiere Psychologie. „Routinen im Alltag" ist nicht mein Forschungsthema.

2. Das sind die Forschungsergebnisse aus der Fachliteratur.

   ....

3. Routinen sind wichtig für unseren Alltag.

   ....

4. Die meisten Menschen haben am Morgen feste Rituale.

   ....

5. Man spricht gern darüber, weil es langweilig klingt.

   ....

6. Trotzdem ist jeder Tag gleich.

   ....

7. Aber warum ist es dann oft einfach, sich zu erinnern?

   ....

8. An die meisten Tage haben wir genaue Erinnerungen.

   ....

9. Aber die besonderen Tage vergessen wir.

   ....

G 2.3   c   Mein neues Leben. Lesen Sie den Tipp und formulieren Sie dann aus den Elementen Sätze mit „nicht / kein- …, sondern" wie im Beispiel.

Tipp
Vgl. die Wortstellung von „sondern" bei den „aduso"-Konjunktionen in AB 1E, 2a – e.

1. Routine brauchen → Abwechslung mögen: *Ich brauche keine Routine, sondern ich mag Abwechslung.*

2. abends zu Hause bleiben → ausgehen: ....

3. allein essen → Freunde einladen: ....

4. vor dem Fernsehen sitzen → ins Kino gehen: ....

5. neues Auto kaufen → mir ein gutes Rad leisten: ....

6. gute Ratschläge brauchen → sich Verständnis wünschen: ....

G 2.3   d   Formulieren Sie folgende Wörter negativ. Lesen Sie den Tipp und ergänzen Sie auch die Wörter aus dem Schüttelkasten.

Verneinung mit „un-"
Viele Adjektive haben die gegenteilige Bedeutung, wenn sie mit „un-" verwendet werden, z. B. glücklich – unglücklich

> keiner | nichts | nie | niemand | nirgendwo |
> nirgendwohin | ~~noch nicht~~ | ohne

1. schon: *noch nicht*

2. gesund: *ungesund*

3. jemand: ....

4. irgendwohin: ....

5. wichtig: ....

6. immer: ....

7. etwas / alles: ....

8. alle: ....

9. irgendwo: ....

10. mit: ....

11. höflich: ....

12. klar: ....

147

e Frau Müller sieht alles positiv, aber ihr Mann sieht alles negativ. Verneinen Sie Frau Müllers Aussagen wie im Beispiel.

Frau Müller: **Herr Müller:**

1. Ich habe heute so gut geschlafen. Und du? *Ich habe nicht so gut geschlafen.*

2. Ich habe heute schon alles fertig. ....

3. Heute habe ich viel Zeit. ....

4. Ich kann machen, was ich will. ....

5. Ich nehme das Auto. ....

6. Alle fahren mit dem Bus. ....

7. Kann ich dich irgendwohin mitnehmen? Nein, ...

8. Entschuldige, aber das ist meine Tasse Kaffee. ....

9. Möchtest du auch einen Kaffee? Nein, ...

10. Ruf mich heute Nachmittag bitte an. ....

11. Weißt du, ich bin so glücklich. ....

D Wissensdurst

G 10.1 **1 Nominalisierung mit Suffixen „-heit, -(ig)keit, -schaft, -ung, -(a)tion, -tät"**

Lesen Sie die Verben und Adjektive im Schüttelkasten. Suchen Sie mithilfe des Wörterbuchs das Nomen mit dem passenden Suffix und notieren Sie es in der Tabelle in Ihr Heft. Ergänzen Sie ggf. weitere Nomen.

> **Das Suffix**
> das Suffix = die **Nach**silbe
> nach dem Wortstamm, z. B. die
> Kund**schaft**
> Alle Nomen mit den Suffixen „-heit,
> -keit, -schaft, -ung, -tion, -tät" sind
> feminin, z. B. die Offenheit, …

attraktiv | aufgeschlossen | aufmerksam | belohnen | eigen | empfehlen | informiert | kompliziert | motivieren | neu | offen | verlängern | wissen

-heit	-(ig)keit	-schaft	-ung	-(a)tion	-tät
Aufgeschlossenheit,					

2 Neugier als „Motor des Lebens"? – Ihre Meinung ist gefragt

a Wo passen die Redemittel? Ordnen Sie sie in die Tabelle in Ihr Heft ein.

Ich bin der Meinung, dass … | Da bin ich Ihrer Meinung. | Da bin ich anderer Meinung. | Das stimmt zwar einerseits, aber andererseits … | Das stimmt so nicht. | Ich denke, … | Meiner Meinung / Ansicht nach … | Genau so ist es. | Dem kann ich nicht zustimmen. | Ich sehe das folgendermaßen … | So einfach ist die Sache doch nicht. | Ich glaube, Sie haben / der Autor hat übersehen, dass … | Man sollte auch auf der anderen Seite bedenken, dass … | Da muss ich (Ihnen) widersprechen. | Damit bin ich völlig einverstanden. | Ich teile Ihre Ansicht. | Ich teile die Ansicht des Autors nicht.

Meinung äußern	widersprechen	zustimmen	abwägen
Ich bin der Meinung, dass …			

b Lesen Sie den Artikel aus dem Lehrbuch 6 D, 1b, noch einmal. Schreiben Sie Ihre Meinung zum Thema „Neugier" und verwenden Sie die passenden Redemittel aus 2a.

E Literatur entdecken

1 Die Welt der Bücher

a   Das Wortfeld „Buch". Wie heißen die Wörter? Arbeiten Sie ggf. mit dem Wörterbuch.

   1. Geschichten und Romane kauft man oft als

   2. Geschäft, in dem man Bücher kaufen kann

   3. Ein längerer Abschnitt in einem Buch ist ein …

   4. Jemand, der ein Buch liest, ist ein …

   5. Die Person, die ein Buch geschrieben hat, ist der …

   6. Bücher werden von einem … herausgegeben.

   7. Ein Journalist, der ein neues Buch bespricht, ist ein …

   8. Ort, an dem man Bücher lesen oder leihen kann

   9. elektronisches Buch

T _A_ _S_ _C_ _H_ _E_ _N_ _B_ _U_ _C_ _H_

B _ _ _ _ _ _ _ _ _

K _ _ _ _ _ _

L _ _ _ _

A _ _ _ _

V _ _ _ _ _

K _ _ _ _ _ _

B _ _ _ _ _ _ _ _ _

_E_ - _ _ _ _ _

b   Tragen Sie die grau markierten Buchstaben aus 1a in der richtigen Reihenfolge ein. Dann haben Sie das Lösungswort.

   Lösungswort: L _E_ _ _ _ _ _ _ _

F (Meine) Entdeckungen

1 Einmal um die ganze Welt

a   Wo passen die Wörter? Ordnen Sie sie in die Tabelle in Ihrem Heft ein.

> Afrika | Amerika | Antarktis | Asien | Australien | das Gebirge | Deutschland | Europa | das Flachland |
> Frankreich | Großbritannien | der Hügel | die Küste | das Meer | Norden | Nordosten | Nordwesten |
> Österreich | Osten | Schweiz | Spanien | Süden | Südosten | Südwesten | das Tal | Ungarn | Westen

Kontinent	Land	Landschaftsform	Himmelsrichtung
Afrika,			

b   Notieren Sie zu Kontinenten, Ländern und Himmelsrichtungen aus 1a das passende Adjektiv in Ihr Heft.

   afrikanisch,

2 Alexander von Humboldt

Lesen Sie den Lexikoneintrag im Lehrbuch 6 F, 2 a, noch einmal. Welche Information passt zu welcher Zahl? Notieren Sie.

10 _Tod seines Vaters_   90 ....   6.000 ....   60.000 ....

20 ....   5.700 ....   10.000 ....

3 „Auf Heinrich Schliemanns Spuren" – eine schlecht organisierte Studienreise

AB ◉ 35 a Frau Döring beschwert sich telefonisch über ihre Studienreise. Bringen Sie das Gespräch zwischen Herrn Nowak vom Reisebüro und Frau Döring in die richtige Reihenfolge. Hören Sie dann das Gespräch zur Kontrolle.

☐ *1* KulTour-Studienreisen, mein Name ist Peter Nowak, wie kann ich Ihnen helfen?

☐ Ja, aber erst nach zwei Tagen. Dann sind wir meist schon wieder abgereist. In den anderen Hotels ist uns das auch passiert! Und es gab nur einmal am Tag warmes Essen.

☐ Oh, das tut mir leid! Könnten Sie uns bitte die Gründe dafür nennen?

☐ Hallo, mein Name ist Döring. Wir hatten die Studienreise „Auf Schliemanns Spuren" gebucht und waren leider nicht zufrieden.

☐ Wurde Ihnen dann vor Ort ein Doppelzimmer angeboten?

☐ Wenn ich Sie richtig verstehe, hatten Sie aber Vollpension gebucht?

☐ Was für einen Vorschlag? Also, mein Mann und ich, wir möchten eigentlich gern einen Teil unseres Geldes zurück.

☐ Das klingt ja wirklich nicht nach einer gelungenen Studienreise … Frau Döring, ich hätte da einen Vorschlag …

☐ Genau. Aber die Vollpension war eigentlich eine Halbpension. Das war ärgerlich. Wir hatten ja den ganzen Tag Besichtigungen und keine Zeit, irgendwo essen zu gehen. Aber das ist noch nicht alles. Bei den Ausflügen gab es auch immer wieder Probleme …

☐ Vielen Dank für das Angebot. Dann kommen wir gleich heute noch bei Ihnen im Reisebüro vorbei. Dann bis später. Auf Wiederhören!

☐ Wissen Sie was, kommen Sie doch ins Büro und wir besprechen das Problem ausführlich. Da finden wir schon eine Lösung …

☐ Ja sicher. In allen drei Hotels, in denen wir übernachtet haben, war kein Doppelzimmer für uns reserviert – obwohl wir Ihre Buchungsbestätigung dabei hatten.

b Spielen Sie das Gespräch mit Ihrem Partner / Ihrer Partnerin nach. Tauschen Sie die Rollen.

Aussprache

1 Melodiebewegung – Gefühle sprechen lassen

AB ◉ 36 a Hören Sie die Sätze. Welche Sätze klingen neutral (n), welche emotional (e)? Kreuzen Sie an.

1. Ich habe Südamerika bereist. ⬤n ⬤e
2. Die Reise war großartig. ⬤n ⬤e
3. Ich habe sehr viel gesehen und erlebt. ⬤n ⬤e
4. Dort habe ich auch total interessante Menschen kennengelernt. ⬤n ⬤e
5. Mit zwei Argentiniern habe ich sogar heute noch Kontakt. ⬤n ⬤e
6. Vielleicht besuchen sie mich auch einmal in Deutschland. ⬤n ⬤e

> **Melodiebewegung**
> Man kann Sätze neutral oder sachlich (mittlere Melodiebewegung) oder emotional (große Melodiebewegung) aussprechen.

b Sprechen Sie die Sätze in 1a jeweils einmal neutral / sachlich und einmal emotional.

AB ◉ 37 c So viel Gefühl? Hören Sie den folgenden Satz in verschiedenen Varianten. Wie sind sie gesprochen? Kreuzen Sie an.

	nachdenklich	begeistert	ärgerlich
1. Ich staune wirklich, wie du von der Reise wiederkommst.	☐	☐	☐
2. Ich staune wirklich, wie du von der Reise wiederkommst.	☐	☐	☐
3. Ich staune wirklich, wie du von der Reise wiederkommst.	☐	☐	☐

Grammatik: Das Wichtigste auf einen Blick

G 1.1, 1.2 **1 Verben und ihre Ergänzungen**

Verben können mit oder ohne Ergänzung verwendet werden.

- **Verben mit einer Akkusativ-Ergänzung** (transitive Verben), z. B. „sehen, lieben, hören" bilden das Perfekt meist mit „haben". z. B. Ich habe gestern einen interessanten Vortrag gehört.
- **Verben ohne Akkusativ-Ergänzung** (intransitive Verben) können **Verben ohne Ergänzungen** sein (z. B. stehen) oder **Verben mit einer anderen Ergänzung** (z. B. „werden" + Nominativ-Erg.; „helfen" + Dativ-Erg.; „gedenken" + Genitiv-Erg.; „danken" (für + Akk.) / „helfen" (bei + Dativ) = Präpositional-Erg.). Sie bilden das Perfekt mit „haben" oder „sein", z. B. Er hat lange auf die Radiosendung gewartet. Dann ist er leider eingeschlafen.

G 2.2 **2 Verben mit Dativ- und Akkusativ-Ergänzung**

Die Stellung der Dativ- und Akkusativ-Ergänzungen variiert.
Nomen + Nomen: Dativ steht vor Akkusativ
Nomen + Personalpronomen: Personalpronomen steht vor dem Nomen, z. B. Der Körper hat ihm Warnsignale gesendet. / Der Körper hat sie dem Sportler gesendet. (= kurz vor lang)
Personalpronomen + Personalpronomen: Akkusativ steht vor Dativ, z. B. Er hat sie ihm gesendet.

G 4.4 **3 Reflexive Verben**

Bei **reflexiven Verben** bezieht sich das Reflexivpronomen auf das Subjekt, z. B. Der Spieler trocknet sich ab. Die Reflexivpronomen haben die gleichen Formen und die gleiche Position im Satz wie die Personalpronomen. Ausnahmen: 3. Pers. Sg. / 3. Pers. Pl.: „sich". In Sätzen mit Akkusativ-Ergänzung, steht das Reflexivpronomen im Dativ, z. B. Ich trockne mir die Haare.

	Reflexivpronomen		Personalpronomen	
	Akkusativ	**Dativ**	**Akkusativ**	**Dativ**
ich	trockne **mich** ab.	trockne **mir** die Haare.	mich	mir
du	trocknest **dich** ab.	trocknest **dir** die Haare.	dich	dir
er / sie / es	trocknet **sich** ab.	trocknet **sich** die Haare.	**ihn / sie / es**	**ihm / ihr / ihm**
wir	trocknen **uns** ab.	trocknen **uns** die Haare.	uns	uns
ihr	trocknet **euch** ab.	trocknet **euch** die Haare.	euch	euch
sie / Sie	trocknen **sich** ab.	trocknen **sich** die Haare.	**sie / Sie**	**ihnen / Ihnen**

G 2.3 **4 Negation im Satz**

Negation mit „nicht": Meist steht „nicht" links von dem Element, das verneint wird. Außerdem gibt es folgende Varianten:

- **Verneinung vom ganzen Satz.** „nicht" steht am Satzende, z. B. Extremsportler langweilen sich nicht. Ausnahmen: Bei Modalverben oder trennbaren Verben steht „nicht" vor dem 2. Verb(teil) / der Vorsilbe von trennbaren Verben, z. B. Sie müssen sich nicht langweilen. / So ging es nicht weiter.
- **Verneinung von Satzteilen:** „nicht" steht vor dem Element, das verneint wird, z. B. Er läuft nicht schneller als sein Freund.
- **Verneinung von manchen Adjektiven:** „un-" + Adjektiv, z. B. „uninteressant"
- **Verneinung von Nomen + bestimmten Artikel / Possessivartikel:** Er kauft doch nicht das kleine Auto, sondern das große. Das ist nicht sein Auto.

Negation mit „kein": Nomen mit unbestimmten Artikel oder Nullartikel verneint man mit „kein". „Kein" wird wie der unbestimmte Artikel dekliniert, z. B. Ich brauche keine Routine. / Ich habe keinen Stress.

- „nicht / kein ..., sondern" → Dieser „aduso"-Konnektor drückt eine Alternative aus, z. B. Er segelt nicht gern, sondern er liebt Drachenfliegen. Er hat kein Auto, sondern ein Boot.

Andere Negationsformen: keiner, nicht mehr, nichts, nie, niemand, nirgendwo, nirgendwohin ,noch nicht, ohne

Minicheck: Das kann ich nun

Abkürzungen

Im:	Interaktion mündlich	Rm:	Rezeption mündlich	Pm:	Produktion mündlich
Is:	Interaktion schriftlich	Rs:	Rezeption schriftlich	Ps:	Produktion schriftlich

Lektion 1

	Das kann ich nun:	🙂	😐	🙁
Im	die meisten Situationen bewältigen, die sich im Alltag oder auf Reisen ergeben			
Is	in privater Korrespondenz Gefühle und Neuigkeiten mitteilen, von Ereignissen berichten und nach Neuigkeiten fragen			
Rm	einfache Informationen von unmittelbarer Bedeutung verstehen			
	konkrete Anweisungen und Aufträge verstehen			
	bei längeren Gesprächen den Hauptpunkten folgen			
	wichtige Informationen in einfachen Ansagen und Mitteilungen verstehen			
	in einfachen Erzählungen dem Handlungsablauf folgen und die wichtigsten Details verstehen			
Rs	längere Texte zu aktuellen Themen oder solchen aus dem eigenen Interessengebiet nach Informationen durchsuchen			
	die wichtigsten Informationen in alltäglichen informierenden Texten verstehen			
	einfache Standardbriefe verstehen			
	in kurzen Berichten oder Zeitungstexten wichtige Fakten und Informationen finden			
	kurzen Texten, die für die Öffentlichkeit bestimmt sind, relevante Informationen entnehmen			
	literarische Texte lesen, die im Wesentlichen auf dem Grundwortschatz und einer einfachen konkreten Handlung basieren			
Pm	mündlich über Erfahrungen und Ereignisse berichten und dabei Reaktionen und Meinungen einbeziehen			
	verständlich Vermutungen anstellen			
Ps	Ansichten, Pläne oder Handlungen aufzeichnen und begründen oder erklären			
	eine einfache Anzeige verfassen			
	eine einfach strukturierte Geschichte schreiben , indem er / sie die einzelnen Punkte linear aneinander reiht			
	zu einem vertrauten Thema Notizen machen, die für den späteren Gebrauch ausreichen			

Lektion 2

	Das kann ich nun:	☺	😐	☹
Im	Informationen über bekannte Themen oder Themen aus seinem / ihrem Fach- oder Interessengebiet austauschen			
	Meinung sagen und Vorschläge machen, um Probleme zu lösen oder praktische Entscheidungen zu treffen			
	in Gesprächen Fragen zu vertrauten Themen beantworten			
	ohne Vorbereitung an Gesprächen über vertraute Themen teilnehmen			
	mit vorbereiteten Fragen ein gesteuertes Interview führen und dabei auch einzelne weiterführende Fragen stellen			
Is	auf Annoncen und Inserate reagieren und mehr oder genauere Informationen verlangen			
Rm	einfache Informationen von unmittelbarer Bedeutung verstehen			
	eine Argumentation über ein aktuelles oder vertrautes Thema grob erfassen			
	wichtige Einzelinformationen von Radiosendungen über Themen von persönlichem oder allgemeinem Interesse verstehen			
Rs	die wichtigsten Informationen in alltäglichen informierenden Texten verstehen			
	in kurzen Berichten oder Zeitungstexten wichtige Fakten und Informationen finden			
	einer einfachen schriftlichen Anleitung folgen			
	Anzeigen mit klaren Informationen und wenigen Abkürzungen verstehen			
	kurzen Texten, die für die Öffentlichkeit bestimmt sind, relevante Informationen entnehmen			
Pm	Informationen wiedergeben und deutlich machen, welcher Punkt am wichtigsten ist			
	unkomplizierte Texte selbstständig mündlich zusammenfassen			
	verständlich beschreiben, wie man etwas macht			
Ps	schriftlich Dinge einfach und klar beschreiben			
	schriftlich über Erfahrungen und Ereignisse berichten und dabei Reaktionen und Meinungen beschreiben			
	zu einem vertrauten Thema Notizen machen, die für den späteren Gebrauch ausreichen			

Lektion 3

Das kann ich nun:		☺	😐	☹
Im	Meinung sagen und Vorschläge machen, um Probleme zu lösen oder praktische Entscheidungen zu treffen			
	jemanden in einer einfachen Angelegenheit beraten			
	ohne Vorbereitung an Gesprächen über vertraute Themen teilnehmen			
Rm	die wichtigsten Informationen in kurzen Vorträgen / Reden / Vorlesungen über bekannte Themen verstehen, wenn diese unkompliziert und klar strukturiert dargestellt werden			
	in einfachen Erzählungen dem Handlungsablauf folgen und die wichtigsten Details verstehen			
Rs	längere Texte zu aktuellen Themen oder solchen aus dem eigenen Interessengebiet nach Informationen durchsuchen			
	in kurzen Berichten oder Zeitungstexten wichtige Fakten und Informationen finden			
	einer einfachen schriftlichen Anleitung folgen			
Pm	Ansichten, Pläne oder Handlungen begründen oder erklären			
	mündlich über Erfahrungen und Ereignisse berichten und dabei Reaktionen und Meinungen einbeziehen			
	über Alltagsthemen oder speziellere Themen aus dem eigenen Erfahrungsbereich sprechen und eine Meinung dazu äußern			
	verständlich Vermutungen anstellen			
	in alltäglichen oder vertrauten Situationen einen kurzen eingeübten Text vortragen			
Ps	schriftlich über Erfahrungen und Ereignisse berichten und dabei Reaktionen und Meinungen beschreiben			
	Informationen festhalten und deutlich machen, welcher Punkt am wichtigsten ist			
	über Alltagsthemen oder speziellere Themen aus dem eigenen Erfahrungsbereich einfache Texte schreiben und Ansichten und Meinungen ausdrücken			

Lektion 4

Das kann ich nun:		☺	☺	☹
Im	Informationen über bekannte Themen oder Themen aus seinem / ihrem Fach- oder Interessengebiet austauschen			
	mit vorbereiteten Fragen ein gesteuertes Interview führen und dabei auch einzelne weiterführende Fragen stellen			
Is	gebräuchliche Formulare ausfüllen			
Rm	wichtige Einzelinformationen von Radiosendungen über Themen von persönlichem oder allgemeinem Interesse verstehen			
	in einfachen Erzählungen dem Handlungsablauf folgen und die wichtigsten Details verstehen			
Rs	in einer Geschichte die Handlung verstehen und erkennen, welche die wichtigsten Personen, Episoden und Ereignisse sind			
	in Texten zu aktuellen oder vertrauten Themen die Grundaussagen und wichtige Argumente erfassen			
	kurzen Texten, die für die Öffentlichkeit bestimmt sind, relevante Informationen entnehmen			
	literarische Texte lesen, die im Wesentlichen auf dem Grundwortschatz und einer einfachen konkreten Handlung basieren			
Pm	mündlich Dinge oder Personen einfach und klar beschreiben			
	mündlich über Erfahrungen und Ereignisse berichten und dabei Reaktionen und Meinungen einbeziehen			
	Informationen oder Ideen verständlich vortragen und diese mit einfachen Argumenten stützen			
Ps	eine einfach strukturierte Geschichte schreiben , indem er / sie die einzelnen Punkte linear aneinander reiht			
	zu einem vertrauten Thema Notizen machen, die für den späteren Gebrauch ausreichen			

Das kann ich nun:		☺	☺	☹
Im	in formellen Gesprächen oder Interviews Ansichten und Meinungen äußern			
Is	ein einfaches offizielles Schreiben verfassen oder beantworten			
Rm	mündliche Beschreibungen von vertrauten oder ihn / sie persönlich interessierenden Dingen verstehen			
	bei längeren Gesprächen den Hauptpunkten folgen			
	wichtige Einzelinformationen von Radiosendungen über Themen von persönlichem oder allgemeinem Interesse verstehen			
Rs	schriftliche Beschreibungen von vertrauten oder ihn / sie persönlich interessierenden Dingen und Sachverhalten verstehen			
	in Texten zu aktuellen oder vertrauten Themen die Grundaussagen und wichtige Argumente erfassen			
	in kurzen Berichten oder Zeitungstexten wichtige Fakten und Informationen finden			
	Anzeigen mit klaren Informationen und wenigen Abkürzungen verstehen			
Pm	mündlich Dinge oder Personen einfach und klar beschreiben			
	Träume, Gefühle und Ziele einfach beschreiben			
	Ansichten, Pläne oder Handlungen begründen oder erklären			
	mündlich über Erfahrungen und Ereignisse berichten und dabei Reaktionen und Meinungen einbeziehen			
	über Alltagsthemen oder speziellere Themen aus dem eigenen Erfahrungsbereich sprechen und eine Meinung dazu äußern			
	verständlich Vermutungen anstellen			
Ps	schriftlich Dinge einfach und klar beschreiben			
	schriftlich über Erfahrungen und Ereignisse berichten und dabei Reaktionen und Meinungen beschreiben			
	Informationen festhalten und deutlich machen, welcher Punkt am wichtigsten ist			
	eine einfache Anzeige verfassen			

Lektion 6

	Das kann ich nun:	☺	😐	☹
Im	in Gesprächen Fragen zu vertrauten Themen beantworten			
	ohne Vorbereitung an Gesprächen über vertraute Themen teilnehmen			
Rm	die wichtigsten Informationen in kurzen Vorträgen / Reden / Vorlesungen über bekannte Themen verstehen, wenn diese unkompliziert und klar strukturiert dargestellt werden			
Rs	die wichtigsten Informationen in alltäglichen informierenden Texten verstehen			
	schriftliche Beschreibungen von vertrauten oder ihn / sie persönlich interessierenden Dingen und Sachverhalten verstehen			
	in Texten zu aktuellen oder vertrauten Themen die Grundaussagen und wichtige Argumente erfassen			
	kurzen Texten, die für die Öffentlichkeit bestimmt sind, relevante Informationen entnehmen			
Pm	Träume, Gefühle und Ziele einfach beschreiben			
	unkomplizierte Texte selbstständig mündlich zusammenfassen			
	verständlich Vermutungen anstellen			
	in alltäglichen oder vertrauten Situationen einen kurzen eingeübten Text vortragen			
Ps	schriftlich Dinge einfach und klar beschreiben			
	über Alltagsthemen oder speziellere Themen aus dem eigenen Erfahrungsbereich einfache Texte schreiben und Ansichten und Meinungen ausdrücken			
	unkomplizierte Texte selbstständig schriftlich zusammenfassen			
	eine einfach strukturierte Geschichte schreiben, indem er / sie die einzelnen Punkte linear aneinander reiht			
	zu einem vertrauten Thema Notizen machen, die für späteren Gebrauch ausreichen			

参考语法 Referenzgrammatik

说明 Hinweis

本参考语法总结了本书中所涉及的语法现象。该总结更侧重以学生理解为目标，注重语言的实际运用，而非强调语言学意义上的完整性。

本参考语法第 1 节就句子中的组成元素及其功能进行了介绍。第 2 节主要介绍了这些元素在主句及从句中的位置。第 3 节概述了如何用连接词连接文本各部分。第 4 节至第 9 节介绍了德语单词词类及其语义和句法特征。第 10 节总结了几类重要的构词法。

目录 Inhalt

1	句子和句子组成元素 Der Satz und seine Elemente	160
1.1	动词和补足语 Verben und Ergänzungen	160
1.2	支配多个补足语的动词 Verben mit mehreren Ergänzungen	160
1.3	动名词搭配 Nomen-Verb-Verbindungen	161
1.4	说明语 Angaben	161
2	句子的语序 Positionen im Satz	161
2.1	主句的框型结构 Die Satzklammer im Hauptsatz	161
2.2	位于中场的第三格和第四格补足语 Dativ- und Akkusativ-Ergänzungen im Mittelfeld	162
2.3	否定 Negation	162
2.4	疑问句 Die Frage	163
2.5	间接疑问句 Indirekte Frage (ob, wer, worüber, …)	163
2.6	命令式 Der Imperativ	163
3	句子组合 Satzkombinationen	164
3.1	作为文本连接手段的连接词 Mittel der Textverbindung: Die Konnektoren	164
3.2	并列复合句"主句–主句"：并列连词"aduso" Satzgefüge „Hauptsatz – Hauptsatz": Die „aduso"-Konjunktionen	164
3.3	主从复合句"主句–从句" Satzgefüge „Hauptsatz – Nebensatz"	165
3.4	表示时间的连词、介词和连接副词 Temporale Konnektoren, Präpositionen und Verbindungsadverbien	165
3.5	一些从属连词的含义 Bedeutung einiger Nebensatzkonnektoren	166
3.6	比较从句 Vergleichssätze (so / genauso …, wie …)	166
4	动词 Das Verb	167
4.1	可分动词和不可分动词 Verben mit trennbarer und untrennbarer Vorsilbe	167
4.2	情态动词 Modalverben	167
4.3	支配简单不定式的动词（即不加 zu 的不定式）Verben mit einfachem Infinitiv (= Infinitiv ohne „zu")	170
4.4	反身动词 Reflexive Verben	170
4.5	一般现在时 Präsens	171
4.6	第一将来时 Futur I	172
4.7	现在完成时 Perfekt	172
4.8	过去时 Präteritum	173

4.9	过去完成时 Plusquamperfekt	174
4.10	被动态 Passiv	175
4.11	命令式 Der Imperativ	175
4.12	第二虚拟式：请求、建议和愿望 Konjunktiv II: Bitten, Ratschläge und Wünsche	176
5	名词 Das Nomen	177
5.1	复数的构成 Pluralbildung	177
5.2	变格 Deklination	178
6	形容词 Das Adjektiv	178
6.1	变格 Deklination	178
6.2	比较级和最高级 Komparation	179
6.3	比较级和最高级作定语 Komparation: attributiv	180
7	副词 Das Adverb	180
7.1	修饰动词的副词 Adverbien beim Verb	180
7.2	修饰形容词的副词 Adverbien beim Adjektiv	180
7.3	修饰句子的副词 Adverbien beim Satz	181
7.4	程度副词和焦点副词 Adverbien der Verstärkung und Fokussierung	181
8	冠词和代词 Artikelwörter und Pronomen	182
8.1	冠词 Artikelwörter (der, das, die …; ein, kein, mein, …)	182
8.2	冠词作为代词 Artikelwörter als Pronomen (das ist meins, deins, …)	182
8.3	指代相同人或事物的指示代词 Verweis auf Identisches (derselbe, dasselbe, dieselbe, …)	183
8.4	不定代词 Indefinitpronomen (man, jemand, irgendjemand, …)	183
9	介词 Präpositionen	184
9.1	介词：根据句法学分类 Präpositionen: syntaktisch	184
9.2	方位介词 Wechselpräpositionen	185
9.3	与动词、形容词和名词固定搭配的介词 Feste Präpositionen bei Verben, Adjektiven und Nomen	185
10	构词法 Wortbildung	186
10.1	名词 Nomen	186
10.2	形容词 Adjektive	187
10.3	动词 Verben	187

Abkürzungen

A / Akk. = Akkusativ	D / Dat. = Dativ	m = Maskulinum	f = Femininum	HS = Hauptsatz
N / Nom. = Nominativ	G / Gen. = Genitiv	n = Neutrum	Pl = Plural	NS = Nebensatz

1 句子和句子组成元素
Der Satz und seine Elemente

1.1 动词和补足语 Verben und Ergänzungen

句子的组成元素有**主语**、**动词**、**补足语**（即**宾语**）和说明语。句子中补足语的格受动词支配。

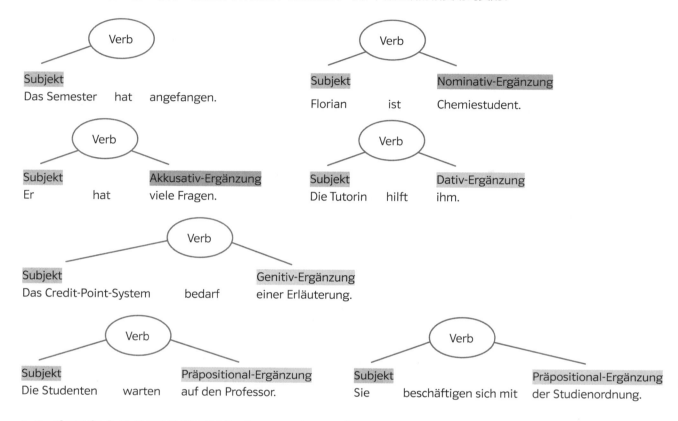

1.2 支配多个补足语的动词 Verben mit mehreren Ergänzungen

同时支配第三格和第四格补足语的动词

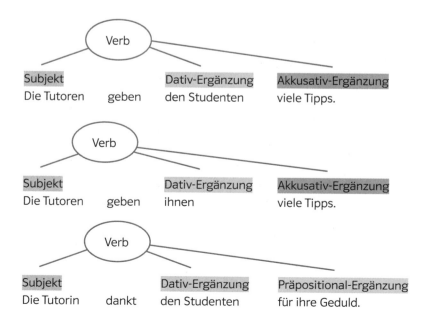

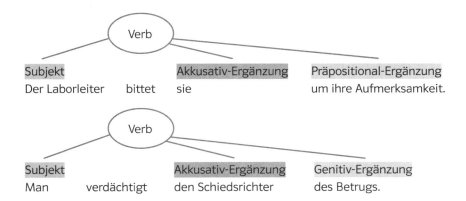

| Subjekt | | Akkusativ-Ergänzung | Präpositional-Ergänzung |
| Der Laborleiter | bittet | sie | um ihre Aufmerksamkeit. |

| Subjekt | | Akkusativ-Ergänzung | Genitiv-Ergänzung |
| Man | verdächtigt | den Schiedsrichter | des Betrugs. |

1.3 动名词搭配 Nomen-Verb-Verbindungen

有些动词（即所谓的功能动词）与名词一起构成**固定搭配**。通常情况下，动词几乎失去其原有的意义，固定搭配的含义主要由名词决定。类似的表达经常出现在科学类或新闻类文本中：

- Ich möchte diese These hier zur Diskussion stellen. (= Ich möchte diese These hier diskutieren lassen.)

- bringen: in Erinnerung bringen (= erinnern), zu Ende bringen (= beenden)
- kommen: zur Sprache kommen (= besprochen werden), ums Leben kommen (= sterben)
- nehmen: einen (guten / schlechten) Verlauf nehmen (= gut / schlecht verlaufen)
- stellen: eine Frage stellen (= fragen), in Frage stellen (= bezweifeln)
- treffen: Vorbereitungen treffen (= vorbereiten), eine Wahl treffen (= auswählen)

1.4 说明语 Die Angaben 3.1 3.4

补足语由动词决定，而**说明语**则可按需插入句子中。例如，它们在句子中可用来说明事情发生的地点（wo?）、时间（wann?）、原因（warum?）或过程（wie?）：

- Sie macht jetzt ein Praktikum in Hamburg.

上述句子即使去掉说明语（jetzt 和 in Hamburg），句子在语法上也是完整的。

2 句子的语序 Positionen im Satz

2.1 主句的框型结构 Die Satzklammer im Hauptsatz

Satzklammer

Position 1 (Subjekt / Angabe / Ergänzung)	Position 2 (konjugiertes Verb)	Mittelfeld ((Subjekt +) Ergänzungen + Angaben)	Satzende (Partizip Perfekt, Infinitiv oder Vorsilbe)
1. **Wir**	werden	den Zoo	besuchen.
2. **Mein Praktikum**	fängt	morgen	an.
3. Gestern	wollten	**wir** den Zoo	besuchen.
4. Vor einer Woche	hat	**mein Praktikum**	angefangen.

位于句子第一位的通常是**主语**（例句 1+2）或说明语（例句 3+4）。如果主语不在第一位，则会位于句子的中场，一般直接跟在动词之后。

2.2 位于中场的第三格和第四格补足语 Dativ- und Akkusativ-Ergänzungen im Mittelfeld

如果第三格及第四格都是名词，则通常情况下：第三格补足语放在第四格补足语前。（例句1）
如果其中一个是代词，则代词放在名词前，即：**短词放在长词前**。（例句2+3）
如果两个都是代词，则第四格补足语放在第三格补足语前。（例句4）

Position 1	Position 2	Mittelfeld	Satzende
1. Nils	hat	seiner Schwester einen Rucksack	geschenkt.
2. Nils	hat	ihr einen Rucksack	geschenkt.
3. Nils	hat	ihn seiner Schwester	geschenkt.
4. Nils	hat	ihn ihr	geschenkt.

如果要重点强调第三格补足语，则可将第三格补足语放在第四格补足语**后面**。
- Ich habe diesen Rucksack deiner Schwester geschenkt.

2.3 否定 Negation

全句否定 Satznegation

用 nicht 对整个句子的陈述进行否定时，nicht 通常位于句子的末尾，放在第四格及第三格补足语的后面：
- Ich mag meinen Alltag nicht.
- Deine Ratschläge helfen mir nicht.

nicht 总是位于与变位动词相搭配的单词或短语**之前**（如现在完成时的第二分词、不定式、可分动词的前缀或者固定搭配）。
例如：Es kommt heute nicht zur Sprache.
- Seine Freunde haben ihn nicht vergessen.
- So kann es nicht weitergehen.
- Ich komme heute nicht mit.

此外，nicht 总是放在作为谓语补足语的形容词和名词**之前**，例如例句中 finden 是谓语，wichtig 是谓语补足语：
- Die Autoren finden das Thema nicht wichtig.

部分否定 Satzteilnegation

用 nicht 也可以否定句子的某一部分。在这种情况下，nicht 直接放在被否定句子部分的前面。在被否定句子部分的后面，通常会用连词 sondern 来说明另一种可能性：
- Ich gehe heute nicht in die Kneipe, sondern ins Fitnessstudio.

否定词 nicht 和 kein 的区别 Negation mit „nicht" und „kein"

nicht 用来否定带有**定冠词或物主冠词**的名词。
- Langeweile ist nicht mein Problem.
- Ich brauche das Internet nicht.

kein 用来否定带有**不定冠词或零冠词**的名词。 **6.1**
- Ich habe keinen wichtigen Termin.
- Ich habe keine Routinen im Alltag.

特殊的否定形式 Sonderformen der Negation **8.4**

jemand → niemand	irgendwo → nirgendwo	schon → noch nicht
etwas / alles → nichts	irgendwohin → nirgendwohin	mit → ohne
immer → nie	alle → keiner	noch → nicht mehr

2.4 疑问句 Die Frage

带有特殊疑问词的疑问句（特殊疑问句）Die Frage mit Fragewort (W-Frage)

特殊疑问句中特殊疑问词位于句子第一位，变位动词位于第二位，与变位动词相搭配的部分（如现在完成时的第二分词等）位于句末。

Position 1	Position 2	Mittelfeld	Satzende
1. **Wie**	lernt	man nette Leute	kennen?
2. **Wo**	habt	ihr euch	kennengelernt?

一般疑问句 Die Ja-/Nein-Frage

变位动词位于句子第一位，主语紧跟其后位于第二位：

Position 1	Position 2	Mittelfeld	Satzende
1. Besuchst	du	einen Deutschkurs?	
2. Hat	das Praktikum	schon	angefangen?

2.5 间接疑问句 Indirekte Fragen (ob, wer, worüber, ...)

表示"说""问"和"知道"的动词后面可以跟间接疑问句（即从句），疑问句的动词位于句末。间接疑问句通常放在主句之后。

Direkte Ja-/Nein-Frage	Indirekte Frage (mit „ob")
Kommst du zu unserer Party?	Ich habe Nora gefragt, ob sie zu unserer Party **kommt**.
Direkte W-Frage (mit Fragepronomen):	**Indirekte Frage (mit Fragepronomen):**
Wann **fängt** die Party **an**? Mit wem **gehst** du zur Party? Wofür **benutzt** man dieses Besteck?	Sie hat mich gefragt, wann die Party **anfängt**. Ich habe sie gefragt, mit wem sie zur Party **geht**. Weißt du, wofür man dieses Besteck **benutzt**?

在口语中，经常用到缩略的间接疑问句：

- Patryk geht zur Party. Egal, ob er Lust **hat** oder nicht.

或者出现在所谓的回声疑问句中：

- Mit wem **gehst** du zur Party? – Mit wem ich zur Party **gehe**? Ich weiß es noch nicht.

关于标点符号：如果主句不是疑问句，间接疑问句后用句号。例如：

Ich wüsste gern, ob du zur Party kommst.

但如果主句是疑问句，则在间接疑问句后加问号。例如：

Weißt du schon, ob du zur Party kommst?

2.6 命令式 Der Imperativ

命令式中的动词放在句子第一位。命令式如果用到可分动词，则要将前缀放在句末，如用到反身动词，则反身代词直接跟在动词或人称代词后面。**4.11** ▶

Position 1	Position 2	Mittelfeld	Satzende
1. Komm		endlich nach Hause!	
2. Nehmt		die Regenjacken	mit!
3. Beeil	dich	bitte!	
4. Beeilen	Sie	sich bitte!	

3 句子组合 Satzkombinationen

3.1 作为文本连接手段的连接词 Mittel der Textverbindung: Die Konnektoren

句子之间及句子的各个部分之间可以用**连接词**进行内容上的相互衔接：

> Ich bin nach Deutschland gekommen, weil mein Vater hier Arbeit gefunden hat. Bevor ich nach Köln zog, lebte ich in einem kleinen Dorf. Dort hatte ich eine große Familie und viele Freunde. Als mein Vater zu uns kam, um mich und meine Mutter abzuholen, haben wir ein großes Fest gefeiert, denn wir hatten meinen Vater lange nicht mehr gesehen. Ich kannte ihn gar nicht gut, sodass er mir auch ein wenig fremd war. Dann stand er vor mir, und während er mich auf den Arm nahm, konnte ich es kaum glauben, denn ich hatte ihn bisher nur auf Fotos gesehen oder Briefe von ihm gelesen. Da war ich richtig glücklich, weil wir alle zusammen waren und ich mich so auf Deutschland gefreut habe. Aber auf dem Weg nach Deutschland konnte ich mich gar nicht mehr freuen, sondern ich musste immer an mein neues Zuhause denken. Als wir im Morgengrauen in Köln ankamen, war die Stadt für mich wie ein Abenteuer … die großen Häuser, die vielen Autos, die fremde Sprache, … In der Schule habe ich schnell Freunde gefunden. Dabei habe ich auch gut Deutsch gelernt. Wenn ich heute an Heimat denke, denke ich an unser Dorf und an Köln im Morgengrauen.

- **Konjunktionen 并列连词**可连接两个主句，位于第二个主句之前，但不占位。连词也可连接两个句子成分。 **3.2**
- **Nebensatzkonnektoren (= Subjunktionen) 从句连接词（从属连词）**用来引导从句，并与主句建立逻辑关系。 **3.3–3.4**
- **Verbindungsadverbien 连接副词**既可以连接主句，也可以连接句子成分。作为副词，它们在主句中位于第一位或中场，一般直接跟在动词之后。如果代词位于中场，则连接副词放在代词之后。 **3.4**

3.2 并列复合句"主句−主句"：并列连词"aduso"
Satzgefüge „Hauptsatz – Hauptsatz": Die „aduso"-Konjunktionen

用并列连词"aduso"可将两个主句连接起来。这些连词（denn 除外）也可以连接两个句子成分。并列连词不占位。

Hauptsatz 1/1. Satzteil	Position 0	Hauptsatz 2/2. Satzteil
1. Ich gehe ins Theater(,)	oder	(ich) schaue mir Filme auf DVD an.
2. Ich gehe ins Theater	und	in Musicals.

并列连词的含义 Bedeutung der Konjunktionen

Konjunktion	Bedeutung	Beispiel
aber	Einschränkung, Gegensatz	Ich mag Berlin, **aber** das Wetter hier gefällt mir nicht. Ich mag Berlin, **aber** nicht den vielen Verkehr dort.
denn	Grund	Geschenke oder Blumen sollten Sie zum ersten Treffen nicht mitbringen, **denn** das macht man nur bei guten Bekannten.
und	Verbindung, Aufzählung	**und** kann Sätze, Satzteile, Wörter oder Teile von Wörtern miteinander verknüpfen: • Der neue Chef ist sympathisch **und** die Kollegen helfen mir. • Der neue Chef ist sympathisch **und** sehr kompetent. • Diese Regeln gelten bei Geschäfts- **und** Arbeitsessen.
sondern	Korrektur	**sondern** folgt immer auf eine Negation im ersten HS: • Telefonieren Sie nicht am Tisch, **sondern** gehen Sie kurz raus. • Sie suchen keinen Partner, **sondern** einen guten Freund.
oder	Alternative	• Nehmen wir den Stadtplan mit **oder** hast du eine bessere Idee? • Nehmen wir den Stadtplan **oder** mein Handy mit?

关于标点符号： 在 aber、denn、sondern 之前（**不占位**）必须要加逗号，如果在 und、oder 前加上逗号更方便阅读，则可以加上逗号。

3.3 主从复合句"主句–从句" Satzgefüge „Hauptsatz – Nebensatz"

从句是对主句的补充。从属连词引导从句。变位动词位于从句的末尾，分词或不定式直接位于变位动词的前面。从句中的可分动词前缀与词干不拆分。

Satzgefüge			
Hauptsatz	**Nebensatz**		
	Nebensatzkonnektor	Mittelfeld	Satzende
1. Ich habe lange gewartet,	weil	ich zu früh gekommen	bin.
2. Ich werde immer nervös,	wenn	ich	warten muss.
3. Es ist wahrscheinlich,	dass	er zu spät	ankommen wird.
4. Er ist früher gegangen,	sodass	ich die Rechnung alleine	bezahlt habe.
5. Was mache ich bloß,	damit	mir so etwas nie wieder	passiert?

从句位于主句前 Der Nebensatz vor dem Hauptsatz

如果从句位于主句前，则主句的动词直接跟在从句的变位动词之后。在从句和主句之间必须加一个逗号。

Satzgefüge					
Nebensatz			**Hauptsatz**		
Position 1 im Satzgefüge			**Pos. 2 im Satzgefüge**		
Position 1: Nebensatzkonnektor	**Mittelfeld**	**Satzende: Verb vom NS**	**Position 1 vom HS: Verb vom HS**	**Mittelfeld**	**Satzende**
Als	ich in Frankfurt	ankam,	hat	es stark	geregnet.

3.4 表示时间的连词、介词和连接副词
Temporale Konnektoren, Präpositionen und Verbindungsadverbien

	Nebensatzkonnektor	**Präposition**	**Verbindungsadverb**
Vorzeitigkeit	**nachdem**	**nach + D**	**danach**
Beispiel	Nachdem er abgefahren war, war sie allein.	Nach seiner Abfahrt war sie allein.	Er war abgefahren. Danach war sie allein.
Gleichzeitigkeit	**während**	**während + G / D; bei + D.**	**dabei**
Beispiel	Während er Zug fuhr, las er Zeitung.	Während der Zugfahrt / bei der Zugfahrt las er Zeitung.	Er fuhr Zug. Dabei las er Zeitung.
Nachzeitigkeit	**bevor**	**vor + D.**	**davor**
Beispiel	Bevor er am Ziel ankam, rief er sie an.	Vor der Ankunft am Ziel rief er sie an.	Er kam am Ziel an. Davor rief er sie an.

nachdem 引导的从句常用过去完成时，这时主句要用过去时或现在完成时（尤其是在口语中）。在带有从属连词 **während** 和 **bevor** 的句子中，主从句时态保持一致。

3.5 一些从属连词的含义 Bedeutung einiger Nebensatzkonnektoren

Konnektor	Bedeutung	Beispiel
weil	Grund	• Ich bin vor zwei Wochen nach Deutschland gekommen, **weil** am Montag mein Auslandspraktikum anfängt.
obwohl	Gegengrund (etwas geschieht gegen die Erwartung)	• Ich liege immer noch am Strand, **obwohl** ich morgen eine Prüfung habe.
wenn	Zeit (einmalige Handlung in der Gegenwart / Zukunft oder wiederholte Handlung in Gegenwart / Vergangenheit)	• **Wenn** du heute Abend kommst, steht das Essen schon auf dem Tisch. • **Wenn** ich meine Oma besuchte, hat sie immer Zwiebelkuchen gebacken.
als	Zeit (einmaliges Geschehen in der Vergangenheit)	• Ich habe Jane kennengelernt, **als** ich eine Busreise durch die USA gemacht habe.
damit	Ziel / Zweck / Absicht (meist bei unterschiedlichen Subjekten in Haupt- und Nebensatz)	• Wir brauchen viele Ideen, **damit** wir die Welt verändern können. • Wir haben ihn angerufen, **damit** er uns seine Idee erklärt.
um . . . zu	Ziel / Zweck / Absicht (bei gleichen Subjekten in Haupt- und Nebensatz)	• Wir brauchen viele Ideen, **um** die Welt **zu** verändern.

关于标点符号：主从句之间需加逗号。

3.6 比较从句 Vergleichssätze (so / genauso, . . . wie, . . .)

比较从句用来回答 **Ist es genauso oder anders?** `6.2`
可以这样来表达比较：
主句中用 **so / genauso** + 形容词原级，从句中用 **wie**
• Das Hotelzimmer war so schön, wie ich es mir vorgestellt hatte.
• Im Iglu-Hotel war es genauso kalt, wie ich es mir gedacht hatte.

主句中用比较级，从句中用 **als**
• Das Hotelzimmer war besser, als ich es mir vorgestellt hatte.

als + 第二分词
• Das Hotelzimmer war besser als gedacht.

wie + 名词/代词
• Die Baumhäuser sehen aus wie große **Holzkisten.**

4 动词 Das Verb

4.1 可分动词和不可分动词（带前缀）
Verben mit trennbarer und untrennbarer Vorsilbe (Präfix) 2.1, 2.6, 4.4, 4.5, 4.7 ▶

Verb mit trennbarer Vorsilbe		Position 2		Satzende
ausleihen	1. Ich	**leihe**	mir das Buch heute	**aus.**
	2. Heute	**habe**	ich mir das Buch	**ausgeliehen.**
	3. Leider	**kann**	ich mir das Buch erst morgen	**ausleihen.**
	4. Ich	**werde**	mir das Buch bei dir	**ausleihen.**
Verb mit untrennbarer Vorsilbe				
bekommen	5. Du	**bekommst**	das Buch schon heute.	
	6. Heute	**hast**	du das Buch schon	**bekommen.**
	7. Leider	**kannst**	du das Buch erst morgen	**bekommen.**
	8. Du	**wirst**	das Buch von mir	**bekommen.**

可分动词（前缀）Verben mit trennbarer Vorsilbe (Präfix)
- 在现在时和过去时中动词词干位于句子第二位，前缀位于句末。（句1）
- 当动词与情态动词连用或句中时态为第一将来时的情况下，前缀与动词词干连用。（句3、4）
- 在现在完成时和过去完成时中，第二分词前缀 ge- 位于可分动词前缀和动词词干之间，且连写。（句2）
- 可分前缀：ab- (abholen); fort- (fortlaufen); ein- (eintragen); mit- (mitbringen); nach- (nachfragen); vor- (vorstellen); weiter- (weitergeben); zu- (zuhören).
- 可分动词的前缀要重读。

不可分动词（前缀）Verben mit untrennbarer Vorsilbe (Präfix)
- 前缀与动词词干总是连写。
- 在现在完成时和过去完成时中，动词第二分词中不加前缀 ge-。（句6）
- 不可分前缀：be- (beraten); emp- (empfehlen); ent- (entscheiden); er- (erhalten); ge- (gehören); miss- (missverstehen); ver- (verschwinden); zer- (zerreißen).
- 不可分动词的前缀不重读，重音在动词词干上。

4.2 情态动词 Modalverben

带有情态动词的句式结构 Struktur von Sätzen mit Modalverben 2.1 ▶

	Position 1	Position 2	Mittelfeld	Satzende
Präsens	Peter	kann	den Kommentar	schreiben.
Präteritum	Er	wollte	schon immer Journalist	werden.
Perfekt	Susanne	hat	als Kind Journalistin	werden wollen.
Plusquamperfekt	Mein Vater	hatte	Lehrer	werden dürfen.
Futur I	Sie	werden	immer länger	arbeiten müssen.
Konjunktiv II	Du	solltest	diesen Artikel	lesen.

带有情态动词的现在完成时句子末尾有两个动词，这种表达听上去很麻烦，因此在标准德语中一般直接使用过去时。

从句: 从句中情态动词位于句末,且位于实义动词不定式之后:

- Er kommt heute nicht zur Party, weil er länger arbeiten muss.
- Er konnte nicht mehr einkaufen, weil er länger arbeiten musste.

情态动词的现在时变位

	können	**müssen**	**dürfen**	**sollen**	**wollen**	**mögen**	**möcht-***
ich	kann	muss	darf	soll	will	mag	möchte
du	kannst	musst	darfst	sollst	willst	magst	möchtest
er/sie/es	kann	muss	darf	soll	will	mag	möchte
wir	können	müssen	dürfen	sollen	wollen	mögen	möchten
ihr	könnt	müsst	dürft	sollt	wollt	mögt	möchtet
sie/Sie	können	müssen	dürfen	sollen	wollen	mögen	möchten

*möchte 是 mögen 的第二虚拟式;möchte 没有过去时,因此这里用 wollen 的过去时形式来替代。

情态动词的过去时变位 Präteritum der Modalverben

	können	**müssen**	**dürfen**	**sollen**	**wollen**	**mögen**
ich	konnte	musste	durfte	sollte	wollte	mochte
du	konntest	musstest	durftest	solltest	wolltest	mochtest
er/sie/es	konnte	musste	durfte	sollte	wollte	mochte
wir	konnten	mussten	durften	sollten	wollten	mochten
ihr	konntet	musstet	durftet	solltet	wolltet	mochtet
sie/Sie	konnten	mussten	durften	sollten	wollten	mochten

情态动词的第二虚拟式变位 Konjunktiv II der Modalverben

	können	**müssen**	**dürfen**	**sollen**	**wollen**	**mögen**
ich	könnte	müsste	dürfte	sollte	wollte	möchte
du	könntest	müsstest	dürftest	solltest	wolltest	möchtest
er/sie/es	könnte	müsste	dürfte	sollte	wollte	möchte
wir	könnten	müssten	dürften	sollten	wollten	möchten
ihr	könntet	müsstet	dürftet	solltet	wolltet	möchtet
sie/Sie	könnten	müssten	dürften	sollten	wollten	möchten

情态动词的现在完成时和过去完成时 Modalverben im Perfekt und Plusquamperfekt

- 情态动词的现在完成时由 **haben 的现在时形式 + 实义动词不定式 + 情态动词不定式**构成。情态动词的过去完成时由 **haben 的过去时形式 + 实义动词不定式 + 情态动词不定式**构成,例如:
  Er hat viele Deutsche kennenlernen können. / Er hatte die deutsche Sprache lernen müssen.
  情态动词位于句末,放在实义动词不定式之后。

- 情态动词现在完成时和过去完成时很少用到,使用过去时的情况居多。

168

带有情态动词的第一将来时 Modalverben im Futur I

带有情态动词的第一将来时由 werden 的现在时形式 + 实义动词不定式 + 情态动词不定式构成，例如：
Er wird in Deutschland schnell Arbeit finden können.

情态动词的含义 Bedeutung der Modalverben

können
- Manche Menschen können drei Dinge gleichzeitig tun. (能力)
- Jeder Nutzer kann Wikipedia ergänzen. (可能性)
- Kann ich deinen Computer benutzen? (允许)

müssen
- Er muss jeden Morgen um 5.00 Uhr aufstehen. (义务)
- Früher musste man in die Bibliothek gehen. (必要性)
- Sie ist Rentnerin und muss nicht mehr arbeiten. (非必要性)
  - → nicht müssen 的含义跟 nicht ... brauchen zu 或者 kein ... brauchen zu 的含义是一样的：
    Er braucht nicht mehr zu arbeiten. Sie braucht keine Angst zu haben.
    在口语表达中，zu 通常会被省略掉：Er braucht nicht mehr arbeiten. / Sie braucht keine Angst haben.

dürfen
- Jeder darf bei Wikipedia mitmachen. (允许)
- Als Kind durfte ich nicht mit dem Computer arbeiten. (禁止)

sollen
- Mein Sohn sagt, dass ich mich mit dem Internet beschäftigen sollte. (建议，推荐)
- Mein Chef sagt, ich soll einen Wikipedia-Artikel über die Firmengeschichte schreiben. (任务)
- Sollen wir heute Abend ins Kino gehen? (建议：期待回应)

wollen
- Ich wollte schon immer etwas Neues ausprobieren. (意图，愿望)
- Wollen wir bei Wikipedia nachschauen? (建议：期待回应)

mögen / möcht-
- Ich mag Nudeln / Tee / dieses Restaurant. (偏好：*Ich esse, trinke, habe gern*)
- Herr Ober, ich möchte jetzt gerne zahlen! (礼貌的请求)
- Ich möchte mehr über das Thema wissen. (愿望)
- möcht- 是 mögen 的第二虚拟式；möchte 没有过去时形式，因此在这里用 wollen 过去时形式代替。Ich möchte für Wikipedia schreiben. → Ich wollte für Wikipedia schreiben. 但是：Heute mag ich Wikipedia. → Früher mochte ich Wikipedia nicht.
  - → mögen 有时会和某个动词搭配使用。尤其是在德国南部地区经常会用到，例如：Ich mag heute nicht mehr am Computer arbeiten. 这里 nicht mögen 表示"没有兴趣"。

情态动词作实义动词 Modalverben als Vollverben

在某些情况下，情态动词可用作实义动词。如果根据上下文，句子的含义很明确，动词不定式可删掉。尤其在口语表达中会涉及这种情况。
- Er kann gut Italienisch (sprechen).
- Du darfst jetzt nach Hause (gehen).
- Was soll das (bedeuten)?
- Mama, ich will kein Gemüse (haben / essen)!
- Ich möchte ein Eis (haben).

情态动词作为实义动词时（即不加不定式），在现在完成时和过去时中的动词变位与普通动词相同。现在完成时中其结构为：haben + 情态动词的第二分词（加前缀 ge- 和词尾 -t）。例如：Ich habe damals noch nicht gut Italienisch gekonnt.

4.3 支配简单不定式的动词（即不加zu的不定式）
Verben mit einfachem Infinitiv (= Infinitiv ohne „zu")

有一些动词（同情态动词用法类似）可支配不加 zu 的动词不定式。

现在完成时中，**hören**、**sehen**、**lassen**、**helfen** 与受其支配的动词都用原形（和情态动词一样）：
- Ich sehe Falco kommen. (现在时)
- Er hörte jemanden seinen Namen rufen. (过去时)
- Ich habe sie seine Lieder singen hören. (完成时)
- Falco lässt sich vom Fahrer ins Konzert bringen. (现在时)
- Er ließ sich alle drei Tage die Haare schneiden. (过去时)
- Er hat sich viel und gerne feiern lassen. (完成时)

lassen 有多重含义：
- Lass das! (禁止)
- Er hat seine Gitarre im Auto gelassen. (落下，遗忘)
- Lass uns in sein Konzert gehen! (建议，要求)

bleiben、**gehen**、**lernen** 也可支配不加 zu 的不定式。但是，这些与不定式连用的动词由它们作为实义动词时的第二分词来构成现在完成时：
- Sie bleibt den ganzen Tag am Schreibtisch sitzen. (现在时)
- Sie hat den ganzen Tag mit dem Computer Englisch sprechen gelernt. / Er ist immer gern arbeiten gegangen. (完成时)

4.4 反身动词 Reflexive Verben

与反身动词连用的反身代词与句中主语指的是同一个人或事物。

真反身动词必须要与反身代词共同使用：
- Der Trainer hat sich für das gute Spiel bedankt.
- Ich habe mich für meine schlechte Leistung geschämt.

还有一些动词可被当作反身动词来使用：
- Nach dem Spiel haben wir (uns) geduscht.
- Er hat (sich) sein neues Trikot angezogen.

用反身动词还可以表达交互关系：
- Die Mannschaften begrüßen sich. (= Die Mannschaften begrüßen einander.)

大多数情况下，反身代词用第四格；但如果句子中已经有了第四格补足语，反身代词要用第三格：
- Ich merke mir jedes Ergebnis.
- Ich kaufe mir ein Fußballtrikot.

反身代词的变格和人称代词的变格是一样的，只有在第三人称单数和复数时是例外。

	Reflexivpronomen		Personalpronomen	
	Akkusativ	**Dativ**	**Akkusativ**	**Dativ**
ich	trockne **mich** ab.	trockne **mir** die Haare.	mich	mir
du	trocknest **dich** ab.	trocknest **dir** die Haare.	dich	dir
er / sie / es	trocknet **sich** ab.	trocknet **sich** die Haare.	**ihn / sie / es**	**ihm / ihr / ihm**
wir	trocknen **uns** ab.	trocknen **uns** die Haare.	uns	uns
ihr	trocknet **euch** ab.	trocknet **euch** die Haare.	euch	euch
sie / Sie	trocknen **sich** ab.	trocknen **sich** die Haare.	**sie / Sie**	**ihnen / Ihnen**

反身代词在主句中紧跟变位动词或人称代词:

Position 1	Position 2	Mittelfeld	Satzende
1. Tim	erinnert	sich gern an das Fußballturnier.	
2. Heute	kauft	er sich ein neues Trikot.	
3. Ich	werde	mir morgen neue Turnschuhe	kaufen.
4. Du	wirst	sie dir sicher beim Training	anziehen.
5. Der Trainer	hat	sich am Fuß	verletzt.
6. Er	hat	ihn sich	gebrochen.
7. In den nächsten Wochen	muss	er sich	erholen.
8. Ihr	müsst	euch allein zum Training	verabreden.
9. Nach dem harten Training	haben	wir uns	erholen müssen.

4.5 一般现在时 Präsens

用法 Gebrauch

一般现在时用于表示说话时正在发生的事情和状态:

- Ich wohne bei meiner Gastfamilie.

一般现在时也会用于表达一般事实,如自然规律、规则或公认的真理:

- Wasser kocht bei 100 Grad.

未来发生的事情也可用现在时来表达。为了更加清楚地表明是未来发生的事情,在句子会插入时间状语(例如:morgen、nächste Woche、nach der Arbeit):

- Morgen Abend gehe ich zum Yogakurs.

一般现在时也可用于表达过去发生的事情,以增加历史事件的生动性,使人身临其境。这种时态也被称之为"历史现在时":

- Millionen Deutsche sehen die Schwarz-Weiß-Serie. Mit sehr einfacher Tricktechnik und viel Kreativität stellen Regisseur und Tricktechniker bereits 1966 die Welt der Zukunft dar.

Präsens: regelmäßige und unregelmäßige Verben `4.1`

	spielen	bearbeiten	sehen	werden	fahren	weglaufen	sein	haben
ich	spiele	bearbeite	sehe	werde	fahre	laufe weg	bin	habe
du	spielst	bearbeitest	siehst	wirst	fährst	läufst weg	bist	hast
er / sie / es	spielt	bearbeitet	sieht	wird	fährt	läuft weg	ist	hat
wir	spielen	bearbeiten	sehen	werden	fahren	laufen weg	sind	haben
ihr	spielt	bearbeitet	seht	werdet	fahrt	lauft weg	seid	habt
sie / Sie	spielen	bearbeiten	sehen	werden	fahren	laufen weg	sind	haben
	regelmäßig	*Verbstamm endet auf -d/t*	*Vokalwechsel:* $e \rightarrow ie/i$ $a \rightarrow ä/au \rightarrow äu$				*Sonderformen*	

4.6 第一将来时 Futur I

用法 Gebrauch

第一将来时可用于表达计划、承诺、通知和对未来的预测：
- 意图：Ich **werde** mir mehr Zeit für meine Familie **nehmen**.
- 承诺：Ich **werde** dich pünktlich **abholen**.
- 预言：In 50 Jahren **wird** es kein Benzin mehr **geben**.
- 预告：Das Flugzeug **wird** pünktlich **landen**.

构成 Formen

第一将来时由助动词 werden 的现在时形式和动词不定式组成：

ich	du	er / sie / es	wir	ihr	sie / Sie
werde kommen	**wirst** kommen	**wird** kommen	**werden** kommen	**werdet** kommen	**werden** kommen

4.7 现在完成时 Perfekt

用法 Gebrauch

现在完成时多用于**口语交际**中，用来表示过去发生的事情。
- Papa hat die ganze Nacht gearbeitet.

现在完成时也用于表示动作发生在过去，但至今仍有影响。
- In Köln habe ich mich schnell zu Hause gefühlt.

现在完成时也可用于由口述内容整理而成的**书面报告**以及非正式性质的书面文本中（特别是当所描述的事件对当前很重要时）。像电子邮件、博客、笔记和非正式私人信件就是典型的例子：
- Hi Camilla – ich bin gut in Berlin angekommen und habe zuerst meine Freundin Tamara besucht.

构成 Formen 4.1

现在完成时由助动词 **haben** 或 **sein** 的现在时形式和实义动词的**第二分词**构成：

Regelmäßige Verben: • Sie hat lange in Köln gewohnt.	ge + Verbstamm (= V) + t nach -d / -t: **-et**	wohnen – **ge**wohn**t** arbeiten – **ge**arbei**tet**
Unregelmäßige Verben: • Orhan ist oft in die Altstadt gegangen.	ge + Verbstamm + en oft mit Vokalwechsel	gehen – **ge**gang**en** helfen – **ge**holf**en**
Gemischte Verben: • Anna hat ans Mittelalter gedacht.	ge + Verbstamm + t immer mit Vokalwechsel	denken – **ge**dach**t**
Verben mit trennbarer Vorsilbe: • Sein Vater hat sie in der Türkei abgeholt. • Er hat sie nach Köln mitgenommen.	Vorsilbe + ge + V + t Vorsilbe + ge+ V + en	abholen – ab**ge**hol**t** mitnehmen – mit**ge**nomm**en**
Verben mit untrennbarer Vorsilbe: • Nick hat seine Tante oft besucht. • Er hat den Dombesuch nicht vergessen.	Vorsilbe + V + t (kein ge-) Vorsilbe + V + en (kein ge-)	besuchen – besuch**t** vergessen – vergess**en**

部分动词需用 **sein** 作为助动词：

表示位置移动的动词，即从 A 地移动到 B 地，例如：
* gehen – sie ist gegangen
* kommen – sie ist gekommen
* laufen – sie sind gelaufen

表示状态发生变化的动词，例如：
* aufwachen – sie ist aufgewacht
* passieren – etwas ist passiert
* wachsen – du bist gewachsen
* werden – sie ist geworden

特殊情况（没有移动或状态变化）：
* bleiben – sie ist geblieben
* sein – sie ist gewesen

在德国南部地区、奥地利和瑞士语言区，stehen、liegen 和 sitzen 也使用 sein 作为助动词。

4.8 过去时 Präteritum

用法 Gebrauch

过去时主要用于**书面语**中，用来描述已发生的一系列相互关联的事件。典型的文本类型包括报告、短篇小说、长篇小说和新闻：
* Meine Mutter und ich, wir kamen in den 60er-Jahren aus der Türkei nach Deutschland. Ich war so aufgeregt, weil alles fremd war und ich kein Deutsch sprechen konnte.

在**口语表达**中，haben 和 sein 以及情态动词大多直接用过去时。一些常用动词在口语中也经常使用过去时，例如：denken、geben、gehen、heißen、kennen、kommen、laufen、meinen、sitzen、stehen、wissen：
* Sie dachten, dass wir das schon wussten.

在德国北部地区，日常生活中也会频繁用到过去时。

构成 Formen

Präteritum: regelmäßige Verben

	machen	**zeichnen**	**arbeiten**	**baden**
ich	machte	zeichnete	arbeitete	badete
du	machtest	zeichnetest	arbeitetest	badetest
er / sie / es	machte	zeichnete	arbeitete	badete
wir	machten	zeichneten	arbeiteten	badeten
ihr	machtet	zeichnetet	arbeitetet	badetet
sie / Sie	machten	zeichneten	arbeiteten	badeten

Präteritum: unregelmäßige Verben

	kommen	gehen	werden	haben	sein
ich	kam	ging	wurde	hatte	war
du	kamst	gingst	wurdest	hattest	warst
er / sie / es	kam	ging	wurde	hatte	war
wir	kamen	gingen	wurden	hatten	waren
ihr	kamt	gingt	wurdet	hattet	wart
sie / Sie	kamen	gingen	wurden	hatten	waren

Präteritum: gemischte Verben

	kennen	denken	wissen
ich	kannte	dachte	wusste
du	kanntest	dachtest	wusstest
er / sie / es	kannte	dachte	wusste
wir	kannten	dachten	wussten
ihr	kanntet	dachtet	wusstet
sie / Sie	kannten	dachten	wussten

4.9 过去完成时 Plusquamperfekt

用法 Gebrauch

过去完成时表示过去发生的某件事情**之前**已结束或完成的动作。过去完成时通常用于 nachdem 引导的从句中，主句中使用过去时或现在完成时：

- Nachdem mein Vater in Köln Arbeit gefunden hatte, zog unsere Familie nach Deutschland.

构成 Formen

过去完成时由助动词 **haben** 或 **sein** 的过去时和实义动词的**第二分词**构成：

Das Plusquamperfekt mit „haben":

ich	hatte	geschlafen
du	hattest	geschlafen
er / sie / es	hatte	geschlafen
wir	hatten	geschlafen
ihr	hattet	geschlafen
sie / Sie	hatten	geschlafen

Das Plusquamperfekt mit „sein":

ich	war	gelaufen
du	warst	gelaufen
er / sie / es	war	gelaufen
wir	waren	gelaufen
ihr	wart	gelaufen
sie / Sie	waren	gelaufen

4.10 被动态 Passiv

用法 Gebrauch

被动态用来表示某个行为动作或过程。在被动态中，行动的主体（施动者）通常不会在句中提到：

- Die meisten Lebensmittel bauen die Bewohner selbst an, der Rest wird im Bio-Laden gekauft.（从上下文中可得知，其余部分由居民购买。）
- In „Sieben Linden" werden auch Seminare und Veranstaltungen angeboten.（在这里重要的信息是在 Sieben Linden 举办了研讨会，至于到底是谁举办的并不重要。）

构成 Formen

被动态由助动词 werden 的变位形式和**动词第二分词**构成：

	Aktiv	**Passiv**
Präsens	sie lobt	sie wird **gelobt**
Präteritum	sie lobte	sie wurde **gelobt**
Perfekt	sie hat gelobt	sie ist **gelobt** worden
Plusquamperfekt	sie hatte gelobt	sie war **gelobt** worden
Futur I	sie wird loben	sie wird **gelobt** werden

带情态动词的被动态由情态动词的变位形式和**动词不定式的被动态**（第二分词 + werden）构成：

Präsens	Die Gäste sollen über das Projekt informiert werden.
Präteritum	Die Gäste sollten über das Projekt informiert werden.

被动态中的施动者 Das „Agens" im Passiv

如果要着重强调被动态中的"施动者"（即实施某行为的人或物），可以用介词 **von** + **第三格**的形式体现：

- Das Wohnhaus wurde **von allen Bewohnern gemeinsam** gebaut. *(und nicht von fremden Handwerkern)*

4.11 命令式 Imperativ 2.6

命令式：非尊称和尊称 Der Imperativ: informell und formell

	informell		**formell**
	du-Form	**ihr-Form**	**Sie-Form**
regelm. Verben	~~du~~ lernst! → Lern(e)!	~~ihr~~ lernt! → Lernt!	~~Sie~~ lernen → Lernen Sie!
	~~Du~~ sammelst → Samm**le**!	~~Ihr~~ sammelt → Sammelt	~~Sie~~ sammeln → Sammeln Sie!
unregelm. Verben	~~du~~ sprichst! → Sprich!	~~ihr~~ sprecht → Sprecht!	~~Sie~~ sprechen → Sprechen Sie!
	~~du~~ hältst an! → Halt(e) an!	~~ihr~~ haltet an! → Haltet an!	~~Sie~~ halten an → Halten Sie an!
haben	~~Du~~ hast → Hab!	~~Ihr~~ habt → Habt!	~~Sie~~ haben → Haben Sie!
sein	~~Du~~ bist → **Sei**!	~~Ihr~~ seid → Seid!	~~Sie~~ sind → **Seien** Sie!

非尊称命令式 Informeller Imperativ:

- 无人称代词

- du 的命令式：去掉词尾 -st，无需变元音，例如：du hältst → Halt(e)!
  但如果动词词干元音 e 需换成 i(e)，则命令式也需要换音，例如：du sprichst → Sprich!
- ihr 的命令式：其形式与 ihr 人称（第二人称复数）的现在时形式相同
- 可分动词：动词前缀放在句末
- 如第二人称单数命令式动词词干以 -d-、-t-、-n-、-m-、-ig-、-ern、-eln 结尾，则需加词尾 -e：Beachte! Atme! Beende!
  Entschuldige! 特例：Komm!
- 以 -eln 结尾的动词，词干中的 e 要去掉：Sammle!
- 动词词干 l、r 后跟一个辅音，则需去掉 e，例如：Halt(e) an! Lern(e)!

尊称命令式 Formeller Imperativ:
- 保留人称代词：动词位于第一位，Sie 位于第二位。
- 可分动词：动词前缀位于句末

用法：Verwendung:

命令式用于表示要求。在礼貌的请求或建议中，经常使用语气词 doch、mal、doch mal。
- 礼貌的请求：Erzählen Sie uns doch bitte von Ihren Erfahrungen!
- 建议：Denk doch an deine Gesundheit! / Gehen wir doch mal essen!
- 命令：Sei jetzt endlich ruhig!
- 说明：Braten Sie zuerst die Zwiebeln an!

wir 的命令式用于表达建议 Vorschläge mit „wir"

如果表达想和其他人一起做某事，则用 wir 的命令式：
- Gehen wir doch mal wieder essen! → Ich schlage vor, dass wir zusammen essen gehen.
- Machen wir doch mehr Salate! → Ich schlage vor, dass wir mehr Salate machen.

也可用 Sollen/Wollen wir… 表达建议：
- Sollen / Wollen wir wieder mal essen gehen?
- Soll ich einen Salat machen? `4.2`

4.12 第二虚拟式：请求、建议和愿望 Konjunktiv II: Bitten, Ratschläge und Wünsche

第二虚拟式表达更为谨慎或礼貌的请求、建议和愿望。

礼貌的请求 Höfliche Bitten

- Entschuldigung, ich hätte gern mehr Informationen zu diesem Thema.
- Wär(e)st du so nett, mich morgen früh im Auto mitzunehmen?
- Könntest du mir bitte etwas Obst mitbringen?
- Würden Sie mir vielleicht bei den Vorbereitungen helfen?

建议 Ratschläge

- Wenn ich Sie wäre, würde ich übriggebliebene Lebensmittel verschenken.
- Wie wäre es damit, Freunde zum Essen einzuladen?
- Sie sollten vor jedem Einkauf eine Liste schreiben!
- An deiner Stelle würde ich weniger einkaufen.

非现实愿望句 Wunschsätze

- Ich hätte gern einen großen Kühlschrank.
- Wenn du nur kritischer wär(e)st!
- Wenn sie doch endlich kämen!
- Wenn wir bloß eine Lösung fänden!

不加 wenn 的非现实愿望句 Wunschsätze ohne „wenn"

- Hätte ich doch einen großen Kühlschrank!
- Wär(e)st du nur kritischer!
- Kämen sie doch endlich!
- Fänden wir bloß eine Lösung!

加上语气词 doch、nur、bloß 使愿望更加强烈。

第二虚拟式的现在时 Der Konjunktiv II der Gegenwart

情态动词和一些不规则动词的第二虚拟式一般用直接由其过去时演变过来：过去时（＋变音）＋第二虚拟式词尾。

	Präteritum	**Konjunktiv II**	*ebenso:*	
ich	kam	kä**me**	nahm – nähme	konnte – könnte
du	kamst	kä**mest**	ging – ginge	musste – müsste
er / sie / es	kam	kä**me**	wusste – wüsste	durfte – dürfte
wir	kamen	kä**men**	ließ – ließe	mochte – möchte
ihr	kamt	kä**met**	hatte – hätte	sollte – sollte *(kein Umlaut)*
sie / Sie	kamen	kä**men**	war – wäre	wollte – wollte *(kein Umlaut)*

规则动词和很多不规则动词的第二虚拟式现在时常用 **würde + 不定式**的形式：
- Ich würde gerne häufiger mit Freunden kochen.
- **Mit Modalverb:** Könntest du mich bitte abholen? (第二虚拟式的情态动词＋动词不定式)
- **Passiv:** Man wünscht sich oft, dass nicht so viel weggeworfen würde! *(würde＋第二分词)*

5 名词 Das Nomen

5.1 复数的构成 Pluralbildung 5.2

Endung, Umlaut	**Beispiel**	**Regelmäßigkeiten**
– / ⸚	der Lehrer – die Lehrer der Schüler – die Schüler der Kuchen – die Kuchen der Apfel – die Äpfel das Mädchen – die Mädchen das Kindlein – die Kindlein	maskuline Nomen auf -er, -ler, -en, -el, neutrale Nomen auf -chen, -lein
-e	der Mond – die Monde das Brot – die Brote das Erlebnis – die Erlebnisse	viele maskuline und neutrale Nomen
⸚e	die Wurst – die Würste	
-er	das Lied – die Lieder	
⸚er	der Mann – die Männer	
-n / -en	die Zeitung – die Zeitungen die Suppe – die Suppen die Lehrerin – die Lehrerinnen der Student – die Studenten	viele feminine Nomen, alle Nomen der n-Deklination
-s	der Pkw – die Pkws das Hobby – die Hobbys	viele Abkürzungen und Fremdwörter aus dem Englischen

德语名词复数的构成很少遵循固定的规则，因此在学习名词时一定要同时记住其复数形式！

5.2 变格 Deklination

		maskulin	maskulin (n-Deklination)	neutral	feminin
Singular	**Nominativ**	der Mann	der Kollege	das Kind	die Frau
	Akkusativ	den Mann	den Kollege**n**	das Kind	die Frau
	Dativ	dem Mann	dem Kollege**n**	dem Kind	der Frau
	Genitiv	des Mannes	des Kollege**n**	des Kindes	der Frau
Plural	**Nominativ**	die Männer	die Kollegen	die Kinder	die Frauen
	Akkusativ	die Männer	die Kollegen	die Kinder	die Frauen
	Dativ	den Männern	den Kollegen	den Kindern	den Frauen
	Genitiv	der Männer	der Kollegen	der Kinder	der Frauen

以 -n 或 -en 为复数词尾的阳性名词，其单数第四格、第三格和第二格要按其复数词尾变格，加上 -n 或 -en。

属于阳性名词弱变化的有：

以 -e、-and /-ant、-at、-ent、-ist、-oge 结尾的所有阳性名词：

- der Kund**e**, der Doktor**and**, der Praktik**ant**, der Autom**at**, der Stud**ent**, der Journal**ist**, der Pädag**oge**

其他一些不带上述尾音的阳性名词：

- der Bär, der Fotograf, der Herr, der Mensch, der Nachbar

源于其他语言（如希腊语）的男性职业名称：

- der Architekt, der Fotograf, der Philosoph

一些以 -n 结尾的阳性名词，在单数第二格时还要再加词尾 -s：

- der Gedanke – des Gedanken**s**, der Frieden – des Frieden**s**

特例：das Herz – des Herzen**s**

6 形容词 Das Adjektiv

6.1 变格 Deklination

在不同的格中，冠词和形容词的词尾如下：

Kasus	m	n	f	Pl
Nominativ	-r	-s	-e	-e
Akkusativ	-n	-s	-e	-e
Dativ	-m	-m	-r	-n
Genitiv	-s	-s	-r	-r

如果在冠词中出现以上词尾，则相应形容词的词尾为 -e 或 -en。

以上规律同样适用于 dieser、jener、der-/das-/dieselber、jeder、manche、welcher、alle。 **8.3**

如果形容词前没有冠词或冠词没有词尾，则形容词与冠词词尾一致。本规律也适用于形容词前加 wenig、viel 和 mehr。

	m: der Mieter	n: das Bad	f: die Küche	Pl: die Kosten
N	der neue kein / mein neuer ein neuer neuer	das winzige kein / mein winziges ein winziges winziges	die kleine keine / meine kleine eine kleine kleine	die hohen keine / meine hohen hohe hohe
A	den neuen keinen / meinen neuen einen neuen neuen	das winzige kein / mein winziges ein winziges winziges	die kleine keine / meine kleine eine kleine kleine	die hohen keine / meine hohen hohe hohe
D	dem neuen keinem / meinem neuen einem neuen neuem	dem winzigen keinem / meinem winzigen einem winzigen winzigem	der kleinen keiner / meiner kleinen einer kleinen kleiner	den hohen [2] keinen / meinen hohen [2] hohen [2] hohen [2]
G	des neuen -(e)s [1] keines / meines neuen -(e)s [1] eines neuen -(e)s [1] neuen -(e)s [1]	des winzigen -(e)s [1] keines / meines winzigen -(e)s [1] eines winzigen -(e)s [1] winzigen -(e)s [1]	der kleinen keiner / meiner kleinen einer kleinen kleiner	der hohen keiner hohen hoher hoher

[1] 名词词尾与冠词词尾一致。　　[2] 在复数第三格中：词尾为 -n，但是复数词尾为 -s 的除外，其名词词尾始终为 -s。

如果名词前有多个形容词，则所有形容词词尾变化相同：
- schönes helles Zimmer gesucht

以 -a 结尾的形容词词尾不发生任何变化，例如：rosa, lila, prima …
- die lila Tapete, ein prima Zimmer

源于地名的形容词要大写，并总是以 -er 结尾：
- der Kölner Dom, beim Brandenburger Tor, für den Dresdner Stollen

形容词也可用作名词：
- Sie träumt von etwas **Großem**.
- Es gibt leider nichts **Neues**.
- Wir haben viel **Schönes** gesehen.

6.2 比较级和最高级 Komparation

Grundform	klein	bunt	lang	heiß	hübsch	dunkel	teuer
Komparativ	kleiner	bunter	länger	heißer	hübscher	dunkler	teurer
Superlativ	am kleinsten	am buntesten	am längsten	am heißesten	am hübschesten	am dunkelsten	am teuersten

以 -d、-t、-s、-ß、-sch、-z 结尾的形容词构成最高级时要加 -esten：
- laut – am lautesten, heiß – am heißesten, hübsch – am hübschesten
  特例：groß – am größten

几个常用的单音节形容词构成比较级及最高级时元音 a、o、u 必须变音：a → ä, o → ö, u → ü：
- lang – länger – am längsten, alt – älter – am ältesten, groß – größer – am größten, gesund – gesünder – am gesündesten

不规则形容词的比较级及最高级变化 Unregelmäßige Formen:

Grundform	gut	gern	viel	nah	hoch	häufig
Komparativ	besser	lieber	mehr	näher	höher	häufiger
Superlativ	am besten	am liebsten	am meisten	am nächsten	am höchsten	am häufigsten

用 wie 和 als 进行比较：Vergleichssätze mit „wie" und „als": 3.6 ▶

- Die Küche ist (genau) **so** groß **wie** das Badezimmer. (gleich groß)
- Die Küche ist größer **als** das Badezimmer. (unterschiedlich groß)

6.3 比较级和最高级作定语 Komparation: attributiv 6.1 ▶

作定语的比较级由**形容词的原级 + 词尾 -er + 形容词词尾**构成。
作定语的最高级由**形容词的原级 + 词尾 -(e) st + 形容词词尾**构成。
比较级和最高级形容词的词尾与原级词尾变化相同。

Grundform	Komparativ	Superlativ
der neue Trend	der neuere Trend	der neueste Trend
das winzige Bad	das winzigere Bad	das winzigste Bad
die kleine Küche	die kleinere Küche	die kleinste Küche
ein / kein / sein neuer Trend	ein / kein / sein neuerer Trend	ein / kein / sein neuester Trend
ein / kein / sein winziges Bad	ein / kein / sein winzigeres Bad	ein / kein / sein winzigstes Bad
eine / keine / seine kleine Küche	eine / keine / seine kleinere Küche	eine / keine / seine kleinste Küche
hohe Kosten	höhere Kosten	höchste Kosten
keine / seine hohen Kosten	keine / seine höheren Kosten	keine / seine höchsten Kosten

7 副词 Das Adverb

7.1 修饰动词的副词 Adverbien beim Verb

修饰动词的副词表示某活动是如何进行的。德语中的形容词通常可被直接用作副词。德语中的副词没有词尾变化：
- In dem Haus wird alles praktisch eingerichtet.
- Die Bewohner müssen wenig heizen.

7.2 修饰形容词的副词 Adverbien beim Adjektiv

副词可用来加强程度或削弱程度：
- Gestern habe ich einen sehr interessanten Film gesehen!
- Das war ein besonders gelungenes Konzert. Aber es war recht kurz. (= ziemlich kurz)
- Das war echt toll! (= extrem gut, umgangssprachlich)
- Das Kleid ist super schön! (umgangssprachlich)
- Ich bin total beeindruckt! (umgangssprachlich)

> **加强程度的副词：** absolut, außergewöhnlich, besonders, sehr, super, total, …
> **削弱程度的副词：** einigermaßen, etwas, nur, recht, relativ, ziemlich, …

7.3 修饰句子的副词 Adverbien beim Satz

许多副词可修饰整个句子：

> **情态副词：** normalerweise, gern, lieber, am liebsten, glücklicherweise, leider, wahrscheinlich, vermutlich, hoffentlich, …

- **Hoffentlich** sind die neuen Nachbarn nett. Ich würde sie **am liebsten** heute noch kennenlernen.

> **地点副词：** links – rechts, vorn – hinten, oben – unten, hier – da – dort, drinnen – draußen, irgendwo – nirgendwo, überall, …; *Kombinationen*: hier oben, dort unten, rechts hinten, …

- **Drinnen** war es gemütlich warm, aber **draußen** spürte man schon den Herbst.

> **方向副词：** hin – her, hinauf – hinunter / herauf – herunter (rauf – runter), hinein – hinaus / herein – heraus (rein – raus), vorwärts – rückwärts, nach rechts – nach links, dorthin, geradeaus, …

- Geh bitte **dorthin** und sprich mit dem Sachbearbeiter.

> **时间副词：** heute – morgen – übermorgen – gestern – vorgestern, damals, meistens, oft, manchmal, selten, nie, täglich, montags, dienstags, …

- **Heute** gehe ich nicht mehr zur Arbeit, es ist schon zu spät.

> **连接副词：** dabei, davor, danach, deshalb, daher, also, trotzdem, stattdessen, … **3.4**

- In der Schule habe ich schnell Freunde gefunden, und **dabei** habe ich gut Deutsch gelernt.

副词在句子中的位置：位于第一位（表示重点强调）或句子中场：
- **Hier** kann man sehr gut Ski fahren. / Man kann **hier** sehr gut Ski fahren.

地点副词也可直接放在名词之后：
- Die Menschen **hier** sind sehr freundlich und hilfsbereit.

7.4 程度副词和焦点副词 Adverbien der Verstärkung und Fokussierung

这些副词可用来加强程度或削弱程度：
- Gestern habe ich einen **sehr / höchst** interessanten Vortrag gehört!
- Das war ein **besonders** gelungener Abend. Aber es ist **recht** spät geworden.(= ziemlich spät)
- Ich möchte Ihnen **recht** herzlich danken. (= sehr herzlich)
- Die Ferien waren aber dieses Mal **nur** sehr kurz!

口语化表达：
- Die Reise war **echt** toll! (= extrem gut)
- Das Foto ist **super** schön!
- Von seinem Vortrag war ich wirklich **total** beeindruckt!

> **加强程度或削弱程度的副词有：** ganz, ziemlich, einigermaßen, etwas, nur, wirklich, super, total, …

以下焦点副词可用于强调名词：
- Der Film war sehr gut – **nur der Hauptdarsteller** war nicht sehr überzeugend.
- Und **auch die Musik** fand ich nicht so gut. Das hat **sogar Bernhard** gesagt.

> **焦点副词有：** nur, auch, sogar

8 冠词和代词 Artikelwörter und Pronomen

8.1 冠词 Artikelwörter (der, das, die ...; ein, kein, mein, ...) 5.2

冠词位于名词前：der Hund, ein grünes Haus, dieser Fußball, deine CD, …

不定冠词表示首次提到的不确定的人或物：

• Ein junger Mann aus Neuenburg …

定冠词用于前面已提到的或众所周知的人或物：

• Ein junger Mann aus Neuenburg hat gestern in einem Modegeschäft eingebrochen. Der Dieb hat eine Jeans gestohlen.

定冠词也可用于类别名词前：

• Der Mensch lebt nicht vom Brot allein.

指示冠词用于特别强调某个名词：

• Mama, ich möchte dieses Eis da! (und nicht irgendein anderes)

否定冠词 kein 放在被否定的名词前面： 6.1

• Du bekommst jetzt kein Eis mehr!

与不定冠词不同，kein 也有复数形式：

• Du brauchst dir keine Sorgen zu machen.

Deklination des Definitartikels

	m	n	f	Pl
N	der	das	die	die
A	den	das	die	die
D	dem	dem	der	den
G	des	des	der	der

Ebenso: dieser, jener *(Demonstrativartikel)*, jeder, mancher, alle *(Plural)*, welcher? *(Frage)*

→ immer mit Signalendung

Deklination des Indefinitartikels

m	n	f	Pl
ein	ein	eine	– / keine
einen	ein	eine	– / keine
einem	einem	einer	– / keinen
eines	eines	einer	– / keiner

Ebenso: kein *(negativer Artikel)*, mein, dein, ... *(Possessivartikel)*, irgendein, irgendwelche *(Plural)*, was für ein? *(Frage)*

→ nicht immer mit Signalendung

8.2 冠词作为代词 Artikelwörter als Pronomen (das ist meins, deins, ...)

当冠词用作**代词**时，其词尾变化与冠词词尾一致。

• Ist das dein Bleistift? – Nein, das ist nicht meiner, der muss jemand anderem gehören.
• Ich habe keine Süßigkeiten, hast du welche? – Nein, ich habe auch keine. / Ja, ich habe welche.
• In der Gruppe wollte jeder etwas anderes machen. Aber man kann es nicht jedem recht machen.
• Ach so, das meinst du!
• Ich glaube, er wollte denen mal richtig die Meinung sagen.
• Die Zahl derer, die Deutsch lernen, steigt.

einer, keiner, meiner, jeder, mancher, . . . alle					Definitartikel als Pronomen			
	m	**n**	**f**	**Pl**	**m**	**n**	**f**	**Pl**
Nom.	einer	eins	eine	welche	der	das	die	die
Akk.	einen	eins	eine	welche	den	das	die	die
Dat.	einem	einem	einer	welchen	dem	dem	der	denen
Gen.	eines	eines	einer	welcher	dessen	dessen	derer	derer

8.3 指代相同人或事物的指示代词
Verweis auf Identisches (derselbe, dasselbe, dieselbe, . . .)

der-/das-/dieselbe 由两个单词部分组成：词的第一部分（der-/das-/die-）与定冠词的变格一样，单词的第二部分（-selb-）其词尾与前面带有定冠词的形容词词尾变化一样。该词可用作冠词或代词：

- Er ist nicht mehr derselbe Mann wie früher. (冠词)
- Lass dir mal etwas Neues einfallen, du erzählst immer dasselbe. (代词)

	m : der Alltag	**n : das Thema**	**f : die Routine**	**Pl : die Gewohnheiten**
Nom.	derselbe	dasselbe	dieselbe	dieselben
Akk.	denselben	dasselbe	dieselbe	dieselben
Dat.	demselben	demselben	derselben	denselben
Gen.	desselben	desselben	derselben	derselben

8.4 不定代词 Indefinitpronomen (man, jemand, irgendjemand, . . .)

不定代词用来泛指人或事物。irgend- 用以加强不确定性：

- Wie sagt man das auf Deutsch? (verallgemeinert: die Leute, alle Menschen)
- Hat jemand / irgendjemand meine schwarze Tasche gesehen? (unbestimmte Person)
- Ich muss noch etwas / irgendetwas für seinen Geburtstag finden. (unbestimmte Sache)
- Diese Melodie habe ich irgendwo schon mal gehört. (ich weiß nicht mehr, wo)
- Gehst du eigentlich irgendwann auch mal aus? (unbestimmter Zeitpunkt)
- Das Projekt muss irgendwie bis Samstag fertig werden. (egal, wie)

不定代词的否定 Negation der Indefinitpronomen

	negativ
(irgend)jemand / irgendwer / irgendein-	niemand , kein-
etwas / irgendetwas / irgendwas (Umgangssprache)	(gar) nichts
irgendwann	nie / niemals
irgendwie	gar nicht / überhaupt nicht
irgendwo	nirgendwo / nirgends
irgendwohin	nirgendwohin
irgendwoher	nirgendwoher

- Leider hat niemand deine Tasche gesehen. *(keine Person)*
- Ich habe noch nichts für seinen Geburtstag gefunden. *(keine Sache)*
- Ich kann meine Brille nicht finden. Ich habe sie nirgends gesehen. *(an keinem Ort)*
- Herbert ist langweilig, er geht nie mit uns aus. *(zu keinem Zeitpunkt)*
- Die vielen Routinen haben sie im Alltag überhaupt nicht gestört. *(auf keine Art und Weise)*

jemand、niemand、man的变格 Deklination von „jemand"/„niemand" und „man"

	m	Abk.	m		m	
Nom.	jemand	jd.	niemand		man	Das kann man sich ja denken!
Akk.	jemand(en)	jdn.	niemand(en)		einen	Wenn man neu ist, stellen Sie einen erstmal vor.
Dat.	jemand(em)	jdm.	niemand(em)		einem	Man weiß ja nie, was einem passieren kann!
Gen.	(jemandes)	jds.	(niemandes)		–	
	Die Endung ist nicht obligatorisch. *Der Genitiv wird nur selten verwendet.*				*„einen", „einem" vor allem umgangssprachlich*	

9 介词 Präpositionen

9.1 介词：根据句法学分类 Präpositionen: syntaktisch

从句法结构角度（**介词支配第几格?** ）介词可被分为以下几类：

Präpositionen mit Akkusativ	Präpositionen mit Dativ	Präpositionen mit Genitiv
• Wir haben einen Spaziergang durch den Park gemacht.	• Johanna wohnt noch bei ihren Eltern.	• Wegen einer technischen Störung verspätet sich der Zug um wenige Minuten.
• Ich habe die Blumen für dich ausgesucht.	• Sie möchte mit ihrem Freund in Berlin wohnen.	• Während der Sommerferien habe ich viel Sport gemacht.
• Ich möchte lieber ohne dich Urlaub machen.	• Sie hat den Schrank von ihrem Bruder bekommen.	• Trotz meiner Probleme kann ich gut schlafen.
bis, durch, für, gegen, ohne, um; entlang *(nach dem Nomen)*	ab, aus, außer, bei, entgegen, gegenüber, mit, nach, seit, von, zu	wegen (heute auch mit Dativ), trotz, während, entlang *(vor dem Nomen)*

bis 常与另外一个介词连用：

- Er bringt sie bis zur Haustür.

9.2 方位介词 Wechselpräpositionen

方位介词可根据语境的不同支配第三格或第四格。

an, auf, hinter, in, neben, über, unter, vor, zwischen

Wohin? → Akkusativ	Wo? ◎ Dativ
• Hängen Sie bitte die Karten an die Wand!	• Die Karten hängen an der Wand.
• Anne hat einen Spiegel über den Kamin gehängt.	• Der Spiegel über dem Kamin gefällt ihr.
• Tim stellte sich zwischen seine beiden Freunde.	• Es gab kaum Platz zwischen ihnen.

9.3 与动词、形容词和名词固定搭配的介词
Feste Präpositionen bei Verben, Adjektiven und Nomen

动词、形容词和名词可能会有与之固定搭配的介词，这些固定搭配的介词大多已失去其原有的意义。

建议学习动词、形容词和名词时与固定搭配的介词联想记忆，最好结合典型例句进行学习。

• Ich fürchte mich vor dir, ich leide unter dir, ich bin wütend auf dich, aber ich bin immer noch befreundet mit dir!

示例：

Verben	Adjektive	Nomen
abhängen von + D	abhängig von + D	die Abhängigkeit von + D
sich ärgern über + A	ärgerlich über + A	der Ärger über + A
sich befreunden mit + D	befreundet mit + D	die Freundschaft mit + D
	beliebt bei + D	die Beliebtheit bei + D
berichten über + A		der Bericht über + A
denken an + A		der Gedanke an + A
sich freuen über + A	froh über + A	die Freude über + A
	reich an + D	der Reichtum an + D
sich sehnen nach + D		die Sehnsucht nach + D
	wütend auf + A	die Wut auf + A
sich verlieben in + A	verliebt in + A	

有些相同含义的动词、形容词和名词所搭配的介词有所不同，例如：

Verben	Adjektive	Nomen
sich interessieren für + A	interessiert an + D	das Interesse an + D
sich begeistern für + A	begeistert von + D	die Begeisterung für + A

10 构词法 Wortbildung

10.1 名词 Nomen

复合词 Komposita

名词可与名词或其他词类构成复合词。复合词最后一个单词是名词，复合词的词性与该名词一致。

Nomen + Nomen:	**das** Kinder**zimmer** *ein Zimmer für Kinder (für wen?)*
Verb + Nomen:	**die** Bohr**maschine** *eine Maschine, mit der man bohren kann (wozu?)*
Modalverb + Nomen:	**die** Kann**beschreibung** *Beschreibung, in der beschrieben wird, was man kann (was?)*
Adjektiv + Nomen:	**die** Schnell**straße** *eine Straße, auf der man schnell fahren kann (wie?)*
Präposition + Nomen:	**der** Um**weg** *ein Weg, der um etwas herumgeht (wohin?)*

有些复合词因为发音的需要，会在限定词和基础词之间加一个**连接字母**，即 -s、-e 或 -n 这三个连字符：- das Arbeit-**s**-zimmer, der Schwein-**e**-braten, die Sonne-**n**-brille

带后缀（词尾）的名词 Nomen mit Suffixen (Nachsilben)

形容词、动词或其他名词通过添加后缀（词尾）可派生名词，该名词的词性取决于后缀。

Feminine Suffixe

Adjektiv	**+ -heit**			**Adjektiv**	**+ -keit**		
schön	+ -heit	→	die Schönheit	eitel	+ -keit	→	die Eitelkeit
klug	+ -heit	→	die Klugheit	großzügig	+ -keit	→	die Großzügigkeit

Verb	**+ -ung**			**Verb**	**+ -e (sehr oft: fem.)**			**Verb**	**+ -t (sehr oft: fem.)**		
wohn(en)	+ -ung	→	die Wohnung	lieb(en)	+ -e	→	die Liebe	fahr(en)	+ -t	→	die Fahrt
hoff(en)	+ -ung	→	die Hoffnung	sprech(en)	+ -e	→	die Sprache	seh(en)	+ -t	→	die Sicht

Nomen	**+ -schaft**		
der Freund	+ -schaft	→	die Freundschaft
der Vater	+ -schaft	→	die Vaterschaft

> Weitere feminine Suffixe: z. B. -anz (die Toleranz), -ei (die Bäckerei), -ie (die Harmonie), **aber:** das Genie, -tät (die Attraktivität), -(a)tion (die Situation)

Maskuline Suffixe

Verb	**+ -er**			**Nomen**	**+ -ler**		
lehr(en)	+ -er	→	der Lehrer	die Kunst	+ -ler	→	der Künstler
fahr(en)	+ -er	→	der Fahrer	der Sport	+ -ler	→	der Sportler

> Weitere maskuline Suffixe: z. B. -ent (der Student), -eur (der Ingenieur), -ismus (der Sozialismus), -ist (der Kapitalist), -ling (der Lehrling)

Neutrale Suffixe

Nomen	**+ -chen**			**Nomen**	**+ -lein**		
das Haus	+ -chen	→	das Häuschen	das Buch	+ -lein	→	das Büchlein

> Weitere neutrale Suffixe: z. B. -nis (sehr oft: das Ereignis, das Ergebnis, aber: die Erlaubnis), -ment (das Parlament), -sal (das Schicksal aber: die Trübsal)

10.2 形容词 Adjektive

复合词 Komposita

形容词可以组成复合词，最常见的类型有：

Farben:	dunkel**grün** / hell**grün**, tiefschwarz, zartrosa, knallrot, …
Vergleiche:	blitz**schnell** (= *schnell wie ein Blitz*), bildschön, glasklar, steinhart, …
Ergänzungen:	fett**arm** (= *arm an Fett*), baum**reich** (= *reich an Bäumen*), liebe**voll** (= *voller Liebe*), schadstoff**frei** (= *frei von Schadstoffen*), schmerz**los** (= *ohne Schmerzen*), …

带后缀的形容词 Adjektive mit Suffixen (-ig, -isch, -lich, -bar)

许多形容词都是由基础词（名词、动词、副词）加一个后缀组成的：

Nomen	+ **-ig**	→	Adjektiv	Verb	+ **-ig**	→	Adjektiv	Adverb	+ **-ig**	→	Adjektiv
die Ruhe	+ -ig	→	ruhig	abhäng(en)	+ -ig	→	abhängig	dort	+ -ig	→	dortig
der Geist	+ -ig	→	geistig	auffall(en)	+ -ig	→	auffällig	heute	+ -ig	→	heutig

Nomen	+ **-isch**	→	Adjektiv	Verb	+ **-isch**	→	Adjektiv
Europa	+ -isch	→	europäisch	regn(en)	+ -isch	→	regnerisch
das Kind	+ -isch	→	kindisch	wähl(en)	+ -isch	→	wählerisch

Nomen	+ **-lich**	→	Adjektiv	Verb	+ **-lich**	→	Adjektiv
die Sprache	+ -lich	→	sprachlich	versteh(en)	+ -lich	→	verständlich
das Kind	+ -lich	→	kindlich	ertrag(en)	+ -lich	→	erträglich

- Er hat sich den ganzen Abend über kindisch (= *albern, dumm*) verhalten. (含贬意)
- Die kindliche Entwicklung durchläuft verschiedene Phasen. (中性)

Verb	+ **-bar**	→	Adjektiv
mach(en)	+ -bar	→	machbar (= *man kann es machen*)
erkenn(en)	+ -bar	→	erkennbar (= *man kann es erkennen*)

带前缀的形容词 Adjektive mit Präfix (un-, miss-)

前缀（词头）un- 和 miss- 加在形容词前，表示否定：

- freundlich ≠ unfreundlich (= *nicht freundlich*)
- möglich ≠ unmöglich (= *nicht möglich*)
- lösbar ≠ unlösbar (= *nicht lösbar*)

- gut gelaunt ≠ missgelaunt (= *schlecht gelaunt*)
- verständlich ≠ missverständlich (= *nicht gut verständlich, kann falsch verstanden werden*)

> Weitere negative Präfixe: des- (desorientiert), ir- (irregulär), a- (atypisch)
> Negatives Suffix: -los (glücklos)

10.3 动词 Verben

复合词 Komposita

用动词也可组成复合词：

Verb	+ Nomen	→	Nomen
wohn(en)	+ das Heim	→	das Wohnheim
seh(en)	+ der Test	→	der Sehtest

练习册部分—参考答案
Arbeitsbuchteil – Lösungen

Lektion 1 – 1A Ankommen

1a *Mögliche Lösung:*

1b Durchsage 2: Foto F • **Durchsage 3:** Foto E • **Durchsage 4:** Foto C

1c 1f • 2r • 3f • 4r

1d Dialog 1: Foto C • 2 • 4 • 1 • 3 • **Dialog 2:** Foto B • 2 • 3 • 4 • 1

1e *Mögliche Lösungen:* **Foto D:** So, hier kommt die letzte Kiste. • Was ist denn drin? • Mmh, ich weiß nicht. Lass mich mal schauen. Teller, Tassen, … • Ah, also Geschirr. Ab damit in die Küche. • **Foto E:** Was hältst du von dieser Vorlesung? • Keine Ahnung. Ich versteh den Professor so schlecht. • Ich finde es auch ganz schön schwer. Das Thema ist wirklich kompliziert. • Psst, sei leise! Ich will zuhören.

1f 2. die Aufregung → aufgeregt • 3. die Begeisterung → begeistert • 4. die Ungeduld → ungeduldig • 5. die Neugier → neugierig • 6. die Unsicherheit → unsicher • 7. die Hoffnung → hoffnungsvoll • 8. die Spannung → spannend • 9. die Konzentration → konzentriert • 10. die Fröhlichkeit → fröhlich • 11. die Müdigkeit → müde

2a 1a • 2b • 3c • 4b

2b 2J • 3A • 4G • 5H • 6I • 7B • 8C • 9D • 10E

2c positiv: Hoffnung haben • sich freuen • ausgelassen sein • entspannt sein • zuversichtlich sein • erleichtert sein • **negativ:** ängstlich sein • wütend sein • sich langweilen • sich ärgern • traurig sein • sich aufregen • **Beispielsätze:** Ich habe Hoffnung, dass das nächste Semester besser wird. • Ich freue mich auf meinen Geburtstag. • Wir werden bei der Erstsemesterparty ausgelassen sein. • Am Wochenende bin ich ganz entspannt. • Ich bin zuversichtlich, dass mein Auslandssemester eine positive Erfahrung sein wird. • Ich war so erleichtert, als ich gehört habe, dass du die Aufnahmeprüfung geschafft hast. • Ich bin ängstlich im Dunkeln. • Ich bin wütend auf dich, weil du meinen Geburtstag vergessen hast. • Ich habe mich bei dem Film gelangweilt. • Ich ärgere mich über den schlechten Film. • Ich bin immer traurig, wenn du wegfahren musst. • Ich habe mich aufgeregt, als mein Koffer weg war.

1B Willkommen in Deutschland!

1 *Mögliche Lösung:*

Position 1	Position 2		Satzende
2. In Berlin	sind	sie erst mal zum Reichstag	gelaufen.
3. Leider	konnten	sie nicht in das Gebäude	gehen.
4. Sie	haben	sich das Gebäude aber von allen Seiten	angesehen.
5. Dann	wollten	sie das Museum am Checkpoint Charlie	besuchen.
6. Sie	haben	eine Berliner Currywurst	gegessen.
7. Die Currywurst	hat	ihr nicht so gut	geschmeckt.
8. Sie	will	am Abend ins Kino	gehen.

2a

Position 1	Position 2		Satzende
2. Bald	wollen	wir auch nach Bremen	fahren.
3. Am Sonntag	ist	meine Schwester in Hamburg	angekommen.
4. Meine Schwester	möchte	vielleicht auch in Deutschland	arbeiten.
5. Heute Abend	gehen	wir zusammen	aus.
6. Die Lüders	werden	im nächsten Jahr nach China	reisen.

2b 2. Herr und Frau Lüders müssen manchmal auch am Wochenende arbeiten. • 3. Susan soll den Kindern bei den Hausaufgaben helfen. • 4. Ich beantworte gleich deine Frage. • 5. Die Familie steht meistens früh auf. • 6. Bald werden wir die Kinderzimmer renovieren. • 7. Gestern sind wir in die Stadt gegangen. • 8. Herr Lüders hat vor einigen Jahren im Ausland gearbeitet.

3a 2A • 3B • 4F • 5D • 6E

3b Ja-/Nein-Fragen

Position 1	Position 2		Satzende
4. Gab	es	auch Probleme in der neuen Wohnung?	
6. Findest	du	alle diese Erfahrungen wichtig?	

W-Fragen

Position 1	Position 2		Satzende
3. Was	musstest	du zuerst	machen?
5. Welche Erfahrung	fandest	du besonders interessant hier in der neuen Stadt?	

3c 3. Fährt heute noch ein Zug nach Wien? • 4. Wo kann ich die Touristen-Information finden? • 5. Suchen Sie vielleicht noch neue Mitarbeiter? • 6. Wie komme ich am schnellsten ins Zentrum?

4a 1 • 3

4b 1a. • 2a. auf Position 1 • 2b. am Satzende

4c 2. Schließ die Tür zu deinem Büro, Mario! • 3. Begrüßen Sie bitte die Gäste, Frau Heinze! • 4. Fahr Verena zum Flughafen, Tim! • 5. Räumt eure Zimmer auf, Mai und Juki! • 6. Ruf Frau Lüders zu Hause an, Susan!

1C Neu an der Uni

1a 2A • 3F • 4E • 5C • 6D

1b Universität (Gebäude): der Bibliothekseingang • der Buchladen • die Cafeteria • der Hörsaal • das Infoschild • das Labor • die Mensa • das Prüfungsamt • der Seminarraum • das Studierendensekretariat • **Studium:** das Abschlussexamen • der Credit-Point • die Einführungswoche • der Fachbereich • die Fachschaft • das Seminar • die Sprechzeit • der Student • der Studentenausweis • die Studienberatung • der Tutor

1c -e: der Fachbereich, die Fachbereiche • das Labor, die Labore • das Seminar, die Seminare • der Studentenausweis, die Studentenausweise • das Studierendensekretariat, die Studierendensekretariate • **-n:** die Einführungswoche, die Einführungswochen • **-:** das Abschlussexamen, die Abschlussexamen • das Semester, die Semester • **¨-e:** der Bibliothekseingang, die Bibliothekseingänge • der Hörsaal, die Hörsäle • der Seminarraum, die Seminarräume • **¨-:** der Buchladen, die Buchläden • **¨-er:** das Prüfungsamt, die Prüfungsämter • **-en:** die Cafeteria, die Cafeterien / Cafeterias • die Mensa, die Mensen • die Fachschaft, die Fachschaften • die Sprechzeit, die Sprechzeiten • der Student, die Studenten • die Studienberatung, die Studienberatungen • der Tutor, die Tutoren • **-er:** das Infoschild, die Infoschilder • **-s:** der Credit-Point, die Credit-Points

1d 2. Einführungswoche • 3. Hörsaal • 4. Studium • 5. Studentenausweise • 6. Bibliothek • 7. Seminare • 8. Labor • 9. Cafeteria • 10. Mensa

1D Der erste Eindruck

1b *Mögliche Lösung:*

1c 2. abweisend / zurückhaltend • 3. sympathisch / nett • 4. unbeschei-
den / arrogant • 5. ungeduldig • 6. gelangweilt • 7. traurig • 8. schüchtern • 9. genervt / angespannt

1d **-ig:** traurig • langweilig • schuldig • riesig • nervig • **-lich:** vertrau-
lich • freundlich • ängstlich • **-isch:** neidisch • misstrauisch • typisch •
problematisch • sympathisch

2a 1n • 2j • 3j • 4n

2b 1j • 2ä • 3j • 4j • 5ä • 6ä • 7ä

2c *Mögliche Lösung:* Lieber Herr Weiß,
vielen Dank für die Einladung zu Ihrer Einweihungsparty. Ich komme
sehr gern. Wollen Sie eventuell Musik auf der Party spielen? Ich könnte eine kleine Auswahl an CDs mitbringen. Ich wohne mit meinem
Sohn Paul im Erdgeschoss links. Wir haben uns letzte Woche bei den
Briefkästen kurz gesehen. Paul und ich, wir sind mit unserem Hund
spazieren gegangen. Wenn ich Ihnen bei den Vorbereitungen helfen
kann, sagen Sie mir doch bitte Bescheid.
Viele Grüße, Andrea Müller

2d *Mögliche Lösung:* Ich finde den Artikel „Der erste Eindruck" sehr
interessant, weil er uns erklärt, was wir jeden Tag unbewusst erleben.
Auch ich habe schon oft erlebt, dass ich jemanden schon nach ganz
kurzer Zeit zumindest als sympathisch oder unsympathisch einschät-
ze. Ich habe aber auch die Erfahrung gemacht, dass ich meinen ersten
Eindruck geändert habe. Ich möchte in Zukunft gerne mehr Artikel
über dieses Thema lesen, weil ich es wichtig finde, zu verstehen, wie
wir Menschen funktionieren und wie Dinge, die wir unbewusst wahr-
nehmen unsere Entscheidungen beeinflussen.

1E Bei anderen ankommen

1a 1 • 3 • 5 • 6 • 8

1b *Mögliche Lösung:* Liebe Frau Reiter,
in Ihrem Internet-Profil habe ich gelesen, dass Sie sich für Theater
und Musicals interessieren. Ich interessiere mich auch schon lange
für solche kulturellen Veranstaltungen, besonders Musicals. Eine besondere Schwäche habe ich für das Musical „Hinterm Horizont". Kennen Sie das? Interessieren Sie sich auch für dieses Musical? Hätten Sie
vielleicht Lust, einmal in eine Aufführung dieses Musicals mit mir zu
gehen? Wie wäre es am kommenden Freitag um 19.00 Uhr? Über eine
Antwort würde ich mich sehr freuen!
Herzliche Grüße, Ihr(e) ….

2a 2. und • 3. sondern • 4. denn • 5. aber

2b 2. Meine Lieblingsfilme sind Krimis, denn ich mag einfach die
Spannung. • 3. Wir können uns ja am Samstag treffen, aber / oder wir
können auch am Sonntag frühstücken gehen. • 4. Ich fahre gerne Rad
und ich liebe Museen! • 5. Sollen wir am Freitag mal ins Kino gehen
oder möchtest du lieber etwas anderes machen? • 6. Am Wochenende
gehe ich selten aus, sondern bleibe lieber mit Freunden zu Hause.

2c 1. Hauptsätze • 2. Hauptsätze • 3. Hauptsätze • 4. Satzteile •
5. Satzteile • 6. Satzteile • 7. Satzeile

2d

1. Hauptsatz / 1. Satzteil	Position 0	2. Hauptsatz / 2. Satzteil
2. Ich liebe die Natur	und	ich treibe gerne Sport.
3. Ich spiele gerne Schach	und	ich mag klassische Musik.
4. Ich suche nette Leute für Städtetouren	oder	Musicalbesuche.
5. Ich bin interessiert an Malerei	und	Architektur.
6. Am Samstag	oder	Sonntag gehe ich immer joggen.
7. Ich suche Leute für Freizeit	und	Urlaub.

3a 2A • 3D • 4E • 5B

3b 2. Dass • 3. dass • 4. weil • 5. dass • 6. damit

3c 1. Maja hat ihn im Internet kennengelernt. • 2. Sie haben sich in
einem Imbiss getroffen. • 3. Der Mann ist zu spät gekommen und hat
sich dafür nicht einmal entschuldigt. Außerdem hat er nichts gesagt,
sich nicht verabschiedet und am Ende nicht einmal sein Getränk bezahlt. • 4. Sie bittet ihre Freundin indirekt um Rat.

3d 2. Ich treibe viel Sport, weil ich noch lange fit bleiben möchte. •
3. Wir sollten uns bald wieder treffen, damit wir endlich mal in die
Oper gehen können. • 4. Ich bringe dir mein Lieblingsbuch mit, wenn
wir uns demnächst wieder treffen. / Wenn wir uns demnächst wieder
treffen, bringe ich dir mein Lieblingsbuch mit. • 5. Ich fahre nicht so
gerne Fahrrad, aber ich walke gerne. • 6. Ich habe den Film nicht im
Fernsehen gesehen, sondern (ich habe den Film) im Kino (gesehen). •
7. Gehen wir ins Restaurant oder kochen wir bei mir? • 8. Ich möchte
lieber selbst kochen, denn das Essen im Restaurant ist mir zu teuer.

1F Endlich an(ge)kommen

1a 2C • 3E • 4B • 5A

1b Mir gefällt das Sprichwort „Jedem Anfang wohnt ein Zauber inne."
am besten, weil es ausdrückt, dass ein Neubeginn eine schöne Seite
hat. Meist denkt man bei einem neuen Anfang ja nur an die negative
Seite, den Stress oder die Aufregung und die Angst vor dem Neuen.

Aussprache

1a 1. fallend • 2. fallend

1b schwebend • steigend • fallend

1c 1. → • ↘ • 2. ↘ • 3. → • ↘

2a 1. fallend • 2. steigend

2b 1. ↗ • 2. ↘ • 3. ↗ • 4. ↘

Lektion 2 – 2A Guten Appetit!

1 2. der Milliliter • 3. das Päckchen • 4. der Esslöffel • 5. der Liter •
6. das Stück • 7. das Pfund • 8. der Teelöffel • 9. das Kilogramm • 10. die
Prise • 11. der Becher • 12. klein

2a B. anbraten • C. Teig ausrollen • D. frittieren • E. verrühren • F. verteilen • G. in Würfel schneiden • H. ziehen lassen • I. backen • J. Teig
kneten

2b/c 2. gehen lassen • 3. in Würfel schneiden • 4. anbraten • 5. verrühren • 6. ausrollen • 7. verteilen • 8. backen

2d b

3 B. das Sushi • C. der Leberkäse • D. das Fischbrötchen • E. die Currywurst • F. das belegte Brötchen

4b 1r • 2f • 3r • 4f • 5r

4c 2G • 3B • 4F • 5D • 6A • 7C

2B Das sieht ja lecker aus!

1 2. das Büro • 3. der Gegenstand • 4. das Rezept • 5. der Leiter •
6. der Angestellte

2a Pro: Sie haben sicher auch nichts gegen Produktinformation allgemein. • Ich bin ein Fan von guter Werbung. • Ich halte viel von guter Werbung. • **Contra:** Ich habe durchaus etwas gegen Zigarettenwerbung. • Für mich wäre ein erster Schritt, dass man bei Kindersendungen im Fernsehen keine Werbung mehr zeigen darf. • Man sollte Zigarettenwerbung verbieten. • Um ehrlich zu sein, möchte ich das nicht.
2b 2. Ich habe nichts gegen Süßigkeitenwerbung. • 3. Hast du nichts gegen Werbung für Medikamente? • 4. Wir haben etwas gegen Bierwerbung. • 5. Viele Menschen haben etwas gegen Alkoholwerbung.
3a 1. **kommen:** Komm! • Kommt! • Kommen Sie bitte! • 2. **lesen:** Lies! • Lest! • Lesen Sie bitte! • 3. **zuhören:** Hör zu! • Hört zu! • Hören Sie bitte zu! • 4. **essen:** Iss! • Esst! • Essen Sie bitte! • 5. **mitnehmen:** Nimm mit! • Nehmt mit! • Nehmen Sie bitte mit! • 6. **beschreiben:** Beschreibe! • Beschreibt! • Beschreiben Sie bitte! • 7. **lassen:** Lass! • Lasst! • Lassen Sie bitte! • 8. **aufstehen:** Steh auf! • Steht auf! • Stehen Sie bitte auf! • 9. **haben:** Hab! • Habt! • Haben Sie bitte! • 10. **sich beeilen:** Beeil dich! • Beeilt euch! • Beeilen Sie sich bitte! • 11. **sein:** Sei! • Seid! • Seien Sie bitte! • **Regel:** 1. Satzende • 2. nach
3b 2. Essen Sie Fit-Müsli und genießen Sie den Tag voller Energie! • 3. Nimm drei Päckchen Nudeln mit und bezahle nur zwei! • 4. Beeilen Sie sich und sparen Sie nur noch heute 20 % bei jedem Einkauf! • 5. Trinkt Vitasport und seid fit! • 6. Lies mal wieder ein schönes Buch und entspann dich!
3c 1. **antworten:** Antwortet! • Antworten Sie! • 2. **finden:** Finde! • Findet! • Finden Sie! • 3. **atmen:** Atme! • Atmet! • Atmen Sie! • 4. **öffnen:** Öffne! • Öffnet! • Öffnen Sie! • 5. **entschuldigen:** Entschuldige! • Entschuldigt! • Entschuldigen Sie! • 6. **sammeln:** Sammle! • Sammelt! • Sammeln Sie! 7. **ändern:** Ändere! • Ändert! • Ändern Sie!
3d Imperativ mit „-e"/ohne „-e": Besuch(e)! • Geh(e)! • Mach(e)! • Reparier(e)! • Sortier(e)! • Wiederhol(e)! • Wähl(e)! • **Imperativ immer mit „-e":** Arbeite! • Warte! • Entschuldige! • Finde! • Plane! • Rede! • Schneide aus! • Trockne! • Verwende!
3e 2. Öffne bitte diese Dose! • 3. Warte bitte einen Moment! • 4. Verwende bitte Handschuhe! • 5. Schneide bitte die Zwiebeln klein! • 6. Ändere bitte das Rezept! • 7. Sammle bitte die Teller ein! • 8. Halte bitte das Sieb!
4a 1R • 2B • 3Al • 4Aw • 5V
4b 2. Koch bitte nach dem Rezept! • 3. Kauft doch häufiger Bioprodukte! • 4. Probieren wir doch mal neue Gerichte aus. • 5. Lesen Sie die Inhaltsstoffe der Produkte! • 6. Vergleicht bitte die Preise! • 7. Geh nie hungrig einkaufen! • 8. Verabreden wir uns doch zum Essen!
4c 2. Laden wir doch viele Leute ein! • 3. Feiern wir doch im Garten! • 4. Grillen wir doch! • 5. Bereiten wir doch Salate vor! • 6. Machen wir doch selbst Musik!
4d 2. Lass uns doch viele Leute einladen! • 3. Lass uns doch im Garten feiern! • 4. Lass uns doch grillen! • 5. Lass uns doch Salate vorbereiten! • 6. Lass uns doch selbst Musik machen!
4e 2. Geben Sie Herrn Gehrke doch mehr Zeit! / Geben Sie ihm doch mehr Zeit! • 3. Stellen Sie doch die neuen Forschungsergebnisse vor! / Stellen Sie sie doch vor! • 4. Unterbrechen Sie Herrn Gehrke doch nicht! / Unterbrechen Sie ihn doch nicht! • 5. Fassen Sie mal die wichtigsten Ergebnisse zusammen! / Fassen Sie sie mal zusammen! • 6. Interviewen Sie doch mal die Zuschauer! / Interviewen Sie sie doch mal!
4f 2. Lassen Sie das Kind nicht wahllos TV konsumieren. • 3. Sprechen Sie mit dem Kind doch über die Sendungen, damit es Programm und Werbung auseinanderhalten kann. • 4. Informieren Sie sich doch, welche Produkte man in den Lieblingssendungen Ihres Kindes bewirbt. • 5. Besprechen Sie beim gemeinsamen Einkauf doch mal, ob die Wünsche des Kindes eventuell etwas mit der Werbung im Fernsehen zu tun haben. • 6. Bieten Sie Ihrem Kind auch andere Produkte an, damit es lernt, dass andere Produkte gleich gut, aber oft günstiger sind.
4g 2. Lass / Lasst das Kind nicht wahllos TV konsumieren. • 3. Sprich / Sprecht mit dem Kind doch über die Sendungen, damit es … • 4. Informier dich / Informiert euch doch, welche Produkte … • 5. Be-

sprich / Besprecht beim gemeinsamen Einkauf doch mal, ob die Wünsche des Kindes … • 6. Biete / Bietet deinem / eurem Kind mal andere Produkte an, damit es lernt, dass …

2 C Tipps für den Gast

1a *Mögliche Lösung:* Lieber Patryk, am 03.02., um 19.30 Uhr mache ich eine Party, damit sich die neuen Team-Mitglieder kennenlernen. Bring gute Laune und Neugier mit. Deine Tanja
1b Leider → Gerne • kennen → kennenlernen • mehr → noch • mitnehmen → mitbringen • zu dem Freitag → bis Freitag • → Mit freundlichen Grüßen → Herzliche Grüße
2 1b • 2a • 3a • 4b • 5b

2 D Die Wegwerfgesellschaft

1a *Mögliche Lösungen:* 2. das Lebens | mittel: das Leben (Existenz) + Fugen-s + das Mittel (Medium) → Etwas, das der Mensch zum Leben braucht (Essen). • 3. der Einkaufs | wagen: der Einkauf (von dem Verb „einkaufen") + Fugen-s + der Wagen (Vehikel) → Ein Behältnis, das man rollen kann und in das man Dinge beim Einkaufen hineinlegen kann. • 4. das Haltbarkeits | datum: die Haltbarkeit (Dauer, bis etwas schlecht wird) + Fugen-s + das Datum (kalendarische Zeitangabe) → Der Moment, ab dem ein Lebensmittel nicht mehr gut ist. • 5. die Verpackungs | größe: die Verpackung (von dem Verb „verpacken / einpacken") + Fugen-s + die Größe (Höhe, Breite, Tiefe) → Angabe darüber, wie groß die Verpackung eines Gegenstandes ist. • 6. die Familien | packung: die Familie + die Packung (Lebensmittelpackung) → große Menge eines Lebensmittels, sodass es für eine ganze Familie reicht. • 7. der Single | -Haushalt: der Single (alleinlebende Person) + der Haushalt (von dem Verb „haushalten") → eine Wohnung, die alles nur einmal hat, sodass sie auf die alleinlebende Person abgestimmt ist. • 8. die Lebensmittel | preise: das Lebensmittel (Essen) + der Preis (die Kosten) → die Kosten für Dinge, die man zum Leben braucht (Essen). • 9. die Info | -Kampagne: die Info(rmation) (Mitteilung) + die Kampagne (Bewegung, um etwas zu erreichen) → Veranstaltung, um Menschen Dinge mitzuteilen
1c Verben mit trennbarer Vorsilbe: einschalten • umdenken • umgehen • vollpacken • wegwerfen • **Verben mit untrennbarer Vorsilbe:** erreichen • recherchieren • überprüfen • umgehen • vermitteln • versuchen • **Achtung:** Das Verb „umgehen" kann sowohl mit trennbarer Vorsilbe, z. B. „Sie geht mit dem Problem gut um." als auch mit untrennbarer Vorsilbe gebraucht werden, z. B. „Sie umgeht (= vermeidet) das Problem."
1d *Mögliche Lösungen:* **Verben mit trennbarer Vorsilbe:** Ich packe den Teller voll. • Beim Einkaufen und Lagern von Lebensmitteln muss man umdenken. • Auch beim Einkauf muss man seinen Verstand einschalten. • Ich gehe bewusst mit den Lebensmitteln um. • Aber manchmal werfe ich auch Lebensmittel weg. • **Verben mit untrennbarer Vorsilbe:** Ich versuche, mich gesund zu ernähren. • Dieses Bewusstsein muss man den Kindern von klein auf vermitteln. • Ich muss diese Informationen überprüfen. • Dazu habe ich viel recherchiert. • Die Info-Kampagne hat noch nicht viel erreicht. • Ich umgehe das Problem, weil ich jeden Tag in der Kantine esse. • Das bedeutet, dass ich nur am Wochenende kochen muss.
2a 2. Hätten wir doch mehr Geld für gesunde Lebensmittel! • 3. Wären sie doch gesundheitsbewusster! • 4. Hättet ihr doch einen kleineren Kühlschrank! • 5. Hättest du doch mehr Zeit zum Kochen! • 6. Wäre ich doch öfter zu Hause! • 7. Wäre er doch kritischer!
2b bleiben: sie blieb • sie bliebe • **laufen:** wir liefen • wir liefen • **rufen:** ich rief • ich riefe • **finden:** du fandest • du fändest • **geben:** es gab • es gäbe • **denken:** er dachte • er dächte • **wissen:** wir wussten • wir wüssten • **brauchen:** sie brauchten • sie bräuchten • **bringen:** du brachtest • du brächtest
2c 2. Man sollte kleinere Mengen kochen. • 3. Man könnte die Essensreste einfrieren. • 4. Man sollte die Lebensmittel auch nach dem

Ablauf des Haltbarkeitsdatums probieren. • 5. Man könnte nicht benötigte Lebensmittel spenden. • 6. Man könnte eine Foodsharing-Party organisieren.

2d können • sollen

2e 2. Ich an deiner Stelle würde weniger einkaufen. / Wenn ich du wäre, würde ich weniger einkaufen. • 3. Ich an Ihrer Stelle würde aufs Haltbarkeitsdatum achten. / Wenn ich Sie wäre, würde ich aufs Haltbarkeitsdatum achten. • 4. Ich an deiner Stelle würde Lebensmittel einfrieren. / Wenn ich du wäre, würde ich Lebensmittel einfrieren. • 5. Ich an deiner Stelle würde öfter kochen. / Wenn ich du wäre, würde ich öfter kochen. • 6. Ich an Ihrer Stelle würde Freunde zum Essen einladen. / Wenn ich Sie wäre, würde ich Freunde zum Essen einladen.

2f 2. Könntest / Würdest du bitte noch das Wasser auf den Tisch stellen? • 3. Könntest / Würdest du mir bitte die Butter reichen? • 4. Könntest / Würdest du bitte beim Essen nicht sprechen? • 5. Könntest / Würdest du bitte langsamer essen? • 6. Könntest / Würdest du bitte aufhören, zu meckern?

2g • 2. bliebe • 3. bräuchten • 4a. könnten • 4b. sehen • 5. wäre • 6. hätten • 7. stünden • 8. wüsste • 9. fände • 10. gäbe • 11a. sollten • 11b. ausprobieren • 12. brächte • 13. hättet

2E Berufe rund ums Essen

1 1. verdienen • 2. Team • 3. Beruf • 4. Überstunden • 5. Arbeitszeit • 6. Erfahrung • 7. Tätigkeit • 8. Ausbildung • 9. Trinkgeld • 10. Angestellter • Lösungswort: Vertretung

2a 2. ca. • 3. flex. • 4. freiberufl. • 5. f. • 6. ges. • 7. körperl. • 8. m. • 9. su. • 10. tägl. • 11. tarifübl. • 12. ungewöhnl. • 13. Veranstalt. • 14. versch. • 15. v.

2b *Mögliche Lösung:* Sehr geehrte Damen und Herren,
ich habe Ihre Anzeige vom 13.09. … in der FAZ gelesen. Ich bin zurzeit Germanistikstudentin im 5. Semester. Später möchte ich gern als Übersetzerin arbeiten, deshalb wäre die von Ihnen angebotene Tätigkeit als freiberufliche Mitarbeiterin in Ihrer Übersetzungsagentur für mich sehr interessant. Auch die flexiblen Arbeitszeiten sind für mich ideal, da sie sich gut mit meinem Studium kombinieren lassen. Mich würde zudem noch interessieren, wie viele Aufträge man pro Monat bearbeitet.
Mit freundlichen Grüßen, Gabriele Mai

2c 1. direkt • 2. indirekt • 3. indirekt • 4. direkt • 5. direkt • 6. indirekt

2d 1. wie • 2. ob • ob • 3. am Satzende

2e 2. Können Sie mir sagen, wo der Einsatzort liegt? • 3. Könnten Sie mir bitte mitteilen, wie hoch der Stundenlohn ist? • 4. Außerdem würde ich gerne wissen, ob Sie Überstunden bezahlen. • 5. Wissen Sie vielleicht, ob Studenten gesucht werden? • 6. Könnten Sie mir sagen, ob ich am Samstag arbeiten muss?

2F Lebensmittel – Gestern und heute

1a 1. Sie kommt aus Südamerika. • 2. Er dachte sich einen Trick aus: Er legte Kartoffelfelder an und ließ sie von Soldaten bewachen, die sich aber nachts schlafend stellten. So stahlen die Bauern die Kartoffeln in der Nacht. • 3. Die Deutschen essen weniger Kartoffeln als noch vor ein paar Jahrzehnten. • 4. Die Kartoffel wird auch Erdapfel, Grumbeere, Knulle, Tüfte genannt. • 5. Das Sprichwort heißt: Der dümmste Bauer erntet die dicksten Kartoffeln. • Erklärung: Man benutzt das Sprichwort, um auszudrücken, dass jemand viel Erfolg ohne große Intelligenz hat. • 6. Die Kartoffel hat folgende Vorteile: Man kann sie lange lagern. Sie ist gesund und nahrhaft. Man kann sie sofort zubereiten.

1b 1 • 4 • 5

Aussprache

1a 2. Be | wer | bungs | un | ter | la | gen • 3. Er | fah | rungs | be | richt • 4. Auf | ga | ben | be | reich • 5. Un | ter | stütz | ungs | an | ge | bot • 6. Ur | laubs | ver | tre | tung • 7. Ar | beits | zei | ten • 8. Tä | tig | keits | be | richt

1b erste

1c Wortgrenze: Reisekrankheit → **Reise**-krankheit • **Vorsilbe:** Zerstörung → **Zer**-störung • **Nachsilbe:** Krankheit → Krank-**heit** • **zwei Konsonanten:** Trampolin → Tram-**p**olin

1e *Mögliche Lösungen:* Herbststurm • Strumpfband • Schifffahrt • Verpflegung • Brandschutzverordnung • pneumatisch • Sklaverei

Lektion 3 – 3A Wie die Zeit vergeht

1a 2. Bild F • 3. Bild D • 4. Bild B, C • 5. Bild E

1b 1B • 2C • 3A

2 **Vergangenheit:** damals • ehemals • einst • früher • in letzter Zeit • vor langer Zeit • vor vielen Jahren • **Gegenwart:** derzeit(ig) • gegenwärtig • heutzutage • jetzt • momentan • zurzeit • **Zukunft:** bald • in der nächsten Zeit • in Zukunft • in ein paar Jahren • nächstes Jahr • später • (zu)künftig

4a ca. 10%

4c 2. Wissenschaftler haben das Modell vom antiken Köln entwickelt. • 3. Viele Pilger kamen in die Stadt, um die Reliquien der Heiligen Drei Könige zu sehen. • 4. Ab 1322 wurden die Reliquien im neuen Chor des gotischen Doms aufbewahrt. • 5. Krieg, Missernten und eine Hochwasserkatastrophe waren die Gründe für die Krise im 18. Jahrhundert. • 6. Unter französischer Herrschaft wurde der Dom für profane Zwecke (z.B. als Lagerraum) genutzt. • 7. Das Dampfschiff und die Eisenbahn waren neue Verkehrsmittel, die mit der Industrialisierung nach Köln kamen. • 8. Der Kölner Dom wurde 1880 fertiggestellt. • 9. Nach dem Zweiten Weltkrieg lagen 95% der Altstadt Kölns in Trümmern. • 10. Man konnte ab dem Frühsommer 1945 wieder in Köln studieren. • 11. Automobilindustrie, chemische Industrie, Musikindustrie, Hörfunk und Fernsehen sind Wirtschaftszweige, die heute in Köln zu finden sind. • 12. Köln ist besonders für seinen Karneval bekannt.

3B Kindheitserinnerungen

1a **Unregelmäßige Verben:** 2. bl**ei**ben • Sie bl**ie**ben • 3. fl**ie**gen • wir fl**o**gen • 4. l**e**sen • ich l**a**s • 5. f**a**hren • wir f**u**hren • 6. l**ie**gen • ihr l**a**gt • 7. anr**u**fen • sie (Pl.) r**ie**fen an • 8. w**i**ssen • du w**u**sstest • **regelmäßige Verben:** 10. sich interessieren • er interessierte sich • 11. lernen • es lernte • 12. machen • sie (Pl.) machten • 13. begründen • ich begründete • 14. aufhören • wir hörten auf • 15. sich fühlen • sie (Sg.) fühlte sich • 16. arbeiten • du arbeitetest

1b **haben:** ich hatte • **du hattest** • er / sie / es hatte • **wir hatten** • **ihr hattet** • **sie / Sie hatten** • **sein:** ich war • **du warst** • er / sie / es war • **wir waren** • **ihr wart** • **sie / Sie waren**

1c 2. wechselte • 3. begann • 4. abbrach • 5a. fing • 5b. an • 6a. nahm • 6b. auf • 7. entstand • 8. diente • 9. heiratete • 10. kam • 11a. setzte • 11b. fort • 12a. beschäftigte • 12b. sich • 13. hatten • 14. bekam • 15. war • 16. zählte • 17. starb

2a 2. hat • 3. haben • 4. sind • 5. haben • 6. sind • 7. haben • haben • 8. haben • 9. sind

2b **ohne „ge-":** begonnen (beginnen) • bewundert (bewundern) • verbracht (verbringen) • fasziniert (faszinieren) • **mit „ge-":** getrunken (trinken) • hinübergelaufen (hinüberlaufen) • geblieben (bleiben) • gesessen (sitzen) • gewesen (sein)

2c 1. ohne • 2. mit • 3. zwischen

3

Position 1	Position 2		Satzende
2. Er	hatte	die neue Wohnung mit Mara	besichtigt.
3. Sie	hatten	die Stadt gemeinsam	angeschaut.
4. Beide	waren	oft spazieren	gegangen.
5. Wir	hatten	uns sehr auf die neue Stadt	gefreut.
6. Der Umzug	hatte	im Mai	stattgefunden.
7. Beide	waren	nach einem Monat wirklich	angekommen.
8. Sie	hatten	die richtige Entscheidung	getroffen.

4a 2. gewohnt hatte • 3. unternommen hatten • 4. kennengelernt hatte • 5. abgeschlossen hatten • 6. zurückgekehrt waren

4b 1. vor • 2. Perfekt • 3. Komma

5a 2. Während … lebten, hatte … • 3. (Eine Woche) bevor … erzählten, wusste … • 4. Als … berichtete, waren … • 5. Während … einpackten, brachten … • 6. … bevor … umzogen, planten … • 7. Als … umzogen, war …

5b 1. Sätze: 3, 6 • 2. Sätze: 2, 5 • 3. Sätze: 1, 2, 5, 6

5c 2. 2 • 1: Nachdem ich umgezogen war, begann ich mein Studium. / Ich zog um, bevor mein Studium begann. • 3. 1 • 2: Nachdem ich viel gelernt hatte, machte ich das Examen. / Ich lernte viel, bevor ich das Examen machte. • 4. 1 • 2: Nachdem ich das Studium beendet hatte, kehrte ich zurück. / Ich beendete das Studium, bevor ich zurückkehrte.

5d 2. Während ich unterwegs war, versuchte ich oft mit den Menschen vor Ort in Kontakt zu kommen. • 3. Während ich im Ausland gewesen bin, habe ich viel Neues gelernt. • 4. Während ich im Zug sitze, beantworte ich E-Mails mit meinem Handy. • 5. Während ich gereist bin, habe ich viele Fotos gemacht. • 6. Während ich im Café saß, notierte ich viele Beobachtungen in meinem Tagebuch.

6a 3. Während ich den Kurs gemacht habe, habe ich viele interessante Menschen kennengelernt. • 4. Nachdem ich den Kurs beendet hatte, habe ich eine Stelle in einer Bäckerei gefunden. • 5. Während ich dort gearbeitet habe, hat sich mein Französisch sehr verbessert. • 6. Bevor ich nach Hause gefahren bin, habe ich noch ein Sprachdiplom abgelegt.

6b 2. die Abreise • 3. die Verabschiedung / der Abschied • 4. der Besuch • 5. die Beendigung / das Ende

6c 2. Vor ihrer Abreise plante Maria ihre Route genau. • 3. Vor ihrer Verabschiedung / ihrem Abschied legte Maria im Internet einen Blog an und lud ihre Freunde und Familie ein. • 4. Beim Besuch neuer Orte machte Maria immer Fotos für den Blog. • 5. Nach der Beendigung / dem Ende ihrer Reise begann Marie ihr Studium.

6d

Nebensatzkonnektor	nachdem	während	bevor
Präposition (+ Nomen)	nach + Dativ	bei +D; während + G / D	vor + Dativ
Verbindungsadverb	danach	dabei / währenddessen	davor

3C Pünktlich auf die Minute

1 2. im richtigen Augenblick • 3. verspätet • 4. vorher

2a 2G • 3A • 4H • 5L • 6I • 7D • 8F • 9C • 10K • 11B • 12J

2b 2. unpünktlich • 3. unzuverlässig • 4. unordentlich • 5. das Missverständnis • 6. die Mehrheit

3D Keine Zeit

1a 2. Rapper • 3. ganz normale Themen und Gefühle / Alltagsthemen • 4. fünf • 5. jeden • 6. Buch (über sein Leben)

1b verrückt → ein Irrsinn • geht → läuft • Film in mir → Streifen • Unsicherheit fühlen → Zweifel haben • Vergleiche tausendmal → Stell' tausend Vergleiche an. • Was → Wann • Zuviel bleibt in Vergangenheit. → Zu viel, dass vergessen bleibt. • wage → trau' mich • Will → Ich will • versäumen → verpassen

2a 1c • 2b • 3a • 4c • 5b • 6a

2b Die Vorsilbe „-ent" bedeutet hier „etwas wegnehmen".

3E Zeitreisen

1a 1. Der Journalist Arthur Brehmer und verschiedene Wissenschaftler haben das Buch geschrieben. • 2. Das Thema ist die Welt in 100 Jahren. • 3. Es wurde 1910 zum ersten Mal veröffentlicht. • 4. Heute wirkt es fremd und komisch. Es regt an, über unsere Zukunft nachzudenken. • 5. Das damalige Deutsch ist ganz anders als die heutige deutsche Sprache.

1b 2D • 3A • 4B • 5G • 6C • 7F

2a Singular: **ich** werde • **du** wirst • **er / sie / es** wird • **Plural: wir** werden • **ihr** werdet • **sie / Sie** werden

2b

Position 1	Position 2		Satzende
2. Die Unterrichtsstunden	werden	zeitlich flexibel	stattfinden.
3. Die Lehrer	werden	den Unterricht an jeden einzelnen Schüler	anpassen.
4. Noten	wird	es nicht mehr	geben.
5. Das Lernen der Zukunft	wird	noch mehr Spaß	machen.

2c 1B • 2C • 3A

3a Aufbau C

3b 2. **Vorstellung:** Mein Name ist … • 3. **Einleitung / Gliederung:** Nach meinem Vortrag können Sie auch gerne Fragen stellen. • Mein Vortrag besteht aus … Teilen. • 4. **Mittelteil:** Für die Reisetrends der Zukunft gibt es zwei Gründe: erstens … • Für den deutschen Tourismus sehen wir vier Entwicklungen. Erstens … Zweitens … • Ein zweiter wichtiger Grund ist … • Die Vorteile liegen auf der Hand. • Die Nachteile hat vor allem … • Die negativen Auswirkungen zeigen sich auch in … • 5. **Schluss:** Aber das – meine Damen und Herren, ist ein interessantes Thema für den nächsten Vortrag. • Wenn Sie noch Fragen stellen möchten, haben Sie jetzt die Gelegenheit dazu. • 6. **Dank:** Vielen Dank für Ihre Aufmerksamkeit!

4 Immer: täglich • ständig • stets • **oft:** häufig • des Öfteren • **manchmal:** ab und zu • hin und wieder • **selten:** fast nie • kaum • **nie:** niemals

5a 1. **leben:** ich lebe • du lebst • er / sie / es lebt • wir leben • ihr lebt • sie / Sie leben 2. **arbeiten:** ich arbeite • du arbeitest • er / sie / es arbeitet • wir arbeiten • ihr arbeitet • sie / Sie arbeiten 3. **sprechen:** ich spreche • du sprichst • er / sie / es spricht • wir sprechen • ihr sprecht • sie / Sie sprechen • 4. **werden:** ich werde • du wirst • er / sie / es wird • wir werden • ihr werdet • sie / Sie werden • 5. **fahren:** ich fahre • du fährst • er / sie / es fährt • wir fahren • ihr fahrt • sie / Sie fahren • 6. **laufen:** ich laufe • du läufst • er / sie / es läuft • wir laufen • ihr lauft • sie / Sie laufen 7. **sich ärgern:** ich ärgere mich • du ärgerst dich • er / sie / es ärgert sich • wir ärgern uns • ihr ärgert euch • sie / Sie ärgern sich • 8. lächeln: ich lächle • du lächelst • er / sie / es lächelt • wir lächeln • ihr lächelt • sie / Sie lächeln 9. **haben:** ich habe • du hast • er / sie / es hat • wir haben • ihr habt • sie / Sie haben • 10. **sein:** ich bin • du bist • er / sie / es ist • wir sind • ihr seid • sie / Sie sind

5b *Mögliche Lösungen:* 2. Fährt er nie nach Hause? – Doch, er fährt jeden Monat einmal nach Hause. • 3. Arbeitet sie oft am Wochenende? – Ja, sie arbeitet fast jeden Samstag. • 4. Läuft er jeden Abend durch den Park? – Nein, er läuft nur dienstags und mittwochs abends durch den Park. • 5. Reist du oft in andere Länder? – Ja, so oft es geht. • 6. Ärgern Sie sich häufig? – Ja, ich ärgere mich häufig, besonders über andere Autofahrer. • 7. Sieht er seine Eltern ab und zu? – Nein, nur wenn es gar nicht anders geht. • 8. Nutzt du das Internet täglich? – Ja, ich nutze es täglich für die Arbeit. • 9. Lächelst du über deine Fehler? – Ja, wenn es ein kleiner Fehler war, dann lächle ich über ihn. • 10. Findet er eine Lösung für das Problem? – Nein, das Problem kann niemand lösen.

3F Schöne Zeiten

1 2a. hat • 2b. veröffentlicht • 3. waren • 4a. haben • 4b. geschrieben • 5a. geht • 5b. um • 6. spielt

2a Titel: Die Statistik trägt den Titel „…" • **Quellenangabe:** Die Angaben stammen aus … • Die Quelle ist … • Die Zahlen wurden … entnommen. • **nicht passendes Redemittel:** Der Name der Grafik bedeutet …

2b 1. auf • dem ersten 2. die • zweiter 3. der • dem dritten • den letzten

Aussprache

1b 1a • 2a • 3b • 4a • 5b • 6b

Lektion 4 – 4A Einer für alle …

1a

1b 2. Im • 3. Am • 4. der • 5. Am • 6. Im • 7. der • 8. der

1c *Mögliche Lösung:* Im Vordergrund sind eine junge und alte Frau. Sie schauen auf ein Handy. Im Hintergrund sieht man die Küche. Am rechten Rand sieht man einen Küchenschrank. Am oberen Rand ist eine Wand zu erkennen. Am unteren Rand ist ein Holztisch zu erkennen. Am rechten Rand sieht man einen Topf. Dort ist vermutlich der Herd. In der rechten unteren Ecke sieht man einen Stuhl.

2 2. Man braucht viel Geld, um ein Haus zu bauen. / Man braucht viel Geld, um ein Haus bauen zu können. • 3. Der Betrieb braucht neue Mitarbeiter, um den Auftrag auszuführen. / Der Betrieb braucht neue Mitarbeiter, um den Auftrag ausführen zu können. • 4. Die Schule braucht Geld, um Computer zu kaufen. / Die Schule braucht Geld, um Computer kaufen zu können. • 5. Wir brauchen viele Ideen, um die Welt zu verändern. / Wir brauchen viele Ideen, um die Welt verändern zu können.

3a 2. (der) Schwarm • 3. (der) Fisch • 4. (der) Thunfisch • 5. (das) Geschöpf • 6. (die) Qualle • 7. (der) Regenbogen • 8. (der) Hummer • 9. (der) Aal • 10. (die) See-Anemone • 11. (die) Strömung • 12. (die) Palme

3b 2. der Schwarm, ⸚e • 3. der Fisch, -e • 4. der Thunfisch, -e • 5. das Geschöpf, -e • 6. die Qualle, -n • 7. der Regenbogen, - • 8. der Hummer, - • 9. der Aal, -e • 10. die See-Anemone, -n • 11. die Strömung, -en • 12. die Palme, -n

4B Ehrensache!

1a 2. Pluralform: Ehrenämter • 3. Genitiv: <-(e)s • 4. Genus (best. Artikel): das • 5. Kompositum: Ehrenamt • 6. Wortart: *Adj.* • 7. Aussprache / Betonung: ehren / Ehrenamt / ehrenamtlich • 8. Bedeutung: eine Aufgabe, die man ohne Bezahlung in einer Institution ausübt • 9. Man kann das Adjektiv nicht steigern: <nicht steig.> • 10. Ergänzung / Objekt: *mit OBJ jmd. / etwas ehrt jmdn.*

2a 2. – • 3. – • 4. / • 5. + • 6. –

2b **Vorteile:** Ein Pluspunkt ist … • Nützlich kann auch … sein. • Dafür spricht … • Vorteilhaft ist dabei, dass … • **Nachteile:** Nachteilig ist allerdings, dass … • Ungünstig ist aber … • Dieser Punkt spricht dagegen. • Ein negativer Aspekt ist … • Eine negative Folge könnte … sein.

2c *Mögliche Lösung:* Ein Pluspunkt des Ehrenamts ist, dass man anderen Menschen helfen kann. Nachteilig ist allerdings, dass es viel Zeit in Anspruch nimmt und man trotzdem nicht allen helfen kann. Vorteilhaft beim Ehrenamt ist, dass es einen positiven Eindruck bei Bewerbungen macht. Ein negativer Aspekt ist aber, dass man einen großen Teil seiner Freizeit dafür nutzen muss.

3a 2D • 3A • 4F • 5B • 6G • 7E

3b 2. Flexibilität • 3. Organisationstalent • 4. Verantwortungsbewusstsein • 5. Engagement

4C Ein Projekt – viele Helfer

1a 1a • 2c • 3a • 4b • 5c

1b 2. Probleme • 3. liefern • 4. anstrengend • 5. sagen • 6. umfangreicher

2 1a • 2b • 3c • 4a

3a Präsens: können: ich kann • du kannst • er / sie / es kann • wir können • ihr könnt • sie / Sie können • **wollen:** ich will • du willst • er / sie / es will • wir wollen • ihr wollt • sie / Sie wollen • **müssen:** ich muss • du musst • er / sie / es muss • wir müssen • ihr müsst • sie / Sie müssen • **sollen:** ich soll • du sollst • er / sie / es soll • wir sollen • ihr sollt • sie / Sie sollen • **dürfen:** ich darf • du darfst • er / sie / es darf • wir dürfen • ihr dürft • sie / Sie dürfen • **mögen:** ich mag • du magst • er / sie / es mag • wir mögen • ihr mögt • sie / Sie mögen • **Präteritum: können:** ich konnte • du konntest • er / sie / es konnte • wir konnten • ihr konntet • sie / Sie konnten • **wollen:** ich wollte • du wolltest • er / sie / es wollte • wir wollten • ihr wolltet • sie / Sie wollten • **müssen:** ich musste • du musstest • er / sie / es musste • wir mussten • ihr musstet • sie / Sie mussten • **sollen:** ich sollte • du solltest • er / sie / es sollte • wir sollten • ihr solltet • sie / Sie sollten • **dürfen:** ich durfte • du durftest • er / sie / es durfte • wir durften • ihr durftet • sie / Sie durften • **mögen:** ich mochte • du mochtest • er / sie / es mochte • wir mochten • ihr mochtet • sie / Sie mochten • **Konjunktiv II: können:** ich könnte • du könntest • er / sie / es könnte • wir könnten • ihr könntet • sie / Sie könnten • **wollen:** ich wollte • du wolltest • er / sie / es wollte • wir wollten • ihr wolltet • sie / Sie wollten • **müssen:** ich müsste • du müsstest • er / sie / es müsste • wir müssten • ihr müsstet • sie / Sie müssten • **sollen:** ich sollte • du solltest • er / sie / es sollte • wir sollten • ihr solltet • sie / Sie sollten • **dürfen:** ich dürfte • du dürftest • er / sie / es dürfte • wir dürften • ihr dürftet • sie / Sie dürften

3b 2. Michael wollte gern wissen, wie man Wikipedia-Artikel ergänzt. • 3. Beate war lustlos. Sie mochte gestern nicht so lange am Computer sitzen. • 4. Jürgen mochte gestern Morgen nicht im Internet surfen. • 5. Der Kursleiter wollte alle Kursteilnehmer zum Mitmachen motivieren.

3c

Position 1	Position 2		Satzende
2. Ich	habe	mir ein gutes Thema	suchen müssen.
3. Ich	habe	im Netz zum Thema	recherchieren müssen.
4. Dann	habe	ich endlich	schreiben können.
5. Ich	habe	auf die Vorgaben von Wikipedia	achten müssen.

3d

Position 1	Position 2		Satzende
2. Dann	hatte	er keinen Studienplatz	bekommen können.
3. Deshalb	hatte	er Nebenjobs	ausüben müssen.
4. Nach drei Jahren	hatte	er sich selbstständig	machen wollen.
5. Er	hatte	nur wenig Geld	verdienen können.

3e

Position 1	Position 2		Satzende
2. Er	wird	mehr Zeit mit Hobbys	verbringen können.
3. Er	wird	länger	studieren müssen.
4. Er	wird	häufiger	reisen können.
5. Er	wird	immer online mit Freunden weltweit	sein wollen.
6. Er	wird	sich eine Welt ohne Internet nicht	vorstellen können.

4a 2D • 3B • 4C • 5F • 6A • 7E

4b 2. Sie will sich mit dem Internet beschäftigen. • 3. Ihr Sohn kann ihr helfen. • 4. Ihr Sohn will, dass sie sich öfter an den PC setzt. • 5. Sie darf lange surfen. • 6. Sie möchte mehr wissen. • 7. Sie muss jeden Tag üben. • 8. Sie mag abends gern im Internet surfen.

4c 1. M • 2. F / M • 3. F • 4. M • 5. E • 6. M / E

4d 1a • 2b • 3b • 4b • 5a • 6b

5a 1b • 2b • 3a

5b 2. Er braucht seine Recherche nur zu beenden. • 3. Wenn etwas unklar ist, braucht er nur seinen Kollegen Oskar zu fragen. • 4. Er braucht keinen großen Artikel zu schreiben, denn vieles ist schon bekannt. • 5. Pavel braucht nur einen Kommentar zu schreiben, dann ist er fertig.

5c 2. brauchen • 3. können • 4. muss • 5. müssen • 6. kann • 7. will / möchte • 8. muss / sollte • 9. muss • 10. sollte • 11. will / möchte

6a (essen) • 4. (gehen) • 5. (sprechen) • 6. (haben) • 9. (kommen) • 10. (trinken)

6b 2. Sie hat keine Nudeln gemocht. • 4. Er hat zum Schuster gemusst. • 5. Er hat aber gut Deutsch gekonnt. • 6. Sie haben mehr Zeit für die Familie gewollt. • 9. Er hat heute nicht gekonnt. • 10. Habt ihr einen Tee gewollt?

4D Zivilcourage

1a 2A • 3B • 4E • 5C

1b 1a • 2c • 3a • 4b • 5c

1c Vorfall 1: Was: Unfall • **Wie:** Radfahrer ist bei Rot über Ampel gefahren und hat einen Fußgänger angefahren. • **Wo:** an einer Straße in der Innenstadt • **Vorfall 2: Wer:** Frau, betrunkener Mann • **Was:** Belästigung • **Wie:** Ein betrunkener Mann belästigt Frau und will ihren Sitzplatz haben. • **Wo:** im Bus • **Vorfall 3: Wer:** Mann, Dieb • **Was:** Diebstahl • **Wie:** Ein Dieb versucht Fahrrad zu stehlen, ein Zeuge hindert ihn daran. • **Wo:** auf der Straße vor einem Wohnhaus • **Vorfall 4: Wer:** Joggerin, Räuber, Passant • **Was:** Überfall • **Wie:** Ein Mann überfällt eine Joggerin. Er stiehlt ihr Handy und ihr Portemonnaie. Ein Passant ruft die Polizei. • **Wo:** im Park • **Vorfall 5: Wer:** Lehrer, drei Schüler • **Was:** Prügelei • **Wie:** Zwei ältere Schüler verprügeln einen jüngeren Schüler. Ein Lehrer beendet Prügelei, nimmt Täter mit ins Sekretariat. • **Wo:** auf dem Schulhof

2a 2. einem • 3. eine • 4. Ein • 5. den • 6. der • 7. dem • 8. der • 9. einem • 10. der • 11. dem • 12. die • 13. die • 14. dem • 15. den • 16. Der • 17. den • 18. Die • 19. das • 20. der • 21. einen

2b 1. Personen / Dinge werden zum ersten Mal in Texten mit dem unbestimmten Artikel genannt. • 2. Erst wenn diese Personen / Dinge im Text schon genannt wurden, verwendet man den bestimmten Artikel.

4E Ganz schön egoistisch!

1a *Mögliche Lösungen:* **1961:** bekommt Flügel geschenkt • **1962:** bekommt Plattenspieler → hört Elvis Presley, Cliff Richards und die Beatles • **1963:** Einschulung • **1973:** verlässt Gymnasium ohne Abschluss und beginnt Ausbildung zum Bürokaufmann, die er abbricht • **1974:** Armee • Abbruch Musikstudium am Wiener Konservatorium • **1977:** erste Auftritte in Berlin, Namensänderung: Falco • **1979:** erste Single • **1981:** Rap „Der Kommissar" wird Hit in Europa, Guatemala und Kanada • **1985:** Album „Rock me, Amadeus" macht Falco zu Weltstar • **1998:** Tod durch Autounfall in Dominikanischer Republik

2a lassen: ich lasse • du lässt • er / sie / es lässt • wir lassen • ihr lasst • sie / Sie lassen

2b 2. lassen • 3. lässt • 4. lässt • 5. Lasst • 6. lassen • 7. lassen

2c Bedeutung: 3 • 2 • 1 • 1 • 2 • 3 • **Regeln:** 1. Sätze: 3, 6 • 2. Sätze: 1, 2, 4, 5, 7

2d 2. Er hat sich von den Fans bewundern lassen. • 3. Er hat eine neue CD veröffentlichen lassen. • 4. Er hat Werbung für die neue CD machen lassen. • 5. Er hat eine Tournee organisieren lassen. • 6. Er hat einige Konzerttickets verlosen lassen. • 7. Er hat sich in Radio und Fernsehen interviewen lassen. • 8. Er hat sich mit den Fans fotografieren lassen.

2e 1. V • 2. lassen • H • 3. lassen • H • 4. gelassen • V • 5. gelassen • V • 6. lassen • H

3a 1. höre … rufen • 2. sehen … stehen und sich unterhalten • 3. höre … lachen • 4. hören … sagen • 5. bleiben … sitzen • 6. sehe … zukommen • 7. gehe … arbeiten

3b 1. … , da habe ich unseren Chef rufen hören: „Kommen Sie bitte alle in den Konferenzraum." • 2. Dann haben wir unseren Chef, seine Sekretärin und unsere Kollegin Frau Brendel im Konferenzraum stehen und sich unterhalten sehen! • 3. Ausgerechnet Frau Brendel habe ich laut lachen hören. • 4. Nach der Begrüßung haben wir unseren Chef sagen hören: „Frau Brendel leitet ab nächstem Monat Ihre Abteilung." • 5. Wir sind also noch etwas sitzen geblieben und haben mit einem Glas Sekt angestoßen. • 6. Da habe ich schlechte Zeiten auf uns zukommen sehen. • 7. Und ich bin doch so gerne arbeiten gegangen.

3d das Hörspiel • die Gehhilfe • der Gehweg • die Lernhilfe • das Lernmaterial • der Lerntest • der Lernort • das Lernspiel • der Wohnort • das Wohnheim • das Brennmaterial • der Brennstoff • die Sehhilfe • der Sehtest

4F Mein Buch, dein Buch?

1 B. der Buchrücken • C. der Titel • D. der Schutzumschlag • E. das Lesezeichen • F. die Seite

2a trennbare Verben: ausleihen (Z. 4) • freilassen (Z. 8) • eintragen (Z. 10) • **untrennbare Verben:** bekommen (Z. 4) • hinterlassen (Z. 6) • gefallen (Z. 12) • erhalten (Z. 12) • verschwinden (Z. 14/15)

2b *Mögliche Lösungen:* **trennbare Vorsilben:** ab- (z. B. abschließen), an- (z. B. anfangen), auf- (z. B. aufhören), frei- (z. B. freilassen), mit- (z. B. mitbringen), nach- (z. B. nachfragen), weg- (z. B. wegbringen), wieder- (z. B. wiederfinden), zurück- (z. B. zurückfahren) • **untrennbare Vorsilben:** emp- (z. B. empfehlen), ge- (z. B. gefallen), miss- (z. B. missverstehen), zer- (z. B. zerreißen)

Aussprache

1a 2. verfolgen • 3. sich anmelden • 4. hinterlassen • 5. sich bewegen • 6. sich eintragen • 7. erhalten • 8. sich vorstellen • 9. aussteigen • 10. überfallen • 11. mitbringen • 12. belästigen

1b 1a • 2b

Lektion 5 – 5A Ein Dach über dem Kopf

1a 2. teuer • 3. alt • 4. hell • 5. hässlich • 6. altmodisch • 7. geräumig • 8. kalt

1b Person 2: nicht zu hohe Miete • **Person 3:** in der Stadt, aber in der Nähe zu Natur und Wasser • **Person 4:** kein Chaos und keinen Lärm • **Person 5:** Kinder können vor dem Haus spielen • **Person 6:** moderne Haustechnik

2a Zum Begriff Infrastruktur gehört nicht: günstige Mieten • Freunde • nette Nachbarn

2b *Mögliche Lösungen:* Apotheke • Ärzte • Autobahn • Bank • Kino • Nahverkehr

5B Tausche Wohnung

1a 2. groß • 3. ab sofort • 4. Quadratmeter • 5. mit • 6. Zimmer • 7. Nichtraucher • 8. Einbauküche • 9. Wohngemeinschaft • 10. Dachgeschoss • 11. möbliert • 12. Nebenkosten • 13. inklusive • 14. gesucht • 15. Monatsmiete • 16. Kaution • 17. Erdgeschoss • 18. Appartement • 19. Waschmaschine • 20. Obergeschoss • 21. praktisch

1b *Mögliche Lösung:* Nachmieter (NR) f. prakt., möbl. Zi. in WG ges.; Zi. ist im EG; zentrale Lage; Waschm. kann übernommen werden; Preis 330€ + NK (50€); Kt. beträgt 2 MM. Bei Interesse bitte E-Mail an: …

1c *Mögliche Lösung:* Schickes 2 Zi-App. m. EBK und Balkon, gerne DG, in zentraler Lage ab sof. von NR ges. MM + NK max. 850 €. Tel. 0190187344

5C Wohntrends

1a 1j • 2? • 3n • 4j • 5? • 6? • 7? • 8n • 9j

1b 2C • 3D • 4E • 5A • 6G • 7F • 8B • 9H

1c 2. groß • 3. neu • 4. alt • 5. gemütlich • 6. langsam

1d Wohn-: die Wohnfläche • das Wohngebiet • die Wohngemeinschaft • das Wohnhaus • das Wohnheim • das Wohnmagazin • der Wohnort • der Wohnsitz • der Wohntrend • das Wohnviertel • der

Wohnwagen • das Wohnzimmer • **Wohnungs-:** der Wohnungsmarkt • die Wohnungsmiete • der Wohnungsschlüssel • die Wohnungssuche • der Wohnungstausch • die Wohnungstür • der Wohnungswechsel

2a

	m	n	f	Pl.
Nom.	-e	-e	-e	-en
Akk.	-en	-e	-e	-en
Dat.	-en	-en	-en	-en

2b 2. gelben • 3. blauen • 4. roten • 5. kleinen • 6. vielen • 7. bunte • 8. blaue • 9. hellen • 10. dunkle • 11. hübsche

2c

	m	n	f	Pl.
Nom.	-er	-es	-e	-e
Akk.	-en	-es	-e	-e
Dat.	-en	-en	-en	-en

2d 2. kleinen • 3. bequemen • 4. neuen • 5. gemütliches • 6. breiten • 7. vielen • 8. großen • 9. modernen • 10. persönlichen

2e

	m	n	f	Pl.
Nom.	-er	-es	-e	-e
Akk.	-en	-es	-e	-e
Dat.	-em	-em	-er	-en

2f 1b • 2a

2g 2. großen • 3. eigenes • 4. traditionellen • 5. fester • 6. ungewöhnliche • 7. natürliche • 8. flexible • 9. verschiedene • 10. kompakte • 11. viele • 12. negativen • 13. spezielle • 14. guten • 15. dunkle • 16. breiten • 17. passenden • 18. große • 19. runden

3a 2. am längsten • 3. älter • 4. am kürzesten • 5. hübscher • 6. am heißesten • 7. dunkler • 8. am teuersten • 9. am besten • 10. mehr • 11. höher • 12. am nächsten • 13. lieber

3b 2. flexibler • 3. am breitesten • 4. am wärmsten • 5. lieber • 6. kühlsten

3c 2. als • 3. wie • 4. als • 5. als • 6. wie • 7. als • 8. wie • 9. als

3d 2. ein höheres? • 3. eine dunklere. • 4. kürzere. • 5. einen besseren.

3e 2. schönste • 3. beliebtesten • 4. kürzesten • 5. coolsten • 6. nettesten • 7. sauberste • 8. gemütlichste • 9. besten

3f 2. am meisten • 3. wichtiger • 4. wichtigere • 5. als • 6. am wenigsten • 7. unwichtigste

4a 2. Neuen • 3. Kleiner • 4. Große • 5. Süßer • 6. Süßes • 7. Größte • 8. Beste

4b 2. Feines • 3. Praktisches • 4. Alltägliches • 5. Schöneres • 6. Teures • 7. Besseres • 8. Liebe • 9. Gute

4c die Altstadt • das Hochhaus • das Hochwasser • die Kaltmiete • das Kaltwasser • die Kleinmöbel • die Kleinstadt • der Neubau • das Neujahr • die Neustadt • die Warmmiete • das Warmwasser

5D Mein Zuhause

1a 2. von zu Hause / nach Hause • 3. nach Hause • 4. zu Hause • 5. nach Hause • 6. Zuhause

1b Antonyme: 2. die Nacht • 3. die Entspannung • 4. dunkel • 5. ordentlich • 6. leise • 7. stehen • **Synonyme:** 1. die Ruhe • 2. die Kraft • 3. der Raum • 4. das Problem • 5. aufgeräumt • 6. schauen • 7. sich entspannen

1c 2F • 3B • 4C • 5D • 6A

5E Anders wohnen – anders leben

1a Abschnitt 2: c (Z. 24 – 25) • **Abschnitt 3:** a (Z. 38 – 39) • **Abschnitt 4:** c (Z. 59 – 60)

1b 1c • 2d • 3d • 4a • 5b • 6a

1c 2. die Nebenkosten • 3. die Lebensmittel • 4. das Baumaterial

2a 2. waren … belächelt worden • 3. ist … ausgezeichnet worden • 4. werden … angeboten werden • 5. wurde … gebaut

Präteritum: Beispielsatz: Das erste Haus des „Club 99" wurde ohne Maschinen gebaut. • **Bildung:** Präteritum von „werden" + Partizip Perfekt • **Perfekt: Beispielsatz:** Das Modellprojekt „Sieben Linden" ist bereits mehrmals ausgezeichnet worden. • **Bildung:** Präsens von „sein" + Partizip Perfekt + „worden" • **Plusquamperfekt: Beispiel:** Die radikalen Ideen waren am Anfang von den alten Bewohnern Poppaus belächelt worden. • **Bildung:** Präteritum von „sein" + Partizip Perfekt + „worden" • **Futur I: Beispielsatz:** Auch in Zukunft werden Veranstaltungen angeboten werden. • **Bildung:** Präsens von „werden" + Partizip Perfekt + „werden" • **Regel:** Dativ

2b 2. wurde … renoviert • 3. waren … geparkt worden • 4. werden diskutiert werden • 5. sind … entwickelt worden • 6. werden … produziert

2c 2A • 3H • 4H • 5H • 6A

2d

Pos. 1	Pos. 2		Satzende
2. Viele Seminare	werden	in „Sieben Linden" von den Bewohnern	angeboten.
3. In „Sieben Linden"	sind	schon immer neue Ideen	verwirklicht worden.
4. Im Dorf	waren	verschiedene Materialien	verwendet worden.
5. Informationsveranstaltungen	werden	auch künftig	angeboten werden.
6. Die Gemeindeküche	ist	von den Bewohnern gemeinsam	eingerichtet worden.

3a Präsens: Beispielsatz: Autos sollen am Ortsrand geparkt werden. • **Bildung:** Präsens vom Modalverb + Infinitiv Passiv • **Präteritum: Beispielsatz:** Viele interessierte Gäste konnten informiert werden. / Am Anfang mussten viele Probleme gelöst werden. • **Bildung:** Präteritum vom Modalverb + Infinitiv Passiv • **Regel:** am Satzende

3b 2. konnten … begrüßt werden • 3. sollen … angebaut werden • 4. müssen beachtet werden • 5. musste … renoviert werden • 6. kann … eingekauft werden

3c

Pos. 1	Pos. 2		Satzende
2. Neue Lösungen	müssen	immer wieder	gefunden werden.
3. Probleme	sollen	(von den Dorfbewohnern) gemeinsam	gelöst werden.
4. Viele Fragen	mussten	am Anfang	diskutiert werden.
5. Energie	kann	(von den Bewohnern des Ökodorfes) selbst	produziert werden.
6. Elektrogeräte und Werkzeuge	sollen	(von den Dorfbewohnern) gemeinsam	genutzt werden.

5F Übernachten mal ganz anders

1 drei Stunden • 52,5 Meter • sechs Personen • Schlafsäcke und Handtücher müssen Sie selbst mitbringen. • Essen und Trinken bekommen Sie dort. • 556 Euro

2 *Mögliche Lösung:* Sehr geehrte Damen und Herren,
ich habe vom 7. – 8. Dezember 20.. in Ihrem Hotel übernachtet. Diese Übernachtung ist für mich leider nicht sehr angenehm gewesen. Es gab leider eine Reihe von Problemen. Das Zimmer war viel zu laut, da es direkt an der Straße lag. Und auch die Dusche hat nicht richtig funktioniert, es gab nur kaltes Wasser. Außerdem waren die Handtücher schmutzig. Ich habe mich direkt an der Rezeption beschwert. Da Ihr Personal unfreundlich gewesen ist, möchte ich meine Beschwerde

direkt an Sie richten. Ich habe 95 € für die Übernachtung bezahlt. Für diesen Preis kann ich als Gast ein ruhiges, sauberes Zimmer und einen besseren Service erwarten. Ich würde mich freuen, wenn ich von Seiten Ihres Hauses auf eine Entschädigung hoffen könnte.
Mit freundlichen Grüßen …

Aussprache

1a 1a • 2a • 3b • 4b • 5a • 6a
1c 2. Hotelhalle • 3. offen • 4. Haushalt • 5. Hunger • 6. Husten

Lektion 6 – 6A Neues entdecken und erfahren

1a *Mögliche Lösungen:* 1. **Übernachtung am Hang:** gefährlich • spannend • schwindelfrei • Vertrauen 2. **Austauschjahr:** genießen • Heimweh • Vertrauen 3. **Survivalcamp:** eklig • Erschöpfung • Hunger • sich überwinden 4. **Wüstenurlaub:** Abenteuer • Einsamkeit • Ruhe • Selbsterfahrung • schweigen 5. **Weltumseglung:** Einsamkeit • Fernweh • Hafen • langweilig • mutig • nachdenken • Ruhe • schweigen 6. **Millionengewinn:** genießen • Luxus • sorglos • reich
1b sich entspannen → die Entspannung • gefährlich → die Gefahr • genießen → der Genuss • langweilig → die Langeweile • mutig → der Mut • nachdenken → der Gedanke • reich → der Reichtum • schweigen → das Schweigen • schwindelfrei → die Schwindelfreiheit • sorglos → die Sorglosigkeit • spannend → die Spannung
1c *Mögliche Lösung:* Ich freute mich auf ein Abenteuer, denn ich stellte mir zwei Wochen in der Wüste sehr spannend und auch ein wenig gefährlich vor. Ein bisschen Angst hatte ich zwar auch, aber die Selbsterfahrung, die ich mir von meinem Wüstenurlaub erhoffte, war es mir wert. Und so war es auch: Ich habe viel über mich selbst gelernt. Durch die Einsamkeit, die in der Wüste herrscht, war es mir möglich viel nachzudenken. Und ich habe auch viele schöne Dinge gesehen: seltene Pflanzen, von denen man nicht glaubt, dass es sie an solchen Orten gibt und auch unvergessliche Sonnenaufgänge.
2a 2. werde … vergessen 3. besiegt habe • 4. habe … gesammelt • 5. war

6B Faszination Extremsport

1 2A • 3H • 4B • 5J • 6G • 7I • 8C • 9E • 10F
2a 1. A • 2. N • 3. A • 4. D • 5. D • 6. G • 7. G • 8. A • 9. N
2b 1. **Nominativ:** werden • 2. **Akkusativ:** anrufen • besichtigen • einladen • essen • haben • kaufen • lieben • wiederholen • 3. **Dativ:** antworten • gefallen • gehören • fehlen • helfen • passen • widersprechen • zuhören • 4. **Akkusativ + Dativ:** bringen • geben • empfehlen • schenken • zeigen • 5. **Genitiv:** bedürfen • sich rühmen
2c *Mögliche Lösungen:* 2. Sie haben Pizza gegessen. • 3. Die CDs gehören ihm. • 4. Ich schenke dir einen Kalender. • 5. Es bedarf großer Gelassenheit.
3a 2. P: Worauf hat er sich jahrelang vorbereitet? • 3. P: Woran wird er sich wohl immer erinnern? • 4. L: Wo haben Millionen Zuschauer den Sprung verfolgt? • 5. P: Wovon muss man sich befreien? • 6. P: Woran muss man glauben?
3b 2. denken an • 3. sich kümmern um • 4. sich erholen von • 5. sich interessieren für • 6. sprechen mit / über / von • 7. verzichten auf • 8. sich bedanken für / bei • 9. führen zu • 10. sich verlieben in • 11. leiden an / mit / unter • 12. sich fürchten vor
3c 2. fürchten sich … vor • 3. sich von … erholen • 4. an … denken • 5. auf … verzichten • 6. zu … führen
4a 2. Nils gibt seinen Eltern die neuen Laufschuhe sofort zurück. • 3. Seine Schwester hat ihrem Bruder Nils die neue Sporttasche gekauft. • 4. Nils leiht seiner Schwester die Sporttasche. • 5. Seine Mutter will ihm ihre neue Laufstrecke zeigen. • 6. Nils erklärt seiner Familie seine gesundheitlichen Probleme noch einmal. • 7. Der Arzt hat Nils den Marathonlauf verboten.

4b 2. Nils gibt ihnen die neuen Laufschuhe sofort zurück. / Nils gibt sie seinen Eltern sofort zurück. • 3. Seine Schwester hat ihm die neue Sporttasche gekauft. / Seine Schwester hat sie ihrem Bruder Nils gekauft. • 4. Nils leiht ihr die Sporttasche. / Nils leiht sie seiner Schwester. • 5. Seine Mutter will ihm ihre neue Laufstrecke zeigen. / Seine Mutter will sie Nils zeigen. • 6. Nils erklärt ihr seine gesundheitlichen Probleme noch einmal. / Nils erklärt sie seiner Familie noch einmal. • 7. Der Arzt hat ihm den Marathonlauf verboten. / Der Arzt hat ihn Nils verboten.
4c 2. Nils gibt sie ihnen sofort zurück. • 3. Seine Schwester hat sie ihm gekauft. • 4. Nils leiht sie ihr. • 5. Seine Mutter will sie ihm zeigen. • 6. Nils erklärt sie ihnen noch einmal. • 7. Der Arzt hat ihn ihm verboten.
4d 2. Er hat ihnen Postkarten von allen Reisen geschickt. • 3. Seine Eltern haben sie ihren Freunden gezeigt. • 4. Sie haben ihrem Sohn die gefährlichsten Unternehmungen erlaubt. • 5. Aber sie haben ihm leichtsinnige Aktionen untersagt. • 6. Doch er hat sie ihnen gar nicht erzählt.
5a 1. nein • 2. ja
5b **Markierungen:** 1. bereitet sich … vor • 2. ziehen sich … um • 3. … freut sich … • 4. … kaufe mir … • 5. Stell dir vor, … • 6. … merke mir … • 7. … sich aufregen. • 8. … haben uns … angeschaut • 9. Erinnerst du dich … • **Regeln:** 1. Reflexivpronomen mit Akkusativ, Sätze: 2, 3, 7, 9 • Reflexivpronomen im Dativ, Sätze: 4 • 5 • 6 • 8 • 2. • 3. Pers. Sg., Sätze: 3, 7 • 3. Pers. Pl., Satz: 2 • 3. Sätze: 4 • 6 • 8 • 4. Sätze: 4, 10
5c 2. sich • 3. sich • 4. sich • 5. dir • 6. mich • mir

6C Mit Routinen brechen

1a 1. Student • einstudieren • Studienzeit • Studium 2. kaufen • Kauf • Verkäufer • Kaufmann • einkaufen 3. wechseln • Wechselstube • Abwechslung • wechselhaft 4. Getränk • trinkbar • Umtrunk • trinken 5. Gebäck • backen • Bäcker • Backofen
1b *Mögliche Lösungen:* 1. **Wohnung:** der Mitbewohner • das Wohnviertel • bewohnt • wohnhaft 2. **ziehen:** der Umzug • sich umziehen • der Kontoauszug • die Ziehung • der Zug 3. **fahren:** die Fahrt • der Fahrer • wegfahren • Fahrtwind • fahrig 4. **täglich:** der Tag • tagen • der Montag • die Tagung • vertagen
2a täglich • oft • häufig • wöchentlich • regelmäßig • manchmal • selten • nie
2b *Mögliche Lösung:* Mein Alltag
Ich stehe täglich um 6:30 Uhr auf und dusche regelmäßig. Zum Frühstück esse ich oft einen Joghurt. Ich fahre täglich mit der S-Bahn zur Arbeit. Unterwegs treffe ich häufig dieselben Leute. Einmal wöchentlich gehe ich erst nachmittags ins Büro. Manchmal gehe ich dann an dem Vormittag lange spazieren, weil mich das sehr entspannt. Oft verabrede ich mich abends mit Freunden. Manchmal gehen wir dann zusammen ins Kino. Das finde ich toll. Ich koche selten, denn ich esse in der Kantine. Leider gibt es dort nie mein Lieblingsgericht. Mein Lieblingsessen koche ich dann immer am Wochenende.
2c 1. identisch • 2. Artikelwort • 3. bestimmte Artikel
2d 2. dasselbe – Ja, ich gehe immer in dasselbe Restaurant. • 3. dieselben – Nein, wir haben unterschiedliche Interessen. • 4. denselben – Ja, wir treiben denselben Sport. • 5. dieselbe – Ja, wir mögen dieselbe Band. • 6. derselben – Nein, mein Freund studiert nicht. • 7. denselben / dieselben – Nein, ich habe einen anderen / andere. • 8. dieselbe – Nein, aber wir lernen dieselbe Sprache.
3a 2. Regel 2 • 3. Regel 1 • 4. Regel 1 • 5. Regel 3 • 6. Regel 3 • 7. Regel 1
3b 2. Das sind nicht die Forschungsergebnisse aus der Fachliteratur. • 3. Routinen sind nicht wichtig für unseren Alltag. • 4. Die meisten Menschen haben am Morgen keine festen Rituale. • 5. Man spricht nicht gern darüber, weil es langweilig klingt. • 6. Trotzdem ist kein Tag gleich. • 7. Aber warum ist es dann oft nicht einfach, sich zu erinnern? • 8. An die meisten Tage haben wir keine genauen Erinnerungen. • 9. Aber die besonderen Tage vergessen wir nicht.
3c 2. Ich bleibe abends nicht zu Hause, sondern ich gehe aus. • 3. Ich esse nicht allein, sondern ich lade Freunde ein. • 4. Ich sitze nicht vor

dem Fernseher, sondern ich gehe ins Kino. • 5. Ich kaufe kein neues Auto, sondern ich leiste mir ein gutes Rad. • 6. Ich brauche keine guten Ratschläge, sondern ich wünsche mir Verständnis.

3d 3. niemand • 4. nirgendwohin • 5. unwichtig • 6. nie • 7. nichts • 8. keiner • 9. nirgendwo • 10. ohne • 11. unhöflich • 12. unklar

3e 2. Ich habe heute noch nichts fertig. • 3. Heute habe ich wenig Zeit. • 4. Ich kann nicht machen, was ich will. • 5. Ich nehme nicht das Auto. • 6. Niemand fährt mit dem Bus. • 7. Nein, du kannst mich nirgendwohin mitnehmen. • 8. Das ist nicht deine Tasse Kaffee. • 9. Nein, ich möchte keinen Kaffee. • 10. Ruf mich heute Nachmittag nicht an. • 11. Weißt du, ich bin so unglücklich.

6 D Wissensdurst

1 **-heit:** Eigenheit • Neuheit • Offenheit • **-(ig)keit:** Aufmerksamkeit • Neuigkeit • **-schaft:** Eigenschaft • Wissenschaft • **-ung:** Belohnung • Empfehlung • Verlängerung • **-(a)tion:** Information • Komplikation • Motivation • **-tät:** Attraktivität

2a Meinung äußern: Ich denke, … • Meiner Meinung / Ansicht nach … • Ich sehe das folgendermaßen … • **widersprechen:** Da bin ich anderer Meinung. • Das stimmt so nicht. • Dem kann ich nicht zustimmen. • Ich glaube, Sie haben / der Autor hat übersehen, dass … • Da muss ich (Ihnen) widersprechen. • Ich teile die Ansicht des Autors nicht. • **zustimmen:** Da bin ich Ihrer Meinung. • Genau so ist es. • Damit bin ich völlig einverstanden. • Ich teile Ihre Ansicht. • **abwägen:** Das stimmt zwar einerseits, aber andererseits … • So einfach ist die Sache doch nicht. • Man sollte auch auf der anderen Seite bedenken, dass …

2b *Mögliche Lösung:* Ich denke, dass Neugier in Maßen etwas sehr Positives sein kann. Ich teile die Ansicht des Autors, dass sie ein zu schlechtes Ansehen bei manchen Menschen genießt. Und ich bin völlig damit einverstanden, dass Neugier und Freude an der Arbeit die entscheidenden Gründe für die Berufswahl sein sollten. Das stimmt zwar alles einerseits, aber andererseits kann die Neugier (und das sagt ja auch der Autor selbst) manchmal durchaus von Nachteil sein. Zum Beispiel, wenn man zu viel Zeit damit verbringt, sich mit dem Leben anderer Menschen zu beschäftigen und sein eigenes Leben vergisst.

6 E Literatur entdecken

1a 2. Buchhandlung • 3. Kapitel • 4. Leser • 5. Autor • 6. Verlag • 7. Kritiker • 8. Bibliothek • 9. E-Book

1b Lösungswort: Leseratte

6 F (Meine) Entdeckungen

1a Kontinent: Amerika • Antarktis • Asien • Australien • Europa **Land:** Deutschland • Frankreich • Großbritannien • Österreich • Schweiz • Spanien • Ungarn • **Landschaftsformen:** das Gebirge • das Flachland • der Hügel • die Küste • das Meer • das Tal • **Himmelsrichtung:** Norden • Nordosten • Nordwesten • Osten • der Süden • Südosten • Südwesten • Westen

1b amerikanisch • arktisch • asiatisch • australisch • britisch • deutsch • europäisch • französisch • österreichisch • schweizerisch • spanisch • ungarisch • nördlich • nordöstlich • nordwestlich • östlich • südlich • südöstlich • südwestlich • westlich

2 Er lebte 20 Jahre in Paris. • Er starb mit 90 Jahren. • Er und Bonpland scheiterten auf 5.700 Höhenmeter bei der Besteigung des Chimborazo. • Sie entdeckten 6.000 bis dato unbekannte Pflanzenarten. • Sie reisten insgesamt fast 10.000 Kilometer. • Sie bestimmten 60.000 Pflanzen.

3a 6 • 3 • 2 • 5 • 7 • 10 • 9 • 8 • 12 • 11 • 4

Aussprache

1a 1n • 2e • 3n • 4e • 5e • 6n

1c 1. nachdenklich • 2. ärgerlich • 3. begeistert

Arbeitsbuchteil – Transkriptionen

Im Folgenden finden Sie die Transkriptionen der Hörtexte im Arbeitsbuchteil, die dort nicht abgedruckt sind.

Lektion 1

🔊 1 *Sprecherin:* 1. Frau Weber wird dringend gebeten, sich wegen eines Computerausfalls mit Herrn Stracke in der Zentrale in Verbindung zu setzen, Frau Weber bitte für Herrn Stracke. Vielen Dank!

🔊 2 *Sprecher:* 2. Ja … ja! Svetlana hat es geschafft! Sie läuft mit der fantastischen Zeit von 8 Minuten 47 vor Petra Schweiger und Natalie Wagner nach 3000 Metern ins Ziel ein. Ja, endlich ist sie angekommen, nicht nur an der Ziellinie, sondern in der Welt des Sports und in ihrem neuen Leben als Profisportlerin. Mit dieser Zeit ist Svetlana Sukowa die Entdeckung des Jahres!

🔊 3 *Sprecherin:* 3. Liebe Studierende, ich möchte Sie darauf hinweisen, dass um 12.15 Uhr, also direkt nach dieser Einführungsveranstaltung, der Rundgang für alle Erstsemester beginnt. Bitte nehmen Sie unbedingt Ihre Mappe mit den Unterlagen mit, damit Sie Notizen machen können. Treffpunkt ist an der Treppe vor der Bibliothek um 12 Uhr. Sie gehen dort in kleinen Gruppen von höchstens zehn Teilnehmern mit den Tutoren los.

🔊 4 *Sprecher:* 4. Eine Durchsage für Reisende nach Johannesburg: Der Lufthansa-Flug LH9544 von Frankfurt nach Johannesburg, Abflugzeit 20.45 Uhr verspätet sich wegen eines Defekts an den Triebwerken leider auf unbestimmte Zeit. Reisende haben die Möglichkeit, ihren Flug umzubuchen und über München nach Johannesburg zu fliegen. Abflugzeit von Lufthansa-Flug LH122 nach München ist planmäßig um 21.45 Uhr.

🔊 5 *Susan:* Entschuldigung! Kann ich dich gerade mal etwas fragen?
Passantin: Ja, sicher. Worum geht's denn?
Susan: Ich mache kleine Interviews zum Thema „Neu in der Stadt". Wo hast du denn schon gewohnt?
Passantin: In Rostock und in Hamburg. Ähm, ich bin erst einmal umgezogen. Ich komme aus Rostock und ich bin nach Hamburg gezogen, weil ich hier einen Ausbildungsplatz bekommen habe.
Susan: Und als du hier in Hamburg angekommen bist: Was musstest du zuerst machen?
Passantin: Oh, ich musste zum Beispiel meine kleine Wohnung neu streichen, aber dazu brauchte ich Hilfe. Das hab ich meiner Chefin erzählt. Die meinte, „Frag doch mal die anderen Azubis. Vielleicht kann dir einer helfen."
Susan: Gab es auch Probleme in der neuen Wohnung?
Passantin: Ja, die Heizung war mal kaputt. Mein Bruder meinte sofort: „Ruf auf jeden Fall gleich deinen Vermieter an!" Das hat dann zwar alles zwei Wochen gedauert, aber dann ging die Heizung endlich.
Susan: Welche Erfahrungen fandest du besonders interessant hier in der neuen Stadt?
Passantin: Hmm, also, ich hatte in Rostock schon über ein paar Netzwerke Leute aus Hamburg kennengelernt. Aber die wohnten nicht in meinem Viertel, und ich war oft am Abend zu Hause. Da meinte eine Kollegin: Komm doch mit in unseren Sportverein! Und das habe ich gemacht. Jetzt gehe ich regelmäßig zum Volleyball, und da habe ich auch schon einige Leute kennengelernt. Ich bin froh, dass das so gut geklappt hat.
Susan: Und findest du alle diese Erfahrungen wichtig?
Passantin: Ja. Ich finde, man sollte früh in eine eigene Wohnung ziehen. Man macht so viele Erfahrungen, positive und auch negative, aber das ist doch wichtig fürs Leben.
Susan: Vielen Dank für deine Zeit!
Passantin: Klar doch! Tschüss dann!

L

6 *Ulrich Kurz:* Kurz?

Ulrich Winter: Hallo, Herr Kurz, mein Name ist Oskar Winter. Ich habe Ihr Profil im Internet gelesen.

Ulrich Kurz: Ah, bei „Freizeitpartner gesucht", genau! Hallo, Herr Winter.

Oskar Winter: Äh, ich habe gesehen, dass Sie Architektur mögen, und das interessiert mich auch. Ich beschäftige mich besonders mit Kirchenbau.

Ulrich Kurz: Das ist ja super! Ich war im Frühjahr in Barcelona und habe mir die Sagrada Familia von Antonio Gaudí angesehen. Das war ziemlich interessant. Ich habe dort viele Fotos gemacht …

Oskar Winter: So ein Zufall. Die Architektur von Gaudí finde ich auch sehr spannend. Können wir uns vielleicht verabreden?

Ulrich Kurz: Gerne! Das passt gut, weil ich gerade Urlaub habe. Wann und wo sollen wir uns treffen?

Oskar Winter: Wir könnten uns ja vielleicht am Freitag um 19 Uhr treffen, damit wir uns kennenlernen. Vielleicht im Ratskeller in der Stadt?

Ulrich Kurz: Ja, am Freitag habe ich Zeit. Ich bringe dann mal die Fotos mit.

Oskar Winter: Super! Ich bringe auch ein paar Bilder von meinen Ausflügen mit. Dann freue ich mich auf unser Treffen. Bis Freitag dann!

Ulrich Kurz: Ich freue mich auch, bis Freitag! Tschüss!

Lektion 2

12 *Sprecherin:* Zubereitung: Aus Mehl, Trockenhefe, Zucker und Salz mit zirka 250 Milliliter handwarmem Wasser einen Hefeteig kneten. Den Teig eine halbe Stunde an einem warmen Ort unter einem Tuch gehen lassen. In der Zwischenzeit Zwiebeln und Speck in Würfel schneiden. Dann beides in einer großen Pfanne mit etwas Öl anbraten. Saure Sahne mit einem Teelöffel Salz und gemahlenem Pfeffer verrühren. Den Hefeteig ausrollen und auf ein gefettetes Backblech legen. Die Zwiebelmasse und die Sahne gleichmäßig darauf verteilen. Bei 175 bis 200°C auf unterster Schiene etwa 45 bis 50 Minuten goldbraun backen. Warm servieren!

13 *Sprecher:* Die Grafik mit dem Titel „Hauptsache lecker!" zeigt, was den Deutschen bei der Ernährung besonders wichtig ist. Die Zahlen in der Grafik stammen aus dem Jahr 2013 und wurden von der Techniker Krankenkasse veröffentlicht. Fast die Hälfte der Befragten findet es wichtig, dass das Essen lecker schmeckt. In der Grafik kann man sehen, dass gut ein Drittel der Deutschen, also 35 Prozent, auf gesundes Essen achtet. Nur 9 Prozent der Befragten, also weniger als jeder Zehnte, achten beim Essen auf die Kalorien. Noch weniger Deutsche, nämlich 6 Prozent, legen Wert auf schnelle Küche. Etwa genauso viele Menschen, das heißt 5 Prozent, wollen preisgünstig essen.

Lektion 3

15 *Interviewerin:* Hallo, Elias! Hast du vielleicht kurz Zeit für ein kleines Interview für die Schülerzeitung? Wir haben doch diese Rubrik mit den Musiktipps. Dazu möchte ich dich gerne interviewen. Dauert echt nicht lange, ehrlich!

Elias: Ja, klar doch.

Interviewerin: Na, dann fangen wir mal an. Sag mal, Elias, was ist denn deine Lieblingsband?

Elias: Also, ähm, eine Lieblingsband – nee, die hab ich eigentlich nicht. Ähm, aber 'nen Lieblingssänger hab ich, der eigene Lieder schreibt – Clueso. Kennst du den? Der macht echt coole Musik!

Interviewerin: Also, den Namen kenn ich schon, aber ich hab bis jetzt noch nichts von ihm gehört. Warum findest du ihn so toll?

Elias: Naja, natürlich, weil er auch aus Thüringen kommt. Nein, nein, das war nur ein Witz! Also ich finde die Musik von Clueso gut, weil er so tolle Songs schreibt. Mir gefällt eben alles daran – die schönen Melodien, die coole Musik. Die spricht wirklich jeden an. Aber besonders toll finde ich die Texte. Die sind so … so natürlich, als würde er mit dir

sprechen – einfach super! Er hat ja auch als Rapper angefangen, das hört man manchmal noch.

Interviewerin: Und um welche Themen geht es so in seinen Songtexten?

Elias: Na, halt um ganz normale Themen und Gefühle, die die Menschen – und nicht nur junge – beschäftigen. In einem meiner Lieblingssongs geht es zum Beispiel darum, dass man jeden Augenblick in seinem Leben genießen soll. Das ist halt für mich auch immer wieder ein Thema.

Interviewerin: Welches Album von ihm gefällt dir denn am besten?

Elias: Sein letztes! Das heißt „An und für sich". Das ist, glaube ich, sein fünftes Album. Das ist echt klasse!

Interviewerin: Du kennst dich ja wirklich gut aus!

Elias: Tja! Ich hab ja auch ein Buch von ihm, da steht viel über sein Leben drin. Das kann ich dir gern mal ausleihen.

Interviewerin: Hmm, das klingt wirklich ganz interessant. Da muss ich echt mal reinschauen. So, Elias, das war's auch schon. Dank dir für das Interview.

Elias: Nichts zu danken! Hab ich gern gemacht, und wenn du mal Clueso hören willst …

Lektion 4

19 *Passantin:* Ist Ihnen etwas passiert? Können Sie aufstehen?

angefahrener Fußgänger: Ah – mal sehen … ah, oh, danke, es geht schon! Diese Radfahrer! Da ist die Ampel grün und man will über die Straße gehen, und da wird man mitten in der Stadt einfach über den Haufen gefahren.

Passant: Warum fahren die immer bei Rot! Das ist unverschämt. Und dann noch einfach abhauen!

Passantin: Sie müssen das der Polizei melden. Soll ich sie rufen?

angefahrener Fußgänger: Nein, nein. Das hat doch alles keinen Sinn! Wie sollen die denn den Radfahrer jetzt noch ausfindig machen?

20 *aufdringlicher Mann:* Machen Sie mal Platz da, ich will da sitzen.

weiblicher Fahrgast: Hier sitze ich aber. Da drüben ist doch noch Platz.

aufdringlicher Mann: Ich will aber den Platz hier. Rücken Sie doch mal ein Stück!

weiblicher Fahrgast: Das ist aber mein Platz. Ich rufe gleich den Fahrer.

aufdringlicher Mann: Na, na, na, mal schön langsam. Ich will mich nur ein bisschen mit Ihnen unterhalten, junge Frau. Jetzt rücken Sie doch schon!

weiblicher Fahrgast: Lassen Sie mich in Ruhe, sonst schreie ich um Hilfe!

aufdringlicher Mann: Schon gut, schon gut. Dann geh ich eben.

21 *Zeuge:* He, Sie da! Ich hab Sie hier bei uns vor dem Haus ja noch nie gesehen. Ist das etwa Ihr Fahrrad?

Dieb: Nein, nein das ist das Fahrrad von meinem Freund.

Zeuge: So, so. Sind Sie da ganz sicher?

Dieb: Ja, ja!

Zeuge: Und was machen Sie denn da mit dem Fahrradschloss? Das ist ja ein Bolzenschneider, also das ist ja …

Dieb: Ähm, also, ich … ich, ich … finde den Schlüssel nicht. Wo … wo hab ich den denn nur … den Schlüssel? Ich muss noch mal nach dem Schlüssel suchen.

22 *Räuber:* He, Sie da im blauen Jogginganzug! Ja, Sie! Bleiben Sie stehen! Hände hoch! Das ist ein Überfall!

Joggerin: Ha, ha. Das soll wohl ein Witz sein. Ich will hier in Ruhe joggen. Überfälle im Park, die gibt's ja doch nur im Film!

Räuber: Nix da! Ich meine es ernst! Jetzt bleiben Sie sofort stehen und geben mir auf der Stelle Ihr Handy und Ihr Portemonnaie – und zwar gaanz langsam!

Joggerin: Ja, ja. Hier! Aber lassen Sie mich jetzt bitte gehen, ja?

Räuber: Na los, hauen Sie schon ab!

Joggerin: Hallo, haben Sie einen großen Mann in einem schwarzen Jogginganzug gesehen?

Passant: Ja, den hab ich dort drüben aus dem Park laufen sehen. Was ist denn passiert?

Joggerin: Er … er hat mich gerade im Park überfallen, als ich …

Passant: Was? Der hat sie überfallen? Das gibt's doch nicht! Sind Sie o.k.?

Joggerin: Ja, ja, können Sie bitte die Polizei rufen?

Passant: Ja, ja natürlich … Wie geht es Ihnen denn? Kann ich sonst noch helfen?

🔘 23 *Lehrer:* Aufhören, ihr beiden da. Sofort aufhören! Lasst den Kleinen los! Zwei gegen einen, das ist ja total unfair.

Jugendlicher: Der Kleine hat uns „Vollidioten" genannt!

Lehrer: Ja, gut, aber das ist doch kein Grund, auf Schwächere loszugehen. Auseinander! Sofort! Kommt alle mit ins Sekretariat!

Jugendlicher: Das ist ja voll unfair. Wir haben ja gar nichts gemacht. Der Kleine hat angefangen und jetzt …

🔘 24 *Radiomoderator:* Hallo Leute, hier ist Radiopop. Das junge Radio …. In unserer Sendung über deutschsprachige Popgeschichte möchten wir euch heute den österreichischen Superstar Falco vorstellen.

Falco, mit bürgerlichem Namen, Johann Hölzel, kam 1957 in Wien zur Welt. Sehr früh zeigte sich sein musikalisches Talent. Die Eltern förderten ihren Sohn sehr und schenkten ihm zu seinem vierten Geburtstag, 1961, einen Flügel. Mit fünf Jahren bekam er einen Plattenspieler, auf dem er Elvis Presley, Cliff Richard und die Beatles hörte. 1963 kam er zur Schule, 1973 verließ er das Gymnasium ohne Abschluss und begann auf Wunsch der Mutter eine Ausbildung zum Bürokaufmann. Diese Ausbildung brach er nach kurzer Zeit ab. Mit 17 Jahren ging er zur Armee. Damals spielte er E-Gitarre, später dann E-Bass. Auch ein Musikstudium am Wiener Konservatorium brach er nach einem Monat ab. Nach ersten Auftritten als Jazz-Bassist in Berliner Clubs änderte er 1977 seinen Namen in Falco. Er nannte sich nach einem damals bekannten Skispringer der DDR, der ihn sehr beeindruckt hatte. Zurück in Wien, spielte er in verschiedenen, auch eigenen Bands und feierte erste Erfolge. 1979 brachte er seine erste Single heraus. Der Rap „Der Kommissar" entstand 1981, und Falco landete mit diesem Hit überall in Europa, aber auch in Kanada und Guatemala auf Spitzenpositionen in den Charts. Das war der erste kommerziell erfolgreiche Rap eines weißen Musikers. Weitere Alben, alle erfolgreich, folgten. Der Titel „Rock me, Amadeus" aus dem Jahre 1985 machte Falco endgültig zum Weltstar. 1998 kam er bei einem Autounfall in der Dominikanischen Republik, wo er zuletzt gelebt hatte, ums Leben. Er liegt auf dem Wiener Zentralfriedhof begraben. Zu seinem Grab kommen auch heute noch viele Fans, um Kerzen anzuzünden und Blumen niederzulegen. Nach seinem Tod wurde das Album „Out of the Dark" veröffentlicht, das sich in Deutschland und Österreich über zwei Millionen Mal verkaufte.

Nach der Werbung hören wir noch einmal ein paar Songs von Falco …

Lektion 5

🔘 26 *Radiomoderatorin:* Hallo liebe Hörerinnen und Hörer, und hier ist noch ein Übernachtungstipp, und zwar von unserem Hörer Peter Scharping aus Bremen. Er hat letztes Jahr im Leuchtturm „Roter Sand" mitten in der Nordsee übernachtet. Hören Sie seinen interessanten Bericht.

Peter Scharping: Also, ich habe mir endlich einen großen Traum erfüllt – eine Nacht auf einem Leuchtturm – und zwar auf dem Leuchtturm „Roter Sand" mitten in der rauen Nordsee. Der schöne, alte Leuchtturm liegt rund 50 Kilometer von Bremerhaven entfernt und ist 52,5 Meter hoch. Bereits die Fahrt mit dem Schiff, die drei Stunden dauerte, war ein besonderes Erlebnis. Und dann mussten wir auf einer sechs Meter hohen Außenleiter bis zum Eingang am Leuchtturm hochklettern. Das war vielleicht abenteuerlich. Da muss man schon fit sein. Maximal sechs Personen dürfen auf dem Turm übernachten. Da sollte man sich schon gut verstehen und aufeinander Rücksicht

nehmen. Die Übernachtung in dem Schlafraum mit Etagenbetten darf man sich natürlich nicht sehr komfortabel vorstellen, denn es gibt keinen Strom und keine Heizung. Außerdem ist alles sehr beengt. Die Leuchtturmwärter hatten früher schon ein hartes Leben, so monatelang bei Wind und Wetter allein auf dem Leuchtturm. Aber dafür ist der Ausblick einfach wunderbar – und die Umgebung ist auf jeden Fall etwas ganz Besonderes! Ja, und den schönen Sonnenuntergang werde ich bestimmt nicht vergessen. Aber den Sonnenaufgang, den habe ich leider verschlafen! Zum Glück ist einer aus unserer Gruppe früh aufgestanden und hat fantastische Fotos gemacht! Essen und Trinkwasser haben wir übrigens bekommen, aber Schlafsäcke und Handtücher haben wir selbst mitbringen müssen. Die Übernachtung ist auch nicht gerade preiswert, sie kostet pro Person zirka 556 Euro, aber es lohnt sich auf jeden Fall! Also ehrlich, ich habe mich gefühlt wie ein Leuchtturmwächter vor 100 Jahren.

Lektion 6

🔘 35 *Herr Nowak:* KulTour-Studienreisen, mein Name ist Peter Nowak, wie kann ich Ihnen helfen?

Frau Döring: Hallo, mein Name ist Döring. Wir hatten die Studienreise „Auf Schliemanns Spuren" gebucht und waren leider nicht zufrieden.

Herr Nowak: Oh, das tut mir leid! Könnten Sie uns bitte die Gründe dafür nennen?

Frau Döring: Ja sicher. In allen drei Hotels, in denen wir übernachtet haben, war kein Doppelzimmer für uns reserviert, obwohl wir Ihre Buchungsbestätigung dabei hatten.

Herr Nowak: Wurde Ihnen dann vor Ort ein Doppelzimmer angeboten?

Frau Döring: Ja, aber erst nach zwei Tagen. Dann sind wir meist schon wieder abgereist. In den anderen Hotels ist uns das auch passiert! Und es gab nur einmal am Tag warmes Essen.

Herr Nowak: Wenn ich Sie richtig verstehe, hatten Sie aber Vollpension gebucht?

Frau Döring: Genau. Aber die Vollpension war eigentlich eine Halbpension. Das war ärgerlich. Wir hatten ja den ganzen Tag Besichtigungen und keine Zeit, irgendwo essen zu gehen. Aber das ist noch nicht alles. Bei den Ausflügen gab es auch immer wieder Probleme …

Herr Nowak: Das klingt ja wirklich nicht nach einer gelungenen Studienreise. Frau Döring, ich hätte da einen Vorschlag.

Frau Döring: Was für einen Vorschlag? Also, mein Mann und ich, wir möchten eigentlich gern einen Teil unseres Geldes zurück.

Herr Nowak: Wissen Sie was, kommen Sie doch ins Büro und wir besprechen das Problem ausführlich. Da finden wir schon eine Lösung.

Frau Döring: Vielen Dank für das Angebot. Dann kommen wir gleich heute noch bei Ihnen im Reisebüro vorbei. Dann bis später. Auf Wiederhören!

Quellen

Bildquellen

Cover. 1 shutterstock (Billion Photos), New York; **Cover. 2** shutterstock (fizkes), New York; **Cover. 3** shutterstock (michael jung), New York; **8.1** Thinkstock (Pixland), München; **8.2** shutterstock (wavebreakmedia), New York; **8.3** shutterstock (puhhha), New York; **8.4** shutterstock (BalanceFormCreative), New York; **8.5** shutterstock (SeventyFour), New York; **8.6** shutterstock (wavebreakmedia), New York; **10** shutterstock (mentatdgt), New York; **13.1** shutterstock (VGstockstudio), New York; **13.2** shutterstock (Africa Studio), New York; **13.3** shutterstock (Matej Kastelic), New York; **13.4** shutterstock (ChameleonsEye), New York; **13.5** shutterstock (insta_photos), New York; **14.1** shutterstock (Viorel Sima), New York; **14.2** shutterstock (Dean Drobot), New York; **14.3** shutterstock (Krakenimages.com), New York; **14.4** shutterstock (Africa Studio), New York; **14.5** shutterstock (fizkes), New York; **14.6** Fotolia (100648089), New York; **16.1** shutterstock (Dasha Trofimova), New York; **16.2** shutterstock (Luminis), New York, NY; **16.3** shutterstock (Cast Of Thousands), New York; **16.4** shutterstock (Darren Baker), New York; **18** Uli Stein/Catprint Media GmbH, Langenhagen; **20.1** shutterstock (HandmadePictures), New York; **20.2** shutterstock (Mi.Ti.), New York; **20.3** shutterstock (Natalia Hanin), New York; **20.4** shutterstock (DunkelbuntStudios), New York; **20.5** shutterstock (LianeM), New York; **20.6** Fotolia.com (artalis), New York; **22.1** Bahlsen GmbH & Co. KG, Hannover; **22.2** Bionade GmbH, Ostheim/Rhön; **22.3** Alfred Ritter GmbH & Co. KG, Waldenbuch; **26** Wang Jumin; **28.1** shutterstock (fizkes), New York; **28.2** shutterstock (NPeter), New York; **28.3** shutterstock (Dusan Petkovic), New York; **28.4** shutterstock (VictoriaSky), New York; **30** shutterstock (Denis and Yulia Pogostins), New York, NY; **31.1** shutterstock (Sorbis), New York; **31.2** shutterstock (Tupungato), New York; **31.3** shutterstock (631194602), New York; **31.4** shutterstock (Valentyn Volkov), New York; **32.1** wikimedia commons (Theodor Verhas) **32.2** wikimedia commons (T4c. Jack Clemmer); **32.3** wikimedia commons (Helios Electricitäts-Aktiengesellschaft Köln-Ehrenfeld); **32.4** gemeinfrei; **32.5** gemeinfrei; **32.6** wikimedia commons (Thomas Wolf); **34.1** shutterstock (michaeljung), New York; **34.2** shutterstock (Voronin76), New York; **34.3** shutterstock (SALMONNEGRO-STOCK) , New York; **34.4** shutterstock (Steve Cukrov), New York; **38** wikimedia commons (Christoph Gommel); **41** shutterstock (Hamara), New York; **42.1** shutterstock (Dusan Petkovic), New York; **42.2** shutterstock (fizkes), New York; **42.3** iStockphoto (wundervisuals), Calgary, Alberta; **42.4** shutterstock (SB Arts Media), New York; **43** shutterstock (Katharine Woodman), New York; **44** Verlag Beltz & Gelberg, Weinheim; **45** shutterstock (Romolo Tavani), New York; **46.1** ArbeiterKind.de (Jenny Woste), Berlin; **46.2** shutterstock (Alexandros Michailidis), New York; **46.3** shutterstock (BearFotos), New York; **46.4** shutterstock (Vera Larina), New York; **48** Logo, Stuttgart; **52** wikimedia commons (Axl Jansen); **54.1** shutterstock (Gargonia), New York; **54.2** wikimedia commons (NatiSythen); **54.3** wikimedia commons (Ralf Houven); **56.1** shutterstock (Pawel Kazmierczak), New York; **56.2** shutterstock (StockTom), New York; **56.3** wikimedia commons (Matthias Voss); **56.4** Fotolia.com (hansenn), New York; **56.5** shutterstock (gkordus), New York; **56.6** shutterstock (Elmer Laahne PHOTOGRAPHY), New York; **58** shutterstock (George Rudy), New York; **60** Mikrohaus. com, Wien; **62** shutterstock (Navistock), New York; **64** wikimedia commons (Michael Würfel); **66.1** breitengrad66.de (Thomas Limberg); **66.2** wikimedia commons (Capricorn4049); **66.3** shutterstock (Luciana Rinaldi), New York; **66.4** wikimedia commons (Ralf Roletschek); **68.1** shutterstock (Greg Epperson), New York; **68.2** shutterstock (Africa Studio), New York; **68.3** shutterstock (Maridav), New York; **68.4** shutterstock (Jaromir Chalabala), New York; **68.5** f1 online digitale Bildagentur (Imagebroker), Frankfurt; **68.6** shutterstock (ranidevi), New York; **69.1** shutterstock (Cookie Studio), New York **69.2** shutterstock (Phase4Studios), New York; **70.1** shutterstock (EpicStockMedia), New York; **70.2** shutterstock (Kristina Vackova), New York; **70.3** shutterstock (Photo Volcano), New York; **76.1** Rowohlt Verlag GmbH, Reinbek; **76.2** DTV GmbH & Co. KG, München; **76.3** DTV GmbH & Co. KG, München; **76.4** Schöffling & Co.Verlagsbuchhandlung GmbH, Frankfurt am Main; **77** wikimedia commons (Sven Mandel) **78** bzdt.ch. mnr.gov.cn; **79.1** gemeinfrei; **79.2** gemeinfrei; **79.3** gemeinfrei; **79.4** gemeinfrei; **81.1** shutterstock (BearFotos), New York; **81.2** shutterstock (Stokkete), New York; **82** shutterstock (mentatdgt), New York; **85** shutterstock (Africa Studio), New York; **92** shutterstock (Mi.Ti.), New York; **93.1** shutterstock (KarepaStock), New York; **93.2** shutterstock (Robyn Mackenzie), New York; **93.3** shutterstock (M. Schuppich), New York; **93.4** shutterstock (stockcreations), New York; **93.5** shutterstock (r.classen), New York; **93.6** shutterstock (Andre Bonn), New York; **93.7** Techniker Krankenkasse, Hamburg; **97** shutterstock (CreativeAngela), New York; **102** shutterstock (Denis and Yulia Pogostins), New York; **104** gemeinfrei; **106** wikimedia commons (Harald Hoffmann); **108** shutterstock (Ground Picture), New York; **110** wikimedia commons (Christoph Gommel); **111** Georg Olms Verlag AG (Anna Braungart), Hildesheim; **114** wikimedia commons (Michael Schilling); **116** Picture-Alliance (dpa/Friso Gentsch), Frankfurt; **119** Logo, Stuttgart; **128** shutterstock (Pawel Kazmierczak), New York; **131** wikimedia commons (Archi0780); **138** wikimedia commons (Markus Jastroch); **140** shutterstock (Jaromir Chalabala), New York; **142** wikimedia commons (Ank kumar); **149** gemeinfrei

Textquellen

S. 15: Der erste Eindruck © dapd Nachrichtenagentur, Berlin • S. 38: Entschleunigung, www.hr-online.de • S. 40: Auszüge aus: Die Welt in 100 Jahren, Hudson Maxim: Das 1000jährige Reich der Maschinen, Robert Stolz: Das drahtlose Jahrhundert, © Olms Verlag AG, Hildesheim • S. 45: Auszug aus: Leo Lionni, Swimmy © 1963, 2004 Beltz & Gelberg in der Verlagsgruppe Beltz, Weinheim/Basel • S. 50: Artikel „Zivilcourage" aus: PONS-Großwörterbuch Deutsch als Fremdsprache, PONS Verlag, Stuttgart • S. 64: Ökodorf Siebenlinden, Freundeskreis Ökodorf e.V., Beetzendorf OT Poppau • S. 117: Artikel „ehrenamtlich" aus: PONS-Großwörterbuch Deutsch als Fremdsprache, PONS Verlag, Stuttgart

Hörtexte

S. 38: Liedtext „Zu schnell vorbei": Aladag, Baris/Huebner, Thomas, Edition 10 vor 10, Arabella Musikverlag GmbH, Berlin • S. 42: Liedtext „Tage wie diese", Musik: von Holst - Text: Frege, Minichmayr © copyright 2012 by Patricks Kleiner Musikverlag GmbH - weltweit • S. 52 : Liedtext „Der Egoist": Velvet, Steve Van, Edition Diana HC, SMPG Publishing (Germany) GmbH, Berlin, HC Publishing GmbH & Co. KG, Düsseldorf

Trotz intensiver Bemühungen konnten wir nicht alle Rechteinhaber ausfindig machen. Für Hinweise ist der Verlag dankbar.

Gemeinsamer
Europäischer
Referenzrahmen

Mittelpunkt
neu B1+

Lehr- und Arbeitsbuch

欧标德语教程

B1+ 学生用书和练习册

词汇手册

上海译文出版社

Inhalt 目录

Lektion 1

1 / A Ankommen

2 / B Willkommen in Deutschland!

3 / C Neu an der Uni

5 / D Der erste Eindruck

7 / E Bei anderen ankommen

9 / F Endlich an(ge)kommen

Lektion 2

11 / A Guten Appetit!

14 / B Das sieht ja lecker aus!

15 / C Tipps für den Gast

17 / D Die Wegwerfgesellschaft

18 / E Berufe rund ums Essen

20 / F Lebensmittel — Gestern und heute

Lektion 3

22 / A Wie die Zeit vergeht

24 / B Kindheitserinnerungen

25 / C Pünktlich auf die Minute

26 / D Keine Zeit

27 / E Zeitreisen

29 / F Schöne Zeiten

Lektion 4

30 / A Einer für alle ...

31 / B Ehrensache!

32 / C Ein Projekt — viele Helfer

33 / D Zivilcourage

34 / E Ganz schön egoistisch!

34 / F Mein Buch, dein Buch?

Lektion 5

36 / A Ein Dach über dem Kopf

36 / B Tausche Wohnung

37 / C Wohntrends

39 / D Mein Zuhause

39 / E Anders wohnen — anders leben

41 / F Übernachten mal ganz anders

Lektion 6

43 / A Neues entdecken und erfahren

44 / B Faszination Extremsport

46 / C Mit Routinen brechen

47 / D Wissensdurst

48 / E Literatur entdecken

49 / F (Meine) Entdeckungen

Lektion 1 第一课

A Ankommen

Nomen 名词 ···

die Auswahl (nur Sg.) 挑选，选择

die Betreffzeile, -n 事由，主题

die Erwartung, -en 期望，期待，预期

die Freizeitgestaltung (nur Sg.) 业余活动安排

die Mail, -s 电子邮件

die Nervosität (nur Sg.) 紧张，焦虑

die Orientierung, -en 方向，方位，方向感

die Panik, -en 恐慌，混乱，惊慌失措

der Profisportler, - / die Profisportlerin, -nen 职业运动员

der Rechner, - 计算者，计算机

das Redemittel, - 固定句型，惯用语

die Sprachkenntnisse (nur Pl.) 语言知识，外语知识

der Stau, -s 堵车，拥堵

die Uni, -s (*Abkürzung für* Universität) 大学 (缩写)

die Vermutung, -en 猜测，推测

der Wortigel, - 词汇思维导图

das Wortnetz, - 词汇网

Verben 动词 ···

ansprechen, spricht an, sprach an, hat angesprochen 打招呼，攀谈，提到

begründen 创立，建立，说明理由

genügen 足够，符合

klarkommen, kommt klar, kam klar, ist klargekommen 弄懂，明白，能胜任

1

leichtfallen, fällt leicht, fiel leicht, ist leichtgefallen 感到容易

notieren 记录，登记

sich langweilen 感到无聊

sich verlaufen, verläuft, verlief, hat verlaufen 迷路，消失

sich zurechtfinden, findet zurecht, fand zurecht, hat zurechtgefunden 认得，找
到路径，理解

trösten 安慰

unternehmen 着手进行，采取措施

Adjektive 形容词

angenehm 愉快的，适度的

ausgelassen 淘气的，欢闹的，放纵的

begeistert 热情的，兴奋的

bildlich 图文并茂的，栩栩如生的

entspannt 放松的，冷静下来的

erleichtert 心情轻松的

geduldig 有耐心的

gespannt 紧张的，急切的

hoffnungsvoll 充满希望的

hundertprozentig 百分之百的

restlich 剩余的

riesig 巨大的，宏伟的

zuversichtlich 确信的，坚信的

Wendungen 习惯用语

auf etw. (A) eingehen, geht ein, ging ein, ist eingegangen 探讨，发表意见

sich mit jmdm. / etw. vertraut machen 使自己熟悉某人(某事)

B Willkommen in Deutschland!

Nomen 名词

der Azubis, -s (*Abkürzung für* Auszubildende) 职业培训生，学徒(缩写)

der/das Blog, -s 博客

der Container, - 集装箱

die Doktorarbeit, -en 博士论文

der Fall 事件，情况 *auf jeden Fall* 无论如何

die Gasteltern (nur Pl.) 寄宿父母

die Gastfamilie, -n 寄宿家庭

die Gemeinsamkeit, -en 共同点

der Geschäftspartner, - 商业合伙人，合作伙伴

der Grenzübergang, -ä-e 边防检查站，边境关卡

der Hafen, - 港口，码头

der Kontakt, -e 接触，联系 *Kontakte knüpfen* 建立联系

das Logistik-Unternehmen, - 物流公司

der Mitarbeiter, - 同事，职员

die Schlange, -n 蛇，长队

Verben 动词 ....

absolvieren 毕业，完成 *ein Praktikum absolvieren* 完成实习

fortsetzen, setzt fort 继续，延伸

kommentieren 评论，注释

knüpfen 连结，联系

präsentieren 表演，递交

renovieren 修缮，整修

sperren 封锁，阻止

Adjektive 形容词 ....

gegenseitig 相互的，彼此的

imposant 庄严的，雄伟的

C Neu an der Uni

Nomen 名词 ....

das Beratungsgespräch, -e 咨询谈话

der Bibliothekar, - / die Bibliothekarin, -nen 图书馆管理员

die Buchhandlung, -en 书店

die Cafeteria, -s 咖啡馆

die Chipkarte, -n 芯片卡，智能卡

das Credit-Point-System, -e 信用积分系统

das Dokument, -e 文件，档案

die Einführung, -en 输入，引进，导论

das Erstsemester, - (= Student/in im ersten Semester) 大一新生

das Examen, - / Examina 考试

das Experiment, -e 实验

der Fachbereich, -e 专业领域，（高等院校的）系

die Fachliteratur (nur Sg.) 专业文献

die Fachschaft, -en （一个系或一个专业的）全体同学

der Gutschein, -e 优惠券，礼品券

der Hörsaal, -säle 阶梯教室

die Kleinigkeit, -en 小物件，小事

der Kommilitone, -n 大学同学

das Labor, -e 实验室

der Laborbetreuer, - / die Laborbetreuerin, -nen 实验室教师

der Leitfaden, -ä- 入门(书)，手册

die Mensa, -s / Mensen 食堂

der Mentor, -en 指导教师

der Mieter, - 房客，承租人

das Prüfungsamt, -ämter 考试办公室

das Referat, -e 学术报告

der Rundgang, -ä-e 走一圈，周游，巡视

der Sekretär, -e / die Sekretärin, -nen 书记，秘书

das Seminar, -e 讨论课，（专题）研究班

der Sportclub, -s 体育俱乐部

die Sprechzeit, -en （教师)辅导时间

der Studentenausweis, -e 学生证，学生卡

die Studentenorganisation, -en 学生组织

das Studentenwerk, -e 大学生服务中心，学生管理委员会

das Studentenwohnheim, -e 大学生宿舍

das Studienangebot (nur Sg.) 大学课程

die Studienberatung, -en 大学学业咨询

der Studierende / die Studierende, -n (*Abkürzung:* der Studi, -s)
　大学生，大学在读生（缩写：der Studi, -s）

das Studierendensekretariat, -e 学生秘书处，学生办公室

das Transportmittel, - 交通工具

der Tutor, -en （学习）辅导员，助教

die Vorlesung, -en 讲座课

das Willkommenspaket, -e 欢迎礼包

Verben 动词

ausleihen, leiht aus, lieh aus, hat ausgeliehen 借，出借，借给

empfangen, empfängt, empfing, hat empfangen 接收，接待，收看

erforschen 考察，研究

überprüfen 复查，核查，检查

versorgen 照顾，供给

Adjektive 形容词

hilfreich 乐于助人的，有益的

vorhanden 手头有的，现存的

Wendungen 习惯用语

zur Verfügung stehen 供……使用

D Der erste Eindruck

Nomen 名词

die Anekdote, -n 趣闻，名人轶事

der Anhieb 马上，立刻 *auf Anhieb* 一开始干就……

der Beobachter, - / die Beobachterin, -nen 观察员，目击者

der Charakterzug, -ü-e 性格特征

die Eigenschaft, -en 性质，性格，品质

die Einschätzung, -en 估算，评估，估计

die Einweihungsparty, -s 乔迁派对

die Fachzeitschrift, -en 专业杂志，专业期刊

der Faktor, -en 因素，要素

das Gedächtnis, -se 记忆力，记忆

das Gegenüber, - 对面的建筑或人

das Gehirn, -e 大脑

der Geruch, -ü-e 气味

die Langeweile (nur Sg.) 无聊

die Mindmap, -s 思维导图

der Neid (nur Sg.) 嫉妒，羡慕

der Nerv, -en 神经，精神状态

das Porträtfoto, -s 肖像照片

der Proband, -en 受检者，试药人

der Psychologe, -n 心理学家

der Riese, -n 巨人，庞然大物

das Schubkasten-Denken (nur Sg.) 抽屉式思维，分类思维

der Studienteilnehmer, - 学习参与者

die Sympathie, -n 同情，好感

die Trauer (nur Sg.) 哀悼，悲哀

der Trick, -s 策略，窍门，小伎俩

der Wahrnehmungspsychologe, -n 感知心理学

der Wissenschaftler, - 科学家，学者

das Wochenmagazin, -e 周刊

die Zehntelsekunde, -n 十分之一秒

Verben 动词

angeben, gibt an, gab an, hat angegeben 告知，说明，规定

beurteilen 判断，评定

einräumen, räumt ein 将……放入，整理，布置

einschätzen, schätzt ein 估计，评价

erlöschen, erlischt, erlosch, ist erloschen 熄灭，减弱，不复存在

klingen, klingt, klang, hat geklungen 听起来

verankern 使固定，系住

vorbeihuschen, huscht vorbei 匆匆而过

wirken 看上去，显得

zusagen, sagt zu 答应，允诺

Adjektive 形容词 ······

abweisend 拒绝的，不友好的

arrogant 傲慢的，狂妄自大的

bescheiden 谦虚的

dominant 占优势的，统治的，支配欲强的

frustriert 受到挫折的，令人不满意的

geduldig 有耐心的

gelangweilt 感到无聊的

genervt 神经质的，感到烦躁的

grundlegend 根本的，基本的

kompetent 有能力的，在行的

locker 松动的，松软的，放松的

mutig 勇敢的，大胆的

nachdenklich 沉思的，思考的

schüchtern 害羞的，怯懦的

umfassend 全面的，广泛的

vertrauenswürdig 值得信赖的，可靠的

visuell 视觉的，可视的

zurückhaltend 内敛的，克制的，冷漠的

Wendungen 习惯用语 ······

von etw. (D) absehen, sieht ab, sah ab, hat abgesehen 撇开，不考虑

E Bei anderen ankommen

Nomen 名词 ······

die Alternative, -n 二者选一，其他可能性

die Architektur, -en 建筑学，建筑

die Aufzählung, -en 计数，列举

die Bestellung, -en 预订，订购，通知

das Desinteresse (nur Sg.) 无趣，无动于衷，冷漠

die Einschränkung, -en 限制，保留

der Freizeitpartner, - 玩伴，旅伴

die Geige, -n 小提琴

die Korrektur, -en 修正，改正

die Malerei, -en 绘画

das Musical, -s 音乐剧

das Profil, -e 方针，侧面像，用户头像

die Pünktlichkeit (nur Sg.) 准时

der Ratgeber, - 建议者，顾问，指导

der Reinfall, -ä-e 挫折，失败

das Schach, -s 国际象棋

die SMS, -en 手机短信

die Spannung, -en 拉紧，急切心情，紧张

die Städtetour, -en 城市观光

die Verabredung, -en 约定，商定

die Verabschiedung, -en 告别，送行

Verben 动词 ·····································

begleichen 结清，偿还

dazugehören, gehört dazu 与此有关，附属

irritieren 刺激，激怒

missglücken 失败，不走运

plaudern 闲聊，泄露

spendieren 捐赠，慷慨给予

Adjektive 形容词 ·····································

mobil 活动的，可移动的

reiselustig 喜欢旅游的

Adverbien 副词 ·····································

außerhalb (od. *Präp.*) 在城外，在外面（或作介词：在……之外）

demnächst 不久，马上

F Endlich an(ge)kommen

Nomen 名词

der Brauch, -ä-e 风俗，习惯

der Cartoon, -s 漫画，卡通

die Entwicklung, -en 发展，成长

die Fremde (nur Sg.) 异乡，外国

das Gedicht, -e 诗，诗歌

das Gefallen (nur Sg.) 喜悦，满意，兴趣

die Geste, -n 姿态，手势

die Handlung, -en 行为，动作，行动

die Häuserzeile, -n 一排房屋

das Missfallen (nur Sg.) 不满意，不高兴

der Schneeball, -ä-e 雪球

die Schneeflocke, -n 雪花

der Schüleraustausch (nur Sg.) 不同国家间的中小学生交换

die Sitte, -n 礼貌，习惯，风俗

der Sketch, -e 草稿，素描

die Sprechblase, -n 气泡对话框

die Textsorte, -n 语篇类型，文体

die Theaterszene, -n 戏剧场景

die Titelzeile, -n 标题行

der Umzug, -ü-e 搬家，游行

das Wochenendmagazin, -e 周末杂志

der Zauber (nur Sg.) 魔术，魔法，魅力

die Zugangskarte, -n 门禁卡

Verben 动词

äußern 说出，表示，表达

innewohnen, wohnt inne 包含在……之中，存在于……之中

spüren 察觉到，感觉到

wehen 风（吹），飘扬，把……吹向

zuknöpfen, knöpft zu 系扣，按键 *die Jacke zuknöpfen* 扣好夹克的扣子

zuteilen, teilt zu 分配，分发

Adjektive 形容词 ···

anschaulich 直观的，形象的

eisig 冰冷的

Lektion 2 第二课

A Guten Appetit!

Nomen 名词 ···

die Angabe, -n 报告，说明，陈述

die Aufzeichnung, -en 图样，笔记

der Ausschnitt, -e 片段

das Backblech, -e 烤盘

das Backpulver (nur Sg.) 烘焙粉

der Becher, - （平底无柄的)杯子，酒杯

der/die Befragte, -n 受访者

die Brotrinde, -n 面包皮

der Christstollen, - 圣诞果子蛋糕，史多伦面包

die Currywurst, -ü-e 咖喱香肠

die Daten (nur Pl.) 数据，统计资料

der Döner, - 土耳其肉夹馍，土耳其烤肉

das Drittel, - 三分之一

die Ernährung (nur Sg.) 营养，饮食

der Esslöffel, - 汤匙

der Fan, -s 粉丝，追随者

der Favorit, -en 受欢迎或喜爱的人或物，最爱

das Fischfilet, -s 鱼片

das Fünftel, - 五分之一

die Geschmacksrichtung, -en 口味

die Gewürzgurke, -n 腌黄瓜，醋渍黄瓜

die Grafik, -en 图形，图表，图像

das Gramm, - 克

der Heringsalat, -e 鲱鱼沙拉

das Kakaopulver, - 可可粉

das Kärtchen, - 小卡片，小贺卡

das Kilogramm, - 千克，公斤

die Kirschtorte, -n 樱桃奶油蛋糕

das Kirschwasser (nur Sg.) 樱桃酒

Klassiker, der, - 古典作家，经典作家

die Leberkäse-Semmel, -n (Semmel *bayr.* = Brötchen) 小面包夹煎肉饼

　　（Semmel在巴伐利亚方言中指"小面包"）

der Liter, - 升

das Lorbeerblatt, -ä-er 月桂叶

die Mandel, -n 杏仁

der Milliliter, - 毫升

die Möhre, -n 胡萝卜

die Nelke, -n 丁香

das Orangeat, -e 糖渍桔皮

das Pfefferkorn, -ö-er 胡椒子

das Pfund, - 磅

die Prise, -n 一捏，一小撮

der Puderzucker (nur Sg.) 绵白糖

der Quark (nur Sg.) （从酸奶中提取出来的)凝乳

das Rindfleisch (nur Sg.) 牛肉

die Rosine, -n 葡萄干

der Sauerbraten (nur Sg.) 醋焖牛肉

die Schlagsahne (nur Sg.) 掼奶油，搅打稀奶油

die Schokoraspel, -n 巧克力碎屑

der Sellerie, -s 芹菜

der Snack, -s 零食，小吃

der Speckwürfel, - 熏肉小方块

die Speisestärke (nur Sg.) 淀粉，芡粉

die Spezialität, -en 特产，特色菜

die Studie, -n 研究，学业，习作

der Teig, -e 生面团

das Tortendiagramm, -e 饼状图

die Trockenhefe (nur Sg.) 干酵母

das Viertel, - 四分之一

der Würfel, - 骰子，小方块，立方体

die Zubereitung, -en 烹调，配置，准备

der Zwiebelkuchen, - 洋葱蛋糕

Verben 动词

anbraten, brät an, briet an, hat angebraten 油煎，翻炒

ausrollen, rollt aus 缓缓滑行到停止，擀，展开

belegen 铺上，涂上，预定

bevorzugen 偏爱，优待，更喜欢

formulieren 表达，拟定，起草

frittieren 油炸

garen 煨，用文火煮

kneten 揉捏

verrühren 搅拌

Adjektive 形容词

gründlich 彻底的，认真的

lauwarm 温热的，温和的

rheinisch 莱茵河地区的

würzig 香味浓郁的，加调味的

Konjunktionen 连词

sowie 以及，正如，就像

Wendungen 习惯用语

in der Zwischenzeit 与此同时，在此期间

Wert auf etw. (A) legen 重视某事

B Das sieht ja lecker aus!

Nomen 名词 ··

die Abschaffung (nur Sg.) 废除，取消

der Anglizismus, Anglizismen 英语借词

die Anweisung, -en 指示，指令

das Bioprodukt, -e 有机产品

der Bon, -s 付款收据，票证

der Boss, -e 老板，上司

die Geduld (nur Sg.) 忍耐，耐心

der Geschäftsführer, - 总经理，企业负责人

das Halsbonbon, -s 润喉糖

der Inhaltsstoff, -e 成分

die Initiative, -n 主动性，积极性，倡议

die Kampagne, -n 运动（政治宣传活动）

der Konsument, -en 消费者

das Konsumverhalten, - 消费行为

der Leiter, - 领导，负责人

das Mineralwasser (nur Sg.) 矿泉水

der Mitmensch, -en 同伴，周围的人

das Plakat, -e 海报，宣传画

die Reklame, -n 广告，宣传，促销

das Sieb, -e 筛子，滤网

die Süßigkeit, -en 糖果

die Talksendung, -en 谈话节目

das Unternehmen, - 企业，计划

der Verbraucher, - 消费者

der Werbespruch, -ü-e 宣传口号，广告标语

das Werbeverbot, -e 广告禁令

das Wortspiel, -e 文字游戏

Verben 动词 ••

auseinanderhalten, hält auseinander, hielt auseinander, hat auseinandergehalten
区分，分清

einsammeln, sammelt ein 收集，采集

konsumieren 消费

sortieren 分类，挑选

sich anschließen, schließt an, schloss an, hat angeschlossen 附加，补充

sich zurückhalten, hält zurück, hielt zurück, hat zurückgehalten 克制，节制

unterbrechen, unterbricht, unterbrach, hat unterbrochen 中断，打断，阻断

Adjektive 形容词 ••

effektiv 有效的，实际的

kontrovers (od. *Adv.*) 有争议的，争论的(或作副词：有争议地)

sinnvoll 有意义的，有用的

wahllos 不加选择的，盲目的

witzig 滑稽的，幽默的，搞笑的

Wendungen 习惯用语 ••

etw. / nichts gegen etw. haben gegen 反感(不反感)某事物

C Tipps für den Gast

Nomen 名词 •••

der Anlass,-ä-e 动机，理由，机会

die Arbeitsunterlagen (nur Pl.) 工作材料

das Besteck, -e / -s （一人用的)餐具(尤指刀、叉、勺)

der Eindruck,-ü-e 印象

der Gang,-ä-e 一道菜 *der erste Gang bei einem Menü* 一餐的第一道菜

der Gastgeber, - / die Gastgeberin, -nen 邀请者，(接待客人的)主人，东道主

das Gastgeschenk, -e 客人赠送主人的礼物

das Geschäftsessen, - 商务餐，工作餐

das Jackett, -s 西装上衣

der Kellner, - / die Kellnerin, -nen 服务员，招待员

der Klingelton,-ö-e 铃声(尤指电话、手机铃声)

die Kostümjacke, -n 套装上衣

das Menü, -s 菜单，套餐

der Nachbartisch, -e 邻桌

die Originalität (nur Sg.) 真实性，本源性，独特性

die Preiskategorie, -n 价格范围，价格分类，价格档次

der Small Talk (nur Sg.) 寒暄，闲聊

die Tischmanieren (nur Pl.) 餐桌礼仪

der Trinkspruch, -ü-e 祝酒词，敬酒词

Verben 动词

ablegen, legt ab 脱下，参加，进行

ablehnen, lehnt ab 拒绝，谢绝，不接受

auffordern, fordert auf 邀请，要求

bedienen 服务，招待

erheben, erhebt, erhob, hat erhoben 举起，抬起 *sein Glas erheben* 举起酒杯

vereinbaren 约定，商定

vermeiden, vermeidet, vermied, hat vermieden 避免，回避

Adjektive 形容词

akzeptabel 可接受的，能接受的

ausdrücklich 坚决的，明确表示的，特别强调的

denkbar 可想象的，能想到的

diskret 谨慎的，不引人注目的

gelungen 成功的

generell 普遍的，一般适用的

höflich 有礼貌的，客气的

mittel 中间的，平庸的

parallel 平行的，并行的

professionell 专业的，职业的

ratsam 值得推荐的，可取的

stumm 哑的，无声的

üblich 普遍的，通常的，流行的

umgekehrt 相反的，反过来的

Wendungen 习惯用语 ··

bei jmdm. ins Fettnäpfchen treten 惹某人生气，在某人处闯祸

D Die Wegwerfgesellschaft

Nomen 名词 ···

der Ablauf, -ü-e 经过，过程，期满

die Bundesregierung, -en （德国）联邦政府

der Einkaufswagen, -ä- 购物车，手推车

das Haltbarkeitsdatum, Haltbarkeitsdaten 保质日期

der Hersteller, - 生产者，制造者

der Menschenverstand (nur Sg.) 常识，理智的看法

die Mentalität, -en 心态，心性

die Verpackungsgröße, -n 包装尺寸

der Vorrat, -ä-e 存货，库存，储备

Verben 动词 ···

ablaufen, läuft ab, lief ab, ist abgelaufen 流走，进行，到期

aushängen, hängt aus, hing aus, hat ausgehangen 挂出，挂着，张贴着

einfrieren, friert ein, fror ein, hat eingefroren 冻住，冻结，冷藏

entsprechen, entspricht, entsprach, hat entsprochen 符合，适应

meckern (Umgangssprache) 〈口〉发牢骚，抱怨

recherchieren 搜索，对……作调查研究

reduzieren 降低，减少，缩小

spenden 捐助，捐赠，给予

umdenken, denkt um, dachte um, hat umgedacht 重新考虑，改变主意

vermitteln 调解，介绍，传授

vollpacken, packt voll 塞满，装满

wegwerfen, wirft weg, warf weg, hat weggeworfen 扔掉，丢掉

Adjektive 形容词 ··

gesundheitsbewusst 有健康意识的，注重健康的

problemlos 没问题的，轻松的

sorgfältig 小心翼翼的，仔细的，认真的

Präpositionen 介词 ···

anhand (von) 根据，借助

Wendungen 习惯用语 ···

als / zu etw. dienen 当作，用作

im Durchschnitt 按平均计算

mit etw. (D) umgehen, geht um, ging um, ist umgegangen 对待，考虑

E Berufe rund ums Essen

Nomen 名词 ···

das Ambiente (nur Sg.) 周围环境，氛围

der/die Arbeitssuchende, -n 求职者

die Arbeitszeit, -en 工作时间

der Aufbau (nur Sg.) 建设，架设，重建

die Bereitschaft (nur Sg.) 准备，预备，待命

der Berufsberater, - / die Berufsberaterin, -nen 职业规划师

das Berufsporträt, -s 职业肖像

die Beschwerde, -n 诉苦，抱怨，申诉

die Bestätigung, -en 证明，批准，认可

die Bezahlung, -en 支付，缴纳，报酬

der Briefzusteller, - 邮递员

die Einsatzmöglichkeit, -en 应用领域，应用范围，应用可能性

der Einsatzort, -e 使用地点，应用地点

die Erntezeit, -en 收获季节

die Fotografie, -n 摄影，照相

die Fotomappe, -n 相册，影集

der Freiberufler, - / die Freiberuflerin, -nen 自由职业者

der Gasthof, -ö-e 旅馆，客栈

die Gastronomie (nur Sg.) 餐饮行业

die Gehaltsvorstellung, -en （员工的）收入预期

der Konditor, -en / die Konditorin, -nen 甜品师

die Konstitution, -en 体质，体格，章程

der Messestand, -ä-e 展会的陈列柜

die Praline, -n 夹心巧克力

der Restauranttester, - / die Restauranttesterin, -nen 餐厅测试员

die Schwäche, -n 弱点，缺点

der Sekt (nur Sg.) 气泡酒，香槟酒

die Stärke, -n 优点，强项

der Stundenlohn, -ö-e 计时工资

die Torte, -n 蛋糕（尤指圆形大蛋糕）

die Übersetzeragentur, -en 翻译公司

der Umgang (nur Sg.) 交际，交往，打交道

die Unterbringung, -en 住宿，安置

die Unterstützung, -en 支持，资助

die Urlaubsvertretung, -en 休假代班

der Verdienst, -e 收入，工资

die Vermarktung, -en 营销，商品开发，商业化

die Vorkenntnisse (nur Pl.) 基础知识，原有知识

der Weinbauer, -n 葡萄种植者

das Weingut, -ü-er 酿酒厂，酒窖

die Weinlese, -n 采摘葡萄，葡萄收获

der Weinliebhaber, - / die Weinliebhaberin, -nen 葡萄酒爱好者

der Weinstock, -ö-e 葡萄藤

der Winzer, - / die Winzerin, -nen 葡萄农

das Wohlergehen (nur Sg.) 幸福，安康，福祉

Verben 动词 ··

anpacken, packt an 抓住，着手处理，对待

beherrschen 统治，掌握，精通

Adjektive 形容词 ···

abwechslungsreich 变化多样的，多元化的

angemessen 适当的，得体的

anstrengend 疲劳的，费力的

belastbar 能负重的，能吃苦耐劳的

dazugehörig 与此有关的，附属的

flexibel 灵活的，弹性的，柔韧的

freiberuflich 自由职业的

körperlich 身体的，体力的

kreativ 创造性的，创意的

kundenfreundlich 对顾客友好的，令顾客满意的

kurzfristig 短期的，临时的

regulär 正规的，例行的，常规的

tarifüblich 正常标准费率 *tarifübliche Bezahlung* 按普通标准付费

Adverbien 副词

circa 大约，大概

tagsüber 白天，日间

Wendungen 习惯用语

auf Stundenbasis 按小时计算，以小时计

F Lebensmittel — Gestern und heute

Nomen 名词

der Aspekt, -e 角度，观点

die Bedeutung, -en 意义，意思

die Bezeichnung, -en 名称，标志

die Blüte, -n 花朵，全盛时期

die Frische (nur Sg.) 新鲜，活泼，清新

die Hommage, -n 致敬活动，仪式

   eine Hommage an jmdn. / etw. 向某人（某事）致敬

der Kloß, -ö-e 圆子，丸子

der Passant, -en / die Passantin, -nen 行人，过路人

der Reibekuchen, - 土豆煎饼

die Sorte, -n 种类，品种

der Verbrauch (nur Sg.) 消费，消耗

die Verbreitung, -en 传播，扩散，散布

die Verwendung, -en 利用，使用，应用

der Verzehr (nur Sg.) 食用

Verben 动词

anlegen, legt an 放置，摆放，停泊

bewachen 看守，监视

ernten 收割，收获

lagern 存放，储存

zubereiten, bereitet zu 准备，烹调

Adjektive 形容词

nahrhaft 滋补的，有营养的

Wendungen 习惯用语

aus etw. (D) stammen 出生于……，来自于……

zu etw. (D) beitragen, trägt bei, trug bei, hat beigetragen 为……作贡献

Lektion 3 第三课

A Wie die Zeit vergeht

Nomen 名词 ··

1. Jh. n. Ch. (*Abkürzung für* Erstes Jahrhundert nach Christus) 公元一世纪（缩写）

die Altstadt,-ä-e 老城区，旧城

die Antike (nur Sg.) 古典时期，古代

die Armut (nur Sg.) 贫穷，贫瘠，贫乏

der Aufschwung (nur Sg.) 繁荣，上升，蓬勃发展

die Bauarbeiten (nur Pl.) 施工，建筑工作

die Baustelle, -n 工地，施工现场

das Befestigungswerk, -e 防御工事，防御设施

die Besatzungszeit, -en 占领时期

der Betrieb 企业，公司 *den Betrieb aufnehmen* 开始营业

die Computergrafik, -en 电脑制图，计算机图形

das Dampfschiff, -e 蒸汽轮船，汽船

der Dom, -e 主教教堂，大教堂

der Erzbischof, -ö-e 大主教

das Fragment, -e 碎片

die Geisterstadt, -ä-e 鬼城，荒凉小镇

das Gemälde, - 绘画（大多指油画）

die Herrschaft (nur Sg.) 统治，控制，政权

das Hochwasser, - 洪水，水灾

der Holzschnitt, -e 木版画，木刻

der Internationalismus, Internationalismen 国际主义

die Kolonie, -n 殖民地，居民区

der Kran, -ä-e 起重机，吊车

der Lagerraum ... räume 仓库，储藏室

der Mangel, -ä- 缺少，缺乏，不足

die Missernte, -n 作物歉收

das Mittelalter (nur Sg.) 中世纪

das Modell, -e 模型，典范，式样

die Neuzeit (nur Sg.) 现代，近代

der Pilger, - 朝圣者

das Postkartenmotiv, -e 明信片图案

die Reliquie, -n 圣人的遗骨(或遗物)

die Siedlung, -en 定居点，居住地

das Stadtbild, -er 市容市貌

die Stadtmauer, -n 城墙

das Stadtrecht, -e 城市法

der Stamm, -ä-e 树干，部落，家族

das Tor, -e 大门，球门

das Treiben (nur Sg.) 繁忙，喧闹

die Trümmerlandschaft, -en 废墟景观

die Truppe, -n 部队，军队

die Veränderung, -en 改变，变化，变革

das Verkehrsnetz, -e 交通网络，运输系统

der Wandel, - 变化，转变，变迁

der Wiederaufbau (nur Sg.) 重建

der Wirtschaftszweig, -e 经济部门

die Zeitmaschine, -n 时间机器

die Zunft, -ü-e 未来，将来，前途

Verben 动词 ··

annehmen, nimmt an, nahm an, hat angenommen 收下，接受，采纳

ansteigen, steigt an, stieg an, ist angestiegen 上升，增长

ausbrechen, bricht aus, brach aus, ist ausgebrochen 拆下，爆发

fliehen, flieht, floh, ist geflohen 躲避，逃避，消逝

fördern 促进，推动

fortsetzen, setzt fort 继续进行

gleichen, gleicht, glich, hat geglichen 相像，相等

prägen 铸造，将……压印于，给……打上烙印

rekonstruieren 重建，原样修复

ruhen 闲着，休息

sich erstrecken 伸长，延展，涉及

sich niederlassen, lässt nieder, ließ nieder, hat niedergelassen 住下，安家

vergehen, vergeht, verging, ist vergangen 流逝，消失，失去

zurückkehren, kehrt zurück 回来，归来

Adjektive 形容词

äußerlich 外表的，表面的

damalig 当时的，那时的

gegenwärtig 目前的，现在的

germanisch 日耳曼的

gotisch 哥特式的

mächtig 强大的，宏大的，有影响力的

profan 世俗的，不圣洁的，平常的

römisch 罗马的

rückständig 落后的，陈旧的

wohlhabend 富有的

Adverbien 副词

ehemals 以前，从前

einst 从前，将来

Wendungen 习惯用语

sich befinden in, befindet, befand, hat befunden 处于，在

verfügen über etw. (A) 支配，使用，具有

B Kindheitserinnerungen

Nomen 名词

der Buchhändler, - 书商，书店营业员

die Gefangenschaft, -en 囚禁，禁闭

das Geräusch, -e 声音，噪声，嘈杂声

der Handkarren, - 手推车

die Kurzgeschichte, -n 短篇小说，小故事

die Nachtschicht, -en 夜班

das Panorama, Panoramen 全景

der Zebrastreifen, - 斑马线，人行横道

Verben 动词 ···

verfassen 撰写，创作

Adjektive 形容词 ···

grandios 宏伟的，浩大的，厉害的

C Pünktlich auf die Minute

Nomen 名词 ···

das Alleinsein (nur Sg.) 独处，孤独

der Bademantel, -ä- 浴袍

das Bewerbungsgespräch, -e 求职面试

die Einhaltung (nur Sg.) 保持，遵守，遵循

das Erstaunen (nur Sg.) 惊讶，惊奇

die Höflichkeit, -en 礼貌，客气

die Kolumne, -n 专栏，栏

die Kündigung, -en 解雇，辞职，解约

der Liefervertrag, -ä-e 供货合同

der Maurer, - 泥瓦工人，砌墙工人

das Motto, -s 口号，格言，座右铭

die Schätzung, -en 估计，估算

das Timing (nur Sg.) 计时，时间安排

das Uhrwerk, -e 钟表装置，发条装置

die Umfrage, -n 问卷调查

die Zeitkultur, -en 当代文化

Verben 动词 ···

anstarren, starrt an 凝视，目不转睛地看着

drohen 恐吓，威胁，面临

einhalten, hält ein, hielt ein, hat eingehalten 遵守，遵循，停止

frisieren 美发，理发

registrieren 登记，注册

verschenken 赠送，送出

verzögern 使延迟，使减速，使推迟

Adjektive 形容词 ···

grob 粗糙的，粗鲁的，粗略的

kostbar 有价值的，宝贵的

verärgert 生气的，恼怒的

D Keine Zeit

Nomen 名词 ···

die Anhäufung, -en 积蓄，积累

die Annahme, -n 接受，采纳，猜测

die Anspannung, -en 紧张，压力，紧绷

das Arbeitszeitmodell, -e 工作时间模式

das Bedürfnis, -e 需要，需求

die Befreiung, -en 解除，解放，免除

der/die Berufstätige, -n 在职人员

der Coach, -s 教练

die Einstellung, -en 安放，招收，态度

die Entschleunigung (nur Sg.) 减速，放慢

der Experte, -n / die Expertein, -nen 专家，行家

die Forderung, -en 要求，主张

der Gesang, -ä-e 歌唱，声乐

die Gleitzeit (nur Sg.) 弹性工作时间

der Irrsinn (nur Sg.) 精神错乱

der Kopfhörer, - 耳机，听筒

der Lichtschalter, - 电灯开关

der Song, -s 歌曲

die Spirale, -n 螺线，螺旋形

der Streifen, - 条状物，条纹

die Strophe, -n （歌或诗的）节，段

der Takt, -e 节拍，小节

der Wille, -e 意志，意愿，决心

das Zeitfenster, - 时间窗口，限时，限期

das Zeitmanagement (nur Sg.) 时间管理

Verben 动词 ···

innehalten, hält inne, hielt inne, hat inngehalten 中断，暂停

umsetzen, setzt um 转化，转换

verringern 使减少，使缩小，使降低

Adjektive 形容词 ···

fatal 致命的，尴尬的

motiviert 有动机的，有动力的

permanent 持续的，不断的，常设的

wachsam 警惕的

Wendungen 习惯用语 ···

in Zeitnot geraten 陷入时间紧迫之中

plädieren für etw. 为……辩护，主张

sich auf etw. (A) beschränken 满足于，局限于

sich trauen [常用于否定]敢于

E Zeitreisen

Nomen 名词 ···

die Aufmerksamkeit, -en 注意力

das Belieben (nur Sg.) 愿望，心愿

die Crew, -s （船上的）全体水手；（飞机上的）机组人员

der Erfinder, - /die Erfinderin, -nen 发明者，创造者

die Eroberung, -en 征服，占领

die Errungenschaft, -en 成绩，成就

der Kapitän, -e 船长，机长

der Kultcharakter (nur Sg.) 崇拜特征，崇拜形象

der Landsmann, -ä-er 同胞，老乡

das Lokal, -e 饭店，地方

das Luftschiff, -e 飞船，飞艇

der Omnibus, -se 公共汽车

die Prognose, -n 预测，估计

das Raumschiff, -e 宇宙飞船

die Sendestation, -en 发射站，广播站

das Signal, -e 信号

die Tricktechnik, -en 骗术技巧，诀窍，绝招

die Übereinstimmung, -en 一致，协议

das Weltall (nur Sg.) 宇宙

die Wüste, -n 沙漠，荒地，荒漠

die Zeitreise, -n 时间旅行，穿越时空

die Zukunftsvision, -en 未来愿景

Verben 动词

abbrechen, bricht ab, brach ab, ist abgebrochen 折断，中断

ausstrahlen, strahlt aus 射出，播送，散发出

belächeln 用微笑表示讥讽，取笑

bewohnen 居住在

nachjagen, jagt nach 追赶，追逐

staunen 惊讶，惊叹

vibrieren 抖动，颤抖，震动

Adjektive 形容词

arktisch 北极(地区)的

bahnbrechend 开创性的，划时代的

drahtlos 无线的，无绳的

dürr 干枯的，干旱的

einerlei 同样的，单调的

erstaunlich 惊人的

förmlich 正式的，拘泥于礼节的

fremdartig 外国式样的，异样的

irdisch 人世间的，尘世的，地球上的

sibirisch 西伯利亚的

zivilisiert 文明的，开化的

F Schöne Zeiten

Nomen 名词 ···

der Asphalt (nur Sg.) 沥青

das Au-pair, -s 互惠生

die Auszeit, -en 暂停时间

die Gasse, -n 小巷，胡同

das Gedränge (nur Sg.) 拥挤，拥挤的人群

die Klassenfahrt, -en 班级旅行

die Müdigkeit (nur Sg.) 疲劳，困乏

der Rang, -ä-e 等级，级别

die Unendlichkeit (nur Sg.) 无限，无穷

Verben 动词 ···

abgehen *(Umgangssprache)* 〈口〉离开，离校，脱离

bahnen 开辟道路，铺平道路

durchdrehen, dreht durch *(Umgangssprache)* 〈口〉绞干，绞碎，晕头转向

Wendungen 习惯用语 ···

drauf sein *(Umgangssprache)* 〈口〉有(好)心情

Lektion 4 第四课

A Einer für alle …

Nomen 名词 ··

der Aal, -e 鳗鱼

die Anemone, -n 银莲花，海葵

der Bursche, -n 男孩，小伙子

der Felsen, - 岩石，悬崖

das Geschöpf, -e 创造物，产物，生物

der Hintergrund, -ü-e 背景

der Hummer, - 龙虾

die Palme, -n 棕榈树

die Qualle, -n 海蜇，水母

der Rand, -ä-er 边，边缘

der Regenbogen, -ö- 彩虹

der Schaufelbagger, - 单斗式挖掘机

der Schwarm, -ä-e 群，崇拜对象

der Schwefel (nur Sg.) 硫磺

der Strick, -e 绳子，绳索

die Strömung, -en 水流，潮流

der Thunfisch, -e 金枪鱼

der Vordergrund, -ü-e 前面部分，前景

das Wunder, - 奇迹，奇观

der Zusammenhalt (nur Sg.) 粘着，牢固，团结一致

Verben 动词 ··

ausdenken, denkt aus, dachte aus, hat ausgedacht 想出，考虑好

ausführen, führt aus 邀请……赴约，带……出外游玩

entkommen, entkommt, entkam, entkommen 逃出，逃脱

hochheben, hebt hoch, hob hoch, hat hochgehoben 提升，举起，抬高

schillern 闪烁

schwingen, schwingt, schwang, ist geschwungen 挥舞，摇(铃)，摆动

verschlingen, verschlingt, verschlang, hat verschlungen 使缠绕，吞下，耗费

wedeln 摇尾，飘动

Adjektive 形容词 ··

grimmig 愤怒的，严重的

harmonisch 和谐的

heimlich 秘密的，偷偷的

munter 清醒的；活泼的

sanft 温柔的，柔和的

B Ehrensache!

Nomen 名词 ··

die Anerkennung, -en 承认，认可，赞赏

die Belastung, -en 负担

die Betreuung, -en 照顾

das Ehrenamt, -ä-er 名誉职位

die Ehrensache (nur Sg.) 有关名誉的事情，义不容辞的事

das Engagement, -s 义务，聘用

die Flexibilität (nur Sg.) 灵活性，柔韧性

die Führungsqualität, -en 领导素质

der/die Gleichgesinnte, -n 志同道合者

der Integrationshelfer, - / die Integrationshelferin, -nen 外来移民帮扶者

die Kompetenz, -en 能力，权限

das Organisationstalent (nur Sg.) 组织才能

der Personalberater, - / die Personalberaterin, -nen 人事顾问，人力咨询

die Reinigungskraft, -ä-e 清洁工

der Studierendenberater, - / die Studierendenberaterin, -nen 学生顾问，学生咨询

der Teamgeist (nur Sg.) 团队精神

der Tierbetreuer, - / die Tierbetreuerin, -nen 动物看护员

der Tierschutz (nur Sg.) 动物保护

der Trainer, - / die Trainerin, -nen 教练

das Verantwortungsbewusstsein (nur Sg.) 责任心，责任意识

der Wahlhelfer, - / die Wahlhelferin, -nen 竞选助手

die Wertschätzung (nur Sg.) 尊重，尊敬

Verben 动词 ·······································

realisieren 实现

Adjektive 形容词 ··································

überwiegend 占优势的，大多数的

Wendungen 习惯用语 ·······························

sich etw. (D) anpassen, passt an 适应，使自己适应

sich für etw. / jmdn. einsetzen, setzt ein 为……说话（出力）

C Ein Projekt — viele Helfer

Nomen 名词 ·····································

die Auslagerung, -en 外包业务，转移，疏散

der Austausch (nur Sg.) 交换，交流

das Crowdsourcing (nur Sg.) 众包

die Enzyklopädie, -n 百科全书

die Hypothese, -n 假定，假设

das Lexikon, Lexika 百科词典，专业词典

der Nutzer, - / die, Nutzerin, -nen 用户，使用者

der Schuster, - / die Schusterin, -nen 鞋匠

die Übertragung, -en 转播，传播

der Unterrichtsstoff (nur Sg.) 教材，课程材料

die Vorgabe, -n 预先规定，让步

Verben 动词

abschreiben, schreibt ab, schrieb ab, hat abgeschrieben 抄写，抄袭，扣除

aktualisieren 更新，使符合现实情况

ergänzen 补充

scheitern 失败，落空

überarbeiten 修改

zitieren 引用，引证

Adjektive 形容词

lustlos 没有兴趣的，呆滞的

umfangreich 广博的，广泛的，内容丰富的

Wendungen 习惯用语

sich übernehmen, übernimmt, übernahm, hat übernommen 硬撑，过度劳累

D Zivilcourage

Nomen 名词

die Belästigung, -en 干扰，讨厌

der Diebstahl, -ä-e 偷盗，盗窃

der Hinterhof, -ö-e 后院

das Modegeschäft, -e 时装店

das Preisschild, -er 价格标签

die Prügelei, -en 殴打，打架

der Überfall, -ä-e 突然袭击，入侵，抢劫

die Zivilcourage (nur Sg.) 勇气，刚直不阿

Verben 动词

begehen, begeht, beging, hat begangen 巡查，作，犯

festnehmen, nimmt fest, nahm fest, hat festgenommen 拘留，逮捕

verfolgen 跟踪，追捕，迫害

verschleissen 磨损，耗损 *verschlissene Hose* 破损的裤子

verständigen 通知，告知

zugeben, gibt zu, gab zu, hat zugegeben 供认，附加，容许

Adjektive 形容词 ···

beschädigt 坏了的，不能用的

E Ganz schön egoistisch!

Nomen 名词 ···

das Autogramm, -e （名人的)亲笔签名

der Egoist, -en / die Egoistin, -nen 自私自利者，利己主义者

die Hilfsbereitschaft (nur Sg.) 乐于助人

die Kernaussage, -n 核心观点

die Klausur, -en 闭卷考试，笔试

der Konferenzraum, -ä-e 会议室，会议厅

das Portemonnaie, -s 钱包，小皮夹子

der Rücksitz, -e 后座

die Solidarität (nur Sg.) 一致，团结

das Spiegelbild, -er 镜像，反射，影子

die Tournee, -n 巡回演出，游览

die Zugabe, -n 加演节目，附加

Verben 动词 ···

anbringen, bringt an, brachte an, hat angebracht 带来，拿来

bewundern 赞赏，惊叹，佩服

jammern 诉苦，哀求，引起同情

sich vordrängeln, drängelt vor 朝前挤

verlosen 抽签

Adjektive 形容词 ···

effizient 高效率的，有能力的

F Mein Buch, dein Buch?

Nomen 名词 ···

die Botschaft, -en 大使馆，消息，通告

der Finder, - / die Finderin, -nen 发现者，拾得者

der Fund, -e 发现，发掘

der Gedichtband, -ä-e 诗卷，诗集

die Kennzeichnung, -en 标记，标签

Verben 动词 ··

eintragen, trägt ein, trug ein, hat eingetragen 登记，把……记入

freilassen, lässt frei, ließ frei, hat freigelassen 释放

hinterlassen, hinterlässt, hinterließ, hat hinterlassen 留下，遗留

verjagen 驱赶，赶走

verschwinden, verschwindet, verschwand, ist verschwunden 消失，失踪

Adjektive 形容词 ··

empfehlenswert 值得推荐的

jahrelang 多年的，持续几年的

zart 嫩的，温柔的，亲切的

Lektion 5 第五课

A Ein Dach über dem Kopf

Nomen 名词 ···

das Antonym, -e 反义词

die Ausstattung, -en 装备，装修，布置

das Bauernhaus, -ä-er 农舍，农家

der Grundriss, -e 平面图，草图

das Hausboot, -e 船屋

die Infrastruktur, -en 基础设施

das Reihenhaus, -ä-er 联排住宅

Adjektive 形容词 ···

anonym 匿名的，无名的

ästhetisch 美学的，美感的

geräumig 宽敞的

ökologisch 生态学的

preisgünstig 低价的，便宜的

romantisch 浪漫主义的，浪漫的

B Tausche Wohnung

Nomen 名词 ···

die Annonce, -n （报纸或杂志上的)广告

der Aushang, -ä-e 通知，布告，招贴

der Besichtigungstermin, -e 参观日期

die Einbauküche, -n 一体化厨房，整体厨房

der Immobilienmakler, - / die Immobilienmaklerin, -nen 房地产经纪人

das Intranet, -s 内部网，内网

die Kaution, -en 担保，保证金，押金

die Kontaktdaten (nur Pl.) 联系资料

der Nachmieter, - / die Nachmieterin, -nen 租户

der Nichtraucher, - / die Nichtraucherin, -nen 不吸烟者

der Quadratmeter, - 平方米

das Schwarze Brett, -er 布告栏，公告板

die Tauschbörse, -n 商品交易所

die Wohngemeinschaft, -en 合租公寓

Verben 动词

auslegen, legt aus 陈列，铺，砌

beauftragen 授权，委托

heften 装订，粘牢，别住

tauschen 交换

Adjektive 形容词

großzügig 气量大的，慷慨大方的，宏伟的

möbliert 配有家具的

provisionsfrei 免佣金的

verzweifelt 失望的，绝望的

Präpositionen 介词

inklusive 包括 *inklusive der Kosten* 包括费用在内

C Wohntrends

Nomen 名词

der Besitz, -e 所有物，财产，产业

die Einrichtung, -en 布置，机构，设施

der Energieverbrauch (nur Sg.) 能源消耗

das Erdhaus, -ä-er 土屋

das Fertighaus, -ä-er 预制装配式房屋，活动房屋

das Fundament, -e 地基，根基，基础

das Grundstück, -e 地皮，地块

der Käfig, -e 笼子

der Klimaschutz (nur Sg.) 气候保护

der Konsum, (nur Sg.) 消费

das Mikrohaus, -ä-er 微型住宅

das Parkett, -s / -e 木地板，拼花地板

die Raumaufteilung, -en 空间分配，位置摆放

der Schadstoff, -e 污染物质，有害物质

der Senior, -en / die Seniorin, -nen 老年人，退休人员

der Single, -s 单身人员

der Vorspann, -e 片头字幕，引言

die Wohnfläche, -n 居住面积

Verben 动词 ··

errichten 树立，建立，设立

verkleinern 使缩小，使变小

verzichten 放弃

Adjektive 形容词 ···

anpassungsfähig 有适应能力的，能适应的

cool 凉爽的，酷的，冷静的

emissionsarm 低排放的

ermüdend 疲倦的

extrem 极端的，过激的

inbegriffen 计算在内的，包含在内的

kompakt 坚固的，结实的

stabil 稳定的，牢固的

überflüssig 多余的，过剩的

winzig 极小的，非常小的

wirksam 有效果的，有作用的

D Mein Zuhause

Nomen 名词 ··

die Dekoration, -en 装饰，装潢

die Energiequelle, -n 能源

der Flohmarkt, -ä-e 跳蚤市场

der Freiraum, -ä-e 自由空间

die Geborgenheit (nur Sg.) 安全，保险

die Gestaltung, -en 塑造，造型

die Höhle, -n 洞穴

der Komfort (nur Sg.) 舒适

der Luxus (nur Sg.) 奢侈，奢华

die Persönlichkeit, -en 个性，品格，人物

die Seele, -n 灵魂，心灵

die Studentenbude, -n 大学生房间

Verben 动词 ··

empfinden, empfindet, empfand, hat empfunden 感觉到，感受到

streichen, streicht, strich, hat gestrichen 涂抹，上漆

umräumen, räumt um 重新整理，重新布置

zurückziehen, zieht zurück, zog zurück, hat zurückgezogen 回来，归来，回到

Adjektive 形容词 ··

chaotisch 混乱的

geborgen 安全的，保险的

hohl 空心的，凹陷的

komplett 完整的，齐全的

E Anders wohnen — anders leben

Nomen 名词 ··

der Anteil, -e 部分，份额，股份

der Bauernhof, -ö-er 农场，农庄

der Bauwagen, -ä- 施工车辆，拖车

die Bioqualität (nur Sg.) 有机品质

das Elektrogerät, -e 电器，家电

die Essenskasse, -n 餐饮付款处

die Genossenschaft, -en 合作社，协作社

die Lebensweise, -n 生活方式

der Lehm (nur Sg.) 粘土，泥土

die Nachbarschaft, -en 邻居，邻里关系

das Ökodorf, -ö-er 生态村

der Ortsrand, -ä-er 郊外，城郊

der Rat, -ä-e 建议，劝告，委员会

die Solarenergie (nur Sg.) 太阳能

das Stroh (nur Sg.) 稻草

die Vollversammlung, -en 全体会议，大会

Verben 动词

akzeptieren 接受

anbauen, baut an 种植，栽培，扩建

respektieren 尊重，尊敬

schätzen 估计，重视，赏识

verwirklichen 实现，实行

Adjektive 形容词

ausgezeichnet 杰出的，优秀的

gemeinschaftlich 共同的，联合的

künftig 未来的，将来的

ökonomisch 经济的

radikal 彻底的，根本的，激进的

solidarisch 团结一致的

umweltbewusst 具有环保意识的，环保的

F Übernachten mal ganz anders

Nomen 名词

das Baumhaus, -ä-er 树屋

die Entschädigung, -en 赔款，补偿

das Etagenbett, -en 双层床，上下床

der Gaskocher, - 煤气炉

das Gefängnis, -se 监狱，监禁

das Gitter, - 栅栏，网格

das Iglu, -s （因纽特人的）圆顶冰屋

das Kanalrohr, -e 污水管，沟管

der Leuchtturm, -ü-e 灯塔

das Personal (nur Sg.) 人员，员工

die Reservierungsbestätigung, -en 预订确认

der Schlafanzug, -ü-e 睡衣

der Schlafsack, -ä-e 睡袋

der Service, -s 服务

der Sonnenaufgang, -ä-e 日出

der Sonnenuntergang, -ä-e 日落

die Übernachtung, -en 过夜，留宿

die Verpflegung, -en 膳食，餐饮

Verben 动词

garantieren 保证，担保，承诺

verbleiben, verbleibt, verblieb, ist verblieben 剩余，商定，约定

Adjektive 形容词

alltäglich 日常的，平日的

gestreift 有条纹的

komfortabel 舒适的，舒服的，设备现代化的

maximal 最大限度的，最大值的

minimal 最小限度的，最小值的，微小的

vergittert 成格状的，有格子架支撑的

Adverbien 副词 ··

    mitten 在……中部，在……中间

Wendungen 习惯用语 ··

    sich richten an etw. / jmdn. 对准，指向，提出

Lektion 6 第六课

A Neues entdecken und erfahren

Nomen 名词 ···

das Abenteuer, - 冒险，历险

der Aufstieg, -e 上升，攀登

das Austauschjahr, -e 交换学年，交流学年

der Bergführer, - / die Bergführerin, -nen 登山向导

die Einsamkeit, -en 孤单，寂寞

die Erschöpfung, -en 筋疲力尽，用尽

das Fernweh (nur Sg.) 对远方的向往，渴望远方

der Hang, -ä-e 山坡，斜面，苗头

der Horizont, -e 地平线，眼界，视野

das Insekt, -en 昆虫

die Karibikinsel, -n 加勒比海岛屿

die Kochstelle, -n 烹饪区

der Konflikt, -e 冲突，矛盾

der Millionengewinn, -e 百万盈利，百万利润

das Morgengrauen, - 黎明，拂晓

die Notunterkunft, -ü-e 避难所，收容所

die Selbsterfahrung, -en 个人经验

das Survivalcamp, -s 生存营地

die Weltumseglung, -en 环球航行

die Wildnis (nur Sg.) 荒地，荒野

Verben 动词 ···

abschalten, schaltet ab 切断，关掉

43

besiegen 战胜，克服

einlösen, löst ein 赎回，兑付，兑现

genießen 享受，享用

sich überwinden, überwindet, überwand, hat überwunden

   克制(自己)，强令自己(去做某事)

überleben 活下来，存活

vereinen 使联合，使统一，使相协调

vereinfachen 使简化，使简单

wagen 敢于，冒险

Adjektive 形容词 ···

abenteuerlustig 喜欢冒险的

eklig 令人厌恶的，讨厌的

großartig 出色的，卓越的

muffig 有霉味的，令人窒息的

schwindelfrei 不会头晕的，不易发生眩晕的

sorglos 无忧无虑的，漫不经心的

B Faszination Extremsport

Nomen 名词 ···

die Anstrengung, -en 努力，使劲，劳累

die Aufregung, -en 激动，兴奋，混乱

die Ausdauer (nur Sg.) 毅力，耐力，坚持

das Doping, -s 兴奋剂

der Dozent, -en / die Dozentin, -nen 讲师

das Drachenfliegen (nur Sg.) 三角翼滑翔，悬挂式滑翔，滑翔翼

der Drang, -ä-e 渴望，追求

der Einstieg, -e 入门，进入，上车

der Extremsport (nur Sg.) 极限运动

der Extremsportler, - / die Extremsportlerin, -nen 极限运动员

das Fallschirmspringen (nur Sg.) 跳伞

die Faszination, -en 吸引力，魅力

das Fußballtrikot, -s 足球球衣

das Gesundheitsrisiko, -risiken 健康危害

die Grenzerfahrung, -en 边缘经验，极端经验

die Herausforderung, -en 挑战

der Ironman (Sportart) 超级铁人三项（体育运动项目）

die Kapsel, -n 荚果，匣，胶囊

der Kick, -s 踢足球，刺激，兴奋

das Klippenspringen (nur Sg.) 悬崖跳水

die Kondition, -en 情况，状况，身体素质

die Laufstrecke, -n 行驶距离，跑步距离

der Marathon (nur Sg.) 马拉松

der Marathonlauf, -ä-e 马拉松赛跑

der Marathonläufer, - / die Marathonläuferin, -nen 马拉松运动员

das Motiv, -e 动机，主题，题材

der Nervenkitzel (nur Sg.) 神经性激动，极度紧张刺激

das Phänomen, -e 现象，奇迹

der Platz (nur Sg.) 空位 *Platz im Leben einräumen* 给生活留出空间

die Rastlosigkeit (nur Sg.) 不休息，不安宁，躁动不安

das Rauschmittel, - 麻醉剂，毒品

der Redner, - / die, Rednerin, -nen 演说家，演讲者

der Schiedsrichter, - / die Schiedsrichterin, -nen 裁判

der Schwerpunkt, -e 重点，重心

der Siedlungsplatz, -ä-e 安置点，定居地点

der Sieger, - / die Siegerin, -nen 胜利者，获胜者，战胜者

der Torwart, - / die Torwartin, -nen 守门员

die Unruhe (nur Sg.) 不安，焦虑，喧闹

die Unternehmung, -en 行动，活动

das Verlangen, - 要求，渴望

der Vorfahr(e), -(e)n / die Vorfahrin, -nen 祖先，祖宗

das Warnsignal, -e 报警信号

Verben 动词

bedrohen 威胁，威吓

bedürfen 需要

bezichtigen 指责，控告

erläutern 讲解，说明，解释

erzielen 获得，达到，得到

gedenken, gedenkt, gedachte, hat gedacht 想念，回想起

mitbestimmen, bestimmt mit 共同决定

sich befreien 解放（自己），摆脱

sich rühmen 自夸

tauchen 潜水，浮现

untersagen 不准，禁止

Adjektive 形容词

angelegt 种植的，栽培的，投入的

genetisch 基因的，遗传学的

leichtsinnig 无忧无虑的，轻率的

strapaziös 辛苦的，劳累的

süchtig (nach) 有瘾的，有癖好的

unfreiwillig 非自愿的，非故意的

Adverbien 副词

gezwungenermaßen 被迫地，不得已地

C Mit Routinen brechen

Nomen 名词

die Abwechslung, -en 变化，交替，改变

der Entschluss, -ü-e 决定，决心，决议

das Forschungsthema, ...themen 研究主题

das Ritual, -e 仪式，礼仪，程序

die Routine, -n 惯例，例行公事，熟练

der Umtrunk, -e 轮流饮酒，依次饮酒

die Wechselstube, -n 外汇兑换店

Verben 动词 ···

bewältigen 克服，胜任，解决

brechen, bricht, brach, hat gebrochen 折断，违反，断绝

einstudieren, studiert ein 练熟，背熟，排练

gestalten 塑造，形成，制定

Adjektive 形容词 ···

trinkbar 可饮用的，适合饮用的

monoton 单声调的，单调的，无聊的

ungemein 非常的，不寻常的

wechselhaft 多变的，变化无常的

wöchentlich 每周的

D Wissensdurst

Nomen 名词 ···

die Auswertung, -en 评价，评定

die Belohnung, -en 奖励，报酬，报答

die Entdeckung, -en 发现，探索

die Fortsetzung, -en 持续，继续，延续

der Klatsch (nur Sg.) 流言蜚语，闲聊

die Lebenseinstellung, -en 生活态度

das Maß, -e 尺寸，尺度，程度

das Prestige (nur Sg.) 声望，威信

der Psychotest, -s 心理测试

die Skala, Skalen 刻度，标度，比色图表

der Wissensdurst (nur Sg.) 求知欲

Verben 动词 ···

abonnieren 订阅，长期预订

belohnen 奖励，酬谢，报答

erproben 考验，检验，测试

kombinieren 联系起来，联想，推断

präsentieren 出示，表演，呈现

weitergehen, geht weiter, ging weiter, ist weitergegangen 继续下去

Adjektive 形容词 ·····································

aufgeschlossen 容易接受的，感兴趣的

desinteressiert 不感兴趣的，冷漠的

liebenswert 令人喜欢的，可爱的

wissbegierig 好学的，求知欲强的

E Literatur entdecken

Nomen 名词 ·····································

die Begegnung, -en 遇见，会见

der Chauffeur, -e / die Chauffeurin, -nen 司机

der Detektiv, -e / die Detektivin, -nen 侦探

der Forscher, - / die Forscherin, -nen 研究者，学者

das Genre, -s 类型，流派

die Hauptfigur, -en 主角

der Krimi, -s 侦探小说，侦探影片，侦探剧

die Lektüre, -n 读物，阅读

die Lüge, -n 谎言，谎话

der Psychothriller, - 心理惊悚片

das Rätsel, - 谜语，谜团

der Sprachstil, -e 语言风格

das Taschenbuch, -ü-er 口袋书，袖珍书，小平装书

die Vermessung, -en 测量，测定

die Wahrheit, -en 真理，真相，事实

Verben 动词 ·····································

glücken 成功，如愿以偿

schildern 叙述，描述，描绘

sich begegnen 相遇

Adjektive 形容词 ••

bildreich 图像丰富的

geschichtlich 历史上的，历史性的

kitschig 庸俗的，拙劣的，低级的

kritisch 批判的，评论性的

populär 普及的，通俗的，流行的

präzise 精确的

raffiniert 狡猾的，精心设计的

unterhaltsam 娱乐性的，消遣的

F (Meine) Entdeckungen

Nomen 名词 •••

die Besteigung, -en 上升，登高

die Expedition, -en 考察旅行

die Ferne (nur Sg.) 远方

das Flachland (nur Sg.) 平原

der Gipfel, - 山峰，顶点

der Hauslehrer, - 家庭教师

der Höhenmeter, - 高度

der Hügel, - 小山丘，丘陵，土堆

die Sammlung, -en 收集，收藏，募捐

die Vollpension (nur Sg.) 食宿全包

Verben 动词 •••

auswerten, wertet aus 分析，提取……的有用部分，评估

locken 使卷曲，吸引，引诱